千華數位文化
Chien Hua Learning Resources Network

U0152861

考前充分準備　臨場沉穩作答

千華公職資訊網
http://www.chienhua.com.tw
每日即時考情資訊 網路書店購書不出門

千華公職證照粉絲團 f
https://www.facebook.com/chienhuafan
優惠活動搶先曝光

千華 Line@ 專人諮詢服務

☑ 有疑問想要諮詢嗎？
　歡迎加入千華 LINE @！

☑ 無論是考試日期、教材推薦、
　勘誤問題等，都能得到滿意的服務。

☑ 我們提供專人諮詢互動，
　更能時時掌握考訊及優惠活動！

高分上榜 讀書計畫表

使用方法 本讀書計畫表共分為40天和20天兩種學習區段，可依個人需求選擇用40天或20天讀完本書。

各章出題率分析
A 頻率高　**B** 頻率中　**C** 頻率低

可針對頻率高的章節加強複習！

頻出度	章節範圍	40天完成	20天完成	考前複習
B	第一章 國際貿易概論			完成日期 ___年___月___日
C	第二章 國際貿易流程	第1～5天 完成日期 ___年___月___日	第1～2天 完成日期 ___年___月___日	完成日期 ___年___月___日
C	第三章 交易前的準備			完成日期 ___年___月___日
A	第四章 貿易條件	第6～9天 完成日期 ___年___月___日	第3～4天 完成日期 ___年___月___日	完成日期 ___年___月___日
A	第五章 基本交易條件	第10～13天 完成日期 ___年___月___日	第5～6天 完成日期 ___年___月___日	完成日期 ___年___月___日
B	第六章 報價、接受與契約的成立	第14～17天 完成日期 ___年___月___日	第7～8天 完成日期 ___年___月___日	完成日期 ___年___月___日
B	第七章　簽證、檢驗及公證			完成日期 ___年___月___日

頻出度	章節範圍	40天完成	20天完成	考前複習
A	第八章　進出口報關與關稅	第18～21天 完成日期 ____年____月____日	第9～10天 完成日期 ____年____月____日	完成日期 ____年____月____日
A	第九章 信用狀及信用狀統一慣例			完成日期 ____年____月____日
A	第十章 國際貨物運輸	第22～25天 完成日期 ____年____月____日	第11～12天 完成日期 ____年____月____日	完成日期 ____年____月____日
A	第十一章 國際貿易風險管理	第26～28天 完成日期 ____年____月____日	第13天 完成日期 ____年____月____日	完成日期 ____年____月____日
A	第十二章 貿易單據	第29～31天 完成日期 ____年____月____日	第14～15天 完成日期 ____年____月____日	完成日期 ____年____月____日
A	第十三章 進出口結匯	第32～35天 完成日期 ____年____月____日	第16～17天 完成日期 ____年____月____日	完成日期 ____年____月____日
C	第十四章 貿易索賠			完成日期 ____年____月____日
B	第十五章 國際商務仲裁			完成日期 ____年____月____日
—	第十六章 歷屆試題彙編	第36～40天 完成日期 ____年____月____日	第18～20天 完成日期 ____年____月____日	完成日期 ____年____月____日

千錘百鍊，業精於勤　華志高昇，有志竟成

千華數位文化
Chien Hua Learning Resources Network

新北市中和區中山路三段136巷10弄17號
TEL: 02-22289070　FAX: 02-22289076
千華公職資訊網 http://www.chienhua.com.tw

經濟部所屬事業機構 111年新進職員甄試

一、報名方式：一律採「網路報名」。

二、學歷資格：教育部認可之國內外公私立專科以上學校畢業，並符合各甄試類別所訂之學歷科系者，學歷證書載有輔系者得依輔系報考。

三、應試資訊：

完整考試資訊

https://reurl.cc/bX0Qz6

(一)甄試類別：各類別考試科目及錄取名額：

類別	專業科目A(30%)	專業科目B(50%)
企管	企業概論 法學緒論	管理學 經濟學
人資	企業概論 法學緒論	人力資源管理 勞動法令
財會	政府採購法規 會計審計法規（含預算法、會計法、決算法與審計法）	中級會計學 財務管理
大眾傳播	新媒介科技 傳播理論	新聞報導與寫作 公共關係與危機處理
資訊	計算機原理 網路概論	資訊管理 程式設計
圖書資訊	圖書館學與資訊科學概論 資訊系統與資訊檢索	讀者服務 技術服務
統計資訊	統計學 巨量資料概論	資料庫及資料探勘 程式設計
政風	政府採購法規 民法	刑法 刑事訴訟法

類別	專業科目A(30%)	專業科目B(50%)
法務	商事法 行政法	民法 民事訴訟法
地政	政府採購法規 民法	土地法規與土地登記 土地利用
土木	應用力學 材料力學	大地工程學 結構設計
建築	建築結構、構造與施工 建築環境控制	營建法規與實務 建築計畫與設計
機械	應用力學 材料力學	熱力學與熱機學 流體力學與流體機械
電機(一)	電路學 電子學	電力系統與電機機械 電磁學
電機(二)	電路學 電子學	電力系統 電機機械
儀電	電路學 電子學	計算機概論 自動控制
環工	環化及環微 廢棄物清理工程	環境管理與空污防制 水處理技術
職業安全衛生	職業安全衛生法規 職業安全衛生管理	風險評估與管理 人因工程
畜牧獸醫	家畜各論(豬學) 豬病學	家畜解剖生理學 免疫學
化學	普通化學 無機化學	分析化學 儀器分析
化工製程	化工熱力學 化學反應工程學	單元操作 輸送現象

(二)初(筆)試科目：

    1.共同科目：分國文、英文2科(合併1節考試)，國文為論文寫作，英文採測驗式試題，各占初(筆)試成績10%，合計20%。

    2.專業科目：占初(筆)試成績80%。除法務類之專業科目A及專業科目B均採非測驗式試題外，其餘各類別之專業科目A採測驗式試題，專業科目B採非測驗式試題。

    3.測驗式試題均為選擇題(單選題，答錯倒扣該題分數3分之1)；非測驗式試題可為問答、計算、申論或其他非屬選擇題或是非題之試題。

(三)複試(含查驗證件、複評測試、現場測試、口試)。

四、待遇：人員到職後起薪及晉薪依各所用人之機構規定辦理，目前各機構起薪約為新臺幣3萬6仟元至3萬9仟元間。本甄試進用人員如有兼任車輛駕駛及初級保養者，屬業務上、職務上之所需，不另支給兼任司機加給。

※詳細資訊請以正式簡章為準！

 千華數位文化股份有限公司　■新北市中和區中山路三段136巷10弄17號
　■TEL: 02-22289070　FAX: 02-22289076

臺灣菸酒(股)公司
從業職員及從業評價職位
人員甄試

完整考試
資訊

一、報名時間：111年8月（正確日期以正式公告為準）。

二、報名方式：一律採網路報名方式辦理，不受理現場與通訊報名。

三、測驗地點：分台北、台中及高雄三個考區同時舉辦。

四、測驗日期：

　(一)第一試（筆試）：111年9月。（正確日期以正式公告為準）。

　(二)第二試（口試及體能測驗）：111年10月。

五、遴選說明：

　(一)共同科目佔第一試（筆試）成績。

　　1.從業職員：國文（論文）題型為非選擇題，英文題型為四選一單選題。

　　2.從業評價職位人員：題型為四選一單選題。

　(二)專業科目測驗內容及佔第一試（筆試）成績比例請參閱簡章

　　1.從業職員：題型為非選擇題。

　　2.從業評價職位人員：題型為四選一單選題。

　(三)應試科目（節錄）

　　1.從業職員（第3職等人員）：

甄試類別	共同科目	專業科目1	專業科目2	專業科目3
行銷企劃	國文（論文）、英文	行銷管理	消費者行為	企業管理
地政		民法物權編	都市計畫法與土地法相關法規	動產投資分析、土地開發及利用
化工		普通化學	分析化學(含儀器分析)	單元操作
機械		工程力學	自動控制	機械設計
電子電機		電力系統(含電路學)	自動控制	電子學
電機冷凍		電力系統(含電路學)	電機機械	冷凍原理及空調設計(含自動控制)
職業安全衛生管理		職業安全衛生相關法規	職業安全衛生計畫及管理	安全工程

甄試類別	共同科目	專業科目1	專業科目2	專業科目3
建築(土木)工程	國文（論文）、英文	施工與估價概要	營建法規概要	工程力學概要
人力資源管理		勞工法令（以勞動基準法、勞工保險條例及性別工作平等法為主）	人力資源管理	企業管理
事務管理（身心障礙組）		事務管理	初級會計學	政府採購法
電子商務		行銷管理	電子商務	
國際貿易		國際行銷	國際貿易實務	
政風		行政法概要、公職人員利益衝突迴避法及公職人員財產申報法、政府採購法	刑法概要、民法概要、刑事訴訟法概要	
會計		中級會計學	成本與管理會計	

2.從業評價職位人員：

甄試類別	共同科目	專業科目1	專業科目2
冷凍電氣	國文、英文	電工原理	冷凍空調原理
環保		環保法規	環工概要、環境水質標準檢驗方法
電子電機		電子學	電工機械
機械		機械製造與機械材料	工程力學
鍋爐		機械材料	工程力學
護理		護理學概要	基礎醫學概要
儲運、儲酒		企業管理概要及倉儲管理概要	作業（含運輸）安全概要
資訊技術		資訊管理	網路管理及資料庫管理
訪銷推廣		企業管理概要	行銷管理學概要
事務管理（原住民組、身心障礙組）		會計學概要與企業管理概要	事務管理

六、本項招考資訊及遴選簡章同時建置於：

(一)臺灣菸酒有限公司(http://www.cht.com.tw)

(二)台灣金融研訓院(http://www.tabf.org.tw/Exam/)

※詳細資訊請以正式簡章為準！

目 次

第十一章　國際貿易風險管理

第十二章　貿易單據

第十三章　進出口結匯

第十四章　貿易索賠

第十五章　國際商務仲裁

第十六章　歷屆試題彙編

(4) 目 次

準備方法與命題趨勢分析

國際貿易實務是一門實際運用的學科，其內容除了基本觀念外，更多實務應用上的知識。因此隨著國際貿易方式的改變、貿易電子化的普及，以及國際規則慣例與國內相關法規的變動，考生在準備本科目時也必須跟著與時俱進。而本書乃是根據最新的國際貿易現況加以編纂，以利考生能輕鬆掌握最新的內容。

在本書中，除了將國貿實務的重要觀念與實務內容詳細說明，並有系統的加以整理，讓考生可以透過本書全盤了解國際貿易實務的內容外，更針對歷年各方考題以及重要題型加以蒐集、彙整，並提供鉅細靡遺的解析，讓考生能一目了然，避免即使有參考書籍，卻得面對搞不清楚答案的窘狀。考生若能瞭解本書的內容，並熟記書中各種題型，必可在此科目中獲得滿意的成績。

國貿實務目前的命題趨勢可以分為以下幾個部分：

一、首先就是新版國貿條規（Incoterms® 2020）的正式實施，命題趨勢傾向於變動後貿易條件的改變，例如買賣雙方的責任、義務、風險移轉點、費用負擔的不同。由於是近年來國貿實務中重大且重要的變動，因此成為重要的考題，出題機率幾乎每試必中。最新的考題方向則是在比較各個貿易條件下，買賣雙方權利義務的不同，更有甚者利用貿易條件的改變，請考生說明其義務、風險及費用等的變動。

二、此外在近年的關務特考中與貨物運輸相關的題型在四大題中占了兩大題，比率相當高，考生定要好好掌握這個章節。舉凡最基本的定義，英文名詞或應用都須詳加記憶。另外要注意的是

國際貨物運輸的考題從傳統的海運運輸擴延到空運運輸，考生不應再侷限於海運運輸，除了掌握海運運輸中的提單，貨櫃運輸等常見考題外，針對空運與空運提單的使用、種類及特性都須注意，還有因國際複合運送的普及，國際複合運送的定義、特性及種類也須詳加了解。

三、與信用狀相關的考題一直是國貿實務中相當常見的題型，舉凡信用狀的意義、特性、關係人、種類、通知、修改、轉讓、不同類型信用狀的區別、相關作業規範以及UCP 600之規定等等，都是相當重要的題型。近年來信用狀以外的付款方式，隨著國際貿易現況的改變，考試題型也隨之變動。例如配合國際連鎖企業的盛行，O/A的付款方式，或是D/P、D/A的付款方式等，都是考生必須注意的題型。

四、保險題型的改變也須要注意。由於倫敦保險協會於2009年1月1日推出新版的海上貨物保險條款，修訂部分內容，包括說明條款所載的不承保事項、條款改用現代化文字，以及加入某些詞語的新釋義等。以往考生可能只背頌保險條款的意義，但最新的考題卻是要求說明承保的範圍或不承保的項目，考生千萬不要隨意帶過這些內容，應該要對三種基本險條款的意義及承保內容都清楚了解，並能分辨三者間的差異。**此外保險之承保範圍從何處開始，終於何處，是否能涵蓋運輸全程之風險，如果無法涵蓋全程風險應改用何種貿易條件和加保何種保險，皆是近年來的重要考型，需對貿易條件的風險移轉點和保險的承保範圍有通盤的理解。**另外輸出保險的相關考題也陸續出現在各種考試中，因此輸出保險的意義、目的及常見的種類等都須多加留意。

五、貿易單據也是目前常出現的題型，除了常見的商業發票、提

單、裝箱單與保險單外，匯票及產地證明書等的內容、製作、審查及規定等，也必須詳加了解。考生不僅要清楚單據的意義、種類和功能，對於單據中載明的專有英文名詞也須清楚了解。

六、新型貿易融資的方式也是重要的題型，除了傳統的貿易融資管道外，新興的貿易融資方式，例如應收帳款管理業務（Factoring）與遠期信用狀賣斷業務（Forfaiting）等，考生可能較不熟悉，所以對其意義、特點、適合使用的場合及對出口商的好處都須要多加注意與了解。

七、隨著國際貿易現況的改變，相關的時事題型也就因應而生。例如新型態的電子商務所適用的貿易條件，或是「台美貿易暨投資架構協定」（TIFA）復談的重要成果以及對我國未來經貿發展可能的影響？考生若能多加注意當前我國與國際上貿易的重大議題，並和書中內容相互對照了解，便可在此類考題中獨占鰲頭。

除了上述的命題趨勢外，國貿實務中的契約內容、報價方式、進出口結匯、擔保提貨、**報關應檢附的文件、通關的三種方式、O/A的意義和風險**以及重要名詞解釋等，都是重要的考題。本書內容中皆有詳盡的題型與解析，考生若能仔細研讀，本科目的考試必可得心應手，手到擒來。

第一章 國際貿易

本章依據出題頻率區分，屬：**B** 頻率中

經典考題

一、依照營運風險不同，國際貿易可以區分為利潤制貿易（Business on Profit）以及佣金制貿易（Business on Commissions）。請分別舉例詳細說明其運作方式。（108關特）★★★

二、何謂最惠國待遇原則與國民待遇原則？兩者的關係為何？（103高考）★★★

三、我國近日與美國展開「台美貿易暨投資架構協定」（TIFA）的復談，請問會中達成那些重要成果？此次復談結果對我國未來經貿發展可能影響為何？（102關特）★★★

四、國際貿易之產銷方式有"ODM"、"OEM"及"OBM"。請簡述"ODM"、"OEM"及"OBM"之定義，及此三種產銷模式在一國產業升級之先後順序？（102輸出入銀行）★★★

五、何謂「三角貿易」？三角貿易（Merchanting Trade）與轉口貿易（Entrepôt Trade）有何區別？（100關特、101台灣菸酒）

六、國際貿易的風險。★

七、國際貿易的主體與客體。★

八、重要的國際經貿組織。★★

九、區域整合的類型。★★

命題焦點

一、國際貿易的型態

國際貿易是指不同國家（或地區）之間的人民或政府，從事商品、勞務或生產要素交換的活動，主要是由進口貿易與出口貿易兩部分組成，所以也稱為進出口貿易。國際貿易的型態詳述如下：

(一) 依商品移動的方向區分

1. 出口貿易（Export Trade）

將本國的商品或勞務輸出到國外的交易，又稱輸出貿易。

2. 進口貿易（Import Trade）

將外國的商品或勞務輸入至本國的交易，又稱輸入貿易。

3. 過境貿易（Transit Trade）

進出口商直接訂定買賣契約，但貨物並非直接由出口國運至進口國，而是經由第三國（或地區）轉運，就第三國（或地區）而言，就是過境貿易。通常由於政治或地理因素的需要，必須透過第三國（或地區）轉運，一般而言，第三國通常對過境之貨物並不課徵關稅，商品係以保稅方式通過第三國。

(二) 依交易進行方式區分

1. 直接貿易（Direct Trade）

由進、出口商直接進行交易，不透過第三國中間商介入交易。

2. 間接貿易（Indirect Trade）

是指進、出口商並非直接進行交易，而是透過第三國中間商來達成交易。常見的間接交易有：

(1) **三角貿易（Triangular Trade；Merchanting Trade）**：由第三國的中間商分別與進口國之進口商及出口國的出口商訂定買賣契約，貨物是由出口國直接運至進口國，貨款則由中間商自進

口商處收取，另一方面向出口商支付出口貨款，並從中賺取差額的貿易方式。（100關特）

(2) **轉口貿易（Intermediary Trade）**：又稱居間貿易。係由第三國之中間商分別與進、出口商訂定買賣契約，因此有兩個買賣貿易契約，中間商與進、出口商分別為自負盈虧的主體制交易，貨款由契約當事人各自清算；而貨物自出口國運送至進口國的過程中，必須經第三國卸下、儲存、重組、改裝或原封不動，再轉運到進口國的貿易方式。

特性 ＼ 種類	三角貿易	轉口貿易
買賣契約	皆是由第三國的中間商分別與進口國之進口商及出口國的出口商訂定買賣契約，因此有兩個買賣貿易契約。	
貨物是否經過第三國	貨物是由出口國直接運至進口國。	貨物自出口國運送至進口國的過程中，必須經第三國卸下、儲存、重組、改裝或原封不動，再轉運到進口國。

（101台灣菸酒）

(3) **轉換貿易（Switch Trade）**：此種貿易方式發生在外匯短缺的國家或地區，貨物是由進口國與出口國之業者直接交易，而貨款之支付是由第三國中間商來辦理融資，即非貨物之交易，而為外匯之交易，第三國之中間商，在國貿實務上稱之為轉換者（switcher）。

(三) 依交易商品的型態區分

1. 有形貿易（Visible Trade）

係指交易的標的具有實體或形狀，其進出口需經過報關手續，並呈現在海關貿易統計上的貿易方式。例如原物料、半成品或製成品等的貿易。

2. 無形貿易（Invisible Trade）

係指交易的標的沒有具體的實體或形狀，所以又稱為服務貿易，例如保險、運輸、金融、旅遊、商標、專利和技術等無形的商品，其不需辦理進出口報關，也不列入海關貿易統計。

(四) 依經營風險的不同區分

1. 利潤制貿易（Business on Profit）

又稱為主體制貿易。係指買賣雙方在交易過程中都是以自己的名義成立交易契約，並且自行負擔盈虧，故係屬以自己的名義，為自己計算的交易。

2. 佣金制貿易（Business on Commission）

係指貿易商以中間商的立場所從事的交易。中間商不須負擔交易盈虧的風險，而是提供服務，並從中賺取佣金的交易方式。可分為：

(1) 代理交易

代理商（中間商）以本人（貨主）的名義，與他人進行交易，並從中賺取佣金，而交易的盈虧風險由本人負擔。此種佣金制貿易必須由本人授予代理權給代理商，而且是以本人（貨主）名義，為本人（貨主）計算的交易。

(2) 寄售交易

又稱為委託交易。受託人（中間商）以自己的名義，與他人進行交易，並從中賺取佣金，而交易的盈虧風險由本人（委託人／貨主）負擔。此種佣金制貿易必須由委託人授權給受託人，而且是以自己（中間商）名義，為本人（委託人／貨主）計算的交易。

特性 ＼ 種類	代理交易	寄售交易
交易名義	以本人（貨主）的名義，與他人進行交易。	以受託人（中間商）的名義，與他人進行交易。

特性 ＼ 種類	代理交易	寄售交易
風險負擔	交易盈虧風險由本人（貨主）負擔。	交易盈虧風險由本人（委託人／貨主）負擔。
交易性質	是以本人（貨主）名義，為本人（貨主）計算的交易，代理商從中賺取佣金。	是以自己（中間商）名義，為本人（委託人／貨主）計算的交易，委託人從中賺取佣金。

(五) 依產銷模式區分

1.原廠委託製造（Original Equipment Manufacturing，OEM）

生產廠商依照委託廠商的指定，依原圖設計、代工製造，再以委託廠商的品牌及通路在市場上行銷，此生產廠商僅從中賺取代工的利潤。

2.原廠委託設計（Original Design Manufacturing，ODM）

生產廠商負責產品的設計與製造代工的服務，再以委託廠商的品牌及通路在市場上行銷，此生產廠商除了可以賺取代工的利潤外，並可增加產品設計的利潤。

3.自創品牌行銷（Original Brand Marketing，OBM）

生產廠商由設計、生產到行銷販售皆自行獨立完成，並以自有品牌或商標銷售產品。在此模式下，生產廠商所獲取的利潤為全程性的利潤。

種類	生產廠商功能	商品品牌	生產產商利潤
OEM原廠委託製造	僅負責產品的製造代工。	委託廠商的品牌及通路。	僅從中賺取代工的利潤。
ODM原廠委託設計	負責產品的設計與製造代工。	委託廠商的品牌及通路。	除賺取代工利潤外，還有產品設計利潤。

種類	生產廠商功能	商品品牌	生產產商利潤
OBM自創品牌行銷	從設計、生產到行銷販售，皆由生產廠商自行獨立完成。	以自有品牌或商標銷售產品。	賺取全程性的利潤。

（102輸出入銀行）

(六) 依貨款清償方式區分

1. 商業方式貿易（Commercially Trade）

國際貿易以貨幣為清償支付的工具，一般又稱為普通貿易。

2. 易貨方式貿易（Barter Trade）

國際貿易不是以貨幣為清償支付的工具，而是以等值的商品或勞務，作為清償支付的工具。

(七) 特殊貿易型態

1. 相對貿易（Counter Trade）

是指在交易中，由買賣雙方中之一方，以全部或部分的商品或勞務取代貨幣，作為付款工具的貿易方式。所謂的勞務可以是技術、專利權、商標或授權等。相對貿易興起的原因主要有：外匯短缺、外債增加、保護主義盛行、平衡雙邊貿易逆差、提升工業水準、能源危機、市場競爭激烈和東西貿易逐漸擴展等。常見的類型為：

(1) 易貨貿易（Barter Trade）

交易雙方根據契約之約定，不以貨幣為清償工具而是直接交換等值之商品或勞務的交易方式。

(2) 相對採購交易（Counter Purchase Trade）

參與之雙方必須簽署特定產品或服務交換之協議，如一方出售機械設備及技術給對方時，附帶承諾向對方或其指定人購買與其所出售設備及技術不相干之產品。

(3) 產品購回協定（Product Buy-Back Agreement）

又稱為補償交易。係指簽署協議之雙方，由一方出售機械設備、生產技術或勞務等，同時承擔購買對方一定數額商品之義務；另一方則不需支付現款，而是以進口之機器設備、生產技術或勞務所生產之產品或其他相關商品，以抵補全部或部份之原銷售貨款。

2. 整廠輸出（Plant Export）

係指包含整廠的硬體設備（例如：機械、器具及材料等）和軟體設備（例如：整體機能所需的Know-How、技術人員及售後服務等）皆輸出予買方，因此具有交易金額大、附加價值高、交易風險高、付款及交易期限長以及競爭激烈等特性。

二、國際貿易的風險

從事國際貿易一般來說較國內貿易來的複雜，相對的風險也較大，因為國際貿易牽涉到兩個以上不同的國家或地區，交易對手、交易風險、貿易國間使用的貨幣幣別、風俗習慣和政治法律等，都較國內貿易來的不同且複雜，因此除了國內貿易所面對的信用風險、商貨風險、運輸風險、價格風險外，也會產生匯兌與政治及法律風險。

(一) 國內貿易風險

1. **信用風險**：是指貿易雙方當事人在處理貿易事務上所遇到的風險，主要有賣方不依約交貨、遲延交貨、貿易對手倒閉、買方（進口商）藉故不開發信用狀、買方遲延或拒絕付款、惡意詐欺和市場索賠等風險。

2. **商貨風險**：指買方基於某些理由而拒絕接受商品的風險，主要有買方以貨樣不符、交貨遲延等理由拒絕接受貨物，或商品在運送途中被調包或盜竊等風險。

3. **運輸風險**：貨物在運送過程中可能產生的風險。

4. **價格風險**：商品價格受市場供需狀況影響，產生波動，造成買賣雙方可能的損失。

(二) 國際貿易風險

經營國際貿易除了上述的四種風險外，另外還有匯兌風險、政治及法律風險：

1.匯兌風險

國際貿易因為牽涉到不同國家間幣值的計算，因此當匯率變動時會產生匯率變動的風險，而且也可能因外匯不足或外匯管制，導致貨款匯出入時受到限制，而產生外匯移轉的風險。

2.政治及法律風險

係指貿易國的政治發生重大危機或法律規章發生變動，導致交易無法進行，造成買賣之一方無法履約的風險。

三、國際貿易的主體與客體

(一) 國際貿易的主體—出進口廠商（貿易商）

國際貿易的主體就是出、進口廠商，而公司或商號經營出進口業務，除法令另有禁止或限制規定者外，得依「出進口廠商登記辦法」向經濟部國際貿易局（簡稱國貿局）申請登記為出進口廠商。依「出進口廠商登記辦法」和「貿易法」的相關規定，出進口廠商申請登記的程序為：

1.申請擬用英文名稱預查

依規定出進口廠商的英文名稱應載明主體名稱及組織種類；外國分公司之英文名稱應標明其國籍及分公司名稱。申請登記之英文名稱，其標明產業之專業名詞，不得逾其營業項目範圍。英文名稱不得與政府機關或公益團體有混同誤認之虞，另外出進口廠商英文名稱不得與現有或歇業、解散，或經有關主管機關撤銷、廢止依相關法律所為之登記，或經貿易局註銷、撤銷或廢止出進口廠商登記未滿二年之出進口廠商英文名稱相同或類似，所以出進口廠商在登記前，應先辦理擬用英文名稱預查申請。

2. 出進口廠商登記

出進口廠商預查之擬用英文名稱經國貿局核准者，應於六個月內向國貿局貿易服務組、高雄辦事處或經濟部中、南區聯合服務中心辦理出進口廠商登記。（103合庫銀）申請時須檢附(1)**出進口廠商登記申請書**及(2)公司應檢附公司登記證明文件；商號應檢附商業登記證明文件。另外英文名稱預查與出進口廠商登記可同時一併辦理，但需加附**英文名稱預查申請表**。

3. 重新申請登記

出進口廠商經國貿局撤銷或廢止出進口廠商登記者，自撤銷或廢止日起，逾兩年才得重新申請登記。

(二) 國際貿易的客體─商品

國際貿易的客體就是商品（貨品），包括有形貿易如原料、半成品、製成品等，以及無形貿易如服務、勞務等。因為全球商品種類繁複，國際商品統一分類制度國際公約（簡稱HS公約），遂於1988年1月1日正式生效。現今全世界有超過100個以上的會員國加入，即使非HS公約會員，也大多採用HS制度，而HS制度也幾乎涵蓋了全數的貿易商品。

HS係指將各項商品以HS 6位碼的方式進行分類編號，可以減少各國相關資料轉換的時間及費用，方便各國關稅的徵收、利於直接比較分析、易於國際貿易統計、便於貿易談判及協商、以及促進貿易便捷化等。目前最新版本為2007年1月實施的HS 2007年版。

我國雖非HS公約會員國，但於1989年即採行HS制度且遵循其相關的規定，並依照HS 2007年版修正[海關進口稅則]，於2009年1月1日實施我國進出口貨品分類制度，稱為中華民國輸出入貨品分類號列或C.C.C.Code，共計11位碼，前6碼即為HS號別，用以配合國際商品統一分類制度。

四、國際經貿組織

(一) 世界貿易組織（World Trade Organization，WTO）

簡稱世貿組織，於1995年設立，屬於政府間的國際
組織。成立的目的在於促進貿易更為自由、公平，並
透過多邊協商，建立國際貿易規範，為各會員提供一
個穩定且可預測的國際貿易環境。目前WTO共有153
個會員以及28個觀察員。中國大陸是於2001年成為WTO第143個會員
國，而我國則是於2002年元月以「台灣、澎湖、金門、馬祖個別關稅
領域」名義正式加入，成為WTO的第144個會員國。

WTO的基本理念與規範準則：

1.無歧視之貿易

所謂「無歧視之貿易」係指在對外關係上，須對所有會員之貨品
給予同等最優惠待遇之「最惠國待遇」（Most-favored-nation-
treatment），即會員國在對外關係上，必須對來自其他所有會員
國之貨品給予同等最優惠待遇，不得針對不同會員國之貿易，採行
特別有利或不利之待遇。另一方面，在對內關係上，必須對來自其
他所有會員進口之貨品給予與本國貨品同等待遇之「國民待遇」
（National Treatment）。（103高考）

2.經由談判逐步開放市場

WTO歷經多次談判，除關稅逐年調降外，在服務之貿易市場開放與
智慧財產權保護方面，WTO協定也給與調適期，允許各會員以漸進
方式開放服務市場，同時提高對智慧財產權之保護。

3.建立市場開放之可預測性

WTO經由對關稅、農業補貼之約束及服務業市場開放承諾等，建立
市場開放之可預測性。

4.促進公平競爭

WTO推動公平競爭與不造成扭曲的競爭原則，來營造公平的貿易環境。惟在自由貿易之外，其仍允許在少數情況下採取限制競爭的措施，以維持公平貿易，如反傾銷措施與平衡稅捐措施等。

5.鼓勵發展與經濟轉型

WTO中有四分之三以上之會員為開發中國家，或過去屬於非市場經濟體系而正轉型至市場經濟之國家。WTO提供各種技術，協助開發中國家與經濟轉型國家，得以發展與轉型為市場經濟。

WTO的協定主要分為兩種，一種為多邊貿易協定（Multilateral Trade Agreement, MTA），此類協定具有強制性，對於所有會員國均有拘束力，包括貨品的「關稅暨貿易總協定」（GATT）、服務的「服務貿易總協定」（GATS）、智慧財產中「與貿易有關之智慧財產權協定」（TRIPS），以及透過爭端解決及貿易政策檢討機制（TPRM）等；另一種為複邊貿易協定（Plurilateral Trade Agreement, PTA），此類協定為選擇性的協定，原則上僅規範參與簽署的會員國，對於未簽屬的會員國則不受約束。其包括民用航空器貿易協定（ATCA）及政府採購協定（GPA）等。

(二) 亞太經濟合作會議（Asia-Pacific Economic Cooperation，APEC）

簡稱亞太經合會，成立於1989年，為亞太區域最重要的經貿合作論壇。我國在1991年以完全會員的身分加入。APEC的三大支柱為「貿易暨投資自由化」、「商業便捷化」及「經濟暨技術合作」，其成立目的在於促進亞太各區間之經濟成長、合作、貿易與投資。目前計有21個會員體，分別為日本、南韓、中國、香港、中華民國、越南、新加坡、馬來西亞、菲律賓、汶萊、泰國、印尼、澳洲、紐西蘭、美國、加拿大、墨西哥、智利、巴布亞紐幾內亞、祕魯、俄羅斯，涵蓋區域總人口數約25億人，超過全球的三分之一，區域的貿易量則幾乎占全球的半數。

(三) 東南亞國家協會（The Association of Southeast Asian Nations，ASEAN）

簡稱「東協」，於1967年8月8日在曼谷成立，會員國包含東南亞的十個國家：印尼、馬來西亞、菲律賓、新加坡、泰國、汶萊、柬埔寨、越南、寮國、緬甸，係東南亞地區的一個區域性經貿組織。其宗旨在於促進區域內國家的經濟、貿易合作。

(四) 歐洲聯盟（European Union，EU）

1993年11月1日歐洲共同體更名為歐盟，正式成立歐洲聯盟，並於1999年推出共同貨幣「歐元」，2002年1月1日，正式啟用。歐盟總部設立於比利時首都布魯塞爾，其成立的宗旨在於消除各會員國間的貿易障礙、協調各會員國的經濟政策與政府政策。歐盟目前有二十七個國家，是目前世界上經濟整合度最高的區域性經濟組織。

(五) 北美自由貿易協定（North American Free Trade Agreement，NAFTA）

係由美國、加拿大及墨西哥在1992年簽署關於三國間全面貿易的協議，並於1994年生效。根據NAFTA規章，三個成員國彼此需遵守國民待遇、最惠國待遇及透明化原則，藉以消除貿易障礙，促進公平競爭條件、增加區內投資機會、提供區內有效的智慧財產權保護，並遵守NAFTA規章所訂之爭端解決條款。

2018年10月1日，三方達成新版美墨加協定（United States–Mexico–Canada Agreement,USMCA），USMCA包含34個章節、附件及附函，議題相當廣泛。目前美國與墨西哥都已簽署USMCA，待加國一批准，USMCA即可生效。

五、區域整合類型

(一) 自由貿易區（Free Trade Area，FTA）

整合程度最低，在此區域內各國商品與勞務均可自由流通，但是各國仍保有各自獨立的經濟政策與對外關稅制度。

(二) 關稅同盟

整合程度高於自由貿易區，區域內各國間除商品與勞務可自由流通外，同盟國之間不需課徵關稅，對外採取一致性的關稅制度。

(三) 共同市場

除具有關稅同盟的特質即會員國間無關稅，對外採取一致性的關稅制度外，會員國間的勞力與資本（生產要素）可以自由移動。

(四) 經濟聯盟

是最高層次的區域整合型態，所有同盟國結合成一個經濟主體，並設有超國家的機構來統籌規範所有的經濟事務，各會員國採取同一的財政貨幣與社會經濟政策。

測驗題攻略

( )　1. WTO所謂無歧視貿易，在對內關係上須對自會員進口之貨品給予與本國貨品同等待遇，係指下列何者？　(A)最惠國待遇　(B)國民待遇　(C)優惠關稅待遇　(D)普通稅率。（103合庫銀）

( )　2. 依據貿易法之規定，公司、商號申請登記為出進口廠商前，應先向經濟部國際貿易局申請預查公司、商號之英文名稱；預查之英文名稱經核准者，保留期間為幾個月？　(A)三個月　(B)六個月　(C)九個月　(D)十二個月。（103合庫銀）

( )　3. 一個國家簽署的FTA越多時，下列何種貿易程序就會相對地越顯重要？　(A)品質公證　(B)產地認定　(C)申請簽證　(D)避險安排。（103華南）

(　)　4. WTO所涵蓋的GATT條文對於國際貿易有諸多之規範，下列何者非屬於GATT各條文之基本精神？　(A)最惠國待遇原則　(B)配額原則　(C)關稅原則　(D)國民待遇原則。（102華南）

(　)　5. 貨物自出口國運送至第三國後，原封不動或經過改包裝或簡單的加工，再由該第三國轉運至進口國之貿易方式，就該第三國立場而言，稱為：　(A)過境貿易　(B)三角貿易　(C)轉口貿易　(D)加工貿易。（102華南）

(　)　6. 根據下列何種原則，WTO要求會員國對於任何國家產品所給予之優惠，應立即且無條件授予源自或運往其他國家之產品？　(A)最惠國待遇原則　(B)國民待遇原則　(C)關稅減讓原則　(D)主要供應國原則。（101彰銀）

(　)　7. 下列何者是屬於GATT／WTO架構下之複邊協定？　(A)關稅估價協定　(B)政府採購協定　(C)農業協定　(D)與貿易有關的投資措施協定。（101彰銀）

解答及解析

1. **B**　WTO的國民待遇原則係指必須對來自其他所有會員進口之貨品，給予與本國貨品同等的待遇。

2. **B**　出進口廠商預查之擬用英文名稱經國貿局核准者，應於六個月內向國貿局貿易服務組、高雄辦事處或經濟部中、南區聯合服務中心辦理出進口廠商登記。

3. **B**　FTA（Free Trade Agreement）自由貿易協定，係指會員國間簽訂此協定後，在此區域內各國商品與勞務均可自由流通，但是各國仍保有各自獨立的經濟政策與對外關稅制度。因此一個國家簽署的FTA越多時，產地認定就會相對地越顯重要。

4. **B**　WTO的基本理念與規範準則有最惠國待遇原則、關稅原則和國民待遇原則等，但配額原則違反了WTO公平競爭的基本精神，故非屬於GATT各條文之基本精神。

5. **C** 轉口貿易又稱居間貿易。係由第三國之中間商分別與進、出口商訂定買賣契約，因此有兩個買賣貿易契約，中間商與進、出口商分別為自負盈虧的主體制交易，貨款由契約當事人各自清算，貨物自出口國運送至進口國的過程中，必須經第三國卸下、儲存、重組、改裝或原封不動，再轉運到進口國的貿易方式。

6. **A** 最惠國待遇原則即會員國在對外關係上，必須對來自其他所有會員國之貨品給予同等最優惠待遇，不得針對不同會員國之貿易，採行特別有利或不利之待遇。

7. **B** 複邊貿易協定（PTA）為選擇性的協定，原則上僅規範參與簽署的會員國，對於未簽屬的會員國則不受約束。其包括政府採購協定（GPA）及民用航空器貿易協定（ATCA）等。

申論題破解

一、依照營運風險不同，國際貿易可以區分為利潤制貿易（Business on Profit）以及佣金制貿易（Business on Commissions）。請分別舉例詳細說明其運作方式。（108關特）

解 (一) 利潤制貿易（Business on Profit）：又稱為主體制貿易。係指買賣雙方在交易過程中都是以自己的名義成立交易契約，並且自行負擔盈虧，故係屬以自己的名義，為自己計算的交易。例如台灣的腳踏車製造商KBC公司銷售一批變速腳踏車給荷蘭的進口商XYZ公司。KBC公司用自己的名義（KBC CO.）與XYZ公司簽訂交易契約，並由XYZ公司向開狀銀行申請開立以KBC公司為受益人的信用狀。KBC公司於指定日期內交貨後，依信用狀規定備妥匯票和運送單據後，向往來銀行辦理出口押匯並獲取貨款，而XYZ公司則於付款贖單後，報關提領貨物銷售。貿易過程中買方

（XYZ公司）與賣方（KBC公司）皆是以自身的名義與對方交易，且自行負擔損益。

(二) 佣金制貿易（Business on Commission）：係指貿易商以中間商的立場所從事的交易。中間商不須負擔交易盈虧的風險，而是提供服務，並從中賺取佣金的交易方式。可分為：

1. 代理交易：代理商（中間商）以本人（貨主）的名義，與他人進行交易，並從中賺取佣金，而交易的盈虧風險由本人負擔。此種佣金制貿易必須由本人授予代理權給代理商，而且是以本人（貨主）名義，為本人（貨主）計算的交易。例如泰國的abc公司獲得美國知名化妝品EL公司的獨家代理權，成為EL化妝品的獨家代理商，並約定百分之二十的佣金率。abc公司在進口EL公司的產品後，在其各種通路上以EL公司的名義銷售EL公司的化妝品，並於每個月月底計算當月的銷售額和佣金金額，請EL公司於次月月底前將佣金以電匯方式匯入其帳戶。此種交易的代理商（abc公司）係以本人（EL公司）的名易來進行交易，僅賺取佣金，而交易的風險則是由本人（EL公司）自行負擔。

2. 寄售交易：又稱為委託交易。受託人（中間商）以自己的名義，與他人進行交易，並從中賺取佣金，而交易的盈虧風險由本人（委託人／貨主）負擔。此種佣金制貿易必須由委託人授權給受託人，而且是以自己（中間商）名義，為本人（委託人／貨主）計算的交易。例如越南的RST米線公司委託韓國的KIMCHI公司代為銷售其米線產品，並約定百分之三十的佣金率。KIMCHI公司在確認委託後，即進口越南RST公司的米線產品，並在貨品進口後重新包裝，以KIMCHI的商標在各大市場販售。另每三個月後計算期間的銷售額和佣金金額，請RST公司於次月中旬前將佣金以電匯方式匯入其帳戶。此種交易的受託人（KIMCHI公司）是以自己（KIMCHI公司）的名易來進行交易，賺取佣金，而交易的風險則是由本人（RST公司）自行負擔。

二、民國99年6月29日海峽交流基金會與海峽兩岸關係協會簽定「海
　　峽兩岸智慧財產權保護合作協議」，就有關優先權、植物品種保
　　護、著作權認證等議題達成協議。
　　試問：
　　(一)何謂最惠國待遇原則？
　　(二)最惠國待遇原則和國民待遇原則之關係為何？
　　(三)兩岸均為WTO之會員，簽定「海峽兩岸智慧財產權保護合作
　　　　協議」，但並未將相關權益擴大給予其他會員之國民是否違反
　　　　最惠國待遇原則？試說明之。（103高）

解(一) 最惠國待遇原則（most-favored-nation treatment）是世界貿易組織
　　　（WTO）的基本理念，又稱為無歧視之貿易。係指會員國必須對來
　　　自其他所有會員國之貨品給予同等最優惠待遇，不得針對不同會員
　　　國之貿易，採行特別有利或不利之待遇。

　(二) 國民待遇（national treatment）是指必須對來自其他所有會員進口
　　　之貨品給予與本國貨品同等之待遇。最惠國待遇是會員國在對外關
　　　係上，必須對來自其他所有會員國之貨品給予同等待遇，而國民待
　　　遇則是在對內關係上，必須對來自其他所有會員進口之貨品給予與
　　　本國貨品同等待遇。

　(三) WTO的協定主要分為兩種，一種為多邊貿易協定（Multilateral Trade
　　　Agreement，MTA），此類協定具有強制性，對於所有會員國均有拘
　　　束力，包括貨品的「關稅暨貿易總協定」（GATT）、服務的「服務
　　　貿易總協定」（GATS）、智慧財產中「與貿易有關之智慧財產權協
　　　定」（TRIPS），以及透過爭端解決及貿易政策檢討機制（TPRM）
　　　等；另一種為複邊貿易協定（Plurilateral Trade Agreement, PTA），
　　　此類協定為選擇性的協定，原則上僅規範參與簽署的會員國，對於未
　　　簽屬的會員國則不受約束。例如包括民用航空器貿易協定（ATCA）
　　　及政府採購協定（GPA）等。而兩岸所簽之「海峽兩岸智慧財產權
　　　保護合作協議」為選擇性的協定，對於未簽署的會員國不受約束，因
　　　此對其他會員之國民就不違反最惠國待遇原則。

三、我國近日與美國展開「台美貿易暨投資架構協定」（TIFA）的復談，請問會中達成那些重要成果？此次復談結果對我國未來經貿發展可能影響為何？（102關特）

解　台美TIFA會議於102年3月10日於台北重啟協商，雙方共同發布「國際投資共同原則」及「資通訊技術服務貿易共同原則」2項聲明，並在TIFA架構下增設「投資」與「技術型貿易障礙TBT」2個工作小組。

「國際投資共同原則聲明」與未來雙方要簽訂的投資協定息息相關。美方與歐盟等國家簽署投資協定或FTA前，都會先共同發佈一份投資共同原則聲明，希望雙方政府能夠維持公開、透明及不歧視的投資環境，以保障外人投資；這項聲明同時也追求投資環境的公共政策，包括環境、健康、安全、勞工及文化，大家都能遵循透明化的原則。至於「資通訊技術服務貿易共同原則聲明」，則是希望政府能夠支持通信法規的透明、開放的網路環境、以及跨境資訊的自由流通，做為彼此的政策目標。TIFA架構下增設的「投資工作小組」，是為了探討雙方在法制、法規及投資環境等問題；「技術型貿易障礙工作小組」則是為了探討除了關稅減讓以外的產品進出口程序能否予以簡化。

此次復談結果讓我國透過TIFA機制，重啟雙邊貿易及投資關係的全面對話，展開台美經貿關係之新頁。此外，雙方在雙邊投資、資通訊科技和多邊及區域等領域，推動許多經貿體制之自由化改革，為台美FTA奠基。

四、國際貿易之產銷方式有所謂之："ODM"、"OEM"及"OBM"：
(一)請簡述"ODM"、"OEM"及"OBM"之定義。
(二)前述三種產銷模式在一國產業升級之先後順序為何？
（102輸出入銀行）

解（一）ODM（Original Design Manufacturing）：原廠委託設計。係指生產廠商負責產品的設計與製造代工的服務，再以委託廠商的品牌及

通路在市場上行銷，此生產廠商除了可以賺取代工的利潤外，並可增加產品設計的利潤。

OEM（Original Equipment Manufacturing）：原廠委託製造。係指生產廠商依照委託廠商的指定，依原圖設計、代工製造，再以委託廠商的品牌及通路在市場上行銷，此生產廠商僅從中賺取代工的利潤。

OBM（Original Brand Marketing，OBM）：自創品牌行銷。係指生產廠商由設計、生產到行銷販售皆自行獨立完成，並以自有品牌或商標銷售產品。在此模式下，生產廠商所獲取的利潤為全程性的利潤。

(二) 此三種產銷模式在一國產業升級之先後順序為：原廠委託製造（OEM）→原廠委託設計（ODM）→自創品牌行銷（OBM）。

五、下列各子題與三角貿易有關，請依序作答：

(一)三角貿易（Merchanting Trade）與轉口貿易（Entrepôt Trade）有何區別？

(二)三角貿易因處理方式之不同而有「文件作業」與「酬佣」之區分，請說明這兩類型三角貿易不同之處為何？（101台灣菸酒）

解(一) 三角貿易係由第三國的中間商分別與進口國之進口商及出口國的出口商訂定買賣契約，貨物是由出口國直接運至進口國，貨款則由中間商與進出口商各自清算，並從中賺取差額的貿易方式；而轉口貿易又稱居間貿易。係由第三國之中間商分別與進、出口商訂定買賣契約，因此有兩個買賣貿易契約，中間商與進、出口商分別為自負盈虧的主體制交易，貨款由契約當事人各自清算，貨物自出口國運送至進口國的過程中，必須經第三國卸下、儲存、重組、改裝或原封不動，再轉運到進口國的貿易方式。

(二)三角貿易因處理方式之不同而有文件作業與酬佣之區分。文件作業的三角貿易是指中間商收到進口商的訂單後，轉向出口商下單，貨物由出口國直接運至進口國，但中間商必須將貨運單據重新換單，避免進口商得知出口商的資料，貨款則是中間商一方面自進口商處收取，另一方面向出口商支付出口貨款；而酬佣的三角貿易係指中間商收到進口商的訂單後，即向出口商下訂單，貨物仍由出口國直接運送至進口國，但貨款是由進口商直接匯款給出口商，然後出口商再退佣金給中間商。雖然此種貿易方式中間商沒有資金壓力，但進口商得知出口商資料後，常常會跳過中間商自行交易。

六、何謂「三角貿易」？（100關特）

解 三角貿易係由第三國的中間商分別與進口國之進口商及出口國的出口商訂定買賣契約，貨物是由出口國直接運至進口國，貨款則由中間商自進口商處收取，另一方面向出口商支付出口貨款，並從中賺取差額的貿易方式。

七、試述進行國際貿易買賣過程中，有那些特殊風險存在？

解 從事國際貿易一般來說較國內貿易來的複雜，相對的風險也較大，因此除了國內貿易所面對的信用風險、商貨風險、運輸風險、價格風險外，也會產生匯兌與政治及法律風險。進行國際貿易買賣過程中的特殊風險有：

(一) 信用風險：是指貿易雙方當事人在處理貿易事務上所遇到的風險，主要有賣方不依約交貨、遲延交貨、貿易對手倒閉、買方（進口商）藉故不開發信用狀、買方遲延或拒絕付款、惡意詐欺和市場索賠等風險。

(二) 商貨風險：指買方基於某些理由而拒絕接受商品的風險，主要有買方以貨樣不符、交貨遲延等理由拒絕接受貨物，或商品在運送途中被調包或盜竊等風險。

(三) 運輸風險：貨物在運送過程中可能產生的風險。

(四) 價格風險：商品價格受市場供需狀況影響，產生波動，造成買賣雙方可能的損失。

(五) 匯兌風險：國際貿易因為牽涉到不同國家間幣值的計算，因此當匯率變動時會產生匯率變動的風險，而且也可能因外匯不足或外匯管制，導致貨款匯出入時受到限制，而產生外匯移轉的風險。

(六) 政治及法律風險：係指貿易國的政治發生重大危機或法律規章發生變動，導致交易無法進行，造成買賣之一方無法履約的風險。

八、國際貿易商品統一分類制度（H.S.）內容為何？

解 國際貿易商品統一分類制度（H.S）（The Harmonized Commodity Description and Coding System）：係由關稅合作理事會自1973年起所推動的調和制度（Harmonized System），並於1988年1月1日正式生效。現今全世界有超過100個以上的會員國加入，即使非HS公約會員，也大多採用HS制度，HS制度也幾乎涵蓋了全數的貿易商品。

HS係指將各項商品以HS 6位碼的方式進行分類編號，採用HS制度的國家，其商品分類前六位數必須與HS完全相同，用以減少各國相關資料轉換的時間及費用，方便各國關稅的徵收與國際貿易統計、利於直接比較分析、便於貿易談判及協商、以及促進貿易便捷化等。目前最新版本為2007年1月實施的HS 2007年版。

我國雖非HS公約會員國，但於1989年即採行HS制度且遵循其相關的規定，並依照HS 2007年版修正〈海關進口稅則〉，於2009年1月1日實施我國進出口貨品分類制度，稱為中華民國輸出入貨品分類號列或C.C.C. Code，共計11位碼，前6碼即為HS號別，用以配合國際商品統一分類制度。

> **九、目前重要的國際經貿組織有哪些？我國目前已加入下列哪些「國際經濟組織」？**

解(一)世界貿易組織（World Trade Organization，WTO）：簡稱世貿組織，於1995年設立，屬於政府間的國際組織。成立的目的在於促進貿易更為自由、公平，並透過多邊協商，建立國際貿易規範，為各會員提供一個穩定且可預測的國際貿易環境。目前WTO共有153個會員以及28個觀察員。

(二)亞太經濟合作會議（Asia-Pacific Economic Cooperation，APEC）：簡稱亞太經合會，成立於1989年，為亞太區域最重要的經貿合作論壇。我國在1991年以完全會員的身分加入。APEC的三大支柱為「貿易暨投資自由化」、「商業便捷化」及「經濟暨技術合作」，其成立目的在於促進亞太各區間之經濟成長、合作、貿易與投資。目前計有21個會員體，分別為日本、南韓、中國、香港、中華民國、越南、新加坡、馬來西亞、菲律賓、汶萊、泰國、印尼、澳洲、紐西蘭、美國、加拿大、墨西哥、智利、巴布亞紐幾內亞、祕魯、俄羅斯，涵蓋區域總人口數約25億人，超過全球的三分之一，區域的貿易量則幾乎占全球的半數。

(三)東南亞國家協會（The Association of Southeast Asian Nations，ASEAN）：簡稱「東協」，於1967年8月8日在曼谷成立，會員國包含東南亞的十個國家：印尼、馬來西亞、菲律賓、新加坡、泰國、汶萊、柬埔寨、越南、寮國、緬甸，係東南亞地區的一個區域性經貿組織。其宗旨在於促進區域內國家的經濟、貿易合作。

(四)歐洲聯盟（European Union，EU）：1993年11月1日歐洲共同體更名為歐盟，正式成立歐洲聯盟，並於1999年推出共同貨幣「歐元」，2002年1月1日，正式啟用。歐盟總部設立於比利時首都布魯塞爾，其成立的宗旨在於消除各會員國間的貿易障礙、協調各會員國的經濟政策與政府政策。歐盟目前有27個國家，是目前世界上經濟整合度最高的區域性經濟組織。

(五) 七大工業國組織（Group of Seven）：簡稱為G7，是由現今世界上七個工業大國組成的聯盟。成員國分別是德國、法國、英國、日本、美國、義大利以及加拿大。每年G7會舉辦高峰會，由成員國輪流接任主辦，與會國將就政治、經濟、軍事等各方面交流意見。（2014年俄羅斯會籍被凍結。）

(六) 北美自由貿易協定（North American Free Trade Agreement，NAFTA）：係由美國、加拿大及墨西哥在1992年簽署關於三國間全面貿易的協議，並於1994年生效。根據NAFTA規章，三個成員國彼此需遵守國民待遇、最惠國待遇及透明化原則，藉以消除貿易障礙，促進公平競爭條件、增加區內投資機會、提供區內有效的智慧財產權保護，並遵守NAFTA規章所訂之爭端解決條款。2018年10月1日，三方達成新版美墨加協定（United States–Mexico–Canada Agreement, USMCA），USMCA包含34個章節、附件及附函，議題相當廣泛。目前美國與墨西哥都已簽署USMCA，待加國一批准，USMCA即可生效。

我國於2002年元月以「台灣、澎湖、金門、馬祖個別關稅領域」名義正式加入，成為WTO的第144個會員國，並於1991年以「中華台北」的名稱加入APEC。

第二章　國際貿易流程

經典考題

一、說明D/P之意義與其交易流程。（高考）★★★

二、說明D/A之意義與其交易流程。（高考）★★★

三、試述出口貿易流程。★★

四、試述進口貿易流程。★★

命題焦點

國際商品的買賣自交易磋商，簽訂買賣契約，雙方履行契約到完成交易，其間必須經過許多繁雜的程序，且每筆交易的程序也不盡相同。端視各種因素而定例如貿易條件、付款條件或各國政府法令規定的不同，交易流程也會有所不同。以下是以目前市場上常用的信用狀付款方式及海運運輸為基礎的交易，說明一般進出口的交易流程。

一、出口流程

(一) 調查市場

出口商在從事國際貿易之前首先必須對國外市場進行調查，主要包括商品的市場供需情形、銷售通路、地理環境、經濟環境、產業結構、政治法律、貿易政策、關稅制度和外匯狀況等相關資訊，以作為產品銷售的參考。

(二) 尋找交易對手

經過市場調查後，出口商可依據調查的結果選定目標市場，再從這些市場中尋找適合的交易對象。一般可透過相關商情網路的查詢、廣告刊登、參加展覽或透過相關機構推介等方式來尋找。

(三) 發出招徠函電

在市場上找到可能的交易對手後，出口商即可發出招徠函（Letter of Proposal），表示欲與其交易的意願，提出交易條件，並附上商品目錄（Catalog）和價格表（Price List，P/L）來招攬交易。

(四) 信用調查

在交易前可先透過信用調查，例如利用往來銀行或徵信機構等管道來查詢，了解對方信用。如調查結果顯示交易對手的信用不佳，須停止往來，以免交易後產生損失。

(五) 報價

出口商接獲詢價後，若為信用良好的進口商，則可就商品數量、品質或其他交易條件進行報價。國外進口商若對報價合意並接受，則交易即告成立。

(六) 簽訂買賣契約

買賣雙方經過詢價、報價及還價等過程後，協議出雙方可以接受的交易條件，此時買方接受的報價，再經過賣方最後確認，買賣契約即告成立。買賣契約一旦成立，雙方的權利義務也因而確定，賣方必須交付貨物，買方則必須支付貨款。

(七) 準備貨物

雙方簽訂契約後，進口商依約申請開發信用狀，出口商於接獲信用狀後，即可開始準備貨物。

(八) 洽訂艙位

在CFR、CIF貿易條件下，出口商備妥貨物後，應向船公司洽訂艙位，經船公司接受後發給裝貨單（Shipping Order，S/O），憑以辦理出口報關及裝運手續。

(九) 出口簽證

出口簽證係指申請簽發輸出許可證（Export Permit/Export Licence，簡稱E/P或E/L）。出口貨物若為須簽證之貨物，出口商就應依規定申請輸出許可證，其餘貨物則可免證出口。

(十) 出口公證或出口檢驗

依據契約或進口國法令規定，貨物需辦裡出口公證或出口檢驗者，出口商應依約進行出口公證或出口檢驗。

(十一)投保貨物運輸保險

投保保險必須依據貿易條件：

1. 若為CIF、CIP貿易條件，由出口商負責投保，出口商必須向保險公司投保貨物運輸保險，取得保險單據，作為押匯文件。

2. 若為FOB、CFR貿易條件，由進口商負責投保，出口商並無投保之義務，而開狀銀行為保障其融資債權之安全性，通常會要求進口商在申請開狀前，先投保貨物運輸保險。

(十二)出口報關及裝船

出口商或報關行依海關規定填製出口報單，並傳輸到海關，由海關電腦系統與倉儲業者所傳送的進倉訊息比對，判斷通關內容，完成比對後，通關手續才算完成。待海關查驗放行後，即可辦理裝船作業。

(十三)發出裝船通知

出口商於貨物裝運後，應即向進口商發出裝船通知，以利進口商購買保險或準備進口報關、提貨等相關事宜。

(十四)準備押匯文件

出口商將貨物運出後，須依信用狀規定備齊各項押匯所需之單據，例如匯票、商業發票、包裝單、提單和保險單等單據。

(十五)辦理押匯

出口商備妥信用狀規定的各項單據後進行，即可持向往來的外匯指定銀行申請辦理押匯，以取得出口款項。

(十六)索賠

若進口商不依約付款，即可向其索賠因違約而遭受的損失。

二、進口流程

國際貿易的進行不論是由出口商或進口商主動，進口商所需的準備程序大致與出口商相同。進口商也需要透過調查市場，尋找國外的交易對手，並對其進行信用調查，然後發出詢價，若接受出口商的報價，即可簽訂買賣契約書。

(一) 調查市場

與出口作業流程雷同。

(二) 尋找交易對手

與出口作業流程雷同。

(三) 信用調查

與出口作業流程雷同。

(四) 詢價及接受

進口商接獲出口商所寄發的商品目錄、價目表或樣品後，如有切合需要，可向出口商詢價，接獲出口商的報價後，若同意其報價內容，即可予以接受，確定交易。

(五) 簽訂買賣契約書

與出口作業流程雷同。

(六) 進口簽證

進口簽證係指申請簽發輸入許可證（Import Permit/Import Licence,簡稱I/P或I/L）。進口貨物若為須簽證之貨物，出口商就應依規定申請輸入許可證，其餘貨物則可免證進口。

(七) 申請開發信用狀

在以信用狀為付款方式時，買方必須先向往來銀行申請開發信用狀。

(八) 付款贖單

貨物裝出後，出口商備妥押匯單據向銀行辦理押匯，押匯銀行於承辦押匯後，依信用狀指示，將相關貨運單據寄往開狀銀行求償。開狀銀行於受理單據後，即對進口商發出單據到達通知，通知進口商前來贖單。進口商在付款或承兌後，就可贖回貨運單據。在即期信用狀下，進口商必須先付清款項，才得領回貨運單據；若是遠期信用狀，進口商只須向開狀銀行辦理匯票承兌，即可領回貨運單據。

(九) 進口檢驗與檢疫

依規定須辦理進口檢驗的貨物，進口商須在貨物拆櫃進倉後、投單報關前，向港口檢驗局駐港辦事處申請檢驗，並於貨品依照規定檢驗合格取得檢驗合格證書後，貨品方得進口。進口動植物或其產品，均應施以檢疫。進口商應於船舶抵前，先向港口檢驗機關申請檢疫，檢疫合格者發給合格證書，並憑以進口報關。

(十) 進口報關

進口商或報關行及倉儲業者將進口報關資料，透過電子傳輸方式與關貿網路連線報關，由電腦依據報關人申報之CCC Code等因素判定以C1（免審免驗通關）、C2（文件審核通關）或C3（貨物查驗通關）方式通關。

(十一)提貨

完成進口報關程序後，進口商即可持海關放行通知與船公司背書放行的小提單（Delivery Order,D/O），向倉庫辦理提貨手續。

(十二)索賠

進口貨物如有發生短缺或毀損，而此損害或滅失係屬保險人所承保的範圍時，則可向保險人提出索賠；若係船公司在運輸過程中因貨物處理不當，致使貨物受損，則須向船公司索賠；倘若為出口商違反買賣契約所致，即向出口方要求索賠。

三、進出口流程圖

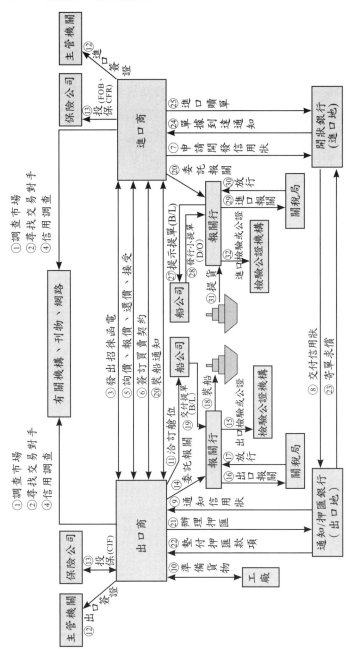

圖(一)　信用狀的進出口流程圖

四、託收交易流程

國際貿易的付款方式除了信用狀付款外，託收也是很常見的付款方式。託收依取得單據的方式可分為D/P與D/A，茲將其交易流程，分述如下：

付款交單（Documents against Payment，D/P）係指出口商按照買賣契約的約定，將貨物交運後，備妥貨運單據（如提單、商業發票、保險單等），並簽發以進口商為付款人的匯票，一併交給其往來銀行（託收銀行）寄交進口地的分行或代理銀行（代收銀行），委託其向進口商收取貨款。而進口商則必須先付清貨款後，始能取得單據，辦理提貨手續。其交易流程為：

1. 買賣契約成立。　　　　　　　　2. 出口商交運貨物。

3. 運送人交付提單。

4. 出口商填具託收申請書及跟單匯票，請託收銀行代為辦理託收。

5. 出口地託收銀行交付託收指示書及跟單匯票予進口地代收銀行。

6. 代收銀行通知進口商到單。

7. 進口商付款贖單。　　　　　　　8. 代收銀行交付單據。

9. 進口商憑運送單據提貨。　　　　10. 代收銀行通知託收款項收妥。

11. 託收銀行撥付款項與出口商。

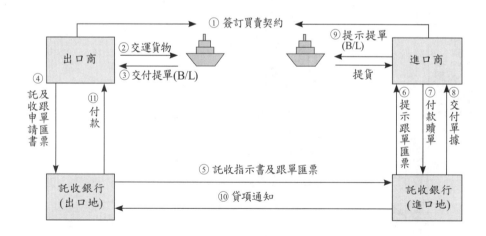

圖(二)　D/P的交易流程

承兌付單（Documents against Acceptance，D/A）係指出口商按照買賣契約的約定，將貨物交運後，備妥代表貨運單據，並簽發以進口商為付款人的匯票，一併交給其往來銀行（託收銀行）寄交進口地的分行或代理銀行（代收銀行），委託其向進口商收取貨款。與付款交單方式不同者，代收銀行於收到貨運單據及匯票後，僅通知進口商在匯票上承兌，即交付單據給進口商，辦理提貨手續，俟匯票到期時，再行付款。其交易流程為：

1. 買賣契約成立。
2. 出口商交運貨物。
3. 運送人交付提單。
4. 出口商填具託收申請書及跟單匯票，請託收銀行代為辦理託收。
5. 出口地託收銀行交付託收指示書及跟單匯票予進口地代收銀行。
6. 代收銀行提示進口商承兌。
7. 進口商承兌。
8. 代收銀行交付單據。
9. 進口商憑運送單據提貨。
10. 進口商於承兌匯票到期時付款。
11. 代收銀行通知託收款項收妥。
12. 託收銀行撥付款項與出口商。

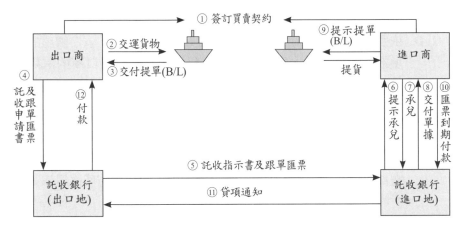

圖(三)　D/A的交易流程

測驗題攻略

( ) 1. 下列哪一步驟應於進口贖單之後辦理？ (A)進口簽證 (B)開發信用狀 (C)進口報關 (D)押匯。（國貿丙級）

( ) 2. 出口商在從事國際貿易時，應辦理事項如下：a.簽訂買賣契約；b.辦理出口押匯；c.接受信用狀；d.報價；e.貨物裝運，其出口正確次序為 (A)dacbe (B)daecb (C)cdaeb (D)daceb。（國貿丙級）

( ) 3. 下列哪一個步驟須於出口報關前完成？ (A)出口押匯 (B)出口檢驗 (C)領取提單 (D)贖單。（國貿丙級）

( ) 4. 開發信用狀是在國際貿易過程中的 (A)交易前準備階段 (B)訂約階段 (C)履約階段 (D)善後處理階段。（國貿丙級）

( ) 5. 信用狀交易下，出口商何時可取得貨款？ (A)進口商訂貨時 (B)開狀時 (C)贖單時 (D)出口押匯時。（國貿丙級）

解答及解析

1. **C** 依照進出口貿易流程，進口商在付款或承兌後，向銀行贖回貨運單據。並可憑提單辦理進口報關與提貨等相關事宜。

2. **D** 依照進出口貿易流程，出口商在從事國際貿易時，依序辦理的事項為：報價之後，雙方簽訂買賣契約，在接受進口商的信用狀後，洽訂艙位將貨物裝運，並辦理出口報關手續，於取得貨運單據後，開具匯票向銀行辦理出口押匯。

3. **B** 依照進出口貿易流程，出口商在詢報價之後，與進口商簽訂契約，開始備貨，並辦理出口簽證與出口檢驗，接著再洽訂艙位，辦理出口報關手續。所以在出口報關前，必須先完成出口檢驗的步驟。

4. **C** 國際貿易中的交易前準備階段即定約前的步驟：包括招攬交易、信用調查。訂約階段：詢價、報價、還價→接受並確認契約。履約階段即訂約後的步驟：包括申請開狀→開發、交付信用狀→通知信用狀→預售外匯→洽訂艙位→投保→貨物進儲指定地點→出口報關→放行、裝船→交付提單→裝船通知→辦理押匯、墊付押匯款項→寄單求償→單據到達通知、進口贖單→提示提單、發行小提單→進口報關→放行、提貨。善後處理階段：包括貿易索賠、仲裁等。

5. **D** 在信用狀交易下，出口商在詢報價之後，與進口商簽訂契約後開始備貨，洽訂艙位，並辦理出口報關和裝船，在取得貨運單據後，出口商得開具匯票，向銀行辦理出口押匯並取得貨款。

申論題破解

(一)說明D/P之意義與其交易流程。
(二)說明D/A之意義與其交易流程。（高考）

解(一)D/P（Documents against Payment）付款交單：係指出口商按照買賣契約的約定，將貨物交運後，備妥貨運單據，並簽發以進口商為付款人的匯票，一併交給其往來銀行（託收銀行）寄交進口地的分行或代理銀行（代收銀行），委託其向進口商收取貨款。而進口商則必須先付清貨款後，始能取得單據，辦理提貨手續。其交易流程為：

1. 買賣契約成立。
2. 出口商交運貨物。
3. 運送人交付提單。
4. 出口商填具託收申請書及跟單匯票，請託收銀行代為辦理託收。

5. 出口地託收銀行交付託收指示書及跟單匯票予進口地代收銀行。

6. 代收銀行通知進口商到單。

7. 進口商付款贖單。

8. 代收銀行交付單據。

9. 進口商憑運送單據提貨。

10. 代收銀行通知託收款項收妥。

11. 託收銀行撥付款項與出口商。

(二) D/A（Documents against Acceptance）承兌交單：係指出口商按照買賣契約的約定，將貨物交運後，備妥代表貨運單據，並簽發以進口商為付款人的匯票，一併交給其往來銀行（託收銀行）寄交進口地的分行或代理銀行（代收銀行），委託其向進口商收取貨款。與付款交單方式不同者，代收銀行於收到貨運單據及匯票後，僅通知進口商在匯票上承兌，即交付單據給進口商，辦理提貨手續，俟匯票到期時，再行付款。其交易流程為：

1. 買賣契約成立。

2. 出口商交運貨物。

3. 運送人交付提單。

4. 出口商填具託收申請書及跟單匯票，請託收銀行代為辦理託收。

5. 出口地託收銀行交付託收指示書及跟單匯票予進口地代收銀行。

6. 代收銀行提示進口商承兌。

7. 進口商承兌。

8. 代收銀行交付單據。

9. 進口商憑運送單據提貨。

10. 進口商於承兌匯票到期時付款。

11. 代收銀行通知託收款項收妥。

12. 託收銀行撥付款項與出口商。

第三章 交易前的準備

本章依據出題頻率區分，屬：**C** 頻率低

經典考題

一、試述市場調查的項目有哪些？★

二、市場調查的資料來源為何？是說明之。★★

三、信用調查的3C分別是甚麼？★★

命題焦點

一、市場調查

國際貿易的基本程序可以概括分為交易前的準備、交易磋商、契約簽訂、契約履行四個階段。交易前的準備是這四個階段中的第一個，也是整個交易的基礎。國際貿易交易前的準備主要包括市場調查、尋找交易對象、發出招徠函電以及信用調查。

(一) 市場調查

1. 市場調查的項目

一般調查項目	針對某一特定市場所屬國家概況的調查，主要包括地理環境、經濟環境、交通運輸、社會人文、產業結構、商業狀況、政治法律、貿易政策、關稅制度和外匯狀況等。

個別調查項目	針對某一特定商品在市場的產銷狀況的調查，主要包括商品的市場供需情形、價格與供需變動的關係、銷售通路、廣告宣傳、付款習慣和競爭者分析等。

2.市場調查的資料來源：

(1) 初級資料（Primary Data）

是指由自己實地蒐集而獲得的資料，經過統計分析後使用，又稱為第一手資料。優點為客觀性強，缺點是所需的時間長，成本及困難度都較高。常用的方法有：

A.派員出國以銷售、問卷、或談話等形式實地訪問調查。

B.委託國外市調機構取得資料。

C.通信調查獲取資料。

D.委託國外駐華或我駐外商務機構進行調查。

(2) 次級資料（Secondary Data）

是指使用他人已蒐集整理的資料，又稱為二手資料。優點為取得速度快，並可節省成本，缺點是資訊可能已經過時，且缺乏其他資料去判斷問題的正確性。取得的方式有：

A.政府機關發行的各種刊物。

B.本國駐外使館及其他駐外單位所提供的刊物及報導。

C.本國公會及各職業團體所發布的經貿刊物。

D.國內外專業市場研究調查機構出版的刊物。

E.通過各種媒體（報紙、專業性雜誌、新聞廣播等）所獲得的資訊。

二、尋找交易對象

(一) 尋找國外交易對手的方法

1. 積極的尋找方法

(1) 寄發招徠函。

(2) 派員出國拜訪。

(3) 刊登廣告。

(4) 參加國內外商展。

(5) 透過有關機構的介紹。

(6) 透過網路找尋適當交易對手。

2. 消極的尋找方法

(1) 與主動來函要求交易的國外對手聯絡。

(2) 根據國內各機構發佈的貿易機會發函。

(3) 根據國外機構發佈的工商名錄發函。

(4) 根據國外發行的貿易專業雜誌或相關刊物上貿易商或廠商刊登的廣告，選擇適當對象發函。

(二) 發出招徠函電

進、出口商在找到交易對象後，除了當面洽談外，一般常發出招徠函電，希望能有進一步的接洽。出口商在寄發招徠函件時，大多會附上價目表（Price List）、商品目錄（Catalog）及樣品（Sample）等、供國外買主參考。

價目表簡稱P/L，係記載貨物名稱、品質規格及參考價格的文件。由於價目表上所列各項條件僅作為對方參考之用，法律上視為要約的引誘，非屬於穩固報價，所以即使國外買方對該價目表的價格予以接受，但賣方並不受拘束。意即賣方得視市場的變化調整價目表上的價格或條件，因此價目表上所列的各項條件及價格，僅供交易對方參考。

三、信用調查

目的	(1)瞭解交易對象的信用狀況。 (2)減少商業風險，避免日後蒙受損失。 (3)用以辦理輸出保險。
項目 （3C）	(1)品性（Character）：交易對象的商業道德及信譽。 (2)能力（Capacity）：交易對象的經營能力及技術能力。 (3)資本（Capital）：交易對象的資本額及損益情形。
方法	(1)委託往來銀行調查：進、出口商可委託國內往來銀行，轉請其國外分行或通匯銀行，代為查詢國外客戶的信用。 (2)請對方提供的銀行備詢人提供資料：進、出口商初次往來時，一般都會提供自己往來銀行的資料，以供對方查詢自己的信用，也就是提供銀行備詢人（bank reference）。例如進、出口商通常會在招攬交易的函件中標示Our reference：XXX BANK，其目的就是為了方便交易對手進行信用調查，進、出口商可透過這些銀行來查詢交易對手的信用狀況。 (3)委託徵信所調查：透過國內徵信機構調查，例如外貿協會、中華徵信所等；或透過國外徵信機構調查。 (4)其他調查方法：例如委請當地商會或同業公會代為調查、委託我國派駐當地使領館或商務機構代為調查、或向貿易對手的往來客戶或同行查詢。

測驗題攻略

( )　1.進出口廠商在招攬交易的函件中，標示Our reference：The Bank of Taiwan Head Office，Taipei是為了　(A)方便交易對手開發信用狀　(B)方便交易對手進行信用調查　(C)方便交易對手以T/T匯款　(D)方便交易對手以D/A交易。（國貿丙級）

(　)　2.於招攬交易時，所寄送的價目表（Price List）其主要性質為　(A)可替代買賣契約　(B)於穩固報價　(C)僅供買方參考　(D)可供申請開發信用狀之用。（國貿丙級）

(　)　3.下列何者屬於市場調查的個別調查項目？　(A)該市場的交通狀況　(B)該市場的關稅制度　(C)該商品在該市場的供需情形　(D)該市場的外匯狀況。（國貿丙級）

(　)　4.下列何者不是信用調查的項目？　(A)資本額　(B)損益情形　(C)營業能力　(D)員工福利。（國貿丙級）

(　)　5.調查對方有關經營能力，技術能力等的事項是屬於下列信用調查項目中的那一項？　(A)Character　(B)Capacity　(C)Capital　(D)Condition。（國貿丙級）

(　)　6.下列哪一種尋找貿易對手的方法成本最低？　(A)寄發信函　(B)出國訪問　(C)刊登廣告　(D)參加商展。（國貿丙級）

(　)　7.招徠函的附件通常不包括　(A)價目表　(B)商品目錄　(C)樣品　(D)契約書。（國貿丙級）

解答及解析

1. **B**　Our reference（備詢人）：The Bank of Taiwan Head Office，Taipei（備詢銀行），通常為公司往來的銀行，常出現在招攬信函中，方便交易對手進行信用調查。

2. **C**　寄送的價目表在我國僅視為要約的引誘，並不是要約，也非穩固報價，而是僅供買方參考，希望對方能向我方發出詢價。

3. **C**　個別調查項目是只針對某一特定商品在市場的產銷狀況的調查，主要包括商品在該市場的供需情形、價格與供需變動的關係、銷售通路、廣告宣傳、付款習慣和競爭者分析等。該市場的交通狀況、該市場的關稅制度及該市場的外匯狀況係屬於一般調查項目。

4. **D** 信用調查的三C是指(A)品性（Character）：交易對象的商業道德及信譽；(B)能力（Capacity）：交易對象的經營能力及技術能力；(C)資本（Capital）：交易對象的資本額及損益情形。因此員工福利不是信用調查的項目。

5. **B** 信用調查Capacity（能力）係指調查交易對象的經營能力及技術能力等事項。

6. **A** 尋找對手的方法，寄發招徠函較出國訪問、刊登廣告及參加商展的成本低。

7. **D** 出口商在寄發招徠函件時，大都會附上價目表（Price List）、商品目錄（Catalog）及樣品（Sample）等、供對方參考；而契約書是等報價接受後才簽發的文件。

申論題破解

一、在國際貿易，就出口商而言尋找國外客戶的方法如何？簡述之。

解 國際貿易上進出口商尋找交易對象的方法有兩種，一為積極的尋找方式；另一則是消極的尋找方式，分述如下：

(一) 積極的尋找方法

　　1. 寄發招徠函：進、出口商在找到交易對象後，除了當面洽談外，一般常發出招徠函電，希望能有進一步的接洽。出口商在寄發招徠函件時，大多會附上價目表（Price List）、商品目錄（Catalog）及樣品（Sample）等，供國外買主參考。

　　2. 派員出國拜訪。

　　3. 在國內外有關貿易專業的雜誌上刊登廣告。

　　4. 參加國內外商展。

5. 透過有關機構介紹，例如國外往來銀行、本國駐在國外的大使館、外國駐在本國的大使館或委託國外進出口公會、商會介紹等。
6. 透過網路找尋適當交易對手。

(二) 消極的尋找方法

1. 與主動來函要求交易的國外對手聯絡。
2. 根據國內各機構發佈的貿易機會發函。
3. 根據國外機構發佈的工商名錄發函。
4. 根據國外發行的貿易專業雜誌或相關刊物上貿易商或廠商刊登的廣告，選擇適當對象發函。

二、試述信用調查的重要性？以及信用調查的方法有哪些？

解 (一) 信用調查的重要性

1. 瞭解交易對象的信用狀況。
2. 減少商業風險，避免日後蒙受損失。
3. 用以辦理輸出保險。

(二) 信用調查的方法：

1. 委託往來銀行調查：進、出口商可委託國內往來銀行，轉請其國外分行或通匯銀行，代為查詢國外客戶的信用。
2. 請對方提供的銀行備詢人提供資料：進、出口商初次往來時，一般都會提供自己往來銀行的資料，以供對方查詢自己的信用，也就是提供銀行備詢人（bank reference）。
3. 委託徵信所調查：透過國內徵信機構調查，例如外貿協會、中華徵信所等；或透過國外徵信機構調查。
4. 其他調查方法：例如委請當地商會或同業公會代為調查、委託我國派駐當地使領館或商務機構代為調查、或向貿易對手的往來客戶或同行查詢。

第四章　貿易條件

本章依據出題頻率區分，屬：**A** 頻率高

經典考題

一、由於國際貿易涉及情況複雜，交易當事人常會使用國貿條規（Incoterms）
中的條件進行貿易報價和訂約。試請回答下列關於國貿條規之問題：
(一)國貿條規的法律效力如何？其與各國法律間的關係為何？
(二)目前國際上最新修訂版本的國貿條規為何？試以其分類方式來說明
該版本國貿條規所解釋的貿易條件有那些？
(三)最新修訂的版本與前一版本不同的條件為何？並說明其內容？
（109關特）★★★

二、(一)以FCA Seller's Warehouse條件交易，賣方完成交貨（風險移轉予買
方）之地點為何？
(二)請依據Incoterms® 2010的規定，分別說明在FCA Seller's
Warehouse條件與EXW Seller's Warehouse條件下，下列各項義務應
各歸屬買方或賣方：
1.輸出通關手續之辦理。
2.輸出國當局所強制實施之裝運前檢驗費用之支付。
3.在交貨地點將貨物裝載上運輸工具。（108台灣菸酒）★★★

三、INCOTERMS 2010係提供國際貿易業者簽訂買賣契約之重要依據。請問：
(一)在INCOTERMS 2010規範下，賣方有那四項基本義務？
(二)應加指定裝船港（insert named port of shipment）的貿易條件為
何？請寫出其英文簡稱及全稱。
(三)在CPT、CIF及DAT三種不同貿易條件下，貨物的風險從賣方轉移
買方之時點有何不同？（104關特）★★★

四、國際商會（ICC）所訂定的國貿條規（Incoterms）最新的版本是那一版
本？它從何年何月何日開始生效實施？它分成那兩類？每一類中各有

那些交易價格條件？其中在進口地交貨的交易價格條件的英文縮寫、英文全寫、及意涵各為何？試述之。（關特）★★★

五、貿易條件（trade terms）是約束國際貿易買賣雙方權利與義務的重要依據。國際商會頒訂2010年版之國貿條規（incoterms）計有十一種貿易條件，其中適用於複合運送者簡稱為FCA、CPT與CIP三種。請回答下列問題：

(一)請寫明上述三種貿易條件之原始英文名稱。

(二)簡單說明上述三種貿易條件之意義。

(三)比較此三種貿易條件之相同與不同點。（高考）★★★

六、試說明Incoterms® 2020十一種貿易條件。★★★

七、何謂C&I、FOB&C及In Bond？★★

八、試述貿易條件選用的原則。★★

命題焦點

一、解釋貿易條件的國際慣例

(一) 常見解釋貿易條件的國際慣例

1. 國貿條規（Incoterms）。

2. 美國對外貿易定義（American Definition）
   共解釋6種貿易條件，其中又將FOB之解釋分為6種。

3. 華沙牛津規則（Warsaw Oxford Rules）
   只解釋CIF一種貿易條件。

(二) 貿易條件之功用

1. 確定價格的構成。

2. 確定雙方的權利義務關係。

3. 確定交貨品質、數量的認定之時點。

二、國貿條規 Incoterms® 2020

(一) 意義

國貿條規（Incoterms）係國際商會（ICC）於1936年所制定的「交易價格條件國際釋義規則」（International Rules for the Interpretation of Trade Terms），簡稱國貿條規，為一定型的交易價格條件。以套裝方式依交貨地（亦為風險移轉地點）、交易價格之構成、買賣雙方權利義務等之不同，分條訂定標準化之貿易條件規則。其後經1953、1967、1976、1980、1990、2000、2010及2020年等數次之修訂。

最新版本是國際商會於2019年9月中公布新一版之國貿條規（Incoterms ® 2020），將自2020元月1日起施行。

(二) 2020年國貿條規之架構

新版Incoterms® 2020仍維持兩大類型11種貿易條件，兩大類型仍分為「適合任何或多種運送方式」及「僅適用海運及內陸水路運送方式」，唯DAT（Delivered at Terminal）「終點站交貨」條件，更名為DPU（Delivered at Place Unloaded）「目的地卸貨後交貨」條件。此外新版Incoterms® 2020將先前2010版本相關費用負擔分散於各條文中列示之規定加以集中規定，方便查閱有關費用負擔，另在運送之義務與費用中，增加與安全相關的要求（security-related requirements），每一條件規則之導引（Guidance），也更名為 "Explanatory Notes for Users"。

(三) 新版Incoterms® 2020與舊版Incoterms 2010的比較

Incoterms 2020	Incoterms 2010
適用於任何含多種運送方式	適用於任何含多種運送方式
EXW，FCA，CPT，CIP，	EXW，FCA，CPT，CIP，
DAP，DPU，DDP	DAT，DAP，DDP
僅適用於海運及內陸水陸運送	僅適用於海運及內陸水陸運送
FAS，FOB，CFR，CIF	FAS，FOB，CFR，CIF

(四) Incoterms ®2020兩大類型11種貿易條件

類別	貿易條件
適用於任何含多種運送方式（Any Mode or Modes of Transport）	EXW（Ex Works）工廠交貨條件
	FCA（Free Carrier）貨交運送人條件
	CPT（Carriage Paid to）運費付訖條件
	CIP（Carriage & Insurance Paid to）運保費付訖條件
	DAP（Delivered at Place）目的地交貨條件
	DPU（Delivered at Place Unloaded）卸貨地交貨條件
	DDP（Delivered Duty Paid）稅訖交貨條件
僅適用於海運及內陸水路運送（For Sea and Inland Waterway Transport）	FAS（Free Alongside Ship）船邊交貨條件
	FOB（Free On Board）船上交貨條件
	CFR（Cost and Freight）運費在內條件
	CIF（Cost Insurance & Freight）運保費在內條件

(五) Incoterms ®2020貿易條件之各項規定架構

A1/B1－一般義務（General obligations）

A2/B2－交貨／接受交貨（Delivery / Taking delivery）

A3/B3－風險移轉（Transfer of risks）

A4/B4－運送（Carriage）

A5/B5－保險（Insurance）

A6/B6－交貨／運送單據（Delivery / transport document）

A7/B7輸出／輸入通關（Export / Import clearance）

A8/B8檢查／包裝/標示（Checking / packaging / mar king）

A9/B9費用之負擔（Allocation of costs）

A10/B10通知（Notices）

(六) Incoterms ®2020的11種貿易條件

Incoterms® 2020仍維持為兩大類型11種貿易條件,並在每一條件之A9/B9欄位,集中列示各相關費用負擔之規定,且在運送之義務與費用中,增加與安全相關之要求,今將Incoterms® 2020的11種貿易條件介紹如下:

1.適用於任何含多種運送方式

(1) EXW工廠交貨條件(…指定交貨地)

意義	全名為EX WORKS(insert named place of delivery),例如:EXW Kaohsiung,此條件表示賣方須於約定之日期或期間內,在指定交貨地之議定地點(如有約定時),例如工廠、營業場所、倉棧…等,但非僅限於賣方之營業處所,將尚未辦妥輸出通關亦未裝載至任何買方安排收貨之運輸工具之貨物,交由買方處置時,即為賣方已為貨物之交付。另依據本條件費用負擔之規定,賣方須給予買方能接管所交付貨物所須之任何通知。
責任與義務	以EXW條件交易,因交易價格未包含主要運費及保險費,故買賣契約不涉及運送契約與保險契約之訂立,但為買方所需,賣方須應買方之請求,以買方之風險及費用,提供買方包含與運送相關之安全要求的任何資訊,以供買方安排運送;賣方對買方無訂立保險契約之義務,但應買方之要求,賣方須以買方之風險與費用提供買方資訊,以供買方投保保險。
各項主要費用負擔之規定	(1)交貨前有關貨物之一切費用→賣方。 (2)檢查與包裝費用→賣方。 (3)輸出通關之相關費用與稅賦(如有者)→買方。 (4)裝運前強制性檢驗費用－輸出國當局強制實施→買方。 (5)裝運前強制性檢驗費用－其他→買方。 (6)主要運費。 (7)貨物啟運時之裝載費用。 (8)貨物抵達時之卸貨費用。 (9)輸入通關(含通過其他國家)之相關費用與稅賦(如有者)→買方。

其他 說明	本條件因為買方負擔自指定交貨地之約定地點受領貨物起後所有的成本及危險，因此賣方不需負擔貨物裝載之義務，也不需負責貨物出口通關之手續。故EXW條件是新版國貿條規之11個條件規則中，唯一由買方辦理輸出通關相關手續者。在此條件下為賣方承擔最小的義務，亦即買方承擔最大義務之條件。買方若要求賣方裝載貨物，另改採用FCA條件交易較為合適。另外買方若無法直接或間接辦理出口通關手續時，不宜選用本條件。

(2) FCA貨交運送人條件（…指定交貨地）

意義	全名為FREE CARRIER（insert named place of delivery），例如：FCA TPE Airport，此條件表示賣方須於議定之日期或期間內，在指定交貨地之議定地點，將貨物交付買方所指定之運送人或其他人，或取得如此交付之貨物，即屬賣方交貨。如係約定在賣方之營業場所，賣方尚須將貨物裝載於買方所安排或提供之運送工具始為交貨；如係約定在賣方營業場所以外之地點，賣方須安排運送工具，將貨物運送至指定地點，並將放在賣方運送工具上，尚未卸載但隨時可以卸載之貨物，交付買方所指定之運送人或其他人。在此條件下的危險移轉地點為賣方將貨物交付運送人時，賣方須負擔貨物送交運送人以前的所有成本及風險。
責任 與 義務	(1)此條件的賣方對買方並無訂立運送契約之義務，但應買方之要求，賣方須以買方之風險與費用，提供買方為安排運送所需包含與運送相關安全要求的任何資訊；或經約定，賣方應以買方之風險及費用依通常條件訂定運送契約，另賣方須遵循任何運送相關之安全要求，直至已交貨。賣方須以其費用提供買方，已依交貨規定交付貨物之通常證明（usual proof），另賣方須應買方之要求，且以買方之風險與費用，提供買方取得運送單據的協助；買方須接受依據交貨規定交付貨物之通常證明。另若當事人約定，買方必須以其費用與風險，指示運送人簽發顯示貨物已裝船之運送單據予賣方。此條件中，賣方對買方無訂立保險契約之義務，但應買方之要求，賣方須以買方之風險與費用提供買方投保保險所需之資訊；而買方對賣方無訂立保險契約之義務。

責任 與 義務	(2)在此條件下，賣方除負擔貨物送交運送人前之所有的成本及風險外，也須辦理及支付輸出國所要求諸如輸出許可、與安全通關相關之要求、裝船前強制性檢驗，及其他官方許可等貨物輸出通關所須之一切手續及費用，但無義務支付進口稅捐或辦理貨物進口通關手續。賣方雖不須辦理輸入或轉口之通關手續，但須協助買方取得辦理輸入或轉口通關所須之文件及資訊；買方必須辦理及支付輸入或轉口國所要求諸如輸入或轉口許可、與安全通關相關之要求、裝船前強制性檢驗及其他官方許可等貨物輸入或轉口通關所須之一切手續及費用。另買方雖不須辦理輸出通關手續，但亦須協助賣方取得辦理輸出通關所須之文件及資訊。
各項主要費用負擔之規定	(1)交貨前有關貨物之一切費用→賣方。 (2)檢查與包裝費用→賣方。 (3)輸出通關之相關費用與稅賦（如有者）→賣方。 (4)裝運前強制性檢驗費用－輸出國當局強制實施→賣方。 (5)裝運前強制性檢驗費用－其他→買方。 (6)主要運費。 (7)貨物啟運時之裝載費用。 (8)貨物抵達時之卸貨費用。 (9)輸入通關（含通過其他國家）之相關費用與稅賦（如有者）→買方。

(3) CPT運費付訖條件（…指定目的地）

意義	(1)全名為CARRIAGE PAID TO（insert named place of destination），例如：CPT Hong Kong，此條件表示賣方須在議定日期或議定之期間內，在所使用運輸工具適合的地點，將貨物交付依據交貨規定所訂立之運送契約的運送人，或取得如此交付之貨物，即屬賣方交貨。若到約定目的地有一個以上的運送人，且契約未約定一個特定的交貨地點時，貨物之危險自交付給第一運送人時移轉給買方。當事人若希望危險在後一個階段移轉（如在裝運港或啟運機場）時，必須在買賣契約中特別規定。

意義	(2)CPT貿易條件下有兩個重要地點－交貨地（風險移轉的地點）及目的地（賣方所訂立運送契約及運費付訖的目的地）。CPT貿易條件代號後接續之目的地為賣方訂立之運送契約的目的地，亦為運費付訖之地點，因此須於契約精確標示。在此條件下的危險移轉地點為賣方將貨物交付運送人時，而不是當貨物在目的地交給買方時，因此依據Explanatory Notes for Users，貨物在依此方式交付後，賣方並不保證貨物將完好如初的抵達目的地。
責任 與 義務	(1)本交易條件包含主要運費，因此賣方除必須負擔貨物至前述交付地點為止貨物滅失或毀損之一切風險及相關費用外；還需要訂定將貨物運抵指定目的地之運送契約，並支付運送成本及衍生的費用，包含裝載費用、運送相關之安全費用、依據運送契約支付轉運費用，及依據運送契約規定由賣方負擔之任何卸貨費用；而買方需支付轉運費用及貨物運至指定目的地地點之卸貨費用，但依據運送契約該等費用係由賣方負擔者除外。另若賣方依據運送契約，承擔在目的地與卸貨有關的費用，除非當事人間另有約定，該等費用賣方無權要求買方歸還。 (2)在此條件下，如依慣例或買方之請求，賣方必須自負費用提供買方依交貨規定所訂定運送契約之運送單據。另賣方對買方並無訂立保險契約之義務，但應買方之要求，賣方須以買方之風險與費用提供買方資訊，以供買方投保保險，而買方對賣方無訂立保險契約之義務。 (3)此條件賣方須辦理及支付輸出國所要求諸如輸出許可、與安全通關相關之要求、裝船前強制性檢驗及其他官方許可等貨物輸出通關所須之一切手續及費用，但無義務支付進口稅捐或辦理貨物進口通關手續。賣方雖不須辦理輸入或轉口之通關手續，但須協助買方取得辦理輸入或轉口通關所須之文件及資訊；買方必須辦理及支付輸入/轉口國所要求諸如輸入/轉口許可、與安全通關相關之要求、裝船前強制性檢驗及其他官方許可等貨物輸入/轉口通關所須之一切手續及費用。另買方雖不須辦理輸出通關手續，但亦須協助賣方取得辦理輸出通關所須之文件及資訊。

各項主要費用負擔之規定	(1)交貨前有關貨物之一切費用→賣方。 (2)檢查與包裝費用→賣方。 (3)輸出通關（含交貨前通過任何國家者）之相關費用與稅賦（如有者）→賣方。 (4)裝運前強制性檢驗費用－輸出國當局強制實施→賣方。 (5)裝運前強制性檢驗費用－其他→買方。 (6)主要運費、衍生之費用及運送相關安全費用→賣方。 (7)裝載費用→賣方。 (8)卸貨費用（依據運送契約由賣方負擔者除外）→買方。 (9)輸入通關（含通過其他國家）之相關費用與稅賦（如有者）→買方。

(4) CIP運保費付訖條件（…指定目的地）

意義	全名為CARRIAGE AND INSURANCE PAID TO（insert named place of destination），例如：CIP Seattle，此條件表示賣方須在議定日期或議定之期間內，在所使用運輸工具適合的地點，將貨物交付依據交貨規定所訂立之運送契約的運送人，或取得如此交付之貨物，即屬賣方交貨。在此條件下貨物風險於出口地貨物交給第一運送人時移轉給買方，賣方須負擔貨物送交運送人以前的所有成本及風險。
責任與義務	(1)本條件交易價格包含運費與保費，因此賣方除必須負擔貨物至前述交付地點為止貨物滅失或毀損之一切風險及相關費用外，還需要訂定將貨物運抵指定目的地之運送契約，並支付運送成本及衍生的費用。另依慣例或買方之請求，賣方必須自負費用提供買方依交貨規定所訂定運送契約之運送單據。 (2)且在此條件下，賣方必須就運送途中貨物滅失或損壞的危險訂定保險契約，故雙方須於契約中載明應予投保保險之相關內容，否則須遵循Incoterms的規定。在Incoterms ®2020中規定，賣方須以自身之費用取得符合「協會貨物（A）條款（Clauses（A）of the Institute Cargo Clauses（LMA/IUA）」或其他適用於所使用運送工具之任何類似保險條款的貨物保險。另若應買方之要求，賣方可以買方之費用投保額外之保險（註：即附加條款），例如兵險、罷工險或任何

責任 與 義務	類似保險條款。且保險應與具信譽之保險人或保險公司訂約，並給予買方或任何其他享有保險利益者，有權直接向保險人索賠；而保險金額與幣別除買賣契約另有約定外，前述之保險最低投保金額應為買賣契約所議定之價格加一成，亦即契約金額×110%，且為規避匯兌風險，保險金額之幣別應為契約金額之幣別。 (3)此條件賣方須辦理及支付輸出國所要求諸如輸出許可、與安全通關相關之要求、裝船前強制性檢驗及其他官方許可等貨物輸出通關所須之一切手續及費用，但無義務支付進口稅捐或辦理貨物進口通關手續。賣方雖不須辦理輸入或轉口之通關手續，但須協助買方取得辦理輸入或轉口通關所須之文件及資訊；買方必須辦理及支付輸入/轉口國所要求諸如輸入/轉口許可、與安全通關相關之要求、裝船前強制性檢驗及其他官方許可等貨物輸入/轉口通關所須之一切手續及費用。另買方雖不須辦理輸出通關手續，但亦須協助賣方取得辦理輸出通關所須之文件及資訊。
各項主 要費用 負擔之 規定	(1)交貨前有關貨物之一切費用→賣方。 (2)檢查與包裝費用→賣方。 (3)輸出通關（含交貨前通過任何國家者）之相關費用與稅賦（如有者）→賣方。 (4)裝運前強制性檢驗費用－輸出國當局強制實施→賣方。 (5)裝運前強制性檢驗費用－其他→買方。 (6)主要運費、衍生之費用及運送相關安全費用→賣方。 (7)裝載費用→賣方。 (8)卸貨費用（依據運送契約由賣方負擔者除外）→買方。 (9)輸入通關（含通過其他國家）之相關費用與稅賦（如有者）→買方。

(5) DAP目的地交貨價格條件（⋯指定目的地）

意義	全名為DELIVERED AT PLACE（insert named place of destination），例如：DAP Shanghai，此條件表示賣方須於議定日期或期間，在指定目的地之約定地點，從抵達的運送工具上將準備好卸載，但尚未辦妥輸入通關之貨物，交付買方處置

意義	時，即屬賣方交貨。本條件危險移轉的地方為指定目的地之約定地點，賣方須負擔將貨物交運到指定目的地之所有成本及風險。
責任與義務	(1)在此條件下，賣方應訂定運送契約或安排將貨物運送至指定之目的地或在此指定地區所約定之任何地點，並支付運送成本，且賣方須遵循任何運送相關之安全要求，直至運送至目的地。另必須自負費用，提供買方能夠收受貨物所需之任何單據；買方無義務為賣方訂定運送契約。此條件賣方對買方無訂立保險契約之義務，買方對賣方亦無訂立保險契約之義務，但應賣方之要求，買方須以賣方之風險與費用提供資訊，以供賣方投保保險。 (2)此條件賣方須辦理及支付輸出國所要求諸如輸出許可、與安全通關相關之要求、裝船前強制性檢驗及其他官方許可等貨物輸出通關所須之一切手續及費用，但無義務支付進口稅捐或辦理貨物進口通關手續。賣方雖不須辦理輸入之通關手續，但須協助買方取得辦理輸入通關所須之文件及資訊；買方必須辦理及支付輸入國所要求諸如輸入許可、與安全通關相關之要求、裝船前強制性檢驗及其他官方許可等貨物輸入通關所須之一切手續及費用。另買方雖不須辦理輸出通關手續，但亦須協助賣方取得辦理輸出/轉口通關所須之文件及資訊。因此若希望賣方支付進口稅捐及辦理貨物進口通關手續，應改用DDP條件。
各項主要費用負擔之規定	(1)交貨前有關貨物之一切費用→賣方。 (2)檢查與包裝費用→賣方。 (3)輸出通關（含交貨前通過任何國家者）之相關費用與稅賦（如有者）→賣方。 (4)裝運前強制性檢驗費用-輸出國當局強制實施→賣方。 (5)裝運前強制性檢驗費用-其他→買方。 (6)主要運費、衍生之費用及運送相關安全費用→賣方。 (7)裝載費用→賣方。 (8)卸貨費用（依據運送契約由賣方負擔者除外）→買方。 (9)輸入通關（含通過其他國家）之相關費用與稅賦（如有者）→買方。

(6) DPU卸貨地交貨條件（…指定目的地）

意義	全名為DELIVERED AT PLACE UNLOADED（insert named place of destination），例如：DPU Toronto，此條件為2020年國貿條規唯一變動的條件，表示賣方須於議定日期或期間，在指定目的地之約定地點，將抵達此約定地點的運送工具上，尚未辦妥輸入通關之貨物，完成卸載，或取得如此交付之貨物，交付買方處置，即屬賣方交貨。本條件風險移轉的地點為指定目的地之約定地點，賣方須負擔將貨物交運到指定目的地前的所有成本及風險，包括卸載在內之所有風險。
責任與義務	(1)在此條件下，賣方應訂定運送契約或安排將貨物運送至指定之目的地或在此指定地區所約定之任何地點，並支付運送成本，且賣方須遵循任何運送相關之安全要求，直至運送至目的地。另必須自負費用，提供買方能夠收受貨物所需之任何單據；買方無義務為賣方訂定運送契約。此條件賣方對買方無訂立保險契約之義務，買方對賣方亦無訂立保險契約之義務，但應賣方之要求，買方須以賣方之風險與費用提供資訊，以供賣方投保保險。 (2)此條件賣方須辦理及支付輸出國所要求諸如輸出或轉口許可、與安全通關相關之要求、裝船前強制性檢驗及其他官方許可等貨物輸出或轉口通關所須之一切手續及費用，但無義務支付進口稅捐或辦理貨物進口通關手續。賣方雖不須辦理輸入之通關手續，但須協助買方取得辦理輸入通關所須之文件及資訊；買方必須辦理及支付輸入國所要求諸如輸入許可、與安全通關相關之要求、裝船前強制性檢驗及其他官方許可等貨物輸入通關所須之一切手續及費用。另買方雖不須辦理輸出通關手續，但亦須協助賣方取得辦理輸出通關所須之文件及資訊。
各項主要費用負擔之規定	(1)交貨前有關貨物之一切費用→賣方。 (2)檢查與包裝費用→賣方。 (3)輸出通關（含交貨前通過任何國家者）之相關費用與稅賦（如有者）→賣方。 (4)裝運前強制性檢驗費用－輸出國當局強制實施→賣方。 (5)裝運前強制性檢驗費用－其他→買方。

各項主要費用負擔之規定	(6)主要運費、衍生之費用及運送相關安全費用→賣方。 (7)裝載費用→賣方。 (8)卸貨費用（依據運送契約由賣方負擔者除外）→賣方。 (9)輸入通關（含通過其他國家）之相關費用與稅賦（如有者）→買方。
說明	DAP貿易條件與DPU貿易條件之主要差異在於採用DAP條件下，賣方交貨時不負責卸貨；而採用DPU條件下，賣方交貨時須卸貨。

(7) DDP稅訖交貨條件（…指定目的地）

意義	全名為DELIVERED DUTY PAID（insert named place of destination），例如：DDP Tokyo，此條件表示賣方須於議定日期或期間，在指定目的地將已運送抵達此指定地點，且已辦妥輸入通關並準備好卸載之貨物，或取得如此交付之貨物，置於買方處置下，即屬賣方交貨。本條件危險移轉的地方為指定目的地內之地點，賣方須負擔將貨物交至該地之全部成本與風險。
責任與義務	賣方必須辦理及支付輸出／轉口／輸入國所要求諸如輸出／轉口／輸入許可、與安全通關相關之要求、裝船前強制性檢驗及其他官方許可等貨物輸出／轉口／輸入通關之一切手續及費用，亦即賣方須承擔所有輸出／轉口／輸入通關手續之辦理及衍生之費用；而買方須應賣方之請求，以賣方之風險及費用，協助賣方取得辦理輸出／轉口／輸入通關所須之文件或資訊。
各項主要費用負擔之規定	(1)交貨前有關貨物之一切費用→賣方。 (2)檢查與包裝費用→賣方。 (3)輸出通關（含交貨前通過任何國家者）之相關費用與稅賦（如有者）→賣方。 (4)裝運前強制性檢驗費用－輸出國當局強制實施→賣方。 (5)裝運前強制性檢驗費用－其他→賣方。 (6)主要運費、衍生之費用及運送相關安全費用→賣方。 (7)裝載費用→賣方。 (8)卸貨費用（依據運送契約由賣方負擔者除外）→買方。 (9)輸入通關（含通過其他國家）之相關費用與稅賦（如有者）→賣方。

說明	在此條件下賣方應負擔之義務最重。賣方除應取得符合該條件的運送契約並支付運送成本，且須提供標明運費已付之運送單據；並有義務辦理貨物出口及進口通關手續，且支付所有任何進出口關稅。而DDP貿易條件與DAP貿易條件除輸入通關手續之辦理不同外（DAP條件由買方負責辦理，DDP條件由賣方負責辦理）其餘規定皆相同。另除非在買賣契約中另以明文約定，DDP條件下賣方須負擔任何進口時所須支付之加值稅或任何其他稅款。因此若賣方對進口報關手續沒有把握，例如無法取得輸出貨物之輸入許可證，則不宜使用本條件。若希望買方負擔進口通關之所有危險與成本時，應使用DAP貿易條件。

2. 僅適用海運及內陸水運的條件

(8) FAS船邊交貨條件（…指定裝運港）

意義	全名為FREE ALONGSIDE SHIP（insert named port of shipment），例如： FAS Taichung，此條件表示賣方須於約定之日期或買方通知之日期，在指定裝運港依據該港口習慣之方式，將貨物放置於買方所指定之船舶邊（碼頭或駁船）時，或配合大宗貨物在運送途中之轉售，取得已如此交付之貨物，交付買方處置，即屬賣方交貨。本條件危險移轉的地方為貨物交運至買賣契約所約定的船邊，賣方須負擔貨物抵達指定裝運港之船邊以前的所有成本及風險。
責任 與 義務	(1)此條件賣方對買方並無訂立運送契約之義務，但應買方之要求，賣方須以買方之風險與費用提供買方包含與運送相關之安全之任何資訊，以供買方安排運送。或經約定，賣方應以買方之風險及費用依通常條件訂定運送契約，另賣方須遵循任何運送相關之安全要求，直至已交貨。賣方須以其費用提供買方已交付貨物之通常證明（usual proof），且賣方須應買方之要求，以買方之風險與費用，提供買方取得運送單據之協助；買方須接受依交貨提供之交付貨物的通常證明，另除非如前述之規定，由賣方訂定運送契約，買方須以自身之風險與費用訂立契約或安排貨物自指定交貨地之運送。

責任與義務	(2)在此條件下，賣方對買方無訂立保險契約之義務，但應買方之要求，賣方須以買方之風險與費用提供買方投保保險所需之資訊；而買方對賣方無訂立保險契約之義務。另賣方須辦理及支付輸出國所要求諸如輸出許可、與安全通關相關之要求、裝船前強制性檢驗及其他官方許可等貨物輸出通關所須之一切手續及費用，但無義務支付進口稅捐或辦理貨物進口通關手續。賣方雖不須辦理輸入或轉口之通關手續，但須協助買方取得辦理輸入或轉口通關所須之文件及資訊；買方必須辦理及支付輸入或轉口國所要求諸如輸入或轉口許可、與安全通關相關之要求、裝船前強制性檢驗及其他官方許可等貨物輸入或轉口通關所須之一切手續及費用。另買方雖不須辦理輸出通關手續，但亦須協助賣方取得辦理輸出通關所須之文件及資訊。
各項主要費用負擔之規定	(1)交貨前有關貨物之一切費用→賣方。 (2)檢查與包裝費用→賣方。 (3)輸出通關之相關費用與稅賦（如有者）→賣方。 (4)裝運前強制性檢驗費用－輸出國當局強制實施→賣方。 (5)裝運前強制性檢驗費用－其他→買方。 (6)主要運費。 (7)裝載費用。 (8)卸貨費用。 (9)輸入通關（含通過其他國家）之相關費用與稅賦（如有者）→買方。
說明	包裝在貨櫃中的貨物不適合使用FAS條件，而應使用FCA條件。

(9) FOB船上交貨條件（⋯指定裝運港）

意義	全名為FREE ON BOARD（insert named port of shipment），例如：FOB Keelung，此條件表示賣方須於約定之日期或買方通知之日期，在買方指示之指定裝運港，依據該港口習慣之方式，將貨物裝載於買方所指定之船舶上時，或配合大宗貨物在運送途中之轉售，取得已如此交付之貨物，即屬賣方交貨。本條件危險移轉的地方為貨物運送至裝運港裝載於指定的船舶上時，風險才移轉到買方。賣方須負擔貨物裝載於指定的船舶上之前的所有成本及風險。

責任與義務	(1)此條件賣方對買方並無訂立運送契約之義務，但應買方之要求，賣方須以買方之風險與費用，提供買方包含與運送相關之安全之任何資訊，以供買方安排運送。或經約定，賣方應以買方之風險及費用依通常條件訂定運送契約，另賣方須遵循任何運送相關之安全要求，直至已交貨。賣方須以其費用提供買方已交付貨物之通常證明（usual proof），且賣方須應買方之要求，以買方之風險與費用，提供買方取得運送單據之協助；買方須接受依據交貨提供之交付貨物的通常證明，另除非如前述之規定，由賣方訂定運送契約，買方須以自身之風險與費用訂立契約或安排貨物自指定交貨地之運送。 (2)在此條件下，賣方對買方無訂立保險契約之義務，但應買方之要求，賣方須以買方之風險與費用提供買方投保保險所需之資訊；而買方對賣方無訂立保險契約之義務。另賣方須辦理及支付輸出國所要求諸如輸出許可、與安全通關相關之要求、裝船前強制性檢驗及其他官方許可等貨物輸出通關所須之一切手續及費用，但無義務支付進口稅捐或辦理貨物進口通關手續。賣方雖不須辦理輸入或轉口之通關手續，但須協助買方取得辦理輸入或轉口通關所須之文件及資訊；買方必須辦理及支付輸入或轉口國所要求諸如輸入或轉口許可、與安全通關相關之要求、裝船前強制性檢驗及其他官方許可等貨物輸入或轉口通關所須之一切手續及費用。另買方雖不須辦理輸出通關手續，但亦須協助賣方取得辦理輸出通關所須之文件及資訊。
各項主要費用負擔之規定	(1)交貨前有關貨物之一切費用→賣方。 (2)檢查與包裝費用→賣方。 (3)輸出通關之相關費用與稅賦（如有者）→賣方。 (4)裝運前強制性檢驗費用－輸出國當局強制實施→賣方。 (5)裝運前強制性檢驗費用－其他→買方。 (6)主要運費。 (7)裝載費用→賣方。 (8)卸貨費用。 (9)輸入通關（含通過其他國家）之相關費用與稅賦（如有者）→買方。

說明	我國海關對貨物進出口值的統計，出口是根據FOB價格，又稱離岸價格；進口則是根據CIF價格，又稱到岸價格。	**名師講解** 若信用狀中以FOB為貿易條件，但又規定船運由賣方安排，由於風險移轉點為貨物送至裝運港裝載於船舶上為止，因此不管船運由何方安排，運輸途中所發生的損失都應由買方負擔。

(10) CFR運費在內條件（…指定目的港）

意義	(1)全名為COST AND FREIGHT（insert named port of destination），例如：CFR Dallas，此條件表示賣方須於約定之日期或期間內，將貨物運送至指定裝運港並裝載於船舶上時，或配合大宗貨物在運送途中之轉售，取得已如此交付之貨物，即屬賣方交貨。本條件危險移轉的地方為貨物運送至裝運港裝載於指定的船舶上時，風險才移轉到買方。賣方須負擔貨物裝載於指定的船舶上之前的所有成本及風險。 (2)CFR貿易條件下兩個地點－交貨地（風險移轉的地點）及目的港（賣方所訂立運送契約及運費付訖的地點）。CFR貿易條件代號後續接為目的港，此地點為運送契約之目的港及運費付訖之地點，非屬交貨地（指定的船舶上時），故契約須指定裝運之港口。另若運送全程包含於不同裝運港口之多個運送人接續承運，則當事人須於契約約定風險移轉之地點，倘未約定，則風險係於貨物交付給第一運送人時移轉。
責任與義務	(1)在此條件下，賣方負責洽訂運輸契約，並支付將貨物交運到指定目的港的運費，故賣方須以其費用，並以通常之條款訂定或取得，將貨物依通常用於運送所銷售貨物之船舶之通常路徑，從交貨地點運送至指定之目的港或在此港區所議定之任何地點的運送契約。另賣方須遵循任何運送相關之安全要求，直至已交貨。另依慣例或依買方之請求，賣方必須自負費用提供買方依運送規定所訂定之運送契約的運送單據；買方無義務為賣方訂定運送契約，但必須接受前述賣方提供已符合契約之運送單據。

責任 與 義務	(2)至於與運送相關之主要運費及貨物裝/卸費用等之負擔，依據Incoterms ®2020之規定，賣方須支付至此目的地之運送費用及衍生之費用，包含裝載費用、運送相關安全費用、依據運送契約支付之轉運費用、依據運送契約係由賣方負擔之任何卸貨費用；買方需支付貨物運至指定目的地即在該地點之卸貨費用，但依據運送契約該等費用係由賣方負擔者除外。另若賣方係依據運送契約，承擔在目的地與卸貨有關之費用，除非當事人間另有約定，該等費用賣方無權要求買方歸還。 (3)此條件中賣方對買方無訂立保險契約之義務，但應買方之要求，賣方須以買方之風險與費用提供買方投保保險所需之資訊；而買方對賣方無訂立保險契約之義務。另賣方須辦理及支付輸出國所要求諸如輸出許可、與安全通關相關之要求、裝船前強制性檢驗及其他官方許可等貨物輸出通關所須之一切手續及費用，但無義務支付進口稅捐或辦理貨物進口通關手續。賣方雖不須辦理輸入或轉口之通關手續，但須協助買方取得辦理輸入或轉口通關所須之文件及資訊；買方必須辦理及支付輸入或轉口國所要求諸如輸入或轉口許可、與安全通關相關之要求、裝船前強制性檢驗及其他官方許可等貨物輸入或轉口通關所須之一切手續及費用。另買方雖不須辦理輸出通關手續，但亦須協助賣方取得辦理輸出通關所須之文件及資訊。
各項主 要費用 負擔之 規定	(1)交貨前有關貨物之一切費用→賣方。 (2)檢查與包裝費用→賣方。 (3)輸出通關（含交貨前通過任何國家者）之相關費用與稅賦（如有者）→賣方。 (4)裝運前強制性檢驗費用－輸出國當局強制實施→賣方。 (5)裝運前強制性檢驗費用－其他→買方。 (6)主要運費、衍生之費用及運送相關安全費用→賣方。 (7)裝載費用→賣方。 (8)卸貨費用（依據運送契約由賣方負擔者除外）→買方。 (9)輸入通關（含通過其他國家，但此已包含於運送契約者除外）之相關費用與稅賦（如有者）→買方。

說明	若運送方式為裝船前將置放在貨櫃中的貨物，在貨運站交給運送人的運送方式，並不適合使用CFR條件，而應改用CPT條件。	**名師講解** 一般情況下，從事三角貿易的中間商以CFR條件買進最為理想；以CIF條件賣出最為理想。因為運費可由出口商負擔，而保險則由中間商自行購買，以確保運輸保險的投保事宜。

(11) CIF運保費在內條件（…指定目的港）

意義	(1)全名為COST INSURANCE AND FREIGHT（insert named port of destination），例如：CIF New Delhi，本條件表示賣方須於約定之日期或期間內，將貨物運送至指定裝運港並裝載於船舶上時，或配合大宗貨物在運送途中之轉售，取得已如此交付之貨物，即屬賣方交貨。本條件危險移轉的地方為貨物運送至裝運港裝載於指定的船舶上時，風險才移轉到買方。賣方須負擔貨物裝載於指定的船舶上之前的所有成本及風險。 (2)CIF和CFR貿易條件有許多規定相同，兩者的交貨地及目的港皆不相同。CIF貿易條件代號後須接目的港，故契約須指定裝運之港口。且另若運送全程包含於不同裝運港口之多個運送人接續承運，則當事人須於契約約定風險移轉之地點，倘未約定，則風險同樣係於貨物交付給第一運送人時移轉；另賣方須以其費用訂定將貨物運送至指定目地之運送契約之規定與CFR條件相同；賣方須提供交貨單據與交貨證明之規定與CFR條件相同；且以CIF條件交易的輸出入通關手續之辦理與相關稅賦負擔之規定與CFR條件相同。
責任與義務	本條件交易價格包含運費及保費，賣方除訂定運送契約並支付運送成本外，且須就運送途中貨物滅失或損壞的危險訂定保險契約。賣方須以自身之費用取得符合「協會貨物(C)條款（Institute Cargo Clauses(C)」或其他類似保險條款所提供承保範圍之保險契約。另若買方要求投保承保範圍較大之保險，

責任與義務	（例如協會貨物(A)條款或(B)條款）或其他之附加條款。例如「協會戰爭條款，INSTITUTE WAR CLAUSE（CARGO）」或「協會罷工條款，INSTITUTE STRIKE CLAUSE（CARGO）」或類似條款者，賣方得以買方之費用，向保險人或保險公司訂定載有前述條款之保險契約；而保險金額與幣別除買賣契約另有約定外，前述之保險最低投保金額應為買賣契約所議定之價格加一成，亦即契約金額×110%，且為規避匯兌風險，保險金額之幣別應為契約金額之幣別；另保險應向具信譽之保險人或保險公司訂約，由其簽發保單，並給予買方或任何其他享有保險利益者，有權直接向保險人索賠。
各項主要費用負擔之規定	(1)交貨前有關貨物之一切費用→賣方。 (2)檢查與包裝費用→賣方。 (3)輸出通關（含交貨前通過任何國家者）之相關費用與稅賦（如有者）→賣方。 (4)裝運前強制性檢驗費用－輸出國當局強制實施→賣方。 (5)裝運前強制性檢驗費用－其他→買方。 (6)主要運費、衍生之費用及運送相關安全費用→賣方。 (7)裝載費用→賣方。 (8)卸貨費用（依據運送契約由賣方負擔者除外）→買方。 (9)輸入通關（含通過其他國家，但此已包含於運送契約者除外）之相關費用與稅賦（如有者）→買方。

> **名師講解**
> 在此貿易條件下，賣方須負責訂定運送契約並支付運費，但風險移轉點為裝運港並裝載於船舶上時，故裝運或發貨後貨品毀損之風險應由買方承擔。

三、其他貿易條件

(一) C&I（Cost and Insurance）：為成本及保費在內條件。因此在C&I貿易條件下，賣方負責投保，買方負責洽船。

(二) In Bond：係指進口地保稅倉庫交貨條件。在此條件下，賣方將貨物存在進口地保稅倉庫（Bonded Warehouse），由買方負責辦理進口手續，並繳納進口稅捐。

四、貿易條件選用的原則

(一) 考量市場實際狀況：貿易條件的選用，對賣方而言，其將盡可能選用賣方義務最少的EXW條件，而買方則盡可能選擇買方義務最少的DDP條件，但實務上的決定卻會因不同的市場環境而選用不同的貿易條件。例如在競爭激烈的買方市場下，出口商為了競爭，不得不選擇對進口商較為有利的DAT、DAP或DDP等目的地交貨條件。

(二) 運輸及保險費用的掌控：一般來說，經常出口貨物的出口商通常能比偶爾進口貨物的進口商獲得更多的運費和保險費優惠，因此為了能降低成本，買賣雙方應針對成本加以考量，再行選擇貿易條件。例如出口商與船公司或保險公司訂有長期契約，可以得到較優惠的運費或保險費時，出口商可選用CFR、CIF、CPT或CIP等貿易條件；相反的，若進口商可以得到較優惠的運費或保險費時，即可要求選用FCA或FOB等貿易條件，自行掌控運輸及保險。

(三) 運輸方式：貨物的運輸方式若係以貨櫃運送，出口商通常是將貨櫃運送至貨櫃場交付與運送人，或是貨物以空運、陸運或涵蓋兩種以上運送工具的複合運送等方式運送者，適宜使用FCA、CPT及CIP等貿易條件。至於貨物若是採用傳統的海運方式運輸，則適宜使用FAS、FOB、CFR或CIF等貿易條件。

(四) 海關關務情況：通常進出口的海關事宜，最好是由雙方各自在其所在地辦理。若是出口商對進口報關手續沒有把握，例如無法取得輸出貨物之輸入許可證，則不宜使用DDP條件；或是進口商不便在出口地辦理報關出口事宜；就不適合採用EXW條件。

(五) 成本考量：若運費保險費有上漲趨勢或出口國貨幣有升值趨勢時，出口商應選擇採用FOB或FCA貿易條件，而進口商應選擇採用CIF或CIP貿易條件；若運費保險費有下降趨勢或出口國貨幣有貶值預期時，出口商應選擇採用CIF或CIP貿易條件，而進口商應選擇採用FOB或FCA貿易條件。

測驗題攻略

( )　1. 根據Incoterms 2010之規定，在EXW的條件下，由下列何者負責安排貨物運輸的事項？　(A)開狀銀行　(B)買方　(C)賣方　(D)貨運承攬人。（108台企）

( )　2. 依2010年版國貿條規 Incoterms® 2010，下列何種交貨條件，賣方須承擔至目的港或目的地之一切風險與費用？　(A)EXW　(B)FCA　(C)FOB　(D)DAT。（108一銀）

( )　3. 下列何種貿易條件由買方負擔海運運費？　(A)CIF　(B)FAS　(C)CFR　(D)DDP。（108一銀）

( )　4. 下列敘述何者錯誤？
　　(A)受理客戶開發信用狀，價格條件為CIF時，進口商不須辦理保險
　　(B)進口開狀時，價格條件為CFR時，運費由買方負擔
　　(C)進口開狀時，價格條件為FAS時，運費標示為"FREIGHT COLLECT"
　　(D)進口開狀時，價格條件為CFR時，運費標示為"FREIGHT PREPAID"。（108一銀）

( )　5. 下列何者非屬於CIP條件下必備之主要單據？　(A)Commercial Invoices　(B)Transport Documents　(C)Insurance Document (D)Packing Lists。（104華南）

( )　6. 依據2010年版國貿條規（Incoterms）之規定，有關「交貨」（delivery）之敘述，下列何者正確？
　　(A)違約時訴訟之管轄法院之地點
　　(B)貨物所有權移轉之地點
　　(C)貨款交付之時點
　　(D)貨物滅失或毀損之風險承擔由賣方移轉予買方之時點。
　　（103合庫銀）

（　）　7. 依據2010年版國貿條規之規定，下列何種貿易條件，其貨物運輸保險係由賣方投保，但貨物於交運後，運送途中滅失或毀損時，係由買方或其他享有保險利益者直接向保險人（保險公司）索賠？　(A)EXW　(B)FOB　(C)CIP　(D)DDP。（103合庫銀）

（　）　8. 下列貿易條件中，依據2010年版國貿條規之規定，於需要辦理通關時，何者之輸出／入通關手續，皆由賣方負責辦理？　(A)EXW　(B)FOB　(C)CIF　(D)DDP。（103合庫銀）

（　）　9. 依據2010年版國貿條規之規定，以FOB條件交易，在何時視為賣方完成交貨？
(A)貨物在指定貨櫃場交付運送人接管
(B)貨物放置於指定裝載港買方所指定之船舶邊（碼頭或駁船）
(C)貨物於指定裝載港越過船舷
(D)貨物於指定裝運港裝載於買方所指定之船舶上。（103合庫銀）

（　）　10. 在以CIF條件交易，倘契約未規定貨物運輸保險之承保範圍，則依據2010年版國貿條規之規定，則其承保範圍至少應為下列何者？
(A)指定之交貨地至目的港
(B)指定之交貨地至目的地
(C)指定之交貨地至買方倉庫
(D)賣方倉庫至買方倉庫。（103合庫銀）

（　）　11. 依據2010年版國貿條規之規定，在以下列何種貿易條件交易時，有關輸出國當局所強制實施之裝運前強制性檢驗的費用係由買方負擔？　(A)EXW　(B)FCA　(C)CIF　(D)DAP。（103合庫銀）

（　）　12. 根據2010年國貿條規之解釋，下列對於FCA、CPT、CIP等三個貿易條件之敘述，何者錯誤？
(A)三種條件皆屬使用於任何或多種運送方式之規則
(B)賣方承擔貨物出口通關之責任相同
(C)賣方承擔國際運輸安排之責任相同
(D)賣方承擔貨物出口檢驗之責任相同。（103華南）

（　）13.根據2010年國貿條規之解釋，下列何種貿易條件在負責國際貨物
　　　運送義務方面與其他三者不同？
　　　(A)CPT　　　　　　　　　　(B)FCA
　　　(C)FOB　　　　　　　　　　(D)EXW。（103華南）

（　）14.根據INCOTERMS 2010之規範，下列何者之「貨物風險從賣方移
　　　轉至買方的時點」與CPT相同？
　　　(A)CFR　　　　　　　　　　(B)DDP
　　　(C)CIF　　　　　　　　　　(D)CIP。（102華南）

（　）15.依據現行國貿條規（Incoterms 2010）規定，下列何者可適用在任
　　　何運送方式之交易？
　　　(A)EXW　　　　　　　　　　(B)FAS
　　　(C)FOB　　　　　　　　　　(D)CFR。（101彰銀）

（　）16.下列何者依據現行國貿條規（Incoterms 2010）之規定，應由賣方
　　　負責辦理進口通關事宜？
　　　(A)DAT　　　　　　　　　　(B)DAP
　　　(C)CIP　　　　　　　　　　(D)DDP。（101彰銀）

解答及解析

1. **B**　EXW工廠交貨條件（……指定交貨地），在此條件下，賣方須
於約定之日期或期間內，在指定交貨地之議定地點（如有約定
時），例如賣方之工廠、賣方之營業場所、倉棧……等，將尚未
辦妥輸出通關亦未裝載至任何買方安排收貨之運輸工具之貨物，
交由買方處置時，即為賣方已為貨物之交付。EXW條件交易因
交易價格未包含運費，故由買方負責安排貨物運輸的事項。

2. **D**　DAT終點站交貨條件（……目的港或目的地指定終點站）。在此
條件下，賣方須於議定日期或期間，在指定目的港或目的地的指
定終點站，從抵達的運送工具上將尚未辦妥輸入通關之貨物，完
成卸載，交付買方處置，即屬賣方交貨，因此賣方須承擔至目的
港或目的地之一切風險與費用。

3. **B** FAS裝運港船邊交貨條件下，賣方須將貨物運送至指定裝運港，放置於買方所指定之船舶邊（碼頭或駁船上）時，即屬賣方交貨。本條件賣方須負擔貨物抵達指定裝運港之船邊以前的所有成本及風險，但不包含運費，海運運費係由買方負擔。

4. **B** CFR為運費在內條件，在此條件下，賣方負責洽訂運輸契約，並支付將貨物交運到指定目的港的運費，且須提供標明運費已付之運送單據。因此進口開狀時，價格條件為CFR時，運費由賣方負擔。

5. **D** CIP條件中交易價格包含運費與保費，因此賣方除提供商業發票（Commercial Invoices），也須提供運送單據（Transport Documents）以及保險單據（Insurance Document），包裝單（Packing Lists）則非必備之主要單據。

6. **D** 依據Incoterms® 2010之規定，交貨（delivery）係指貨物滅失或毀損之風險承擔由賣方移轉予買方之時點，也就是風險移轉點。

7. **C** CIP貿易條件其貨物運輸保險係由賣方投保，但貨物風險於出口地貨物交給第一運送人時移轉給買方，因此運送途中滅失或毀損時，係由買方或其他享有保險利益者直接向保險人（保險公司）索賠。

8. **D** DDP（指定目的地稅訖交貨條件）條件下，賣方須在指定目的地將已運送抵達，且已辦妥輸入通關並準備好卸載之貨物置於買方處置下，即屬賣方交貨。此條件賣方應負擔之義務最重。賣方除應取得符合該條件的運送契約並支付運送成本外，並有義務辦理貨物出口及進口通關手續，且支付所有任何進出口關稅。

9. **D** 依據Incoterms® 2010之規定，以FOB條件交易，賣方須將貨物運送至指定裝運港，並將貨物裝載於買方所指定之船舶上時，即屬賣方交貨。

10. **A** 在CIF貿易條件下，賣方須負責訂定保險契約並支付保費，但風險移轉點為貨物於指定裝運港裝載於買方所指定之船舶上時，故

裝運後貨品毀損之風險應由買方承擔。因此倘契約未規定貨物運輸保險之承保範圍，則依據2010年版國貿條規之規定，則其承保範圍至少應為指定之交貨地至目的港。

11. **A** 依據Incoterms® 2010之規定，EXW（工廠交貨條件）條件下，賣方須在指定交貨地之議定地點，例如賣方之工廠，將尚未辦妥輸出通關亦未裝載至任何買方安排收貨之運輸工具之貨物，交由買方處置即為賣方交貨。因此之後輸出國當局所強制實施之裝運前強制性檢驗的費用就由買方負擔。

12. **C** CPT與CIP貿易條件下，賣方須訂定將貨物運抵指定目的地之運送契約，並支付運送成本，且須提供標明運費已付之運送單據，兩者承擔國際運輸安排之責任相同。但FCA貿易條件下，洽訂運輸的責任係由買方負責，與CPT、CIP不同。

13. **A** CPT（運費付到指定目的地條件）交易條件包含主要運費，因此賣方除必須負擔貨物至交付地點為止貨物滅失或毀損之一切風險及相關費用外：還需要訂定將貨物運抵指定目的地之運送契約，並支付運送成本，且須提供標明運費已付之運送單據；而FCA、FOB以及EXW交易條件下，賣方皆不需要負擔主要運費。

14. **D** 根據INCOTERMS 2010，FCA與CIP之貨物風險從賣方移轉至買方的時點與CPT相同，皆是於出口地貨物交給運送人時移轉給買方。

15. **A** 依據現行國貿條規（Incoterms 2010）規定，可適用在任何運送方式之交易的貿易條件有EXW、FCA、CPT、CIP、DAT、DAP及DDP等。

16. **D** 依據現行國貿條規（Incoterms 2010）規定，DDP條件下，賣方除應取得符合該條件的運送契約並支付運送成本外，並有義務辦理貨物出口及進口通關手續，且支付所有任何進出口關稅。

一、由於國際貿易涉及情況複雜，交易當事人常會使用國貿條規
　（Incoterms）中的條件進行貿易報價和訂約。試請回答下列關於
　國貿條規之問題：
　(一)國貿條規的法律效力如何？其與各國法律間的關係為何？
　(二)目前國際上最新修訂版本的國貿條規為何？試以其分類方式來
　　　說明該版本國貿條規所解釋的貿易條件有那些？
　(三)最新修訂的版本與前一版本不同的條件為何？並說明其內容？
　　（109關特）

解(一)

1. 國貿條規係由非政府組織之國際商會所制訂之貿易習慣法，而不
　是國際法上之條約或公約，也不是法律條文，因此不具有強制
　力。所以國貿條規的使用，須以買賣雙方同意之方式載入契約，
　始生效力。

2. 國貿條規係國際貿易的成文習慣，並非法律條文，因此當事人國
　家法律之強制力超過國貿條規之規則與買賣契約之約定，須優先
　適用。另外依照準據法之強制性規定（mandatory local law），
　得完全優先於買賣契約之約定及其簽訂所依據之國貿條規。

(二)

1. 國貿條規係國際商會（ICC）於1936年所制定的「交易價格條件
　國際釋義規則」，最新版本是國際商會於2019年9月中公布新一
　版之國貿條規（Incoterms ® 2020），將自2020元月1日起施行。

2. Incoterms® 2020仍維持為兩大類型11種貿易條件，說明如下：

類別	貿易條件
適用於任何含多種運送方式（Any Mode or Modes of Transport）	EXW（Ex Works）工廠交貨條件
	FCA（Free Carrier）貨交運送人條件
	CPT（Carriage Paid to）運費付訖條件

類別	貿易條件
適用於任何含多種運送方式（Any Mode or Modes of Transport）	CIP（Carriage & Insurance Paid to）運保費付訖條件
	DAP（Delivered at Place）目的地交貨條件
	DPU（Delivered at Place Unloaded）卸貨地交貨條件
	DDP（Delivered Duty Paid）稅訖交貨條件
僅適用於海運及內陸水路運送（For Sea and Inland Waterway Transport）	FAS（Free Alongside Ship）船邊交貨條件
	FOB（Free On Board）船上交貨條件
	CFR（Cost and Freight）運費在內條件
	CIF（Cost Insurance & Freight）運保費在內條件

（三）

1. DAT（Delivered at Terminal）「終點站交貨條件」，更名為DPU（Delivered at Place Unloaded）「卸貨地交貨條件」。

   DAT貿易條件與DPU貿易條件的不同點：

	Incoterms 2010	Incoterms 2020
英文	DAT（Delivered at Terminal）	DPU（Delivered at Place Unloaded）
中文	終點站交貨條件	卸貨地交貨條件
交貨地點	賣方在「指定終點站」將貨物從運輸工具中卸載並交付買方，即完成交貨。	賣方在「指定目的地」將貨物從運輸工具中卸載並交付買方，即完成交貨。

2. DPU：卸貨地交貨條件，全名為DELIVERED AT PLACE UNLOADED（insert named place of destination）。此條件表示賣方須於議定日期或期間，在指定目的地之約定地點，將抵達此約

定地點的運送工具上，尚未辦妥輸入通關之貨物，完成卸載，或取得如此交付之貨物，交付買方處置，即屬賣方交貨。本條件風險移轉的地點為指定目的地之約定地點，賣方須負擔將貨物交運到指定目的地前的所有成本及風險，包括卸載在內之所有風險。

在此條件下，賣方應訂定運送契約或安排將貨物運送至指定之目的地或在此指定地區所約定之任何地點，並支付運送成本，且賣方須遵循任何運送相關之安全要求，直至運送至目的地。另必須自負費用，提供買方能夠收受貨物所需之任何單據；買方無義務為賣方訂定運送契約。此條件賣方對買方無訂立保險契約之義務，買方對賣方亦無訂立保險契約之義務，但應賣方之要求，買方須以賣方之風險與費用提供資訊，以供賣方投保保險。

此條件賣方須辦理及支付輸出國所要求諸如輸出/轉口許可、與安全通關相關之要求、裝船前強制性檢驗及其他官方許可等貨物輸出/轉口通關所須之一切手續及費用，但無義務支付進口稅捐或辦理貨物進口通關手續。賣方雖不須辦理輸入之通關手續，但須協助買方取得辦理輸入通關所須之文件及資訊；買方必須辦理及支付輸入國所要求諸如輸入許可、與安全通關相關之要求、裝船前強制性檢驗及其他官方許可等貨物輸入通關所須之一切手續及費用。另買方雖不須辦理輸出通關手續，但亦須協助賣方取得辦理輸出通關所須之文件及資訊。

二、名詞解釋：CIF。（101台電、中油、台糖）

解 CIF運保費在內條件（……指定目的港），全名為COST INSURANCE AND FREIGHT（...named port of destination）。本條件表示賣方須將貨物運送至指定出口地裝運港並裝載於船舶上，賣方須負擔貨物裝載於指定船舶上之前的所有成本及風險。本條件交易價格包含運費與保費，因此賣方除必須負擔貨物至前述交付地點為止貨物滅失或毀損之一切風險及相關費用外，且需要訂定將貨物運抵指定目的地之運送契約並支付

運送成本，另外賣方必須就運送途中貨物滅失或損壞的危險訂定保險契約，另外須提供標明運費已付之運送單據以及保險單據。

三、何謂C&I、FOB&C及In Bond？

解（一）C&I（Cost and Insurance）：為成本及保費在內條件。此在C&I貿易條件下，賣方負責投保，買方負責洽船。

（二）FOB&C（Free on Board and Commission）：是裝運港船上交貨含佣金在內條件。假若交易是經由代理商促成，在報價中可包含對方的售貨佣金，如FOB&C5、FOB&C7。在此條件下賣方除負擔貨物的費用及風險至裝運港船上外，另還須支付佣金費用。佣金一般是按交易金額的百分比計算，至於其他條件同樣也可以加上佣金報價，例如CFR&C、CIF&C等。

（三）In Bond：係指進口地保稅倉庫交貨條件。在此條件下，賣方將貨物存在進口地保稅倉庫（Bonded Warehouse），並須負擔至約定交貨日交貨完成為止的一切費用（包括貨物運到保稅倉庫的搬運費、進倉費用、倉租與保險費）及風險。買方則負責辦理進口手續，繳納進口稅捐，並負擔交貨以後的倉租及搬運費等。

四、試述貿易條件選用的原則。

解（一）考量市場實際狀況：貿易條件的選用，對賣方而言，其將盡可能選用賣方義務最少的EXW條件，而買方則盡可能選擇買方義務最少的DDP條件，但實務上的決定卻會因不同的市場環境而選用不同的貿易條件。例如在競爭激烈的買方市場下，出口商為了競爭，不得不選擇對進口商較為有利的DAT、DAP或DDP等目的地交貨條件。

（二）運輸及保險費用的掌控：一般來說，經常出口貨物的出口商通常能比偶爾進口貨物的進口商獲得更多的運費和保險費優惠，因此為了能降低成本，買賣雙方應針對成本加以考量，再行選擇貿易條件。

例如出口商與船公司或保險公司訂有長期契約，可以得到較優惠的運費或保險費時，出口商可選用CFR、CIF、CPT或CIP等貿易條件；相反的，若進口商可以得到較優惠的運費或保險費時，即可要求選用FCA或FOB 等貿易條件，自行掌控運輸及保險。

(三) 運輸方式：貨物的運輸方式若係以貨櫃運送，出口商通常是將貨櫃運送至貨櫃場交付與運送人，或是貨物以空運、陸運或涵蓋兩種以上運送工具的複合運送等方式運送者，適宜使用FCA、CPT及CIP等貿易條件。至於貨物若是採用傳統的海運方式運輸，則適宜使用FAS、FOB、CFR或CIF等貿易條件。

(四) 海關關務情況：通常進出口的海關事宜，最好是由雙方各自在其所在地辦理。若是出口商對進口報關手續沒有把握，例如無法取得輸出貨物之輸入許可證，則不宜使用DDP條件；或是進口商不便在出口地辦理報關出口事宜；就不適合採用EXW條件。

(五) 成本考量：若運費保險費有上漲趨勢或出口國貨幣有升值趨勢時，出口商應選擇採用FOB或FCA貿易條件，而進口商應選擇採用CIF或CIP貿易條件；若運費保險費有下降趨勢或出口國貨幣有貶值預期時，出口商應選擇採用CIF或CIP貿易條件，而進口商應選擇採用FOB或FCA貿易條件。

第五章　基本交易條件

本章依據出題頻率區分，屬：**A** 頻率高

經典考題

一、託收（Collection）是一種普遍的結算貨款方式，企業可以拿託收單據向銀行進行融資。一般而言，銀行承做託收票據的資金融通時，可以分成出口託收押匯、出口託收承兌以及墊款，請分別詳述其意義及特色。（108關特）★★★

二、請回答下列問題：
(一)何謂「跟單信用狀」？何謂「記帳」？
(二)「跟單信用狀」與「記帳」兩種付款方式，何者對出口商之債權確保較為有利？理由為何？
(三)倘出口商協調以「記帳」方式交易，但為債權確保之考量，出口商洽詢其往來之銀行，銀行建議以"Factoring"為債權確保之方式，何謂"Factoring"？（108台灣菸酒）★★★

三、請說明出口託收依交單條件之不同有哪些方式？何者可以降低出口商的風險、對賣方較為有利？（108台企）★★★

四、請說明裝運嘜頭（shipping mark）的定義及其主要功能。（107經濟部）★★★

五、Sight D/P和Long D/P，試問兩者之間的作業方式有何差異？（103關特）★★★

六、國際貿易中，「託收」的意義為何？請按「是否附帶貨運單據」，說明託收的類型、內容與各自的風險為何？（102關特）★★★

七、何謂「O/A」付款方式，請簡述其意義？「O/A」付款方式對買／賣方（進／出口商）之風險為何？（102輸出入銀）★★★

八、託收（collection）可說是國際貿易常用的付款方式，可分為D/P與D/A，其重要當事人除賣方與買方之外，另有託收銀行與代收銀行。請回答下列問題：

(一)說明D/P之意義與其交易流程。

(二)說明D/A之意義與其交易流程。

(三)託收付款方式所使用之匯票，其發票人、付款人與受款人通常為上述當事人中之何人？（101高考）★★★

九、試述貿易條件的意義。（101台電、中油、台糖）★★★

十、試述約定品質的方法。★★★

十一、出口包裝的原則為何？包裝標誌的主要內容有哪些？★★★

十二、何謂D/P、D/A？請比較兩者的差異。★★★

十三、試說明遲延交貨的責任歸屬。★★

命題焦點

貿易契約中的交易條件可分為基本條件及一般條件兩種。而一般貿易契約書所稱的基本條款係包括：品質條件、數量條件、包裝條件、保險條件、價格條件、交貨條件和付款條件。一般條款則包括檢驗、索賠條款、不可抗力條款等。基本條件是契約的主要條件，一般條件則為基本條件之補充條件，因此基本條件的效力優於一般條件。現就基本交易條件分述如下：

一、品質條件

(一) 約定品質的方法

1.以樣品交易（Trade by Sample）

是以一個、數個或少量足以代表貨物品質的實物來約定品質，即須確實明示貨物的實際狀況，通常適用於體積小、構造簡單、價值低廉

的商品，例如文具、日用品等。此外，憑樣品交易時，如契約中無
其他規定，日後賣方所交貨物之品質必須與樣品完全一致。

樣品的種類：

買方樣品 （Buyer's Sample）	由買方所提供的樣品。
賣方樣品 （Seller's Sample）	由賣方所提供的樣品。
相對樣品 （Counter Sample）	是指賣方依據買方提出之樣品，依原樣品所仿造或精選之樣品，經買方認可後，作為約定品質之條件。
銷售樣品 （Sales Sample）	由公司提供銷售人員於銷售時提出之樣品。
裝運樣品 （Shipping Sample）	從準備裝運出口之貨物中，隨機抽取若干數量之貨物作為樣品者。

2. 以規格交易（Trade by Type）

指買賣雙方以某一特定規格或國際組織所認定的標準規格，作為約
定品質的條件，常見之標準規格有：

國際標準	例如：國際標準組織（ISO）所規範之品質標準。
區域標準	例如：歐洲標準（EN）及CE標誌（CE Mark）所規範之品質標準。
國家標準	例如：中華民國國家標準（CNS）、日本工業規格（JIS）等。
產業團體標準	係由產業工會或學會所定之標準，例如：美國之UL（電器品標準）。

3. 以標準物交易（Trade by Standard Quality）

標準物通常係由交易所、檢驗機構或公會所訂，且為業界認定之品質標準，此種標準通常使用於農、漁、牧、林、礦等產業產品之交易。表示標準物品品質之方法有二：

中等平均品質 （Fair Average Quality, FAQ）	貨物的品質是以某地區或某季節所生產的產品之中等平均品質為依據，適用於農產品之期貨交易。
良好適銷品質 （Good Merchantable Quality, GMQ）	由於品質不易掌握，而由賣方保證所交送貨物的品質為良好且適於市場銷售。一般適用於木材或冷凍魚蝦。

4. 以品牌或商標交易（Trade by Brand or Mark）

以某一特定品牌或商標為品質的標準，適用於著名廠商或市占率大之國際性品牌或標誌，例如以國際羊毛局之Wool Mark作為品質的標準。

5. 以說明書或型錄交易約定品質條件（Trade by Specification or Catalog）

係以詳細的文字、圖形說明貨物品質的標準。通常適用於交易客體的體積或重量甚大、結構複雜、價格昂貴者。例如：精密儀器、運輸工具、訂製之產品或珠寶等。

(二) 確定品質之時間與地點

品質之時間與地點係以買賣雙方所選用的貿易條件為依據。因此，確定品質之時間與地點，即為貨物風險由賣方移轉給買方的時間與地點。決定品質時間與地點的條件有：

出廠品質條件（Maker's Quality Terms）
(1)以賣方工廠為確定品質之時間與地點。 (2)適用EXW貿易條件。 (3)適用於運輸過程中品質不易產生變化的貨物。

装運品質條件（Shipped Quality Terms）
(1)以裝運港或裝運地為確定品質之時間與地點。
(2)適用FAS、FOB、CFR、CIF、FCA、CPT及CIP等貿易條件。
(3)適用於大宗物資。

卸貨品質條件（Landed Quality Terms）
(1)以卸運港或卸運地為確定品質之時間與地點。
(2)適用DAT貿易條件。
(3)適用於進口國對於該項產品有規定，須符合某項標準之貨物。

買方倉庫品質條件（Buyer's Quality Terms）
(1)以買方倉庫為確定品質之時間與地點。
(2)**適用DAP及DDP貿易條件**。
(3)適用於大型機器設備，並約定在買方倉庫經安裝後可正常運轉，並經測試合格，此時品質才算符合約定。

二、數量條件

(一) 數量單位

重量 Weight	(1)適用的商品：天然產品，例如農產品、礦產品等。 (2)常用的單位： 　A.公制：1公噸（M/T）=2204磅（LBS） 　　=1000公斤（KGS） 　B.英制：1長噸（L/T）=2240磅（LBS） 　　=1016公斤（KGS） 　C.美制：1短噸（S/T）=2000磅（LBS） 　　= 907公斤（KGS）
個數 Number	(1)適用的商品：一般雜貨及工業製品。 (2)常用的單位：件（piece）、套（set）、打（doz）、雙（pair）、捲（roll）、籮（gross）（＝12打）。

長度 Length	(1)適用的商品：布匹、電線電纜、繩索等細長之貨品。 (2)常用的單位： 　　A.公制：公尺（m）、公分（cm）。 　　B.英制：呎（foot）、吋（inch）、碼（yard）。
面積 Area	(1)適用的商品：木板、皮革。 (2)常用的單位 　　A.公制：平方公尺（square meter）。 　　B.英制：平方呎（square foot）、平方碼（square yard）。
體積 Volume	(1)適用的商品：化學氣體、木材。 (2)常用的單位： 　　A.公制：1立方公尺（CBM , cubic meter） 　　＝35.315立方呎。 　　B.英制：1立方呎（CFT , cubic foot , 才） 　　＝1728立方吋。
容積 Capacity	(1)適用的商品：穀物、汽油等流體物質。 (2)常用的單位：公升（liter）、蒲式耳（bushell）、加侖（gallon）、品脫（pint）。
包裝單位 Package	(1)適用的商品：棉花、罐頭食品、水泥。 (2)常用的單位：木箱（wooden case, CAS）、紙箱（carton, CTN）、袋（bag, BAG）、包（bale, BLE）、桶（barrel）。

(二) 確定數量之時間與地點

裝運地數量	適用於FAS、FOB、CFR、CIF、FCA、CPT及CIP等貿易條件。
卸貨地數量	適用於DAT、DAP及DDP等貿易條件。

(三) 交付數量的增減範圍

交貨的數量原則上應符合契約上約定的數量，但如因貨物本身的特殊性，例如自然耗損、製造因素或大宗物資等因素，使得交貨數量無法精準掌握時，最好在合約中增列寬容條款或增減條款。

根據UCP 600第30條，針對數量的寬減範圍規定如下：

1. 信用狀規定貨物數量不得增減時，需依其規定。

2. 信用狀條款特別容許增加或減少時，得依規定增減貨物數量，例如免賠額（Franchise）的規定。

3. 信用狀金額或數量或單價中有「約」（about）或「大概」（approximate）等文字時，表示貨物數量容許增加或減少10%，但除了信用狀另有規定外，其貨物數量增減必須支付的金額，以不超過信用狀金額為限。

4. 以包裝單位或可數之個數計量時，例如箱（CTN）、件（PCE）、套（SET）等，若信用狀未特別容許貨物數量的增加或減少，則不得任意增減。

5. 非以包裝單位或可數之個數計量時，例如公升（LTR）或公斤（KGM），若信用狀未特別禁止者，即使信用狀規定部分裝運不被允許，貨物數量仍可以容許增加或減少5%。

(四) 重量的表示方法

毛重 （Gross Weight, G.W.）	包括包裝重量在內的貨物重量。
皮重 （Tare Weight）	是指包裝材料的重量。
淨重 （Net Weight, N.W.）	是毛重扣除皮重的重量，即是商品本身的實際重量，國際貿易的交付數量大多以此重量為準。

公量 （Conditioned Weight）	是指以科學方法抽去貨物中之水分，再加上標準含水量。一般用於吸濕性強的貨物，例如羊毛、生絲、海帶等。

三、價格條件

價格條件（Price Terms）又稱為貿易條件（Trade Terms）、交易條件等。是指在國際貿易中，表示不同價格組成的條件，用來說明商品的價格構成和規範買賣雙方各自應負擔的責任、費用、風險以及貨物所有權轉移的界限。不同價格條件，表示買賣雙方在責任、費用與風險上所承擔的權利與義務的分別。

一般來說，契約中須約定價格條件的四大要項為：貨幣種類與金額、計價單位、貿易條件與指定地點。比如價格條件若表示為USD 20.00 per dozen FOB Keelung，意指貨幣種類與金額即是USD 20.00；計價單位是per dozen；價格基礎是指FOB貿易條件；而指定交貨地點就是Keelung。

(一) 貨幣種類

在國際貿易上為避免產生糾紛，在簽訂契約時一定要表明幣別。而幣別的種類有：

出口國貨幣	出口商會希望以本國貨幣計價，來規避匯率風險。
進口國貨幣	進口商會希望以本國貨幣計價，來規避匯率風險。
第三國貨幣	雖然進、出口商均須承擔匯率風險，但該第三國貨幣多為國際上通行之貨幣。

(二) 計價單位

表示每一單價所能購得的貨物數量。原則上價格條件中的計算單位，應與數量條件採用的數量單位相同，且以採用國際單位代碼為佳。

(三) 貿易條件（價格基礎）

買賣契約須清楚的訂明買賣雙方在責任、費用與風險上所承擔的權利與義務。因此貿易條件為何，就需詳列於契約中，例如Incoterms 2020的11種貿易條件。

(四) 指定地點

價格基礎中貿易條件後面所接的指定地點，就是指定交貨的地點，也就是規定風險轉移的地點。

(五) 價格的種類

淨價 （Net Price）	是指價格中不包含佣金或折讓，其表示方式是在價格之後加上Net，例如：USD 10.00 per set net CIF New York。
含佣價格 （Price including Commission）	是指價格中包含佣金，其表示方式是在貿易條件後加上CX，例如：FOBC5、CFRC3即代表所報價格中包含5%或3%的佣金，亦或以文字表示，例如USD 15.00 per pce FOB Taichung including 5% commission。

四、包裝條件

所謂包裝（Package）是指盛裝商品的容器或包裝的材料，用已將商品送達或呈現給消費者，稱之為包裝。因為商品種類繁多，性質特點和形狀各異，所以對包裝的要求也各不相同。除少數商品難以包裝，不值得包裝或根本沒有包裝的必要，而採取裸裝或散裝的方式外，其它絕大數商品都需要有適當的包裝。尤其在國際貿易中，貨物需要經過長途的運輸、堆積與搬運，因此包裝除須牢靠、堅固外，同時也需要遵守進、出口國或國際公約的規定。

(一) 包裝的種類

內包裝 （Inner Packing）	又稱為銷售包裝，是為了保護商品的品質、提升商品價值及增加行銷功能的初次包裝。
外包裝 （Outer Packing）	又稱為運輸包裝（Packing for shipment）。係指為了保護貨物，便於運輸、倉儲，而將若干包裝好的產品，以堅固的材料做第二次的包裝。

(二) 貨物依包裝方式分為

散裝貨物 （Bulk Cargo）	貨物不加包裝，直接散裝於船上。這種貨物大多為不易包裝，或價值低廉不值得包裝的大宗貨物，例如煤、礦砂、木材、鹽、穀類及肥料等。
裸裝貨物 （Nude Cargo）	貨物不加包裝，形態上可自成件數的貨物，例如汽車、鋼鐵等。
包裝貨物 （Packed Cargo）	除散裝貨、裸裝貨以外的貨物，均須加以包裝。包裝的方式，視貨物來決定。依包裝材料的不同可分為：箱裝（Case）、捆裝（Bale）、瓶裝（Bottle）、袋裝（Bag）及紙箱（Carton）等。

(三) 包裝原則

1. 應求牢固、堅固、完整。
2. 包裝材料應適合貨物的性質、運輸方式與港口的氣候變化。
3. 在安全的原則下，盡量節省包裝費用。
4. 盡量減少重量及體積，不宜超長、超大、超重。
5. 每件大小應整齊劃一，以便計算、檢量、識別、裝卸及堆積。
6. 應符合買方的指示。
7. 應符合進口國海關的規定。

(四) 包裝標誌（Packing Mark）

包裝標誌又稱為裝運標誌（Shipping Marks），俗稱嘜頭（Marks）。係在國際運輸過程中為了方便運貨人、買方了解箱內貨物內容，便於

運輸、倉儲和海關等有關部門進行查驗等工作，及提醒裝卸、搬運工人以及其他人員搬運時的應注意事項，而在進出口貨物的外包裝上標明的記號。

包裝標誌的主要內容如下：

1. 主標誌（Main Mark）

通常包括兩個部分(1)圖形(2)文字。文字部分通常以代表買方公司名稱的英文縮寫，例如ABC（in circle）。主標誌的作用是為了便於搬運貨物的工人，將相同圖形文字的貨物堆放一起，避免誤裝誤卸。

2. 卸貨港或目的地標誌（Discharge Port / Destination Mark）

此為卸貨港或目的地的名稱，多標示於主標誌的下方。若卸貨港為目的地（港）時，只須標示卸貨港，例如New York；如果需要經其他港口轉運時，則須要分別標示，其表示方法為「目的地via卸貨港」，例如Chicago via Boston表示貨物經由Boston運往Chicago，其中Chicago是目的地，Boston為轉運港或卸貨港。

3. 件號（Package Number / Case Number）

為包裝件數的編號，以方便點數。通常會從第一件（箱）連續編號，表示方式為"C/N o.1 –UP"，此件號必須與包裝明細單所列的內容一致。

4. 原產國標誌（Country of Origin Mark）

表明該貨物係屬何國生產製造。出口貨品本身或外包裝上之產地，應依產地標示規定，正確標示產地，例如台灣製造，則標示為Made in Taiwan, R.O.C.。

5. 重量與體積標誌（Weight & Measurement Mark）

記載該箱貨物的毛重、淨重和體積。

6. 注意標誌（Caution Marks）

此標誌的作用在於避免或減少貨物在運輸期間遭受損害，故在包裝外側註明，以便使用者注意。其表示方式有兩種：一為圖案，二為英文注意標誌。

常見的英文注意標誌有下列數種：

1. KEEP DRY：保持乾燥。

2. FLAMMABLE：易燃品。

3. FRAGILE：易碎品。

4. POISON：小心中毒。

5. NOHOOKS：不可掛鉤。

6. EXPLOSIVES：易炸品。

7. PERISHABLE：易壞品。

8. GLASS WITH CARE：小心玻璃。

9. DO NOT DROP：小心掉落。

10. OPEN HERE：此處開啟。

11. NO SMOKING：嚴禁煙火。

12. THIS SIDE UP or THIS END UP：此端向上。

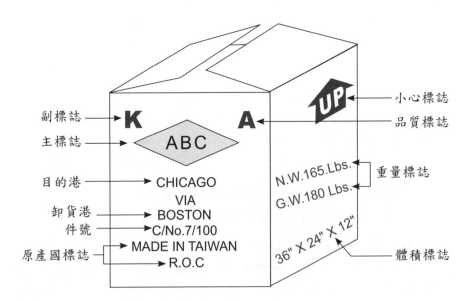

五、保險條件

貨物運輸保險的種類

保險協會新修訂的保險條款主要有6種，包含3種基本險與3種附加險：

(一) 基本險

協會貨物保險條款(A)條款（Institute Cargo Clause(A)，ICC(A)）	本保險的承保範圍最廣，其保費的費率也是最高。
協會貨物保險條款(B)條款（Institute Cargo Clause(B)，ICC(B)）	屬於列舉式承保，即僅承保保單上列舉之危險，承保範圍較ICC(A)小。
協會貨物保險條款(C)條款（Institute Cargo Clause(C)，ICC(C)）	其承保範圍是最小，保費的費率也是最低。

(二) 附加險

1. 協會貨物保險兵險條款（Institute War Clause-Cargo）
2. 協會貨物保險罷工險條款（Institute Strikes Clause-Cargo）
3. 協會貨物偷竊及未能送達險條款（Institute Theft，Pilferage and Non-Delivery Clauses-Cagro）

六、付款條件

(一) 依付款時間可分為

預付貨款（Cash in Advance）	即交貨前付款。為賣方在交貨前，買方即先付清貨款。 例如：訂貨付現（Cash With Order，CWO）。
裝貨付款（Payment on Shipment）	即交貨時付款。為賣方在交貨或交付代表貨物所有權的貨運單據時，買方須付清貨款。例如：憑單據付現（Cash Against Documents，CAD）、貨到付現（Cash On Delivery, COD）即期信用狀（Sight L/C）、付款交單（D/P）等。

延付貨款 （Deferred Payment）	即交貨後付款。為賣方先交運貨物，等到交貨後約定的時日，買方才須付款。例如：承兌交單（D/A）、分期付款（Installment）、寄售（Consignment）、記帳（O/A）等。

(二) 付款方式

1. 匯付（Remittance）

是指付款人透過銀行將款項匯交收款人。在國際貿易中如採用匯付，通常是由買方按契約規定的條件和時間，透過銀行將貨款匯交賣方。因為匯兌工具與資金的流動方向相同故稱為順匯。

(1) 常見的匯付方式有：

電匯 （Telegraphic Transfer，T/T）	係由匯出銀行接受匯款人委託後，以電傳方式將付款委託通知收款人當地的匯入銀行，委託它將一定金額的款項解付給指定的收款人。電匯因其交款迅速，是目前使用最廣的匯款方式。
信匯 （Mail Transfer，M/T）	係由匯出銀行接受匯款人委託後，由匯出銀行開據信匯委託書或付款委託書以航空郵寄給國外分行或代理行，辦理付款業務，所以匯款速度比電匯慢。
票匯 （Demand Draft，D/D）	係由匯出銀行應匯款人的申請，開立以其分行或代理行為付款銀行的銀行即期匯票，支付一定金額給收款人的匯款方式。所以票匯是以銀行即期匯票為支付工具的一種匯付方式。通常是由匯款人自行寄給收款人，再由收款人憑票向匯票上的付款人（銀行）取款。

(2) 利用匯付方式的付款條件：

訂貨付現 （Cash with Order, CWO）	係指買方在下訂單或簽訂買賣契約時，即支付貨款。
憑單據付現 （Cash Against Documents，CAD）	賣方將證明貨物已交運的運送單據，交與買方所指定之銀行或代理人時，即可取得貨款。
貨到付款 （Cash On Delivery, COD）	賣方按約定交運貨物，俟貨物運抵目的地後，買方即須將貨款交付賣方或其指定代理人。
寄售 （Consignment）	寄售人（Consigner）先將貨物運交受託人（Consignee），通常為其國外之代理商，委託其依照寄售協議規定的條件在當地市場銷售，俟貨物售出後，再由受託人將扣除佣金、相關費用後之剩餘貨款，結付給寄售人（賣方）。
記帳 （Open Account, O/A）	賣方於貨物交運出口後，即將貨運單據等逕寄買方辦理提貨，其貨款則以應收帳款方式記入買方帳戶，俟約定付款期限屆滿時，再行結算。此方式通常用於公司內部及母子公司間往來，或進出口雙方已有長期且穩固交易基礎者，如老客戶頻繁的訂單，或在買方市場狀態下，出口商具有較堅實財務基礎者。（102輸出入銀）
分期付款 （Installment）	買賣雙方約定，買方付款方式分若干期攤還，此方式通常用於機器設備或整廠交易等，金額較大之買賣場合。

2. 信用狀（Letter of Credit，L/C）

係指開狀銀行應進口商的請求與指示，向出口商簽發的付款保證憑證。銀行向第三人承諾，如果該第三人能履行該文書所規定的條件，並提示對應之單據，即可獲得開狀銀行的付款擔保。

信用狀可以分為：

即期信用狀 （Sight L/C）	信用狀規定受益人所簽發之匯票為即期（at sight）者，即為即期信用狀。
遠期信用狀 （Usance L/C）	信用狀規定受益人所簽發之匯票為遠期（usance draft）者，即為遠期信用狀，但受益人可持以向往來銀行辦理押匯。
延期付款信用狀 （Deferred Payment Credit）	不使用匯票之遠期信用狀。

3. 託收（Collection）

依據URC522第2條a項之規定，託收是銀行依據所收到的指示處理金融單據和／或貨運單據，以便於：a.取得付款和／或承兌或b.憑以付款或承兌交單或c.按照其他條款和條件交單。也就是指出口商於貨物裝船後，開出求償的匯票，但此種匯票沒有銀行的信用狀作擔保，因此外匯銀行多不願進行讓購，只肯代為洽收。外匯銀行承作託收後，將匯票和／或貨運單據寄給進口地的往來銀行，請其向進口商收款，俟收到貨款後，再行付款與出口商。

託收視其「是否附帶貨運單據」分為光票託收與跟單匯票託收。光票託收不須附上貨運單據，只須附上金融單據（Financial Documents），例如匯票即可；而跟單匯票託收除附上金融單據外，還必須附上貨運單據。跟單匯票託收是出口商為向國外進口商收取貨款，開具匯票，委託出口地銀行通過其在進口地銀行的聯行或代理行向進口商收款的結算方式。（102關特）

託收依取得單據的方式可分為：

付款交單（Documents against Payment，D/P）	出口商按照買賣契約的約定，將貨物交運後，備妥貨運單據（如提單、商業發票、保險單等），並簽發以進口商為付款人的匯票，一併交給其往來銀行（託收銀行）寄交進口地的分行或代理銀行（代收銀行），委託其向進口商收取貨款。而進口商則必須先付清貨款後，始能取得單據，辦理提貨手續。（103關特）
承兌交單（Documents against Acceptance，D/A）	出口商按照買賣契約的約定，將貨物交運後，備妥代表貨運單據，並簽發以進口商為付款人的匯票，一併交給其往來銀行（託收銀行）寄交進口地的分行或代理銀行（代收銀行），委託其向進口商收取貨款。與付款交單方式不同者，代收銀行於收到貨運單據及匯票後，僅通知進口商在匯票上承兌，即交付單據給進口商，辦理提貨手續，俟匯票到期時，再行付款。（103高考）

七、交貨條件

(一) 交貨期限的約定

1.即期交貨

根據UCP 600第3條規定：諸如"prompt"（迅速地）、"immediately"（立刻地）、"as soon as possible"（儘快地）等詞語不應被使用。此類詞語如經使用，銀行將不予理會。

2.限期交貨

(1) Shipment in the beginning of July：是指該月的上旬，表示的是1到10日。

(2) Shipment in the middle of July：是指該月的中旬，表示的是11到20日。

(3) Shipment in the end of July：是指該月的下旬，表示的是21到該月的末日。

(二) 交貨的附帶條件

1. 分批裝運（partial shipments）。
2. 轉運（transshipment）之約定：Transshipment Permitted表示准許轉運。

(三)遲延交貨

遲延交貨係指實際交貨日期遲於約定的交貨日期。交貨日期一般均以提單或其他運送單據所載收貨日期推定為實際裝運日期，因此買方對賣方提出交貨遲延的索賠時，應以提單或其他運送單據作為證明的單據。

遲延交貨的責任歸屬：

1. 若起因於賣方之故意或過失所致遲延交貨，是由賣方負責。
2. 若起因於買方之故意或過失所致遲延交貨，是由買方負責。
3. 若起因於第三者之故意或過失所致遲延交貨，是由賣方負責。
4. 若起因於不可抗力事故所致遲延交貨，買賣雙方均不需負責。

測驗題攻略

( )　1. 依託收統一規則，代收銀行COLLECTING BANK承擔下列何種責任？　(A)審核單據真偽　(B)依託收指示交付單據　(C)提取貨物　(D)對到期之買方承兌匯票進行催繳。（108一銀）

( )　2. 依託收統一規則，"PRESENTING BANK"（提示銀行）係指下列何者？
(A)接受委託人之委託而進行託收的銀行
(B)接受託收銀行委託而處理其託收指示的銀行
(C)向付款人辦理提示單據之代收銀行
(D)補償銀行。（108一銀）

( )　3. 下列國際貿易付款方式中，何者之單據係由出口商於裝運貨物出口後逕寄進口商，而不經銀行處理？　(A)D/A　(B)D/P　(C)L/C　(D)O/A。（107台企）

( )　4. 依託收統一規則規定，託收銀行接獲拒絕付款通知時，須就單據嗣後之處理給予適當之指示，如未於提示銀行發出拒絕付款之通知後幾日內指示提示銀行，則提示銀行在不負任何進一步責任下可將單據退回？　(A)15日　(B)30日　(C)45日　(D)60日。（107一銀）

( )　5. 下列何種貿易條件，關於數量之決定地點，除買賣雙方另有約定外，原則上以「卸貨地數量」為基準？　(A)FCA　(B)CIF　(C)DAP　(D)FAS。（104華南）

( )　6. 下列國貿付款方式中，何者係由銀行代替進口商對出口商做出付款之承諾？　(A)Payment Advance　(B)L/C　(C)D/A　(D)D/P。（103合庫銀）

( )　7. 當貿易商實際上是直接使用T/T來進行匯付時，下列何者通常為其在貿易契約中所規定之付款方式？　(A)D/P　(B)D/A　(C)O/A　(D)L/C。（103華南）

( )　8.根據託收規則URC 522之規範，有關出口託收之敘述，下列何者錯誤？　(A)除非另有約定，否則代收銀行只能將所收得之款項支付給託收銀行　(B)對出口商而言，D/P的風險小於D/A　(C)D/P不得簽發遠期匯票　(D)代收銀行因辦理託收所發生之有關費用及開支，全部由「發送託收指示之一方」承擔。（102華南）

( )　9.下列何種付款方式出口商通常簽發即期匯票？　(A)Sight D/P (B)Usance D/P　(C)O/A　(D)D/A。（101華南）

( )　10.採託收方式付款的出口商宜選用下列何種貿易條件進行交易？ (A)FOB　(B)CFR　(C)CIF　(D)FCA。（101彰銀）

( )　11.下列何者對於契約付款條件"Payment: 30% of the contract value shall be paid in advance by T/T and 70% by confirmed irrevocable sight L/C."之敘述錯誤？　(A)這是一個包含CIA與L/C的付款條件　(B)契約金額的70%由買方以經保兌、不可撤銷的即期信用狀支付　(C)契約金額的30%需以電匯的方式預付　(D)買方在預付30%的契約金額後即可取貨。（101彰銀）

解答及解析

1. **B**　依託收統一規則第3條規定，代收銀行COLLECTING BANK 依託收指示交付單據。

2. **B**　依據URC522第3條項規定，"PRESENTING BANK"（提示銀行）係指接受託收銀行委託而處理其託收指示的銀行。

3. **D**　O/A（Open Account）：記帳。係指賣方於貨物交運出口後，即將貨運單據等逕寄買方辦理提貨，其貨款則以應收帳款方式記入買方帳戶，俟約定付款期限屆滿時，再行結算。此方式通常用於公司內部及母子公司間往來，或進出口雙方已有長期且穩固交易基礎者，如老客戶頻繁的訂單，或在買方市場狀態下，出口商具有較堅實財務基礎者。

4. **D**　依託收統一規則第26條c項規定，託收銀行接獲拒絕付款通知時，須就單據嗣後之處理給予適當之指示，如未於提示銀行發出

拒絕付款之通知後60日內指示提示銀行,則提示銀行在不負任何進一步責任下可將單據退回。

5. **C**　以卸運地數量為確定數量的基準,原則上適用貨物風險的移轉點在進口國指定目的地之貿易條件,例如DAT、DAP及DDP等貿易條件。

6. **B**　L/C(信用狀)係指開狀銀行應進口商的請求與指示,向出口商簽發的付款保證憑證。即是由銀行代替進口商對出口商做出付款之承諾。

7. **C**　O/A(記帳)係賣方於貨物交運出口後,即將貨運單據等逕寄買方辦理提貨,其貨款則以應收帳款方式記入買方帳戶,俟約定付款期限屆滿時,再由買方直接使用T/T來進行匯付。至於D/P、D/A和L/C則需要透過代收銀行或開狀銀行來付款。

8. **C**　D/P(付款交單)按匯票期限的不同,又可分為即期付款交單(Sight D/P)和遠期付款交單(Long D/P)。Sight D/P係指出口商開發即期匯票,而在Long D/P情況下,出口商則是開具遠期匯票。

9. **A**　D/P(Documents against Payment)係指付款交單,其按匯票期限的不同,又可分為即期付款交單(Sight D/P)和遠期付款交單(Long D/P)。在Sight D/P的付款方式下,出口商通常簽發即期匯票,由代收銀行向進口商提示,進口商見票後須立即付款,貨款付清後,進口商方可取得貨運單據。

10. **C**　採託收方式付款的出口商宜選用CIF貿易條件進行交易,因為裝運貨物的受貨人可規定為出口商,對貨物的所有權較有保障;另外出口商自己購買保險,保險事故發生時,可獲得保險利益,避免保險糾紛。

11. **D**　本題的付款條件為契約金額的30%需以電匯的方式預付,另契約金額的70%由買方以經保兌、不可撤銷的即期信用狀支付。因此是一個包含CIA(Cash in Advance,預付貨款)與L/C的付款條件,買方須付款贖單後才可取貨。

申論題破解

一、託收（Collection）是一種普遍的結算貨款方式，企業可以拿託收單據向銀行進行融資。一般而言，銀行承做託收票據的資金融通時，可以分成出口託收押匯、出口託收承兌以及墊款，請分別詳述其意義及特色。（108關特）

解(一)出口託收押匯（advance against documentary collection）：係指託收銀行依據出口商的要求，以申請人開立之進口商為付款人的跟單匯票及全套商業單據為質押，將票款扣除利息及費用後，付款與申請人。意即出口商採用託收結算貨款方式，將單據交給出口地的託收銀行，在貨款收回前，向託收銀行先行預支部分或全部貨款，待託收款項收妥後，再歸還銀行墊款的一種貿易融資方式。其融資比例、收取（預收）利息的方法和計算等與出口信用狀向下的押匯相同，還款來源為託收項下的款項，但在企業不能正常從國外收回貨款的情況下，企業必須償還押匯本金、利息及補收有關的費用。出口託收押匯在出口商交單後，即可憑符合要求的單據向銀行融資，增加了融資的方法也加速資金周轉的速度。

出口託收押匯與出口信用狀項下之押匯的區別在於後者有開狀銀行（或保兌銀行）的付款保證，屬於銀行信用；而前者沒有銀行的付款保證，為商業信用。出口商能否收回貨款，完全取決於國外付款人的信譽，與託收銀行、代收銀行等無關，因此出口商需負擔的風險較大。

(二)出口託收（export collection）：是指出口商將貨物裝運出口後，備妥有關之貨運單據及匯票，委託出口地銀行通過其在進口地銀行的聯行或代理行向進口商收款的結算方式。依取得單據的方式可分為：

1.承兌交單（Documents against Acceptance，D/A）：係出口商按照買賣契約的約定，將貨物交運後，備妥代表貨運單據，並簽發

以進口商為付款人的匯票，一併交給其往來銀行（託收銀行）寄交進口地的分行或代理銀行（代收銀行），委託其向進口商收取貨款。與付款交單方式不同者，代收銀行於收到貨運單據及匯票後，僅通知進口商在匯票上承兌，即交付單據給進口商，辦理提貨手續，俟匯票到期時再行付款。

2. 付款交單（Documents against Payment, D/P）：指出口商按照買賣契約的約定，將貨物交運後，備妥貨運單據（如提單、商業發票、保險單等），並簽發以進口商為付款人的匯票，一併交給其往來銀行（託收銀行）寄交進口地的分行或代理銀行（代收銀行），委託其向進口商收取貨款。而進口商則必須先付清貨款後，始能取得單據，辦理提貨手續。

二、LB公司為一新成立之貿易公司，正努力拓展出口業務中，財務部門經常為出口貨款之收取方式及公司債權之確保，與業務部門人員產生爭議，因財務部門主管為公司債權確保之 考量，堅持僅能接受「跟單信用狀（Documentary Credit）」，但業務人員基於業務拓展之需要，極力爭取以「記帳（Open Account）」方式交易。

請回答下列問題：

(一)何謂「跟單信用狀」？何謂「記帳」？

(二)「跟單信用狀」與「記帳」兩種付款方式，何者對LB公司之債權確保較為有利？理由為何？

(三)倘LB公司經協調以「記帳」方式交易，但為債權確保之考量，LB公司經洽詢其往來之TB銀行，TB銀行建議以"Factoring"為債權確保之方式，何謂"Factoring"？

（108台灣菸酒）

解(一)

1. 跟單信用狀（Documentary Credit）：係指開狀銀行應進口商的請求與指示，向出口商簽發的付款保證憑證。銀行向第三人承

諾,如果該第三人能履行該文書所規定的條件,並提示對應之單
據,即可獲得開狀銀行的付款擔保。

2. 記帳(Open Account, O/A):係指賣方於貨物交運出口後,即
將貨運單據等逐寄買方辦理提貨,其貨款則以應收帳款方式記入
買方帳戶,俟約定付款期限屆滿時,再行結算。此方式通常用於
公司內部及母子公司間往來,或進出口雙方已有長期且穩固交易
基礎者,如老客戶頻繁的訂單,或在買方市場狀態下,出口商具
有較堅實財務基礎者。

(二) 跟單信用狀對LB公司之債權確保較為有利。因為信用狀是一種由
開狀銀行開給受益人附有條件的付款保證書,開狀銀行對受益人承
諾保證符合條件確定付款。即是指開狀銀行循申請人(買方)之請
求,所簽發的一種不可撤銷之書面承諾,受益人(賣方)只要依信
用狀條款所規定條件,提示符合之單據(及匯票),開狀銀行就必
須對其負兌付的責任。而記帳的付款方式中,因為出口商無簽發匯
票,一旦進口商屆期不付款,在追索上較困難;且O/A交易下,買
賣雙方僅有契約約束,出口商也僅憑交易對象信用,而無L/C交易
中有開狀銀行的信用保證,因此出口商面臨倒帳的風險較高。

(三) Factoring:應收帳款管理業務。係指賣方將買賣交易所產生之應收
帳款,售予應收帳款承購商,承購商進而承擔進口商的信用風險,
並提供帳務管理、應收帳款收取、貿易融資等多項服務的整合性金
融業務。此種貿易融資業務稱為應收帳款管理業務。

Factoring主要是對出口商以O/A或D/A等賒銷方式出口的融資服
務。其對出口商提供資金融通,且應收帳款的收取與催收由應收帳
款承受商負責,避免出口商受進口商不履行付款義務的損失,另外
應收帳款承受商擁有專業的帳務管理人員,有利於對與應收帳款有
關之帳務的管理。

三、請說明出口託收依交單條件之不同有哪些方式？何者可以降低出口商的風險、對賣方較為有利？（108台企）

解 出口託收依交單條件之不同可分為：

(一) 付款交單（Documents against Payment，D/P）：係指出口商按照買賣契約的約定，將貨物交運後，備妥貨運單據（如提單、商業發票、保險單等），並簽發以進口商為付款人的匯票，一併交給其往來銀行（託收銀行）寄交進口地的分行或代理銀行（代收銀行），委託其向進口商收取貨款。而進口商則必須先付清貨款後，始能取得單據，辦理提貨手續。

(二) 承兌付單（Documents against Acceptance，D/A）：是指出口商按照買賣契約的約定，將貨物交運後，備妥代表貨運單據，並簽發以進口商為付款人的匯票，一併交給其往來銀行（託收銀行）寄交進口地的分行或代理銀行（代收銀行），委託其向進口商收取貨款。與付款交單方式不同者，代收銀行於收到貨運單據及匯票後，僅通知進口商在匯票上承兌，即交付單據給進口商，辦理提貨手續，俟匯票到期時，再行付款。

由於在付款交單的條件下，進口商須先付款，才能取得單據，辦理提貨。而在承兌交單的條件下，進口商只需在匯票上承兌，即可獲取單據提貨，俟匯票到期時，才需付款。因此在付款交單的條件下，可以降低出口商的風險、對賣方較為有利。

四、請說明裝運嘜頭（shipping mark）的定義及其主要功能。
（107經濟部）

解 (一) 裝運嘜頭（shipping mark）：又稱包裝標誌或為裝運標誌。係國際運輸過程中為了方便運貨人、買方了解箱內貨物內容，便於運輸、倉儲和海關等有關部門進行查驗等工作，而在進出口貨物的外包裝上標明的記號。嘜頭的主要內容包含主標誌（Main Marks）、

卸貨港或目的地標誌（Discharge Port / Destination Mark）、件號（Package Number）、原產國標誌（Country of Origin）、重量與體積標誌（Weight & Measurement Mark）以及注意標誌（Caution Marks）。

(二) 裝運嘜頭的主要功能：

1. 透過裝運嘜頭，發貨人能便於管理、統計及計算重量和體積，安排好運輸防止出錯。

2. 商檢、海關等可以一目瞭然貨物內容，便於按照批次監管貨物，查驗放行。

3. 從進倉到發貨及運輸中轉、海空聯運直至目的港，參照嘜頭提示可方便運送人清點、交運貨物，尤其散貨混裝時更為重要。

4. 提醒裝卸、搬運工人以及其他人員搬運時的應注意事項。

五、D/P（Documents against Payment）係屬於國際貿易付款方式之一種，實務上可分為Sight D/P和LongD/P，試問兩者之間的作業方式有何差異？Long D/P形成的背景因素及其可能的風險為何？託收統一規則URC 522相關的規範又為何？（103關特）

解 D/P（Documents against Payment）付款交單係指出口商按照買賣契約的約定，將貨物交運後，備妥貨運單據（如提單、商業發票、保險單等），並簽發以進口商為付款人的匯票，一併交給其往來銀行（託收銀行）寄交進口地的分行或代理銀行（代收銀行），委託其向進口商收取貨款。而進口商則必須先付清貨款後，始能取得單據，辦理提貨手續。實務上按匯票期限的不同，又可分為即期付款交單（Sight D/P）和遠期付款交單（Long D/P）。Sight D/P（Documents against Payment at sight）係指出口商開發即期匯票，由代收銀行向進口商提示，進口商見票後須立即付款，貨款付清後，進口商方可取得貨運單據。Long D/P（Documents against Payment after sight）則是指出口商開具遠期匯票，由代收銀行向進口商提示，經進口商承兌後，代收銀行保留匯票及

全套單據，待匯票到期日或匯票到期日以前，進口商交付貨款後，才可贖回貨運單據。

Long D/P託收方式對進口商較為有利，因為進口商需負擔的費用低、風險小、資金的負擔也較小，因此Long D/P是出口商給予進口商優惠的一種付款方式。在商品為買方市場的情形下，對出口商而言，Long D/P是一種促進銷售的手段，但出口商必須承受較大的風險，其可能的風險有：

(一) Long D/P的付款方式對出口商而言，不但收款慢，增添收不到帳款的風險外，也會增加出口商資金週轉的壓力。

(二) 易遭到進口商藉故拒絕或要求折價。因貨款沒有如信用狀付款般，擁有銀行的信用擔保，因此當出口商將貨物裝船交運後，如進口商宣告破產或藉故拒絕付款贖單時，出口商只能折價出售或運回貨物，並承擔來回運輸等費用的損失。

(三) 出口商增加收回貨款的政治風險與匯率風險。出口商將增加因進口地戰爭、革命、內亂、天災造成進口商不能付款、或向銀行付款後，因法令變更而禁止貨款匯出等的政治風險。另外出口商須待貨物出口一定期限後，才能取得款項，因此亦會有匯率波動的風險。

根據託收統一規則URC 522第7條商業單據的交付有以下的規範：

(一) 附有商業單據必須在付款時交出的託收指示，不應包含遠期付款的匯票。

(二) 如果託收包含有遠期付款的匯票，則託收指示應列明商業單據是憑承兌而不是憑付款交給付款人。如果未有說明，商業單據只能是付款交單，而代收行對由於交付單據的任何延誤所產生的任何結果，將不承擔責任。

(三) 如果託收包含有遠期付款的匯票，而且託收指示列明應憑付款才可交出商業單據時，則單據只能憑該項付款才能交付，而代收行對由於交單的任何延誤所產生的任何結果，將不承擔責任。

六、國際貿易中，「託收」的意義為何？請按「是否附帶貨運單據」，說明託收的類型、內容與各自的風險為何？（102關特）

解 (一)依據URC522第2條a項之規定，託收（Collection）是銀行依據所收到的指示處理金融單據和／或貨運單據，以便於：a.取得付款和／或承兌或b.憑以付款或承兌交單或c.按照其他條款和條件交單。也就是指出口商於貨物裝船後，開出求償的匯票，但此種匯票沒有銀行的信用狀作擔保，因此外匯銀行多不願進行讓購，只肯代為洽收。外匯銀行承作託收後，將匯票和／或貨運單據寄給進口地的往來銀行，請其向進口商收款，俟收到貨款後，再行付款與出口商。

(二)託收視其「是否附帶貨運單據」分為光票託收與跟單匯票託收。光票託收不須附上貨運單據，只須附上金融單據（Financial Documents），例如匯票即可；而跟單匯票託收除附上金融單據外，還必須附上貨運單據。跟單匯票託收是出口商為向國外進口商收取貨款，開具匯票，委託出口地銀行通過其在進口地銀行的聯行或代理行向進口商收款的結算方式。依取得單據的方式可分為：

1. 付款交單（Documents against Payment，D/P）

出口商按照買賣契約的約定，將貨物交運後，備妥貨運單據（如提單、商業發票、保險單等），並簽發以進口商為付款人的匯票，一併交給其往來銀行（託收銀行）寄交進口地的分行或代理銀行（代收銀行），委託其向進口商收取貨款。而進口商則必須先付清貨款後，始能取得單據，辦理提貨手續。

2. 承兌付單（Documents against Acceptance，D/A）

出口商按照買賣契約的約定，將貨物交運後，備妥代表貨運單據，並簽發以進口商為付款人的匯票，一併交給其往來銀行（託收銀行）寄交進口地的分行或代理銀行（代收銀行），委託其向進口商收取貨款。與付款交單方式不同者，代收銀行於收到貨運單據及匯票後，僅通知進口商在匯票上承兌，即交付單據給進口商，辦理提貨手續，俟匯票到期時，再行付款。

七、(一)在國際貿易付款方式中有所謂「O/A」之付款方式，請簡述其
　　　意義？另請問「O/A」付款方式對買／賣方（進／出口商）之
　　　風險為何？
　　(二)針對此種付款方式之風險，有何出口保險可保障出口商之風
　　　險？其承保範圍為何？（102輸出入銀五等）

解 (一)O/A（Open Account, O/A）記帳，係指賣方於貨物交運出口後，即
　　將貨運單據等逕寄買方辦理提貨，其貨款則以應收帳款方式記入買
　　方帳戶俟約定付款期限屆滿時，再行結算。此方式通常用於公司內
　　部及母子公司間往來，或進出口雙方已有長期且穩固交易基礎者，
　　如老客戶頻繁的訂單，或在買方市場狀態下，出口商具有較堅實財
　　務基礎者。
　　　O/A付款方式對賣方（出口商）之風險有出口商將貨物裝船交運
　　後，因進口地戰爭、革命、天災致進口商不能付款或因法令變更而
　　禁止貨款匯出，使出口商無法收回其貨款的政治風險，或因進口商
　　宣告破產或到約定付款期限，不依約付款之信用風險。另外，出口
　　商須待貨物出口一定期限後才能收到貨款，也可能會有匯率波動的
　　風險。
　　　至於買方（進口商）之風險則有賣方不依約交貨、遲延交貨等的信
　　用風險，或是貨物在運送過程中可能產生的運輸風險，以及商品價
　　格受市場供需狀況影響，產生波動，造成的價格風險。
　(二)O/A付款方式之風險可以透過輸出入銀行所承辦的專業性、政策性
　　的記帳方式（O/A）輸出保險來獲得賠償。其承保範圍為：
　　1.政治危險：輸出目的地政府變更法或發生戰爭、天災等致貨物不
　　　能進口或不能匯等，以致貨款不能收回之損失。
　　2.信用危險：進口商不依約付款，不依約承兌或承兌到期不付款等
　　　所致損失。
　　　（貨物由第三國裝運出口者，因輸入目的地或轉口地政府禁止或
　　　限制進口所致損失，輸銀不負賠償責任。）

八、託收（collection）可說是國際貿易常用的付款方式，可分為D/P
　　與D/A，其重要當事人除賣方與買方之外，另有託收銀行與代收銀
　　行。請回答下列問題：
　　(一)說明D/P之意義與其交易流程。
　　(二)說明D/A之意義與其交易流程。
　　(三)託收付款方式所使用之匯票，其發票人、付款人與受款人通常
　　　　為上述當事人中之何人？（101高考）

解(一) D/P（Documents against Payment）付款交單：係指出口商按照買賣契
　　約的約定，將貨物交運後，備妥貨運單據，並簽發以進口商為付款人
　　的匯票，一併交給其往來銀行（託收銀行）寄交進口地的分行或代理
　　銀行（代收銀行），委託其向進口商收取貨款。而進口商則必須先付
　　清貨款後，始能取得單據，辦理提貨手續。其交易流程為：

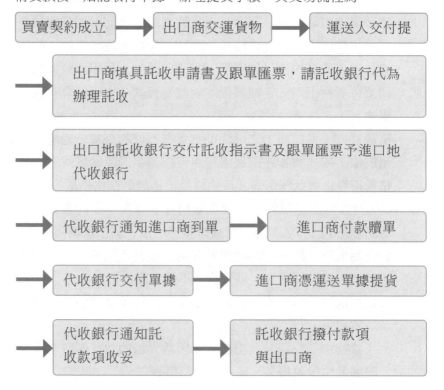

(二) D/A（Documents against Acceptance）承兌交單：係指出口商按照
買賣契約的約定，將貨物交運後，備妥代表貨運單據，並簽發以進
口商為付款人的匯票，一併交給其往來銀行（託收銀行）寄交進口
地的分行或代理銀行（代收銀行），委託其向進口商收取貨款。與
付款交單方式不同者，代收銀行於收到貨運單據及匯票後，僅通知
進口商在匯票上承兌，即交付單據給進口商，辦理提貨手續，俟匯
票到期時，再行付款。其交易流程為：

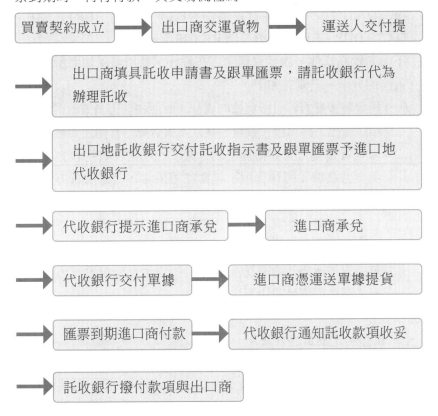

買賣契約成立 ➡️ 出口商交運貨物 ➡️ 運送人交付提

➡️ 出口商填具託收申請書及跟單匯票，請託收銀行代為
辦理託收

➡️ 出口地託收銀行交付託收指示書及跟單匯票予進口地
代收銀行

➡️ 代收銀行提示進口商承兌 ➡️ 進口商承兌

➡️ 代收銀行交付單據 ➡️ 進口商憑運送單據提貨

➡️ 匯票到期進口商付款 ➡️ 代收銀行通知託收款項收妥

➡️ 託收銀行撥付款項與出口商

(三) 匯票係由發票人簽發一定之金額，委託付款人在指定之到期日，無
條件支付給受款人或者持票人的票據。託收付款方式所使用之匯
票為商業匯票，其發票人（指簽發匯票的人）通常為賣方（出口
商）；付款人（指被發票人）為匯票之主要債務人，在託收交易

下，匯票一般均以買方（進口商）為付款人；受款人為匯票的主要
債權人，通常為賣方（出口商）。

九、試述貿易條件的意義。（101台電、中油、台糖）

解 貿易條件（Trade Terms）是指在國際貿易中，用來規範買賣雙方
各自應負擔的責任、費用、風險以及貨物所有權轉移的界限。例如
Incoterms 2020的11種貿易條件：EXW、FCA、CPT、CIP、DAT、
DAP、DDP、FAS、FOB、CFR、CIF等。

不同的貿易條件，表示買賣雙方在責任、費用與風險上所承擔的權利與
義務的分別。其意義如下：

(一)規定買賣雙方各自所負擔的責任，說明由何方負責洽訂運輸、保險、
申請輸出入許可證、辦理通關以及買賣雙方有何通知義務等。

(二)規定買賣雙方對貨物費用的分擔，說明何種費用包含在售價中，是
由賣方負擔；何種費用不包含在售價中，而是由買方負擔，例如運
費、保險費、通關費用等，係由何方負擔。

(三)規定買賣雙方對貨物危險的分擔，說明賣方應於何時何地將貨物交
付予買方。賣方在將貨物交付給買方之前，貨物毀損或滅失的風險
是由賣方承擔；在賣方將貨物於指定地點交付給買方之後，貨物毀
損或滅失的風險是由買方承擔。

十、試述約定品質的方法。

解(一)以樣品交易（Trade by Sample）：是以一個、數個或少量足以代
表貨物品質的實物來約定品質，即須確實明示貨物的實際狀況，通
常適用於體積小、構造簡單、價值低廉的商品，例如文具、日用品
等。此外，憑樣品交易時，如契約中無其他規定，日後賣方所交貨
物之品質必須與樣品完全一致。

(二) 以規格交易（Trade by Type）：指買賣雙方以某一特定規格或國際組織所認定的標準規格，作為約定品質的條件，常見之標準規格有：國際標準、區域標準、國家標準以及產業團體標準等。

(三) 以標準物交易（Trade by Standard Quality）：標準物通常係由交易所、檢驗機構或公會所訂，且為業界認定之品質標準，此種標準通常使用於農、漁、牧、林、礦等產業產品之交易。一般表示標準物品品質之方法有二：中等平均品質（Fair Average Quality, FAQ）以及良好適銷品質（Good Merchantable Quality, GMQ）。

(四) 以品牌或商標交易（Trade by Brand or Mark）：以某一特定品牌或商標為品質的標準，適用於著名廠商或市占率大之國際性品牌或標誌，例如以國際羊毛局之Wool Mark作為品質的標準。

(五) 以說明書或型錄交易約定品質條件（Trade by Specification or Catalog）：係以詳細的文字、圖形說明貨物品質的標準。通常適用於交易客體的體積或重量甚大、結構複雜、價格昂貴者。例如：精密儀器、運輸工具、訂製之產品或珠寶等。

十一、國際貿易中如何確定品質之時間與地點？

解 品質之時間與地點係以買賣雙方所選用的貿易條件為依據。因此，確定品質之時間與地點，即為貨物風險由賣方移轉給買方的時間與地點。決定品質時間與地點的條件有：

(一) 出廠品質條件（Maker's Quality Terms）：係指以賣方工廠為確定品質之時間與地點；適用於EXW貿易條件。

(二) 裝運品質條件（Shipped Quality Terms）：係指以裝運港或裝運地為確定品質之時間與地點；適用於FAS、FOB、CFR、CIF、FCA、CPT及CIP等貿易條件。

(三) 卸貨品質條件（Landed Quality Terms）：係指以卸運港或卸運地為確定品質之時間與地點；適用於DAT貿易條件。

(四) 買方倉庫品質條件（Buyer's Quality Terms）：係指以買方倉庫為確定品質之時間與地點；適用於DAP及DDP貿易條件。

十二、包裝標誌的主要內容有哪些？出口包裝的原則為何？

解 (一) 包裝標誌又稱為裝運標誌（Shipping Marks），俗稱嘜頭（Marks）。係在國際運輸過程中為了方便運貨人、買方了解箱內貨物內容，便於運輸、倉儲和海關等有關部門進行查驗等工作，及提醒裝卸、搬運工人以及其他人員搬運時的應注意事項，而在進出口貨物的外包裝上標明的記號。包裝標誌的主要內容有：

1. 主標誌（Main Mark）：通常包括兩個部分(1)圖形(2)文字。文字部分通常以代表買方公司名稱的英文縮寫，例如ABC（in circle）。主標誌的作用是為了便於搬運貨物的工人，將相同圖形文字的貨物堆放一起，避免誤裝誤卸。

2. 卸貨港或目的地標誌（Discharge Port / Destination Mark）：此為卸貨港或目的地的名稱，多標示於主標誌的下方。若卸貨港為目的地（港）時，只須標示卸貨港，例如New York；如果需要經其他港口轉運時，則須要分別標示，其表示方法為「目的地 via卸貨港」，例如Chicago via Boston表示貨物經由Boston運往Chicago，其中Chicago是目的地，Boston為轉運港或卸貨港。

3. 件號（Package Number / Case Number）：為包裝件數的編號，以方便點數。通常會從第一件（箱）連續編號，表示方式為"C/No.1 -UP"，此件號必須與包裝明細單所列的內容一致。

4. 原產國標誌（Country of Origin Mark）：表明該貨物係屬何國生產製造。出口貨品本身或外包裝上之產地，應依產地標示規定，正確標示產地，例如台灣製造，則標示為Made in Taiwan, R.O.C.。

5. 重量與體積標誌（Weight & Measurement Mark）：記載該箱貨物的毛重、淨重和體積。

6. 注意標誌（Caution Marks）：此標誌的作用在於避免或減少貨物在運輸期間遭受損害，故在包裝外側註明，以便使用者注意。其表示方式有兩種：一為圖案，二為英文注意標誌。

(二) 出口包裝原則的原則為：

1. 應求牢固、堅固、完整。
2. 包裝材料應適合貨物的性質、運輸方式與港口的氣候變化。
3. 在安全的原則下，盡量節省包裝費用。
4. 盡量減少重量及體積，不宜超長、超大、超重。
5. 每件大小應整齊劃一，以便計算、檢量、識別、裝卸及堆積。
6. 應符合買方的指示。
7. 應符合進口國海關的規定。

十三、請依付款時間區分國際貿易的付款方式。

解 依付款時間區分國際貿易的付款方式為：

(一) 預付貨款（Cash in Advance）：即交貨前付款。為賣方在交貨前，買方即先付清貨款。例如：訂貨付現（Cash With Order，CWO）。

(二) 裝貨付款（Payment on Shipment）：即交貨時付款。為賣方在交貨或交付代表貨物所有權的貨運單據時，買方須付清貨款。例如：憑單據付現（Cash Against Documents，CAD）、貨到付現（Cash On Delivery，COD）、即期信用狀（Sight L/C）、付款交單（D/P）等。

(三) 延付貨款（Deferred Payment）：即交貨後付款。為賣方先交運貨物，等到交貨後約定的時日，買方才須付款。例如：承兌交單（D/A）、分期付款（Installment）、寄售（Consignment）、記帳（O/A）等。

十四、一般國際貿易上採用的付款方式有哪些？

解(一) 憑信用狀付款：係指開狀銀行應進口商的請求與指示，向出口商簽發的付款保證憑證。銀行向第三人承諾，如果該第三人能履行該文書所規定的條件，並提示對應之單據，即可獲得開狀銀行的付款擔保。

(二) 託收（Collection）：託收是出口商於貨物裝船後，開出求償的匯票，但此種匯票沒有銀行的信用狀作擔保，因此外匯銀行多不願進行讓購，只肯代為洽收。外匯銀行承作託收後，將匯票和／或貨運單據寄給進口地的往來銀行，請其向進口商收款，俟收到貨款後，再行付款與出口商。託收視其「是否附帶貨運單據」分為光票託收與跟單匯票託收。光票託收不須附上貨運單據，只須附上金融單據（Financial Documents），例如匯票即可；而跟單匯票託收除附上金融單據外，還必須附上貨運單據。

(三) 匯付（Remittance）：是指付款人透過銀行將款項匯交收款人。在國際貿易中如採用匯付，通常是由買方按契約規定的條件和時間，透過銀行將貨款匯交賣方。匯付可使用電匯（T/T）、信匯（M/T）、票匯（D/D）或國際郵政匯票方式付款。使用匯付方式的付款條件有：

1. 訂貨付現（Cash with Order，CWO）：係指買方在下訂單或簽訂買賣契約時，即支付貨款。

2. 憑單據付現（Cash Against Documents，CAD）：為賣方將證明貨物已交運的運送單據，交與買方所指定之銀行或代理人時，即可取得貨款。

3. 貨到付款（Cash On Delivery，COD）：係賣方按約定交運貨物，俟貨物運抵目的地後，買方即須將貨款交付賣方或其指定代理人，使得提貨。

4. 寄售（Consignment）：係指寄售人先將貨物運交受託人，通常為其國外之代理商，委託其依照寄售協議規定的條件在當地市場銷售，俟貨物售出後，再由受託人將扣除佣金、相關費用後之剩餘貨款，結付給寄售人（賣方）。

5. 記帳（Open Account，O/A）：係賣方於貨物交運出口後，即將貨運單據等逕寄買方辦理提貨，其貨款則以應收帳款方式記入買方帳戶，俟約定付款期限屆滿時，再行結算。此方式通常用於公司內部及母子公司間往來，或進出口雙方已有長期且穩固交易基礎者，如老客戶頻繁的訂單，或在買方市場狀態下，出口商具有較堅實財務基礎者。

6. 分期付款（Installment）：為買賣雙方約定，買方付款方式分若干期攤還，此方式通常用於機器設備或整廠交易等，金額較大之買賣場合。

十五、何謂遲延交貨？試說明遲延交貨的責任歸屬。

解 (一) 遲延交貨係指實際交貨日期遲於約定的交貨日期。交貨日期一般均以提單或其他運送單據所載收貨日期推定為實際裝運日期，因此買方對賣方提出交貨遲延的索賠時，應以提單或其他運送單據作為證明的單據。

(二) 遲延交貨的責任歸屬：

1. 若起因於賣方之故意或過失所致遲延交貨，是由賣方負責。

2. 若起因於買方之故意或過失所致遲延交貨，是由買方負責。

3. 若起因於第三者之故意或過失所致遲延交貨，是由賣方負責。

4. 若起因於不可抗力事故所致遲延交貨，買賣雙方均不需負責。

第六章　報價、接受與契約的成立

經典考題

一、當報價發出後，自抵達被報價人時，開始生效，其時效持續時間長短，端視報價之性質及當事人之反應而定。請說明報價時效之終止，有哪些原因？（108經濟部）★★★

二、試說明報價（quotation）的意義、有效報價的條件及報價的方式各為何？報價失去效力的原因有數種，試寫出其中四種。（103關特）★★★

三、何謂Force Majeure？（102經濟部）★★★

四、試述有效接受的要件。★★★

五、何謂 Pro-forma Invoice，其功能為何？★★

六、國際貿易契約的簽訂方式有哪些？★★

命題焦點

一、詢價與報價

(一) 詢價（Inquiry）

是指買方或賣方為洽購或洽銷某項商品，而向對方探詢交易條件，表示交易意願。由於價格是詢問的重點，因此稱為詢價，但內容不以價格為限。詢價除了由買方發出，賣方也可發出詢價。且詢價只是要約之引誘，非正式報價，因此發出詢價的一方不受詢價內容之約束。詢價對雙方無法律上的拘束力。

(二) 報價（Offer）

是指當事人的一方向對方提出特定的條件，表示願依其所提出條件與對方成立法律上有效契約的意思表示，在我國民法上稱之為要約。

1. 有效報價的要件

依「聯合國國際貨物買賣契約公約」規定，向一個或一個以上之特定人提出訂立契約之建議，如該建議之內容十分確定，且表明要約人於接到承諾時願受拘束之意願，即構成要約。國際貿易上之報價，究竟屬於要約或要約之引誘；端視報價人所為報價之內容而定。

有效報價的要件有：

(1) 向特定之人發出

向一個或一個以上之特定人提出訂立契約之建議

(2) 報價人明確表示願依所提條件訂約

表明要約人於接到承諾時，願受拘束之意願。

(3) 報價內容十分確定

即報價內容須含有商品名稱、數量、價格等。

(4) 報價需具備各種基本交易條件

國際貿易的基本交易條件通常包括品質、數量、價格、包裝、付款、交貨、保險等條件。

2. 報價的種類

售貨報價 （Seller's offer 或 Selling offer）	由賣方提出的報價。
購貨報價 （Buyer's offer 或 Buying offer）	由買方提出的報價。

穩固報價 （Firm offer）	為民法上之「要約」行為。係指報價人明確指出特定之被要約人、商品名稱、數量、價格、有效期限及相關之交易條件等，並表示願意按報價單上所列載之各項條件訂立契約，不須再經原報價人同意，只要被報價人發出承諾通知契約即成立，故穩固報價對於報價人具有約束力。
非穩固報價 （Non-firm offer）	此種報價型態為民法上之「要約引誘」。即報價單上未載明確定之交易條件或無特定之對象，報價人可任意變更報價內容，被報價人之承諾須經報價人確認，契約始能成立。比如商品價目表、型錄、樣品的寄送，依據民法第154條規定，並非要約，而只能視為要約的引誘。
附帶條件報價 （Conditional offer 或 Subject offer）	報價中聲明以某特定條件之發生或不發生為報價生效的條件。此種報價型態亦視為「要約引誘」，屬於非穩固報價。常見的類型有： (1)特定確認條件，即在報價單上聲明「須經報價人確認才有效」。例如：此報價須經我方做最後確認才有效（This offer is subject to our final confirmation）。 (2)特定售貨條件，指限定所報之貨物未售出為條件。例如：報價需以貨物尚未售出才有效（Offer Subject to Goods Unsold）。 (3)特定取得某項要求為條件，指須取得所需要之許可為條件。例如：此報價以取得輸出／輸入許可證為準（This offer is subject to Export/Import License being approved）。
聯合報價 （Combined offer）	即報價人將兩種以上之貨物，同時發出報價，並於報價單上標明"combined offer"或"all or none"字樣，提醒被報價人，必須全部接受或拒絕，而不能僅接受其中一部份。

還價 （Counter offer）	又稱相對報價。即被報價人對報價人所報出之條件，全部或有一部份不同意，而提出變更之請求時，報價經還價後，原報價失去效力，另產生一個新的報價。
未訂期限的報價 （Free offer）	是在報價中未訂明有效期限的報價。
持續報價 （Standing offer）	又稱長效報價，即直到撤銷通知下達為止，報價一直有效，故又稱為撤銷以前有效報價。

3. 報價的生效時間

報價上若有載明生效時間，則從其規定。另外，書面報價之生效時間，聯合國國際貨物買賣契約公約（CISG）上大多採到達主義，即報價到達被報價人的支配範圍時生效。

4. 報價的終止及滅失

有效報價在其有效期限內持續有效，報價人不能片面提出修改其報價中的一部分或全部的條件，亦不得自行且隨時終止報價之效力，但在下列情況下報價失去效力：

(1) 報價有效期限屆滿

係指超過報價單上所載明之有效期限，該報價便自動失效。

(2) 報價被拒絕

報價一旦經被報價人拒絕，報價立即失效，即使日後被報價人對該報價表示接受，契約仍不為成立。

(3) 被報價人提出還價

係指被報價人接到報價後，提出相對報價（還價），則原報價自然終止。

(4) 報價被撤回

係指報價人發出確定報價後，在報價被送達被報價人之前或同時到達者撤回報價，則報價失去效力。

5. 報價的方式

(1) 書面報價

書信、電報、電傳、傳真、E-mail。

(2) 非書面報價

電話、口頭報價。（103關特）

二、接受

(一) 接受（Accept）

是指被報價人在報價有效期限內，無條件同意報價中提出的各項交易條件，願意按這些條件和報價人達成交易的意思表示，接受在我國民法上稱之為承諾。接受一經送達報價人，契約即告成立，雙方均須依約履行契約規定。

1. 有效接受的要件

依「聯合國國際貨物買賣契約公約」規定，被報價人聲明或做出其它行為表示同意此項報價，即是接受，緘默或不行動本身不等於接受。接受報價於表示同意的通知送達報價人時生效，逾報價有效期限的接受其接受無效，只有報價經有效的接受，契約才能成立。

有效接受的要件有：

(1) 對象：接受報價人須是被報價人。

(2) 期間：接受須在報價的有效期限內接受。

(3) 內容：接受之內容須與報價一致，且為未附帶條件的接受。

(4) 方式：承諾之通知方式須符合要約之指示，沉默不構成承諾，所以不視為接受。

2. 接受之撤回／撤銷

(1) 接受之撤回

接受得予撤回，但撤回通知須於接受原應生效之前或同時，送達報價人。即被報價人接受報價後，若欲撤回接受，則必須在接受被送達報價人之前或同時到達，方能使接受撤回。

(2) **接受之撤銷**

接受一旦送達即告生效，契約成立，被報價人無權單方面撤銷接受。

3. 接受的方式

(1)口頭。　(2)書面。　(3)電報。

三、國際貿易契約的簽訂

(一) 契約有效成的條件

契約要有效，其報價須經有效的接受。超過報價有效期限的接受，其契約無效；任何還價或附加條件的接受均視為新的要約，契約並不成立，只有報價經有效的接受，契約才能有效成立。

(二) 貿易約書之功能：

1. 可以確定交易之內容。

2. 可以作為解決糾紛之依據。

3. 方便買賣雙方之履約。

4. 可免除通訊的誤傳或誤譯。

5. 可以作為進口簽證、結匯之用。

(三) 國際貿易契約的簽訂方式

1. 以確認書方式

買賣雙方透過報價或還價，且經有效地接受之後，由當事人之一方將交易內容製成確認書，送交對方，以表示確認所成交的內容。其方式有：

售貨確認書 （Sales Confirmation）	是由賣方製作並以確認書方式簽訂者；或有時當承諾由買方發出時，賣方為了使對方瞭解其已收到承諾，通常再發出另一封函件，此函件就是售貨確認書。

預約發票 （Proforma Invoice，P/I）	亦稱為形式發票，是由賣方所製作。為賣方交貨前，提供買方估算貨物進口費用之假設性質的文件。實務上，預約發票的內容如具有報價實質內容，而構成法律上的要約者，即可視為報價單；若又具有售貨確認書之條件者，即可作為售貨確認書用。只要進口商接受，即可視同契約；或在商業發票尚未製作前作為代替發票；並可供買方向其政府申請輸入許可證；也可供買方向銀行申請外匯或開發信用狀。
購貨確認書 （Purchase Confirmation）	（也稱為訂單（Purchase Order）：是由買方製作並以確認書方式簽訂者。

2. 以契約書方式

售貨契約（Sales Contract） 或 **輸入契約**（Export Contract）	是由賣方所製作之書面契約。
購貨契約（Purchase Contract） 或 **輸出契約**（Import Contract）	是由買方所製作之書面契約。
買賣契約（Sale and Purchase Contract） 或 **輸出入契約**（Export and Import Contract）	是由買賣雙方共同製作並加以簽署之書面契約。

(四) 國際貿易契約的基本交易條件

國際貿易契約的基本交易條件通常包括品質、數量、價格、包裝、付款、交貨、保險等條件。

(五) 國際貿易契約的一般交易條件

主要有下列各項：

1. 智慧財產權條款。

2. 不可抗力條款：不可抗力（Force Majeure）係指因戰爭、封鎖、革命、暴動、民變、民眾騷擾、動員、罷工、工廠封鎖、天災、惡劣氣候、疫病或其他傳染病、貨物因火災或水災而受毀壞、在交貨港因暴風雨或颱風而阻礙裝船、或在裝船前任何其他賣方所無法控制之事故等等。然而因為不可抗力的發生，而致貨物之全部或一部分未能交貨，此未交貨部分之契約應予取消。在裝運期限截止前，如貨物業經備妥待遇，但因前述事故之一發生而致未能裝運，則買方於接到賣方請求時，應以修改信用狀方式或其他方式延長裝運期限。（102經濟部）

3. 仲裁條款。

4. 索賠條款，出口商遭到進口商索賠時，會要求進口商提供公證報告。

5. 檢驗條款。

6. 準據法條款。

7. 稅捐條款。

(六) 國際貿易契約的效力先後

1. 當契約書的正面條款與背面條款產生矛盾時，因為契約書的背面條款為補充條款，所以其解釋應以正面條款為優先。

2. 預先簽訂之「一般交易協議書」的效力低於「個別交易協議書」的效力。

測驗題攻略

( )　1.有關有效報價／要約其效力終止之敘述，下列何者錯誤？　(A)報價／要約之有效期限屆滿　(B)被報價人提出還價　(C)報價人只要有需要，可自行且隨時終止報價之效力　(D)報價人宣告破產或死亡。（103合庫銀）

( )　2.接受（acceptance）是被報價人願意依報價人所開出的條件與報價人成立契約的意思表示，下列何者非屬於有效接受之要件？(A)接受報價者必須為被報價人　(B)須在報價的有效期限內接受報價　(C)若報價人有限定接受方法時，應依其規定　(D)附條件接受。（102華南）

( )　3.下列何者係屬於出口商履行買賣契約之前所簽發之單據？　(A)Commercial Invoice　(B)Customs Invoice　(C)Pro-forma Invoice　(D)Consular Invoice。（101華南）

( )　4.有關貿易報價之敘述，下列何者不適當？
(A)若報價之條件內容有不確定者，一般將僅視其為invitation to make offer
(B)若報價有附帶條件者，一般多視為firm offer，對報價人是具有binding效力的
(C)一個確定報價，對於報價人在報價之有效期限內是不得撤銷或變更報價條件的
(D)若對報價進行還價（Counter offer），則將使原報價失去效力，並形成新的報價。（101彰銀）

解答及解析

1. **C**　有效報價在其有效期限內持續有效，報價人不能片面提出修改其報價中的一部分或全部的條件，亦不得自行且隨時終止報價之效力。

2. **D**　有效接受之內容須與報價一致，且為未附帶條件的接受。

3. **C**　Pro-forma Invoice 即預約發票又稱為形式發票，是由出口商所製作。為交貨前，出口商提供進口商估算貨物進口費用之假設性質的文件，係屬於出口商履行買賣契約之前所簽發之單據。

4. **B**　若報價有附帶條件者，一般多視為還價（Counter offer）。報價經還價後，原報價即失去效力。

申論題破解

一、試說明報價（quotation）的意義、有效報價的條件及報價的方式各為何？報價失去效力的原因有數種，試寫出其中四種。
（103關特）

解 報價（quotation）係指當事人的一方向對方提出特定的條件，表示願依其所提出條件與對方成立法律上有效契約的意思表示，在我國民法上稱之為要約。

依「聯合國國際貨物買賣契約公約」規定，向一個或一個以上之特定人提出訂立契約之建議，如該建議之內容十分確定，且表明要約人於接到承諾時願受拘束之意願，即構成要約。國際貿易上之報價，究竟屬於要約或要約之引誘；端視報價人所為報價之內容而定。因此有效報價的條件有：

(一) 向特定之人發出：向一個或一個以上之特定人提出訂立契約之建議。

(二) 報價人明確表示願受約束的意思表示：明確表明要約人於接到承諾時，願受拘束之意願。

(三) 報價內容十分確定：即報價內容至少須含有商品名稱、數量、價格等。

而報價的方式有：

(一) 書面報價：書信、電報、電傳、傳真、E-mail。

(二) 非書面報價：電話、口頭報價。

報價失去效力的原因：
(一) 報價有效期限屆滿：超過報價單上所載明之有效期限，該報價便自動失效。
(二) 報價被拒絕：報價一旦經被報價人拒絕，報價立即失效，即使日後被報價人對該報價表示接受，契約仍不為成立。
(三) 被報價人提出還價：係指被報價人接到報價後，提出相對報價（還價），則原報價自然終止。
(四) 報價被撤回：係指報價人發出確定報價後，在報價被送達被報價人之前或同時到達者撤回報價，則報價失去效力。

二、何謂Force Majeure？（102經濟部）

解 Force Majeure：不可抗力。係指因戰爭、封鎖、革命、暴動、民變、民眾騷擾、動員、罷工、工廠封鎖、天災、惡劣氣候、疫病或其他傳染病、貨物因火災或水災而受毀壞、在交貨港因暴風雨或颱風而阻礙裝船、或在裝船前任何其他賣方所無法控制之事故等等。

三、試述接受的意義及有效接受的要件。

解 (一) 接受（Accept）係指被報價人在報價有效期限內，無條件同意報價中提出的各項交易條件，願意按這些條件和報價人達成交易的意思表示，接受在我國民法上稱之為承諾。接受一經送達報價人，契約即告成立，雙方均須依約履行契約規定。
(二) 依「聯合國國際貨物買賣契約公約」規定，被報價人聲明或做出其它行為表示同意此項報價，即是接受，緘默或不行動本身不等於接受。接受報價於表示同意的通知送達報價人時生效，逾報價有效期限的接受其接受無效，只有報價經有效的接受，契約才能成立。
有效接受的要件有：

1. 對象：接受報價人須是被報價人。
2. 期間：接受須在報價的有效期限內接受。
3. 內容：接受之內容須與報價一致，且為未附帶條件的接受。
4. 方式：承諾之通知方式須符合要約之指示，沉默不構成承諾，所以不視為接受。

四、請說明報價的種類有哪些？

解(一) 售貨報價（Seller's offer或Selling offer）：由賣方提出的報價。

(二) 購貨報價（Buyer's offer或Buying offer）：由買方提出的報價。

(三) 穩固報價（Firm offer）：為民法上之「要約」行為。係指報價人明確指出特定之被要約人、商品名稱、數量、價格、有效期限及相關之交易條件等，並表示願意按報價單上所列載之各項條件訂立契約，不須再經原報價人同意，只要被報價人發出承諾通知契約即成立，故穩固報價對於報價人具有約束力。

(四) 非穩固報價（Non-firm offer）：此種報價型態為民法上之「要約引誘」。即報價單上未載明確定之交易條件或無特定之對象，報價人可任意變更報價內容，被報價人之承諾須經報價人確認，契約始能成立。比如商品價目表、型錄、樣品的寄送，依據民法第154條規定，並非要約，而只能視為要約的引誘。

(五) 附帶條件報價（Conditional offer 或 Subject offer）：報價中聲明以某特定條件之發生或不發生為報價生效的條件，例如：此報價以取得輸出／輸入許可證為限（This offer is subject to Export/Import License being approved）。此種報價型態可視為「要約引誘」，屬於非穩固報價。

(六) 聯合報價（Combined offer）：即報價人將兩種以上之貨物，同時發出報價，並於報價單上標明"combined offer"或"all or none"字樣，提醒被報價人，必須全部接受或拒絕，而不能僅接受其中一部份。

(七) 還價（Counter offer）：又稱相對報價。即被報價人對報價人所報
出之條件，全部或有一部份不同意，而提出變更之請求時，報價經
還價後，原報價失去效力，另產生一個新的報價。

(八) 未訂期限的報價（Free offer）：是在報價中未訂明有效期限的報價。

(九) 持續報價（Standing offer）：又稱長效報價，即直到撤銷通知下達
為止，報價一直有效，故又稱為撤銷以前有效報價。

五、何謂Proforma Invoice，其功能為何？

解 Proforma Invoice（預約發票，P/I）亦稱為形式發票，是由賣方所製
作。為賣方交貨前，提供買方估算貨物進口費用之假設性質的文件。實
務上，預約發票的內容如具有報價實質內容，而構成法律上的要約者，
即可視為報價單；若又具有售貨確認書之條件者，即可作為售貨確認書
用。只要進口商接受，即可視同契約；或在商業發票尚未製作前作為代
替發票；並可供買方向其政府申請輸入許可證；也可供買方向銀行申請
外匯或開發信用狀。

六、國際貿易的交易條件分為哪兩種？其內容各包括那些？

解 國際貿易的交易條件可分為基本條件及一般條件兩種。而一般貿易契約
書所稱的基本條件係包括：品質條件、數量條件、包裝條件、保險條
件、價格條件、交貨條件和付款條件。

而一般交易條件，主要有下列各項：

(一) 智慧財產權條款。

(二) 不可抗力條款

(三) 仲裁條款。

(四) 索賠條款，出口商遭到進口商索賠時，會要求進口商提供公證報告。

(五) 檢驗條款。

(六) 準據法條款。

(七) 稅捐條款。

第七章 簽證、檢驗及公證

本章依據出題頻率區分，屬：**B** 頻率中

經典考題

一、何謂公證報告？其效力如何？請申述之。（經濟部）★★★

二、何謂出口簽證？其目的為何？我國目前出口簽證的制度為何？★★

三、輸出許可證的有效期限為何？可否申請延期？★★

四、何謂進口簽證？其目的為何？我國目前進口簽證的制度為何？★★

五、輸入許可證的有效期限為何？申請延期的規定有哪些？★★

六、出口檢驗的方式有哪些？★

七、何謂PSI？其費用係由何者負擔？★★

命題焦點

一、出口簽證

(一) 意義

乃指簽發輸出許可證（Export Permit / Export Licence，簡稱E/P或E/L）。在實施貿易管制的國家，大多規定貨物出口之前應先辦理出口簽證手續。就我國而言，出口簽證制度原為我國貿易管理制度中最重要的措施之一，但自民國82年公布貿易法之後，對於進出口貨物的管理已改為「原則自由，例外管制」，因此出口簽證制度也從以往的「正面表列」方式（即除表列貨物的出口可免辦簽證外，其餘貨物的出口均應先申辦簽證，亦即原則簽證，例外免證），改為目前的「負面表

列」方式（即除表列貨物的出口須先申辦簽證外，其餘貨物的出口均可免證，亦即原則免證，例外簽證），這是我國貿易管理制度的一大改變，在目前的制度下，大部份貨物的出口均可免申請出口簽證。

(二) 輸出許可證之簽證單位：

1. 政府單位

(1) 貿易局（第二組及高雄辦事處）

受理廠商申請限制輸出貨品表所列限制輸出貨品、部分有條件准許輸出貨品及高科技貨品之出口簽證案件；以及未具有出進口廠商資格之出口人申請貨品出口簽證案件。依貨品輸出管理辦法第7條規定，非以輸出為常業之法人、團體或個人以海運、空運出口限制輸出貨品表外之貨品，其離岸價格為美金二萬元以上者，應向國貿局申請簽證。

(2) 加工出口區管理處及所屬分處

限受理加工出口區區內事業之出口簽證案件。

(3) 科學工業園區管理局

限受理園區事業之出口簽證案件。

2. 財團法人

中華民國紡織業外銷拓展會：受理限制輸出貨品表所列輸往設限地區（美、加、歐聯、土耳其）紡織品之出口簽證案件。

(三) 出口簽證的手續、期限及修改

1. 手續

(1) 出口人申請輸出許可證時，應向簽證單位填送輸出許可證申請書，經簽證單位核與規定相符後予以發證。

(2) 簽證作業方式

出進口人辦理輸出入許可證，得採與海關、經濟部國際貿易局或其委託辦理簽證機構電腦連線或電子資料傳輸方式辦理；貿易局自94年8月31日起採電子簽證作業。

2. 輸出許可證之有效期限及修改

(1) 輸出許可證自簽證日起三十日內有效。但貿易局另有規定者從其規定。

(2) 輸出許可證不得申請延期，未能於有效期限內出口者，申請重簽時，應將原輸出許可證申請註銷。

(3) 輸出許可證之修改，應依下列規定辦理：

一、未報關前發現錯誤者，應註銷重簽，不得申請修改。

二、已報關未放行前或報關放行後須修改者，應檢附輸出許可證修改申請書向原簽證單位辦理。但修改內容涉及貨品名稱、品質、品類、單位或數量者，應先經海關簽署證明始可申請修改；如因屬免驗或抽中免驗，海關無資料可資查證者，應由海關在修改申請書有關聯簽署證明。

三、申請修改時，仍應依原輸出規定辦理。

四、輸出許可證申請人名稱，不得修改。但經貿易局專案核准修改者，不在此限。

二、進口簽證

(一) 意義

乃指簽發輸入許可證（Import Permit / Import Licence，簡稱I/P或I/L）。我國為配合全球自由貿易的潮流，有關貨物進口的規定，自民國82年起，已改為「原則自由，例外管制」，將進口簽證的制度，從以往的「正面表列」方式改為目前的「負面表列」。

(二) 輸入許可證之簽證單位

1. 貿易局

受理廠商申請限制輸出貨品表所列限制輸出貨品、部分有條件准許輸出貨品及高科技貨品之出口簽證案件；以及非以輸入為常業之進口人依法規定輸入貨品。惟依貨品輸入管理辦法第9條之規定，廠商、政府機關、公營事業及公私立學校以外，非以輸入為常業之進口人依輸入管理辦法第10條規定，輸入以海運、空運或郵包寄遞進

口限制輸入貨品表外之貨品,在離岸價格(FOB)金額美金二萬元以下或等值者,得免證進口。

2. 加工出口區管理處及所屬分處

限受理加工出口區區內事業之進口簽證案件。

3. 科學工業園區管理局

限受理園區事業之進口簽證案件。

(三) 進口簽證的手續、期限及修改

1. 手續

(1) 進口人申請輸入許可證時,應向簽證單位填送輸出許可證申請書,經簽證單位核與規定相符後予以發證。

(2) 簽證作業方式:出進口人辦理輸入許可證,得採與海關、經濟部國際貿易局或其委託辦理簽證機構電腦連線或電子資料傳輸方式辦理。

(3) 為便於查閱,國貿局將大部分之輸入規定以三位數之代號標示於各分類號列之輸入規定欄。常見的代號有111為管制輸入;121為由貿易局簽發輸入許可證;空白則為准許(免除簽發許可證)。

2. 輸入許可證之有效期限及修改

(1) 輸入許可證有效期限為自簽證之日起六個月,該六個月的截止日係指起運口岸之提單所載之日期。但對特定貨品之輸入或自特地地區輸入貨品,得核發有效期限較短之輸入許可證;經濟部或貿易局核准專案輸入之案件,得核發有效期限較長之輸入許可證。

(2) 申請人得於期限屆滿前一個月申請延期,每次延期不得超過六個月,延期次數不得超過2次。

(3) 輸入貨品應於輸入許可證有效期限屆滿前,自原起運口岸裝運,其裝運日期以提單所載日期為準;輸入許可證逾期而未經核准延期者,不得憑以輸入貨品。

(4) 輸入許可證所載各項內容，申請人得於有效期限屆滿前，繕打輸入許可證修改申請書，連同原輸入許可證及有關證件申請更改。但申請人名稱，除經核准變更登記者外，不得更改。輸入許可證內部分貨品已向海關報運進口並經核銷者，其許可證內容，除有效日期得依前條規定申請延期外，不得申請更改。

(四) 限制輸入貨品

依貨品輸入管理辦法第6條規定，輸入限制輸入貨品表內之貨品，除其他法令另有規定或經貿易局公告免證者外，應依該表所列規定申請辦理簽證；未符合表列輸入規定者，非經貿易局專案核准，不得輸入。簽證單位為國際貿易局。

(五) 大陸物品輸入管理辦法

1. 大陸物品輸入管理，已自八十七年四月一日起，由農、工產品正負面兩表並列之方式，改依「中華民國輸出入貨品分類表」辦理。在「中華民國輸出入貨品分類表」內「輸入規定」欄列有「MW0」代號者，為「大陸物品不准輸入項目」，列有「MP1」代號者，屬於「大陸物品有條件准許輸入項目」，其餘未列有「MW0」或「MP1」代號者，為「大陸物品准許輸入項目」。

2. 公告准許輸入之大陸物品，除「中華民國輸出入貨品分類表」內「輸入規定」欄列有「121」（由貿易局簽發輸入許可證）之項目，及「中華民國輸出入貨品分類表」內「輸入規定」欄列有「MP1」（即大陸物品有條件准許輸入項目），且於「大陸物品有條件准許輸入項目、輸入管理法規彙總表」內「特別規定」欄列有「MXX」代號之項目，應向本部國際貿易局辦理簽證外，其餘項目免辦輸入許可證。

3. 相關貨品主管機關應每六個月定期檢討開放輸入之大陸地區物品項目，如符合「台灣地區與大陸地區貿易許可辦法」第8條第1項規定：(一)不危害國家安全。(二)對相關產業無重大不良影響之條件，並經本部國際貿易局召開審查會議通過者，由經濟部核定後公告准許輸入。

4. 依「台灣地區與大陸地區貿易許可辦法」第11條規定：准許輸入之大陸地區物品，其進口文件上應列明「中國大陸（CHINESE MAINLAND）產製」字樣。其物品本身或內外包裝有明顯對臺統戰標誌（文字或圖樣）者，進口人應於通關放行後負責塗銷。

(六) 戰略性高科技貨品之輸出入

依「貿易法」第13條規定：為確保國家安全，履行國際合作及協定，加強管理戰略性高科技貨品之輸出入及流向，以利引進高科技貨品之需要，其輸出入應符合下列規定：

一、非經許可，不得輸出。

二、經核發輸入證明文件者，非經許可，不得變更進口人或轉往第三國家、地區。

三、應據實申報用途及最終使用人，非經許可，不得擅自變更。

輸往管制地區之特定戰略性高科技貨品，非經許可，不得經由我國通商口岸過境、轉口或進儲保稅倉庫、物流中心及自由貿易港區。

「貿易法」第27條規定：違規輸出入戰略性高科技產品者，處五年以下有期徒刑、拘役或科或併科新台幣一百五十萬元以下罰金。

三、進、出口檢驗

(一) 出口檢驗

1. 法定檢驗

法定出口檢驗是為促使商品符合安全、衛生、環保及其他技術法規或標準，保護消費者權益，促進經濟正常發展，特別授權經濟部標準檢驗局指定並公告。對某些向國外輸出之農工礦產品，須依照規定辦理檢驗。對於應施檢驗之商品，非經檢驗合格領有合格證書，不得輸出，所以是具有強制性質的商品檢驗。

出口貨物須進行檢驗的情況有：

(1) 應進口國政府之規定。

(2) 應出口國政府之規定。

(3) 買方要求（契約或信用狀之規定）。

(4) 作為索賠事宜之參考文件。

(5) 作為計算買賣數量或品質之標準。

2. **檢驗標準**

檢驗標準是由標準檢驗局依國際公約所負義務，參酌國際標準、國家標準或其他技術法規來進行規定。一般可以分為下列幾種：

(1) **國際標準**

依國際公約或國際性標準組織制訂及採行的標準，例如：ISO 9001品質管理系統驗證及ISO 14001環境管理系統驗證等。

(2) **區域標準**

依區域性標準組織制定及採行的標準，例如：歐洲標準委員會（CEN）之歐洲標準（EN）及歐洲調和標準（harmonised standard）等。

(3) **國家標準**

由政府標準機構制定及採行的標準，例如：中華民國國家標準（CNS）及日本工業標準（JIS）及中華人民共和國國家標準（GB）等。

(4) **產業團體標準**

係由專業團體或各行業制定及採行的標準，例如：美國汽車協會標準（SAE）及日本齒輪工業協會標準（JGMA）等。

(5) **其他標準**

若商品規格與檢驗標準不同者，經貿易主管機關核准後，得依買賣雙方約定之標準檢驗。

3. **檢驗方式**

(1) **逐批檢驗**

主要針對製造技術不穩定，安全顧慮較高之商品（以食品、農產品為主），每批次均實施檢驗。同批報驗商品應為同品目、同型式或同規格。檢驗應於標準檢驗局所在地、輸出入港埠或

受委託之其他政府機關、法人或團體所在地執行，經檢驗合格者，發給合格證書。

(2) 監視檢驗

實施監視檢驗的商品，主要以食品、農產品及化工產品。監視查驗之商品，其生產廠場之管理及檢驗制度經審查符合規定之要件者，其商品始准予輸出。商品經查驗結果符合規定者，由檢驗機關（構）發給查驗證明。

(3) 驗證登錄

驗證登錄商品，以電機產品為主。對以型式化生產且產品之設計製造過程經第三者證明符合標準者，可依登錄證書方式處理。取得驗證登錄之商品，得逕行運出廠場或輸出入；若其輸出入人非該登錄證書之名義人者，得經該證書名義人之授權，取得驗證機關（構）核發之授權放行通知書辦理通關。

(4) 符合性聲明

適用符合性聲明之商品，以製造技術穩定、安全顧慮較低的資訊產品零組件為主。該產品生產者應於製程中採管制措施，確保其產品符合技術文件之內容，並與技術文件中試驗報告之測試樣品一致。報驗義務人應備置技術文件，以確認商品符合檢驗標準，並據以簽具符合性聲明書。

4. 檢驗費用

依商品檢驗法第53條規定，主管機關依本法辦理商品檢驗、審查、評鑑、登記及核發證照，應收取檢驗費、審查費、評鑑費、登記費及證照費。前項檢驗費依費率計收者，其費率不得超過各該商品市價之千分之三。但未達最低費額者，仍依最低費額計收。貨物出口檢驗之費用，係依FOB貿易條件（離岸價格）作為計算基礎。

(二) 進口檢驗

1. 目的

為確保輸入商品之品質、保障消費者利益、維護國民生命財產安全，以及防止動植物疫病、蟲害之傳布。對列入經濟部公告之「應

施檢驗商品品目表」內之貨品，進口商須在貨物拆櫃進倉後、投單報關前，向港口檢驗局駐港辦事處申請檢驗，並於貨品依照規定檢驗合格取得檢驗合格證書後，貨品方得進口。

2. **檢驗方式**

進口商品之檢驗方式與出口檢驗方式大致相同，分為逐批檢驗、監視查驗、驗證登錄及符合性聲明四種。我國貨物進口的法定檢驗係依中華民國國家標準（CNS）執行檢驗。對於經我國與他國、區域組織或國際組織簽定雙邊或多邊相互承認協定或協約者，標準檢驗局得承認依該協定或協約規定所簽發之試驗報告、檢驗證明或相關驗證證明。

四、出口公證

(一) **意義**

係指由第三者以獨立、超然、權威的立場，就買賣標的進行價格、品質、數量及包裝等，做公正的檢驗與鑑定，並出具證明文件者。

(二) **目的**

在國際貿易中為確保商品符合買賣契約的規定，保障買賣雙方的權益，依買賣契約或輸入國政府的規定，貨物在裝運之前商品須由公證單位先行檢驗，並提供公證報告。

(三) **公證報告的效力**

除非有特別規定，公證公司一般只做抽樣檢驗，所以公證公司並不能為出口商或製造商擔保其商品能完全符合買賣契約的規定，其公證報告在法律上也僅具有推定的效力。（102經濟部）

(四) **公證公司之責任**

除非經證實，公證公司所出具的公證報告有不實的報告或證明，而涉及偽造文書須負起法律責任外，公證公司對於買賣雙方並不負任何賠償責任。

(五) 裝船前檢驗

公證公司除提供客戶的檢驗服務外，同時也因應一些開發中國家要求，在出口國執行裝船前檢驗（Preshipment Inspection，PSI）。由於大多數開發中國家的進口國政府為防止走私或逃漏關稅，遂要求出口商於裝船前檢查或實施檢驗。出口商必須洽該指定公證公司辦理出口貨物的品質、數量、價格、關稅分類及估價等檢查，並核發證明報告，進口貨物時必須附公證公司的 CRF（Clear Report of Finding，無瑕疵檢驗報告）進口國海關才會放行通關。由於 PSI 為進口國政府所要求，因此 PSI 費用多係由買方負擔。

測驗題攻略

( )　1.依據貨品輸出管理辦法之規定，除貿易局另有規定者，從其規定外，一般輸出許可證之有效期限為何？　(A)6個月，不能展延　(B)30天，能展延至多二次　(C)30天，不能展延　(D)6個月，能展延至多二次。（103合庫銀）

( )　2.依據貨品輸入管理辦法第9條之規定，廠商、政府機關、公營事業及公私立學校以外，非以輸入為常業之進口人依輸入管理辦法第十條規定，輸入以海運、空運或郵包寄遞進口限制輸入貨品表外之貨品，在離岸價格（FOB）金額多少以下，得免證進口？　(A)美幣二萬　(B)美幣三萬　(C)美幣四萬　(D)非以輸入為常業之進口人進口貨品，不論金額多少，皆須簽證。（103合庫銀）

解答及解析

1. **C**　輸出許可證自簽證日起三十日內有效，不得申請延期。未能於有效期限內出口者，申請重簽時，應將原輸出許可證申請註銷。

2. **A**　依據貨品輸入管理辦法第9條之規定，廠商、政府機關、公營事業及公私立學校以外，非以輸入為常業之進口人依輸入管理辦法

第10條規定，輸入以海運、空運或郵包寄遞進口限制輸入貨品表外之貨品，在離岸價格（FOB）金額美金二萬元以下或等值者，得免證進口。

申論題破解

一、何謂公證報告？其效力如何？請申述之。（102經濟部）

解 公證報告係指由第三者以獨立、超然、權威的立場，就買賣標的進行價格、品質、數量及包裝等，做公正的檢驗與鑑定，並出具證明文件者。其目的是為確保商品符合買賣契約的規定，保障買賣雙方的權益，依買賣契約或輸入國政府的規定，貨物在裝運之前商品須由公證單位先行檢驗，並提供公證報告。

公證報告的效力因為除非有特別規定，公證公司一般只做抽樣檢驗，所以公證公司並不能為出口商或製造商擔保其商品能完全符合買賣契約的規定，其公證報告在法律上也僅具有推定的效力。

二、何謂出口簽證？負面表列與正面表列有何不同？

解 (一) 出口簽證乃是指簽發輸出許可證（Export Permit / Export Licence，簡稱E/P或E/L）。在實施貿易管制的國家，大多規定貨物出口之前應先辦理出口簽證手續。就我國而言，出口簽證制度原為我國貿易管理制度中最重要的措施之一，但自民國82年公布貿易法之後，對於進出口貨物的管理也從以往的「正面表列」方式，改為目前的「負面表列」方式。

(二)

　　1. 負面表列係指除表列貨物的出口須先申辦簽證外，其餘貨物的出口均可免證，亦即原則免證，例外簽證。

　　2. 正面表列係指除表列貨物的出口可免辦簽證外，其餘貨物的出口均應先申辦簽證，亦即原則簽證，例外免證。

三、請說明輸入許可證的有效期限為何？申請延期的規定有哪些？

解 (一) 輸入許可證之有效期限

　　1. 輸入許可證有效期限為自簽證之日起六個月，該六個月的截止日係指起運口岸之提單所載之日期。

　　2. 對特定貨品之輸入或自特定地區輸入貨品，得核發有效期限較短之輸入許可證；經濟部或貿易局核准專案輸入之案件，得核發有效期限較長之輸入許可證。

(二) 申請延期的規定

　　1. 申請人得於期限屆滿前一個月申請延期，每次延期不得超過六個月，延期次數不得超過2次。

　　2. 輸入貨品應於輸入許可證有效期限屆滿前，自原起運口岸裝運，其裝運日期以提單所載日期為準；輸入許可證逾期而未經核准延期者，不得憑以輸入貨品。

四、請說明出口檢驗的方式有哪些？

解 (一) 逐批檢驗：主要針對製造技術不穩定，安全顧慮較高之商品（以食品、農產品為主），每批次均實施檢驗。同批報驗商品應為同品目、同型式或同規格。檢驗應於標準檢驗局所在地、輸出入港埠或受委託之其他政府機關、法人或團體所在地執行，經檢驗合格者，發給合格證書。

(二) 監視檢驗：實施監視檢驗的商品，主要以食品、農產品及化工產品。監視查驗之商品，其生產廠場之管理及檢驗制度經審查符合規定之要件者，其商品始准予輸出。商品經查驗結果符合規定者，由檢驗機關（構）發給查驗證明。

(三) 驗證登錄：驗證登錄商品，以電機產品為主。對以型式化生產且產品之設計製造過程經第三者證明符合標準者，可依登錄證書方式處理。取得驗證登錄之商品，得逕行運出廠場或輸出入；若其輸出入人非該登錄證書之名義人者，得經該證書名義人之授權，取得驗證機關（構）核發之授權放行通知書辦理通關。

(四) 符合性聲明：適用符合性聲明之商品，以製造技術穩定、安全顧慮較低的資訊產品零組件為主。該產品生產者應於製程中採管制措施，確保其產品符合技術文件之內容，並與技術文件中試驗報告之測試樣品一致。報驗義務人應備置技術文件，以確認商品符合檢驗標準，並據以簽具符合性聲明書。

五、何謂PSI？其費用係由何者負擔？

解 PSI（Preshipment Inspection）係指裝船前檢驗。由於大多數開發中國家的進口國政府為防止走私或逃漏關稅，遂要求出口商於裝船前檢查或實施檢驗。出口商必須洽該指定公證公司辦理出口貨物的品質、數量、價格、關稅分類及估價等檢查，並核發證明報告，進口貨物時必須附公證公司的CRF（Clear Report of Finding，無瑕疵檢驗報告）進口國海關才會放行通關。

由於PSI為進口國政府所要求，因此PSI費用多係由買方負擔。

第八章　進出口報關與關稅

本章依據出題頻率區分，屬：**A** 頻率高

經典考題

一、自從政府實施通關自動化之後，甲公司所進出口的貨物多是走C1或是C2通關模式，少有是走C3通關的。但最近一樁遭舉報洗產地的案件，恐將影響其最近所積極爭取AEO（Authorized Economic Operator）的優質企業認證作業。又因其為確認新開發品項的進口程序與稅費，乃經提議向主管機關申請稅則預先審核。

試請回答下列問題：

(一)什麼是C1，C2，C3通關？若為C3通關對於貿易商有何影響？

(二)什麼是洗產地？通常產地是怎麼認定的？

(三)什麼是稅則預先審核？（109關特）★★★

二、請回答下列問題：

(一)貨物進口報關除應填報進口報單外並應檢附之文件為何？

(二)進口報關經海關電腦專家系統篩選通關方式有三種－C1、C2及C3，請分別說明其處理程序。（108台灣菸酒）★★★

三、貨物通關自動化的通關方式可以分為幾種？其通關方式為何？（103合庫）★★★

四、特別關稅的目的為何？主要的特別關稅有哪些？（103華南）★★★

五、原核定之稅則編號不適當，應如何處理？（100關升等）★★★

六、試述出口貨物通關流程。★

七、試述進口貨物通關流程。★

八、試述關稅的種類。★★

命題焦點

一、貨物通關自動化

(一) 意義

依關稅法第10條規定，海關得依貨物通關自動化實施情形，要求經營報關、運輸、倉儲、貨櫃集散站及其他與通關有關業務之業者，以電腦連線或電子資料傳輸方式處理業務。

所以貨物通關自動化是指海關與相關單位，如國際貿易局、科學園區管理局、稅捐單位及港務局等，及相關業者如出、進口商、銀行保險業、報關業、運輸業、倉儲業及貨櫃集散站等，利用電腦連線或電子資料傳輸，取代傳統書面文件的遞送，來辦理貨物通關作業，以達到加速通關和邁向無紙化的目標。

(二) 通關方式

依關稅法16、17條規定，進口貨物應於運輸工具進口日之翌日起，十五天內向海關申報進口（關16）。進口報關時，應填送貨物進口報單，並檢附發票、裝箱單及其他進口必須具備之有關文件（關17）。

進口報關方式可以分為以下兩種：

1. 連線報關：報關人利用電腦傳輸進口報單資料，經由通關網路傳達海關，或利用網際網路直接向海關電腦連線申報。
2. 非連線報關：報關人直接向海關投遞書面報單，經海關人員收單鍵檔。

進口報關經海關電腦專家系統篩選通關方式，篩選後共分為三種通關方式：

C1（免審免驗）	免審書面文件、免驗貨物、直接送往徵稅，繳稅放行。
C2（應審免驗）	報關人依電腦連線通知，於「翌日辦公時間終了以前」向海關補送書面報單及相關文文件，經海關收單及完成分估計稅作業後，由報關人繳稅或依先放後稅方式通關放行。

C3（應審應驗）	報關人需依電腦連線通知於「翌日辦公時間終了以前」補送書面報單及相關文件，經海關收單、查驗貨物及完成分估計稅作業後，由報關人繳稅或依先放後稅方式通關放行。

另外C3貨物查驗通關案件分先驗後估及先估後驗兩種方式，先驗後估係C3案件先辦理驗貨，驗畢再辦理分估計稅及繳稅放行作業。先估後驗係C3案件先辦理分估計稅及繳稅作業，再行查驗放行，例如船（機）邊驗放或倉庫驗放等案件。

二、出口報關

(一) 出口通關

依我國關稅法及相關法令之規定，將本國貨物輸出我國境外者，均須按海關規定的手續辦理報關，而後才能將貨物裝運出口，這種程序稱為「出口通關」，一般出口商多委由報關行辦理。

(二) 出口貨物通關流程

基本步驟

1.收單

依關稅法16條規定，出口貨物之申報，由貨物輸出人於載運貨物之運輸工具結關或開駛前之規定期限內向海關辦理；其報關驗放辦法，由財政部定之（關16）。出口報關方式分為以下兩種：

(1) 未連線者

報關人備齊出口報單及相關文件向海關申請報關。海關收單建檔，其後之流程與連線者相同。

(2) 連線者

貨物出口人將出口報單資料以電子傳輸方式登入通關網路，經海關電腦篩選出以C1、C2或C3方式通關。

2. 驗貨

係海關對貨物進行實際查核，以確定貨物之名稱、數量、重量、產地等與報單是否相符，以防止廠商虛報或匿報。

3. 分類估價

出口貨物免徵關稅，海關僅代徵推廣貿易服務費。出口貨物推廣貿易服務費，為出口貨物價格FOB價值（離岸價格）的萬分之四。（因故退關或註銷時，得向海關申請退還）。

4. 放行

海關將放行訊息傳輸報關人及貨棧，集散站或倉儲業者接收放行訊息後，即裝櫃（貨）出口。

(三) 出口報關文件

依關稅法17條規定，出口報關時，應填送貨物出口報單，並檢附裝貨單或託運單、裝箱單及依規定必須繳驗之輸出許可證及其他有關文件。出口報關所應具備之文件有：

1. 出口報單。
2. 裝貨單（Shipping Order，S/O）

    是由承運輪船公司簽發，為一式兩份（甲、乙聯）。甲聯為裝貨單，乙聯為大附收據單（Mate's Receipt）或為櫃裝貨物收貨單（Dock Receipt），為貨物裝船之主要單證。出口貨物通關自動化實施後，本單得免附。

3. 包裝單（Packing List）。
4. 輸出許可證正本（海關存查聯）。
5. 發票或商業發票1份（無E/P及其他價值證明文件時需附）。
6. 貨物進倉證明文件1份。
7. 委任書1份。
8. 型錄、說明書或圖樣，配合海關查核需要提供。
9. 退稅清表。
10. 其他機關委託代為查核之文件。

三、進口報關

(一) 進口通關

依我國關稅法及相關法令之規定，將貨物輸入中華民國境者，均需按海關規定的手續辦理報關，而後始能提領進口貨物，這種程序稱為「進口通關」，一般進口商多委由報關行辦理。

(二) 進口貨物通關流程

目前進口貨物通關作業係分由基隆關、台北關、台中關及高雄關辦理。無論係海運或空運進口，其通關程序均分為下列五大步驟：

基本步驟

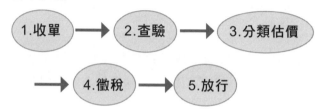

1. **收單**：依關稅法16、17條規定，進口貨物應於運輸工具進口日之翌日起，十五天內向海關申報進口（關16）。進口報關時，應填送貨物進口報單，並檢附發票、裝箱單及其他進口必須具備之有關文件（關17）。

   進口報關方式可以分為以下兩種：

   (1) **未連線者**：報關人備齊進口報單及相關文件向海關申請報關，而海關收受此報關文件即為收單。海關將收單資料鍵入電腦建檔，其後之流程與連線者相同。

   (2) **連線者**：報關人或報關行利用電腦將資料傳輸到海關，經海關電腦專家系統篩選通關方式，篩選以C1、C2或C3方式通關。

2. **查驗**：係海關對貨物進行實際查核，以確定貨物之名稱、數量、重量、產地等與報單是否相符，以防止廠商虛報或匿報。依關稅法23、28條規定，海關對於進口、出口及轉口貨物，得依職權或申

請，施以查驗或免驗；必要時並得提取貨樣，其提取以在鑑定技術上所需之數量為限（關23）。海關對進口貨物原產地之認定，應依原產地認定標準辦理，必要時，得請納稅義務人提供產地證明文件。在認定過程中如有爭議，納稅義務人得請求貨物主管機關或專業機構協助認定，其所需費用統由納稅義務人負擔（關28）。進口貨物之查證，係以電腦抽驗為原則，惟在查驗過程，如發現有未申報、偽報貨品、品質、規格或匿報數量等違規情事時，則以全部查驗為原則，俾明瞭整批貨物之真實情形。

3. **分類估價**：進口貨物查驗完畢，即由海關辦理稅則分類及估價事宜，以核定其稅則分類與稅率，並核定完稅價格及應繳納之稅捐金額。依關稅法相關規定，從價課徵關稅之進口貨物，其完稅價格以該進口貨物之交易價格作為計算根據。前項交易價格，指進口貨物由輸出國銷售至中華民國實付或應付之價格（關29）。納稅義務人如不服海關對其進口貨物核定之稅則號別、完稅價格或應補繳稅款或特別關稅者，得於收到稅款繳納證之翌日起三十日內，依規定格式，以書面向海關申請復查，並得於繳納全部稅款或提供相當擔保後，提領貨物（關45）。

進口分類估價的方式有：

先放後核	海關為加速通關，得按納稅義務人申報之完稅價格及稅則號別，先行徵稅驗放，事後再加審查（關18）。除少數貨物先審查價格者外，均以先放後核方式通關。
先核後放	進口貨物於放行前，先由進口地海關以傳真機傳送有關文件，向關稅總局驗估處查詢，俟接到該處通知後再予處理。

4.徵稅

目前我國進口貨物應納稅捐有：

(1) 進口關稅

進口關稅

＝完稅價格×貨物進口關稅稅率

依關稅法43、44條規定，關稅之繳納，自稅款繳納證送達之翌日起十四日內為之（關43）。應徵關稅之進口貨物，應於繳納關稅後，予以放行。但本法另有規定或經海關核准已提供擔保者，應先予放行（關44）。因此關稅繳納的方式可以分為以下兩種：

先放後稅	關稅局對於依法提供足額擔保之進口廠商，先行驗放通關後，再由進口廠商於規定期間內繳納進口關稅的進口核價方式。
先稅後放	廠商於每批貨物進口時，須先依規定交納關稅，海關於收到關稅後，才將該批貨物放行。

> **名師講解**
> 依關稅法第29條規定，從價課徵關稅之進口貨物，其完稅價格以該進口貨物之交易價格作為計算根據。因此完稅價格就是指作為課徵關稅之基礎價格。我國課徵進口關稅之完稅價格，原則上是以起岸價格（CIF）為準。另進口貨物完稅價格之核估，其外匯價格之匯率係以報關前一旬中間日之匯率來換算。

(2) 推廣貿易服務費

推廣貿易服務費

＝完稅價格×0.0400%

推廣貿易服務費為貨物完稅價格乘以0.04%，進口貨物按其CIF價值課徵一定之費率，且由海關代收推廣貿易服務費。

> **名師講解**
> 推廣貿易服務費對於進口貨物與出口貨物都會徵收，且出口貨物按其FOB價值（離岸價格）課徵一定之費率；進口貨物則按其CIF價值（起岸價格）課徵一定之費率。

(3) **貨物稅**

貨物稅＝（完稅價格＋進口關稅）×貨物稅率

貨物稅是將關稅完稅價格加關稅後，乘以貨物稅稅率得出；非屬貨物稅條例規定應課貨物稅之品目免徵。

(4) **營業稅**

營業稅是將關稅完稅價格加關稅、貨物稅或菸酒稅後乘以一定稅率。目前進口貨物由海關代徵之營業稅稅率為百分之五。

(5) **商港服務費**

依商港服務費收取保管及運用辦法規定，商港管理機關應就入港之船舶、離境之上下客船旅客及裝卸之貨物，從量收取商港服務費，並直接由主管之航政港務單位收取，故空運貨物不需收取商港服務費。

進口貨物應納稅捐之繳稅方式，有下列幾種：

a.現金繳納。

b.線上扣繳。

c.海關網際網路稅費繳納。

d.金融機構臨櫃繳納。

e.金融機構駐關稅局收稅處繳納。

f.記帳方式繳納。

5. **放行**

是指通關之進口貨物，經由海關將放行訊息通知報關人，准許其提領貨物之行為。

(三) 進口報關文件

進口報關所應具備之文件分為必要文件及特殊文件。

貨物進口報關除應填報進口報單外並應檢附下列文件，**前二項為必要文件：**

1. **發票或商業發票1份。該發票應詳細載明收貨人名稱、地址、貨物名稱、牌名、數量、品質、規格、型式、號碼、單價、運費、保險費、其他各項應加計費用及輸出口岸減免之稅款等。**

2. 裝箱單1份：散裝、大宗或單一包裝貨物免附。

3. 提貨單（D/O）或空運提單（AWB）影本：未連線申報者，應提供小提單或空運提單1份配合進口報單申報；但連線申報者免附。

4. 委託書1份：委託報關行報關者，須逐案檢附。由海關建檔之長期委任書案件，報關時免附長期委任書影本，惟應於「其他申報事項」欄申報海關登錄號碼。利用報關線上委任WEB作業系統辦理委任者，報關時亦免附委任書。

5. 型錄、說明書或圖樣：海關審查如有需要，得請納稅義務人提供。

6. 產地證明書：海關視實際需要，得請納稅義務人提供。

7. 輸入許可證：依「貨品輸入管理辦法」規定免證者，可免附。

8. 進口汽車應加附進口汽車應行申報事項明細表。

9. 其他依有關規定應檢附者：如商品檢驗合格證、農藥許可證……等。

四、進出口貨物預行報關處理

依進出口貨物預行報關處理準則規定，進口貨物，如承運貨物之運輸工具負責人或由其委託之運輸工具所屬業者已向海關申報進口艙單，納稅義務人得檢齊報關應備之各項單證，向海關預行報關。

海運出口貨物，如報關單證齊備，貨物輸出人得於承裝貨物之船舶向海關掛號後，於船舶結關日前，向海關預行報關。進口商得於載運船舶抵埠前五日內，持有關文件向海關預行報關。

空運出口貨物，如報關單證齊備，貨物輸出人得於向承裝貨物之運輸業完成託運手續後，向海關預行報關。

進口的貨物如為鮮貨、活動物、危險物品、易腐貨物、數量龐大無法存儲或貨棧不允代為保管的貨物等，進口商之提貨應辦理船邊提貨。即申請預報進口，不須將貨物卸入碼頭倉庫，而是在停泊處將貨物卸下，在船邊交給受貨人。

五、貨物暫准通關

依關稅法54條規定，納稅義務人得以暫准通關證，替代進口或出口報單辦理貨物通關，該貨物於暫准通關證有效期限內原貨復運出口或復運進口者，免徵關稅。逾期未復運出口者，其應納稅款由該證載明之保證機構代為繳納；逾期復運進口者，依法課徵關稅。

依「貨物暫准通關辦法」規定，本辦法適用於我國與外國簽訂之條約或協定所規定，得使用暫准通關證（以下簡稱通關證），暫准免稅通關貨物。

依前項得使用暫准通關證之貨物，以下列項目為限：

(一) 專業器材、設備。

(二) 供展覽會、國際商展、會議或類似活動陳列或使用之貨物。

(三) 為招攬交易而供展示或示範之進口商業樣品。

(四) 其他依前項條約或協定所規定之貨物。

前項貨物不包括菸酒、易腐壞物及因使用而消耗之貨物、不擬復運出口之貨物、在我國列入管制進口或出口及進口為加工或修理之貨物。

我國暫准通關證之簽證及保證機構為中華民國對外貿易發展協會。（103合庫銀）

六、商品標準分類

我國商品標準分類是依照國際商品統一分類制度國際公約（簡稱HS公約）2007年版修正「海關進口稅則」，並於2009年1月1日實施我國進出口貨品分類制度，稱為中華民國輸出入貨品分類號列（Standard Classification of Commodities of the Republic of China）或C.C.C. Code，分為章（二位碼）、節（四位碼）、目（六位碼）、款（八位碼）、項（十位碼）。我國加入WTO後實施關稅配額制度，相關配額之貨品及稅率另增列第98章—關稅配額之貨品，分為43款（八位碼）及200項（十位碼）。我國進口稅率依八位碼貨品配置，稱為稅則號別」；統計及貿易管理則採用十位碼，另於十位碼之後加一位檢查碼，以供電腦檢核之用。廠商申請輸出入許可證及報關時，均須填報十一位碼之輸出入貨品分類號列。

依「海關進口稅則」第3條附則規定，本稅則稅率分為三欄：

第一欄之稅率	適用於世界貿易組織會員，或與中華民國有互惠待遇之國家或地區之進口貨物。
第二欄之稅率	適用於特定低度開發、開發中國家或地區之特定進口貨物，或與我簽署自由貿易協定之國家或地區之特定進口貨物。
第三欄之稅率	不得適用第一欄及第二欄稅率之進口貨物，應適用第三欄稅率。

進口貨物如同時得適用第一欄及第二欄稅率時，適用較低之稅率。

七、關稅

依關稅法第2條規定，本法所稱關稅，指對國外進口貨物所課徵之進口稅。

所以我國目前僅課徵進口稅，主要是為了保護國內產業。而為鼓勵外銷，對出口貨物並未課徵出口稅。另外為使我國能發展為亞洲轉運儲運中心，因此對轉口貨物也未課徵關稅。

(一) 關稅的種類

1. 依貨物通過方向

進口稅（Import Duty）	外國貨物輸入本國時所課徵的關稅。
出口稅（Export Duty）	本國貨物輸出外國時所課徵的關稅。
過境稅（Transit Duty）	又稱為轉口稅，是指外國貨物通過本國國境，再輸往第三國時所課徵的關稅。

2. 依課徵方法

從量稅	進口貨物關稅的課徵係按進口貨物之數量、重量、容積或長度等，作為課稅核計的標準，每一單位課徵一定之金額（單位完稅額）。 從量稅＝單位完稅額×數量
從價稅	進口貨物關稅的課徵按其價格及稅率計算之。 從價稅＝完稅價格（通常為CIF價格）×稅率

3. 依課稅的目的

(1) **財政關稅**：又稱為租稅關稅。關稅課徵的目的純粹以財政收入為考量。

(2) **特別關稅**：係指為達到特別之目的而課徵之關稅，主要的特別關稅有：

平衡稅 （Countervailing Duty）	依關稅法第67條規定，進口貨物在輸出或產製國家之製造、生產、銷售、運輸過程，直接或間接領受財務補助或其他形式之補貼，致損害中華民國產業者，除依海關進口稅則徵收關稅外，得另徵適當之平衡稅。
反傾銷稅 （Anti-dumping Duty）	依關稅法第68條規定，進口貨物以低於同類貨物之正常價格輸入，致損害中華民國產業者，除依海關進口稅則徵收關稅外，得另徵適當之反傾銷稅。
報復關稅 （Retaliatory Duty）	依關稅法第70條規定，輸入國家對中華民國輸出之貨物或運輸工具所裝載之貨物，給予差別待遇，使中華民國貨物或運輸工具所裝載之貨物較其他國家在該國市場處於不利情況者，該國輸出之貨物或運輸工具所裝載之貨物，運入中華民國時，除依海關進口稅則徵收關稅外，財政部得決定另徵適當之報復關稅。

關稅配額 （Quotas Tariff）	依關稅法第5條規定，海關進口稅則得針對特定進口貨物，就不同數量訂定其應適用之關稅稅率，實施關稅配額。即根據貨物的進口數量課徵不同稅率之關稅，對某一項特定貨物，在輸入基準數量以內課以較低的稅率，超過該基準數量時，則課以較高的稅率。關稅配額之分配方式、參與分配資格、應收取之權利金、保證金、費用及其處理方式之實施辦法，由財政部會同有關機關擬訂，報請行政院核定之。

（103 華南）

(二) 納稅期限與行政救濟

依關稅法第43、73條規定，關稅之繳納，自稅款繳納證送達之翌日起十四日內為之。依本法所處罰鍰之繳納，應自處分確定，收到海關通知之翌日起十四日內為之。處理貨物變賣或銷毀貨物應繳之費用。應自通知書送達之翌日起十四日內繳納（關43）。進口貨物不依規定期限報關者，自報關期限屆滿之翌日起，按日加徵滯報費新台幣二百元。前項滯報費徵滿二十日仍不報關者，由海關將其貨物變賣，所得價款，扣除應納關稅及必要之費用外，如有餘款，由海關暫代保管；納稅義務人得於五年內申請發還，逾期繳歸國庫（關73）。

(三) 關稅局主要業務範圍

1. **掌理關稅稽徵及代徵稅費**：目前關稅局除稽徵關稅外，推廣貿易服務費、貨物稅、營業稅及菸酒稅也都是由關稅局代徵稅費。

2. **查緝走私**：我國關稅局依據「海關緝私條例」，負責於國際機場及港口通商口岸執行查緝任務，如抄檢船舶、查驗貨物、行李、郵包，並派艦艇在海上或港內巡邏。所有走私漏稅案件及沒收之貨物，均由海關處理。

3. **保稅退稅**：政府為發展外銷產業、鼓勵加工外銷、促進就業，遂令關稅局辦理保稅以及外銷品沖退稅業務。保稅為運抵國境之貨物，

在通關放行前暫免或延緩課徵關稅的
制度。保稅貨物因未完成通關手續，
故徵稅與否須視該貨物決定進口或復
出口而定，在未徵稅以前仍為關稅局
監管、課稅之對象。當進口原料至保
稅區時須登記數量，不必繳稅，若貨
物加工為成品外銷出口時，按實際出
口數量予以銷帳；但若原物料進口加

> **名師講解**
> 貨物進口至保稅區需登記數量，但不必繳稅；如果加工為成品外銷出口時，按實際出口數量予以銷帳；對廠商而言，可減輕生產成本，提升外銷競爭力。但須注意當貨物進口至保稅區，仍須辦理通關作業。

工後，出售於課稅區廠商時，就需要課徵關稅。關稅局依據政府所
訂「保稅倉庫設置及管理辦法」、「保稅授信機構設立保稅倉庫及
保稅工廠實施辦法」、「加工出口區設置管理條例」、「海關管理
保稅工廠辦法」等規定行使職權。目前我國的保稅區域包括保稅倉
庫、加工出口區、科學工業園區、免稅商店及自由貿易港區等。
外銷品沖退稅是指廠商進口原料，經加工後再出口者，准予退還其
使用進口原料已繳之稅捐其加工原料應征之稅捐如屬繳現者，外銷
後准予退稅，稱之為退稅；如屬記帳者，外銷後准予沖銷，稱之為
沖稅。沖退稅依據「外銷品沖退稅捐辦法」辦理。

4. **進出口貿易統計**：世界各國之貿易統計，均以海關進出口貿易統計
   為代表。海關之貿易統計，其計價基礎，出口以FOB價格為準，進
   口則是以CIF價格為準。我國海關進出口貿易統計，分別編刊兩套
   資料，一為稅則分類統計，刊載於海關統計年刊上；另一為中華民
   國標準商品分類統計，刊於統計年刊及統計月報上。

5. **修建及維護助航設備**：為保障我國海域船隻航行的安全，關稅局於
   沿海及外島各險要地點，設立有燈塔、燈浮及無線電標示臺等各項
   助航設備，而助航設備之修建及維護，係由海關總稅務處專辦。

6. **代辦查核事項**：關稅局除代收稅費外，亦接受其他機關委託代辦查
   核事項，包括貨物檢驗合格證、檢疫證、貨物稅完（免）稅照、度
   量衡及計量器檢定合格證等。

測驗題攻略

(　)　1. 下列何者不是保護性關稅？　(A)轉口稅　(B)反傾銷稅　(C)平衡稅　(D)報復關稅。（108台企）

(　)　2. 依據國貿局「貨品輸入管理辦法」第6條之規定，輸入限制輸入貨品表內之貨品，除其他法令另有規定或經貿易局公告免證者外，應依該表所列規定申請辦理簽證；有關簽證之敘述，下列何者錯誤？　(A)輸入貨品須簽證時，限以書面或電子簽證方式向貿易局申請　(B)輸入許可證有效期限原則為自簽證之日起六個月　(C)輸入貨品應於輸入許可證有效期限屆滿前，自原起運口岸裝運，其裝運期以提單所載日期為準　(D)輸入許可證有效期限一律不能展延。（107台企）

(　)　3. 在辦理進／出口報關時，下列何者為必須審核文件但不須驗貨之通關代號？　(A)C1　(B)C2　(C)C3　(D)C4。（103合庫銀）

(　)　4. 依據貿易法之規定，對於出口貨物收取推廣貿易服務費，應依下列何者為準？　(A)以所核估之完稅價格為準　(B)以關稅完稅價格為準　(C)以離岸價格為準　(D)出口貨物不須收取推廣貿易服務費。（103合庫銀）

(　)　5. 依據財政部關務署使用暫准通關證貨物通關作業之規定，下列何者為我國暫准通關證的發證機構及保證機構？　(A)財政部關務署　(B)經濟部國貿局　(C)經建會　(D)中華民國對外貿易發展協會。（103合庫銀）

(　)　6. 依據關稅法第73條之規定，進口貨物未依第16條所規定之期限報關，則自此規定期限屆滿日之翌日起按日加徵滯報費新台幣200元，請問此報關期限，為在裝載貨物之運輸工具進口日之翌日起幾日內？　(A)14日　(B)15日　(C)20日　(D)21日。（103合庫銀）

( ) 7. 根據WTO規範,對於國外出口商濫用市場壟斷力而以較低之產品訂價將產品輸出至進口國,導致進口國內相關產品業者遭受嚴重損害時,該進口國政府可以在經過一定程序後採行下列何種救濟措施? (A)禁止該產品之進口 (B)對該產品課徵特別關稅 (C)要求該廠商提高訂價 (D)直接給予國內廠商補貼。(103華南)

( ) 8. 下列何者的價格係作為我國進口稅課徵之稅基(即完稅價格〔duty-paying value, DPV〕)? (A)FAS (B)CFR (C)CIF (D)FOB。(101華南)

( ) 9. 對於國外出口商以及市場壟斷力所為不當的低價(低於正常價格)銷售而導致進口國內產業受到損害時,進口國政府可以透過下列何種方式進行救濟? (A)進口防衛 (B)課徵平衡稅 (C)課徵反傾銷稅 (D)採取貿易報復。(101彰銀)

( ) 10. 下列何種政府措施是屬於補貼協定中所禁止的補貼? (A)以低於長期營運成本所提供之出口信用保險 (B)對不利地區之補貼 (C)對基礎研究機構所給予之研發補貼 (D)鼓勵廠商採取減少公害或污染所給予之補貼。(101彰銀)

解答及解析

1. **A** (A)轉口稅為對外國貨物在本國國境轉口時所課徵之稅收,其不是保護性關稅。

(B)反傾銷稅(Anti-dumping Duty):依關稅法第68條規定,進口貨物以低於同類貨物之正常價格輸入,致損害中華民國產業者,除依海關進口稅則徵收關稅外,得另徵適當之反傾銷稅,其是保護性關稅。

(C)平衡稅(Countervailing Duty):依關稅法第67條規定,進口貨物在輸出或產製國家之製造、生產、銷售、運輸過程,直接或間接領受財務補助或其他形式之補貼,致損害中華民國產業者,除依海關進口稅則徵收關稅外,得另徵適當之平衡稅,其是保護性關稅。

(D)報復關稅（Retaliatory Duty）：依關稅法第70條規定，輸入國
　　家對中華民國輸出之貨物或運輸工具所裝載之貨物，給予差別
　　待遇，使中華民國貨物或運輸工具所裝載之貨物較其他國家在
　　該國市場處於不利情況者，該國輸出之貨物或運輸工具所裝載
　　之貨物，運入中華民國時，除依海關進口稅則徵收關稅外，財
　　政部得決定另徵適當之報復關稅，其是保護性關稅。

2. **D** 依據「貨品輸入管理辦法」第15條規定，輸入貨品不能於輸入
許可證有效期限內自原起運口岸裝運者，申請人得於期限屆滿前
一個月內申請延期，其每次延期不得超過六個月，延期次數不得
超過二次。但經貿易局公告指定之貨品應於期限內輸入，不得延
期。而非輸入許可證有效期限一律不能展延。

3. **B** C2（應審免驗）屬於文件審核，報關人依電腦連線通知，向海關
補送書面報單及相關文件，經海關書面審核後，不須驗貨即予以
放行。

4. **C** 推廣貿易服務費對於進口貨物與出口貨物都會徵收，出口貨物按
其FOB價值（離岸價格）課徵一定之費率；進口貨物則按其CIF
價值（起岸價格）課徵一定之費率。

5. **D** 依關稅法54條規定，納稅義務人得以暫准通關證，替代進口或出口
報單辦理貨物通關，該貨物於暫准通關證有效期限內原貨復運出口
或復運進口者，免徵關稅。逾期未復運出口者，其應納稅款由該證
載明之保證機構代為繳納；逾期復運進口者，依法課徵關稅。我國
暫准通關證之簽證及保證機構為中華民國對外貿易發展協會。

6. **B** 依關稅法第16條規定，進口貨物之申報，由納稅義務人自裝載貨
物之運輸工具進口日之翌日起十五日內，向海關辦理。

7. **B** 特別關稅係指為達到特別之目的而課徵之關稅。根據WTO規
範，對於國外出口商濫用市場壟斷力而以較低之產品訂價將產品
輸出至進口國，導致進口國內相關產品業者遭受嚴重損害時，該
進口國政府可以在經過一定程序後課徵特別關稅，如反傾銷稅。

8. **C** 依關稅法第29條規定，從價課徵關稅之進口貨物，其完稅價格以該進口貨物之交易價格作為計算根據。因此完稅價格就是指作為課徵關稅之稅基。我國課徵進口關稅之完稅價格，原則上是以CIF（起岸價格）為準。

9. **C** 依關稅法第68條規定，進口貨物以低於同類貨物之正常價格輸入，致損害中華民國產業者，除依海關進口稅則徵收關稅外，得另徵適當之反傾銷稅。

10. **A** 根據補貼及平衡措施協定規定，會員不得藉使用第一條第一項及第二項所指之任何補貼，而對他會員造成不利效果。然以低於長期營運成本所提供之出口信用保險，將會對其他會員造成不利效果，故屬於補貼協定中所禁止的補貼。

申論題破解

一、自從政府實施通關自動化之後，甲公司所進出口的貨物多是走C1或是C2通關模式，少有是走C3通關的。但最近一樁遭舉報洗產地的案件，恐將影響其最近所積極爭取AEO（Authorized Economic Operator）的優質企業認證作業。又因其為確認新開發品項的進口程序與稅費，乃經提議向主管機關申請稅則預先審核。
試請回答下列問題：
(一)什麼是C1，C2，C3通關？若為C3通關對於貿易商有何影響？
(二)什麼是洗產地？通常產地是怎麼認定的？
(三)什麼是稅則預先審核？（109關特）

解(一)

1. 報關人或報關行利用電腦將資料傳輸到海關，經海關電腦專家系統篩選通關方式，篩選後共分為三種通關方式：

C1 （免審免驗）	免審書面文件、免驗貨物、直接送往徵稅，繳稅放行。
C2 （應審免驗）	即文件審核通關。報關人依電腦連線通知，向海關補送書面報單及相關文件，經海關收單及完成分估計稅作業後，通關放行。
C3 （應審應驗）	即貨物查驗通關。報關人依電腦連線通知補送書面報單及相關文件，經海關收單、查驗貨物及完成分估計稅作業後，通關放行。

2. 若貿易商經核列為按C3方式通關，貿易商在收到海關電腦連線通知後，在翌日辦公時間終了以前，需補送書面報單及其他有關文件正本以供查驗貨物，並得通知貨棧配合查驗，對於貿易商而言較為繁瑣複雜。

（二）

1. 洗產地：係指為了隱藏貨物的真實產地，進行改變貨品標示，例如將中國製造改為台灣製造，或向海關虛報原產地的行為，

2. 我國進口貨物原產地認定基準分為下列3種：

(1)一般貨物之原產地認定：

　一般貨物以下列國家或地區為其原產地：

　A.行完全生產貨物之國家或地區。

　B.貨物加工、製造或原材料涉及2個或2個以上國家或地區者，以使該項貨物產生最終實質轉型之國家或地區為其原產地。

　其實質轉型係指下列情形：

　A.原材料經加工或製造後所產生之貨物與原材料歸屬之海關進口稅則前6位碼號列相異者。

　B.貨物之加工或製造雖未造成前款稅則號列改變，但已完成重要製程或附加價值率超過35%以上者。

(2)低度開發國家貨物之原產地認定：

　自低度開發國家進口之貨物，符合下列規定者，認定為該等國家之原產貨物：

　　　　　A.自該國完全生產之貨物。

　　　　　B.貨物之生產涉及2個或2個以上國家者，其附加價值率不低於50%者。

　　　(3)自由貿易協定締約國或地區貨物之原產地認定：與我國簽定自由貿易協定之國家或地區，其進口貨物之原產地分別依各該協定所定原產地認定基準認定之。

　(三) 稅則預先審核：為加速通關並免除進口貨物在通關時因稅則分類見解不同所引起之爭議、爭訟，乃引進先進國家正採行之稅則預先歸列制度。依據關稅法第二十一條及進口貨物稅則預先審核實施辦法規定，納稅義務人或其代理人在貨物進口前，以海關規定格式詳細填寫申請書後，向海關申請預先審核進口貨物之稅則號別（包含中華民國輸出入貨品分類號列在內之海關進口稅則）。

二、陳小姐為TR貿易公司進口部門之新進人員，目前在試用及實習階段，其未來將分配進口報關之相關工作；因此，對於進口報關之相關問題，正努力學習中。

請回答下列問題：

(一)貨物進口報關除應填報進口報單外並應檢附之文件為何？

(二)進口報關經海關電腦專家系統篩選通關方式有三種－C1、C2及C3，請分別說明其處理程序。（108台灣菸酒）

解(一) 貨物進口報關除應填報進口報單外並應檢附下列文件，前二項為必要文件：

　　1. 發票或商業發票一份。該發票應詳細載明收貨人名稱、地址、貨物名稱、牌名、數量、品質、規格、型式、號碼、單價、運費、保險費、其他各項應加計費用及輸出口案減免之稅款等。

　　2. 裝箱單一份。散裝、大宗或單一包裝貨物免附。

　　3. 提貨單（D/O）或空運提單（AWB）影本。未連線申報者應提供小提單或空運提單一份配合進口報單申報，但連線申報者免附。

　　4. 輸入許可證。依「貨品輸入管理辦法」規定免證者，可免附。

5. 委託書一份。委託報關行報關者,須逐案檢附;但由海關建檔之
長期委任書案件,報關時免附長期委任書影本,惟應於其他申報
事項欄申報海關登錄號碼;利用報關線上委任WEB作業系統辦理
委任者,報關時亦免附委任書。

6. 產地證明書。海關視實際需要,得請納稅義務人提供。

7. 型錄、說明書或圖樣。海關視審查如有需要,得請納稅義務人
提供。

8. 進口汽車應加附進口汽車應行申報事項明細表。

9. 其他依有關規定應檢附者。如商品檢驗合格證、農藥許可
證……等。

(二) 依關稅法16、17條規定,進口貨物應於運輸工具進口日之翌日
起,十五天內向海關申報進口(關16)。進口報關時,應填送貨
物進口報單,並檢附發票、裝箱單及其他進口必須具備之有關文
件(關17)。

進口報關方式可以分為以下兩種:

1. 連線報關:報關人利用電腦傳輸進口報單資料,經由通關網路傳
達海關,或利用網際網路直接向海關電腦連線申報。

2. 非連線報關:報關人直接向海關投遞書面報單,經海關人員收單
鍵檔。

進口報關經海關電腦專家系統篩選通關方式,篩選後共分為三種通
關方式:

C1 (免審免驗)	免審書面文件、免驗貨物、直接送往徵稅,繳稅放行。
C2 (應審免驗)	報關人依電腦連線通知,於「翌日辦公時間終了以前」向海關補送書面報單及相關文文件,經海關收單及完成分估計稅作業後,由報關人繳稅或依先放後稅方式通關放行。
C3 (應審應驗)	報關人需依電腦連線通知於「翌日辦公時間終了以前」補送書面報單及相關文件,經海關收單、查驗貨物及完成分估計稅作業後,由報關人繳稅或依先放後稅方式通關放行。

　　另外C3貨物查驗通關案件分先驗後估及先估後驗2種方式，先驗後估係C3案件先辦理驗貨，驗畢再辦理分估計稅及繳稅放行作業。先估後驗係C3案件先辦理分估計稅及繳稅作業，再行查驗放行，例如船（機）邊驗放或倉庫驗放等案件。

三、廠商進口某項貨品已有多年之申報進口紀錄如你是經辦關員發現原核定之稅則編號不適當你要如何處理？（100關升等）

解 依「進口報單申報錯誤情形及審核更正依據表」第14條的規定，若原核定之稅則編號不適當則應請進口廠商檢附型錄、用途說明書、或該公司最近進口相同貨物之報單影本等申請更正，若是因此用錯稅則，就須請進口廠商補繳之前的稅金。

四、貨物進／出口人將進／出口報單資料以電子傳輸方式登入通關網路，經海關電腦專家系統依貨物的C.C.C. Code 篩選出不同的通關方式，分別以C1、C2、C3三種方式通關。

解 C1（免審免驗）：免審書面文件、免驗貨物，即予放行。
　C2（應審免驗）：屬於文件審核，經書面審核後，予以放行。
　C3（應審應驗）：經查驗及書面審核後，予以放行。

五、貨物出口報關應送書審的文件有哪些？

解 依關稅法17條規定，出口報關時，應填送貨物出口報單，並檢附裝貨單或託運單、裝箱單及依規定必須繳驗之輸出許可證及其他有關文件。出口報關所應具備之文件有：

(一) 出口報單。

(二) 裝貨單（Shipping Order，S/O）：是由承運輪船公司簽發，為一式兩份（甲、乙聯）。甲聯為裝貨單，乙聯為大附收據單（Mate's Receipt）或為櫃裝貨物收貨單（Dock Receipt），為貨物裝船之主要單證。出口貨物通關自動化實施後，本單得免附。

(三) 包裝單（Packing List）。

(四) 輸出許可證正本（海關存查聯）。

(五) 發票或商業發票1份（無E/P及其他價值證明文件時需附）。

(六) 貨物進倉證明文件1份。

(七) 委任書1份。

(八) 型錄、說明書或圖樣，配合海關查核需要提供。

(九) 退稅清表。

(十) 其他機關委託代為查核之文件。

六、試述進口分類估價的方式為何？

解 (一) 先放後核：為海關為加速通關，得按納稅義務人申報之完稅價格及稅則號別，先行徵稅驗放，事後再加審查。除少數貨物先審查價格者外，均以先放後核方式通關。

(二) 先核後放：是指進口貨物於放行前，先由進口地海關以傳真機傳送有關文件，向關稅總局驗估處查詢，俟接到該處通知後再予處理。

七、關稅完稅價格（DPV）之內容為何？若完稅價格無客觀及可計量之資料者，或海關對納稅義務人提出之交易文件或其內容之真實性或正確性存疑時，應如何處理？

解 (一) 關稅完稅價格就是指作為課徵關稅之基礎價格。我國課徵進口關稅之完稅價格，原則上是以起岸價格（CIF）為準。另進口貨物完稅價格之核估，其外匯價格之匯率係以報關前一旬中間日之匯率來換算。

依關稅法第29條規定，從價課徵關稅之進口貨物，其完稅價格以該進口貨物之交易價格作為計算根據。前項交易價格，指進口貨物由輸出國銷售至中華民國實付或應付之價格。進口貨物之實付或應付價格，如未計入下列費用者，應將其計入完稅價格：

　　1. 由買方負擔之佣金、手續費、容器及包裝費用。

　　2. 由買方無償或減價提供賣方用於生產或銷售該貨之下列物品及勞務，經合理攤計之金額或減價金額：

　　　(1)組成該進口貨物之原材料、零組件及其類似品。

　　　(2)生產該進口貨物所需之工具、鑄模、模型及其類似品。

　　　(3)生產該進口貨物所消耗之材料。

　　　(4)生產該進口貨物在國外之工程、開發、工藝、設計及其類似勞務。

　　3. 依交易條件由買方支付之權利金及報酬。

　　4. 買方使用或處分進口貨物，實付或應付賣方之金額。

　　5. 運至輸入口岸之運費、裝卸費及搬運費。

　　6. 保險費。

(二) 依關稅法第29條規定，若完稅價格無客觀及可計量之資料者，視為無法按本條規定核估其完稅價格。海關對納稅義務人提出之交易文件或其內容之真實性或正確性存疑，納稅義務人未提出說明或提出說明後，海關仍有合理懷疑者，視為無法按本條規定核估其完稅價格。未能依29條規定核定者，海關得依第31條至第35條規定核定之。

八、進口貨物應繳的稅費有哪些？

解 (一) 關稅：係指對國外進口貨物所課徵之進口稅。依關稅法43、44條規定，關稅之繳納，自稅款繳納證送達之翌日起十四日內為之（關43）。應徵關稅之進口貨物，應於繳納關稅後，予以放行。但本法另有規定或經海關核准已提供擔保者，應先予放行（關44）。

(二) 推廣貿易服務費：推廣貿易服務費為貨物完稅價格乘以0.04%，進口貨物按其 CIF 價值課徵一定之費率，且由海關代收推廣貿易服務費。

(三) 貨物稅：貨物稅是將關稅完稅價格加關稅後，乘以貨物稅稅率得出；非屬貨物稅條例規定應課貨物稅之品目免徵。

(四) 營業稅：營業稅是將關稅完稅價格加關稅、貨物稅或菸酒稅後乘以
　　一定稅率。目前進口貨物由海關代徵之營業稅稅率為百分之五。
(五) 商港服務費：依商港服務費收取保管及運用辦法規定，商港管理機
　　關應就入港之船舶、離境之上下客船旅客及裝卸之貨物，從量收取
　　商港服務費，並直接由主管之航政港務單位收取，故空運貨物不需
　　收取商港服務費。

九、常見的特別關稅有哪些？

解 特別關稅係指為達到特別之目的而課徵之關稅，常見的特別關稅有：
(一) 平衡稅（Countervailing Duty）：依關稅法第67條規定，進口貨物
　　在輸出或產製國家之製造、生產、銷售、運輸過程，直接或間接領
　　受財務補助或其他形式之補貼，致損害中華民國產業者，除依海關
　　進口稅則徵收關稅外，得另徵適當之平衡稅。
(二) 反傾銷稅（Anti-dumping Duty）：依關稅法第68條規定，進口貨物
　　以低於同類貨物之正常價格輸入，致損害中華民國產業者，除依海
　　關進口稅則徵收關稅外，得另徵適當之反傾銷稅。
(三) 報復關稅（Retaliatory Duty）：依關稅法第70條規定，輸入國家對
　　中華民國輸出之貨物或運輸工具所裝載之貨物，給予差別待遇，使
　　中華民國貨物或運輸工具所裝載之貨物較其他國家在該國市場處於
　　不利情況者，該國輸出之貨物或運輸工具所裝載之貨物，運入中華
　　民國時，除依海關進口稅則徵收關稅外，財政部得決定另徵適當之
　　報復關稅。

第九章　信用狀及信用狀統一慣例

本章依據出題頻率區分，屬：**A** 頻率高

經典考題

一、X公司欲從澳洲進口鋼鐵原料，儘管在交貨、價格等條件均已達成共識，但出口商堅持僅接受Sight L/C而不同意Long D/P條件。鑑於X公司在往來銀行的信用還不錯，銀行亦願意給予融資來助其滿足客戶付款要求且同時解決其資金問題。於是，X公司乃在其銀行的支持下建議以Buyer's Usance L/C進行支付，並成功說服對手接受上述條件。根據上述案例，試請回答下列問題：

(一)何謂Long D/P？為何X公司會主張以Long D/P條件？

(二)何謂Buyer's Usance L/C？就以賣方角度，Sight L/C條件與Buyer's Usance L/C有何差異？（109關特）★★★

二、Confirming Bank和Reimbursing Bank皆屬於信用狀交易的關係人。請問：

(一)何謂Confirming Bank？請說明之。

(二)何謂Reimbursing Bank？請說明之。

(三)Confirming Bank和Reimbursing Bank所擔負的責任有何差異？（104關特）★★★

三、試根據信用狀作業準則UCP 600之規範，說明在下列各場合中，開狀銀行是否可以拒絕付款？為什麼？

(一)受益人提示信用狀未要求的單據而該單據的內容與其他單據有不符合之情形。

(二)受益人所提示的單據日期早於信用狀開狀日期。

(三)受益人所提示的提單顯示將轉運的條款。

(四)受益人所提示的提單之託運人並非受益人本身。

(五)押匯銀行寄送受益人所提示的單據予開狀銀行途中不慎遺失。

（103關特）★★★

四、信用狀是由發狀銀行開具對受益人保證付款的文件，其用途非常多元，試比較說明下列信用狀的意義與用途：

(一)即期信用狀（sight credit）與遠期信用狀（usance credit）。

(二)可轉讓信用狀（transferable credit）與轉開或背對背信用狀（back-to-back credit）跟單信用狀（documentary L/C）與保證信用狀（standby L/C）。（103高考）★★★

五、何謂Red Clauses in Credit？（103高考）★★★

六、何謂「不可撤銷信用狀」（Irrevocable Credits）？何謂「可撤銷信用狀」（Revocable Credits）？請分別說明二者的含義與特徵。（102關特）★★★

七、何謂Force Majeure與S.W.I.F.T.？（102經濟部）★★★

八、根據UCP 600之規範，信用狀上所規定的出貨數量以"about"表示時，則只要所支取之金額不超過信用狀金額，受益人出貨時可有多少百分比的增減範圍？（102華南銀）★★★

九、說明轉開信用狀與可轉讓信用狀的不同點。（101台電、中油、台糖）★★★

十、試說明UCP及Confirmed L/C的意義。（101台電、中油、台糖）★★★

十一、信用狀的種類有哪些？★★

命題焦點

一、信用狀的定義及特性

(一)定義

信用狀（Letter of Credit，L/C）依據UCP 600第2條的定義，信用狀意指任何安排，不論其名稱或措辭為何，其係不可撤銷且因而構成開狀銀行對符合之提示須兌付之確定承諾。由上述的定義可知，信用狀是一種由開狀銀行開給受益人附有條件的付款保證書，開狀銀行對受

益人承諾保證符合條件確定付款。即是指開狀銀行循申請人（買方）之請求所簽發的一種不可撤銷之書面承諾，受益人（賣方）只要依信用狀條款所規定條件，提示符合之單據（及匯票），開狀銀行就必須對其負兌付的責任。

兌付意指若信用狀使用方式為即期付款者，為即期付款；若信用狀使用方式為延期付款者，承擔延期付款承諾，並於到期日付款；若信用狀使用方式為承兌者，對受益人所簽發之匯票承兌，並於到期日付款。

(二) 信用狀的特性

1. **交易之獨立性**：依據UCP 600第4條的規定，信用狀其本質是一個與買賣或其它契約分開的交易，即使信用狀中含有對此類合約的任何援引，銀行也不受該合約約束。因此，銀行關於承兌、讓購或履行任何其它信用狀項下之義務的承諾是不受制於申請人基於其與開狀銀行或與受益人之間的關係而產生的任何請求或抗辯。受益人在任何情況下不得適用現仍存在它自己於銀行或申請人及開狀銀行之間的合約關係。

2. **單據交易性**：依據UCP 600第5條的規定，銀行所處理的是單據而非與該等單據可能相關的貨物、勞務或履約行為。

3. **交易之文義性**：依據UCP 600第14條的規定，銀行審核提示僅以單據為本，審查提示藉以決定該單據表面是否呈現構成相符的提示。

二、信用狀的當事人

(一) **開狀申請人（Applicant）**：向開狀銀行請求簽發信用狀之一方，通常為進口商。

(二) **開狀銀行（Issuing Bank;Opening Bank）**：依循開狀申請人的指示，簽發信用狀之銀行。

(三) **受益人（Beneficiary）**：為有權使用信用狀，享受信用狀利益的當事人，通常為出口商。

(四) **通知銀行（Advising Bank）**：接受開狀銀行的委託，將信用狀通知給受益人的銀行。

(五) **押匯銀行（Negotiating Bank）**：又稱讓購銀行。應信用狀受益人之請求，讓購或貼現信用狀項下匯票及單據之銀行。

(六) **付款銀行（Paying Bank）**：信用狀規定擔任付款的銀行。付款銀行通常為開狀銀行或開狀銀行所委託之另一銀行。

(七) **求償銀行（Claiming Bank）**：依信用狀規定對信用狀項下的匯票及單據為之付款、承兌、讓購或買斷後，即有權向補償銀行請求償付信用狀款項之銀行。

(八) **補償銀行（Reimbursing Bank）**：係應開狀銀行委託替其償付「求償銀行」墊付之款項，一般而言其委任僅需償付款項，不需審核單據。（104關特）

(九) **保兌銀行（Confirming Bank）**：接受開狀銀行授權或委託，對信用狀加以保證兌付之銀行。（104關特）

(十) **再押匯銀行（Re-Negotiating Bank）**：又稱轉押匯銀行。在限押信用狀下，若該限押銀行非受益人的往來銀行，但受益人仍至其往來銀行辦理押匯（稱為押匯銀行或第一押匯銀行），而該往來銀行則須向限押銀行辦理轉押匯，此時該限押銀行稱之為再押匯銀行。

三、信用狀作業規則

(一) 信用狀統一慣例（UCP）

信用狀統一慣例（Uniform Customs and Practice for Documentary Credit）最早是由國際商會（International Chamber of Commerce；ICC）於1933年所制定，其後隨國際貿易方式及運輸技術的改變，修訂過數次版本。目前適用之現行版本為2007年修訂本（第600號發行本），簡稱UCP 600，全文共有39條，並自2007年7月14日起施行。修正的內容主要是順應科技發展，並將信用狀各單據內容一致性的標準放寬，取消了易造成誤解和無實際意義的條款等，更方便於國際貿易的操作與運算。由於UCP只是「慣例」而非「法律」，故無強制力，須於信用狀本

文中明示受UCP規範，才能拘束各當事人。因此，可在L/C中加以排除適用，特約條款的效力優於UCP的規定。（101台電、中油、台糖）

(二) 電子信用狀統一慣例（eUCP）

為因應電子商務世代的來臨，使得國際貿易中普遍被使用的信用狀交易也產生電子提示的需要，國際商會因此增編了電子信用狀統一慣例（eUCP Version 1.0），於2002年4月起正式實施。之後為因應UCP 600的改變，國貿商會也將eUCP更新為eUCP Version 1.1，於2007年7月與UCP 600同時實施。eUCP共計12條，其為UCP 600的補充條文，補充UCP條款中有關電子單據單獨提示或併同書面單據提示的效力。適用eUCP1.1之信用狀，無須明示其含有UCP 600，也能適用UCP 600；當信用狀同時適用eUCP1.1與UCP 600，卻產生不同結果，應優先適用eUCP1.1之規定適用eUCP1.1之信用狀，無須明示其含有UCP 600，也能適用UCP 600；如依eUCP1.1僅可提示紙面單據時，應單獨適用UCP 600。

(三) 國際間標準銀行實務（ISBP）

係國際商會於2003年1月頒布實施的國際間標準銀行實務（International Standard Banking Practice ； ISBP）係目前銀行審核信用狀所規定之單據，所依據之標準，並配合UCP 600 採用更新版ISBP（2007）。由於ISBP在本質上係為UCP的實務補充，所以必須與UCP合併使用，始生效力，且當UCP與ISBP有牴觸時，仍以UCP的規定優先。

四、信用狀的種類

(一) 依可否撤銷分為

不可撤銷信用狀 （Irrevocable L/C）	係指信用狀一經簽發並通知受益人後，在有效期內，非經信用狀有關當事人同意，開狀銀行不能片面修改或撤銷的信用狀。由於不可撤銷信用狀對受益人較有保障，所以在國際貿易結算中使用最多。而依據UCP 600的2條h項的規定，其所指的信用狀僅單指不可撤銷信用狀。

可撤銷信用狀 （Revocable L/C）	係指開狀銀行對所開出的信用狀不必徵得受益人的同意，可隨時修改或撤銷的信用狀，在實務上幾乎已不再使用。（102關特）

(二) 依有無保兌分為

保兌信用狀 （Confirmed L/C）	保兌信用狀係指開狀銀行開出不可撤銷的信用狀以後，再由另一家銀行（保兌銀行）附加承諾，對符合信用狀條款的單據履行付款。對信用狀加具保兌的銀行稱為保兌銀行。保兌銀行一經保兌，就和開狀銀行一樣承擔付款責任。適用於開狀銀行信用不佳、開狀銀行所在國政局不穩或外匯短缺等情形。（101台電、中油、台糖）
無保兌信用狀 （Unconfirmed L/C）	無保兌信用狀係指未經開狀銀行以外之其他銀行附加承諾兌付的信用狀。

(三) 依可否轉讓分為

可轉讓信用狀 （Transferable L/C）	係指開狀銀行授權通知銀行在受益人要求下，可將信用狀的全部或一部分金額轉讓給一個或數個第二受益人，即受讓人。這種信用狀的第一受益人通常是中間商，而第二受益人則通常是實際供貨商。可轉讓信用狀必須註明「可轉讓」（transferable）字樣，信用狀才可轉讓。（103高考）
不可轉讓信用狀 （Non-transferable L/C）	係指信用狀的受益人不得將所持信用狀的權利轉讓給其他人的信用狀。

(四) 依付款期間分為

即期信用狀 （Sight L/C）	受益人簽發即期匯票或於提示貨運單據時，即可取得款項的信用狀。
遠期信用狀 （Usance L/C）	受益人簽發遠期匯票，須先經過付款人承兌，待匯票到期時才可取得款項的信用狀。遠期信用狀的貼現息由賣方負擔者稱為賣方遠期信用狀（Seller's Usance L/C）；由買方負擔者稱為買方遠期信用狀（Buyer's Usance L/C）；若信用狀尚未載明貼現息由何方負擔時，實務上均是由賣方負擔。例如：60 days Seller's Usance & 120 days Buyer's Usance 信用狀，代表賣方負擔60天利息；到期由買方償還本金。（103高考）
延期付款信用狀 （Deferred Payment L/C）	受益人無需簽發匯票，只須向指定承兌銀行提示符合信用狀的貨運單據並辦理承兌，待到期日才可取得款項的信用狀。因為沒有簽發匯票，所以出口商無法憑匯票至貼現市場貼現。

(五) 依有無限定兌付銀行分為

讓購信用狀 （Negotiation L/C）	受益人將匯票及單據向付款銀行以外的銀行請求讓購，即為讓購信用狀。讓購信用狀依有無限定押匯銀行可區分為： (1)未限押信用狀（Unrestricted L/C）：又稱為自由讓購信用狀。即開狀銀行未限定押匯銀行，受益人可自行選擇銀行押匯。信用狀內容多會出現「This Credit is available with any bank by negotiation」字樣。

讓購信用狀 （Negotiation L/C）	(2)限押信用狀（Restricted L/C）：又稱為特別信用狀。開狀銀行有限定押匯銀行，受益人必須向限定的押匯銀行辦理押匯手續，或受益人仍可至其往來銀行辦理押匯（稱為押匯銀行或第一押匯銀行），而該往來銀行則須向限押銀行（稱為再押匯銀行或第二押匯銀行）辦理轉押匯。例如信用狀內容出現「This Credit is available with the advising Bank by negotiation」，表示該信用狀限制押匯銀行必須是通知銀行，有限制押匯銀行，也就是限押信用狀。
直接信用狀 （Straight L/C）	受益人必須將匯票及單據直接持往開狀銀行或其指定銀行請求付款或承兌。讓購信用狀與直接信用狀的差別在於讓購信用狀為銀行墊款的性質，押匯銀行如果無法從開狀銀行獲得所墊款項，即可向受益人追回墊款；而直接信用狀則為付款的性質，指定銀行一旦付款，之後即不可再向受益人追回款項。

(六) 依是否需提示貨運單據分為

跟單信用狀 （Documentary L/C）	信用狀規定受益人請求讓購、付款或承兌時，須同時提示貨運單據者，稱為跟單信用狀。
無跟單信用狀 （Without Documentary L/C）	信用狀規定請求讓購、付款或承兌時，僅憑一張光票及（或）其他單據而不須提示貨運單據者，稱為無跟單信用狀或光票信用狀（Clean L/C）。光票信用狀主要用於押標保證、履約保證或還款保證，其中擔保信用狀即為光票信用狀的一種。擔保信用狀（Standby L/C）又稱為保證信用狀或備用信用狀。係指不以清償貨物價款為目的，而是以擔保債務的清償、各項契約的履行或投標保證為目的而開發的信用狀。適用於ISP98《國際擔保函慣例》的規定。（103高考）

(七) 背對背信用狀（Back to Back L/C）

又稱為轉開信用狀或本地信用狀（Local L/C）。若信用狀受益人本身並非貨物的供應商，為避免國外買方與國內供應商直接接觸，便可憑國外開來的主要信用狀（Master L/C），向通知銀行或本地其他銀行申請開發另一張轉開信用狀或稱次要信用狀（Secondary L/C）給供應商。通常次要信用狀的金額會較主要信用狀小；有效期限較主要信用狀短；若該次要信用狀係開給國外供應商則屬於三角貿易。（103高考）

(八) 紅條款信用狀（Red Clause Credit）

又稱為預支信用狀。是開狀銀行授權付款銀行，允許出口商在裝貨交單前預支一定金額的信用狀，等貨運單據提示後，付款銀行再扣除預付貨款本息。為引人注目，這種預交貨款的條款常用紅字打出，故習慣稱為「紅字條款信用狀」。不過，現在信用狀的預支條款並非都是用紅字表示，但效力相同。（103高考）

(九) 循環信用狀（Revolving L/C）

又稱回復信用狀。係指受益人在一定期間一定的額度內，可以重新恢復信用狀原金額再度循環使用。一般適用於進口商對同一出口商之相同產品重複訂貨時，如此可免除進口商不斷請求開狀銀行開狀的費用。

(十) SWIFT信用狀（SWIFT L/C）

所謂S.W.I.F.T.係Society for worldwide Interbank Financial Telecommunication之簡稱。中文譯為環球銀行財務通訊系統。它是一套用於全世界各銀行間資訊傳遞，調撥資金，開發信用狀等高性能、低成本、安全、迅速、電文標準化、而且可以與各種電腦連續作業的電信系統。SWIFT信用狀的特色有自動核對密碼、有一定的格式代號引導信用狀內容、遵循UCP 600之規定、且省略開狀銀行確切保證之字眼。（102經濟部）

(十一)電傳信用狀（Teletransmission L/C）

電傳信用狀乃指開狀銀行以電傳方式，例如海纜電報（Cable）、普通電報（Telegram）、電報交換（Telex）、傳真（Fax）或環球財務通訊系統（SWIFT），將開發信用狀事宜通知受益人的信用狀。

五、信用狀通知

(一) 信用狀的通知方式

1. **郵遞式信用狀的通知**：通知銀行須核對信用狀上之簽字相符後，附上「信用狀通知書」（Advice of Credit）通知受益人。

2. **電傳式信用狀的通知**：通知銀行在核對押密（Test key）後，附上「信用狀通知書」（Advice of Credit）通知受益人。

3. **SWIFT信用狀的通知**：SWIFT信用狀因事先設有密碼（Log-in Key），已具有自動核押功能，通知銀行無須另作複核作業。

(二) 信用狀的送達途徑

1. 開狀銀行直接寄送給受益人。
2. 開狀銀行交與開狀申請人，由其轉交給受益人。
3. 開狀銀行透過受益人所在地的往來銀行，即所謂知通知銀行，轉交受益人。此種方式最常見。

(三) 通知銀行的責任

依據UCP 600第9條的相關規定

1. 信用狀及任何修改得經由某一通知銀行通知受益人。但此通知銀行不是保兌銀行，故沒有任何兌付或讓購之義務。

2. 通知銀行在辦理信用狀通知時，應就信用狀或修改書外觀之真實性予以確認，因此通知銀行於通知信用狀時，即表示其確信此信用狀外觀的真實性。

3. 通知銀行有可能會有一個以上，則第二個通知銀行收到第一個通知銀行轉來之原開狀銀行的信用狀時，可由第一個通知銀行給第二個通知銀行的表面資訊，辨識出此信用狀的真偽，及是否和信用狀或修改書之的條款與要件相對應。

4. 信用狀第一次通知時，所採用的通知管道，於往後有關此信用狀的任何事項的通知管道需和第一次通知時相同。

5. 開狀銀行指定的某一家通知銀行，如果該通知銀行不同意代為通知該信用狀或修改書給受益人時，則此原議的通知銀行，須將此意旨盡速告知所由收受信用狀、修改書或通知書之銀行。

6. 通知銀行無法辨識信用狀或是修改書的真偽時，通知銀行必須通知開狀銀行；若此通知銀行於無法辨識信用狀或是修改書的真偽時，仍選擇通知受益者時，則該通知銀行必須通知受益者，它無法辨識信用狀或是修改書或通知書的真偽。

(四) 通知銀行的通知期限

未規定通知期限。

六、信用狀修改

(一) 修改的原則

1. 在信用狀有效期限內辦理。

2. 依據UCP 600第10條a項之規定，不可撤銷信用狀的修改須徵得開狀銀行、保兌銀行（如有時）及受益人的同意，始生修改的效力。

3. 如涉及兩個以上條款之修改，受益人須全部接受或全部拒絕，意即不允許受益人部分接受。

(二) 修改的效力

1. 依據UCP 600第10條規定，受益人應對通知修改的銀行發出接受或拒絕的通知；如果受益人沒有表明接受修改書的情況下，但於押匯的單據中所顯示者係是和修改書一致時，就表示受益人接受該項修改。

2. 開狀銀行自修改信用狀起，或是保兌銀行同意對開狀行的修改，仍加以保兌時起，都受到不可撤銷的限制；而通知銀行同意對開狀行的修改，仍加以保兌時，須通知受益人此對該修改延伸保兌。

七、信用狀轉讓

依據UCP 600第38條的相關規定：

(一) 除非轉讓信用狀的範圍及方式明顯地被由該銀行同意，否則銀行無義務轉讓信用狀。

(二) 可轉讓信用狀必須敘述它是「可轉讓」（Transferable）。轉讓得採用其中全部或其中部份給另一受益人。轉讓銀行它是必須由開狀銀行特別授權，才得以轉讓該信用狀。開狀銀行本身得為轉讓銀行。 通常就以押匯銀行為辦理分割轉讓之銀行。

已被轉讓的信用狀指信用狀其已經由轉讓銀行對第二受益人完成適用者。

(三) 除非轉讓時另有約定，轉讓的所有費用（諸如手續費，稅費，成本或開支）， 必須由第一受益人支付。

(四) 信用狀若允許部分動支或裝運時，得被轉讓給多於一位的第二受益人。已被轉讓的信用狀，不能再被轉讓給除原L/C的第一受益人外之任何後續的受益人。意指其轉讓之次數最多以一次為限。

(五) 任何轉讓請求必須清楚地標述，在第二受益人。

(六) 如信用狀被轉讓給多於一位的第二受益人時，由於一位或更多的第二受益人拒絕修改並不影響其他第二受益人的接受，第二受益人中拒絕修改者，修改無效； 但對同意修改者而言，修改才會有效。

(七) 被轉讓的信用狀，除信用狀金額、單價、有效期限、提示期間、最遲裝運日或所定的裝運期間，得將任一或全部予以減少或縮短外，其餘都必須準確地反應原始信用狀的條件及要件。保險承保範圍的比例可以被增加，以達到原信用狀或本慣例規定之保險承保範圍的金額。

第一受益人的名稱得替換原信用狀中的申請人。如申請人名稱是特別

被信用狀要求顯示在除發票外的任何單據中，則該要求必須表達在該
被轉讓的信用狀中。

(八) 第二受益人押匯後，第一受益人有權以它自己的發票和匯票替換，以
動支於信用狀項下，它自己發票與第二受益人發票間的差價。

(九) 於38(h)條項中，如第一受益人怠於首次要求時照辦，即以它自己的發
票和匯票替換，轉讓銀行有權提示該收自第二受益人的單據給開狀銀
行，且不須對第一受益人負擔任何責任。

(十) 第一受益得在轉讓信用狀中，標述第二受益人兌付或讓購可適用在L/
C被轉讓的地點。

(十一) 第二受益人之單據提示，須向轉讓銀行為之。

八、瑕疵單據的處理方式

(一) 輕微瑕疵但可更正時

押匯銀行發現押匯文件具有輕微瑕疵但可更正時，通常會請出口商自
行更正。

(二) 瑕疵嚴重時

若瑕疵嚴重時，適當的處理方式有：

1. **修改單據。**
2. **修改信用狀。**
3. **電報押匯**：係指受益人所提示的單據有瑕疵，且押匯銀行認為瑕疵
   嚴重開狀銀行可能拒付時，押匯銀行先以電報向開狀銀行詢問，俟
   其同意後再辦理押匯的方式。
4. **保結押匯**：係指受益人辦理押匯手續時，押匯單據有瑕疵，押匯
   銀行得要求出口商保證，此時受益人必須填具保結書（Letter of
   Indemnity； L/I），辦理押匯手續。
5. **改為託收。**
6. **拒絕受理。**

九、信用狀對於期限的相關規定

(一) 裝運期限

依據UCP 600第3條有關裝運期限的規定：

1. 如信用狀規定"prompt","immediately"or"as soon as possible"等字樣，銀行將不予理會。

2. 如信用狀規定"on or about"（在或大概在）即是指包含起訖日期計算在內，指定日期的前後五個曆日之間裝運。例如信用狀規定裝運日期為on or about August 10，則裝運須於8月5日至8月15日期間完成裝運。

3. 如信用狀規定"to"（至）、"until"（直至）、"till"（直到）、"from"（從……開始）及"between"（在……之間）等用詞，若用於判定裝運日期，包含所提及之日；若使用"from"（在……之前）及"after"（在……之後）等用詞，用於判定到期日時，不包含所提及之日。例如匯票期間為30 days from on board date，而提單的裝船日期為7月1日，則匯票到期日應為7月31日。

4. 如信用狀規定"first half"（前半月）代表每個月的第一日起到第十五日止；"second half"（後半月）代表每個月的第十六日起到該月的最後一日止。

5. 如信用狀規定"beginning"（開始）係指每個月的第一日起到第十日止；"middle"（中間）則指每個月的第十一日起到該月的第二十日止；"end"（末尾）意指每個月的第二十一日起到該月的最後一日止。

6. 依據UCP 600第32條規定，信用狀如規定在各期間內辦理分期裝運，而有任何一期未按信用狀規定期限裝運時，則該期及其後未履行的分期裝運將終止適用。例如L/C中規定於7月、8月、9月分三批裝船，出口商於7月裝完第一批後，8月份來不及裝運，擬於9月份再裝運，則L/C對第二批、第三批已無效。

(二) 單據簽發日期

根據UCP 600第14條i項規定，除信用狀對單據文件的簽發日另有規定外，單據的簽發日得早於信用狀的簽發日，但不得遲於信用狀的有效日期。

(三) 單據提示的有限期限

運送單據的提示須在運送單據簽發日後特定期間內為之；若信用狀中沒有對運送單據簽發日後特定期間提示的規定，則依據UCP 600第14條c項規定，須於單據簽發日後的21個天內辦理押匯，否則會被視為逾期運送單據（Stale B/L）。上述兩者皆須在信用狀的有效期限內提示。

(四) 開狀銀行審單時間

根據UCP 600第14條規定，開狀銀行及任何指定銀行收到單據後，需在最長五個營業日內決定是否接受，否則將視為接受。

(五) 期限的順延

1. 依據UCP 600第29條規定

(1) 如信用狀的有效日期或提示單據之截止日，適逢提示銀行因36條款中相關之外的原因是休業時，則該有效日期或提示單據之截止日得順延至次一個銀行營業日。

(2) 如被提示是在銀行的次一營業日，指定銀行必須提供開狀銀行或保兌銀行在它流程封單上附一份聲明，強調提示是依據29(A)條項展延時限內被做成。

(3) 裝運的最後日期將不因29(A)條項結果被展延。

> **名師講解**
> ・根據UCP600，開狀銀行及任何指定銀行收到單據後，需在最長五個營業日內決定是否接受，與以往的規定不超過七個營業日不同，考生須注意此變動。
> ・信用狀的有效期限或提示之末日可因國定假期或休假日順延至銀行次一營業日，但不會因不可抗力事件的發生而順延；至於最後裝運日，不論任何原因皆不得順延。

2. 依據UCP 600第36條的規定，銀行不負責因為不可抗力造成的營業中斷，對營業中斷期間信用狀已逾期者，銀行將不予受理付款或押匯。不可抗力係指天災、暴動、騷亂、叛亂、戰爭、恐怖活動、或因罷工、停工、或任何其它成因超過銀行所能控制之事由。因此若遇不可抗力事件，最後裝運日期不可延期，信用狀有效期限亦不可順延。

十、信用狀的其他規定

(一) 數量、單價、金額的規定

依據UCP 600第30條規定：

1. 若信用狀中對金額、數量或單價中有"about"（約）或"approximately"（大概）的字樣，則表示金額、數量或單價可以有增減10%。

2. 若信用狀未以包裝單位或個別件數規定數量者，貨物數量增減5%是允許的，但以動支金額不超逾信用狀金額為條件。例如信用狀規定貨物數量為100,000公斤的麵粉，禁止分批裝運，則裝運數量之寬容範圍為95,000公斤到105,000公斤。（102華南銀）

(二) 其他相關規定

1. 依據UCP 600第20條a項規定，除非信用狀另有規定，銀行原則上將拒絕傭船提單。

2. 依據UCP 600規定，信用狀條款中若未明確註明是否允許「分批裝運」與「允許轉運」時，則應視為允許分批裝運和轉運。

3. 依據UCP 600第6條c項規定信用狀之簽發，不可要求以開狀申請人為匯票付款人。

測驗題攻略

( )　1.有關信用狀之敘述，下列何者正確？　(A)信用狀上沒有敘明不可撤銷（Irrevocable），此信用狀仍為不可撤銷　(B)信用狀分類若為Negotiable LC，則此信用狀為可轉讓信用狀　(C)若進口商之信用狀況不明，出口商應要求開保兌信用狀　(D)信用狀之受益人通常為進口商。（108台企）

( )　2.依UCP 600規定，開狀銀行於接到提示之單據，須於幾日內作出單據是否符合之決定？　(A)3個營業日　(B)5個營業日　(C)7個營業日　(D)7個日曆日。（108一銀）

( )　3.依UCP 600規定，當信用狀金額或信用狀規定之商品數量有"ABOUT"字義時，所提示單據上，總金額或數量可允許之差異為何？　(A)±5%　(B)±10%　(C)±15%　(D)±20%。（108一銀）

( )　4.依國際擔保函慣例一般準則，下列何者非擔保函之特性？　(A)不可撤銷　(B)獨立　(C)跟單　(D)不具拘束力。（108一銀）

( )　5.下列何者負有信用狀最終付款義務？　(A)開狀銀行　(B)通知銀行　(C)押匯銀行　(D)保兌銀行。（108一銀）

( )　6.依國際擔保函慣例，下列何者須對符合擔保函條款之提示為兌付？　(A)受益人　(B)申請人　(C)簽發人　(D)運送人。（108一銀）

( )　7.依 UCP 600規定，下列何者非屬「符合之提示」所依據者？　(A)信用狀條款　(B)UCP 600相關規定　(C)國際標準銀行實務　(D)買賣契約規定。（108一銀）

( )　8.依UCP 600第14條規定，信用狀要求下列哪一單據之提示，而未規定由何人簽發或其資料內容，則銀行將照單接受？　(A)保險單據　(B)運送單據　(C)檢驗證明書　(D)商業發票。（108一銀）

( ) 9. 依UCP 600規定，除信用狀另有規定或轉讓信用狀外，商業發票之抬頭人應為下列何者？ (A)開狀申請人 (B)受益人 (C)開狀銀行 (D)押匯銀行。（108一銀）

( ) 10. 不可撤銷信用狀非經當事人之同意，不得修改取消，該當事人不包括何者？ (A)開狀銀行 (B)通知銀行 (C)受益人 (D)保兌銀行。（108一銀）

( ) 11. 依信用狀統一慣例UCP 600有關數量、單價及金額之規定，下列何種單據係瑕疵單據？ (A)信用狀規定貨物為玉米500噸且不允許分批裝運，提示之發票顯示貨物為玉米495噸，且總金額未逾信用狀金額 (B)信用狀總金額為USD20,000.00，貨物內容為魚飼料1,000公斤，提示之發票顯示貨物為魚飼料1,000公斤，總金額USD19,560.00 (C)信用狀規定貨物為球鞋500雙且不允許分批裝運，提示之發票顯示貨物為球鞋450雙 (D)信用狀規定貨物為球鞋500雙且允許分批裝運，提示之發票顯示貨物為球鞋450雙。（108一銀）

( ) 12. 信用狀規定裝運日期為SHIPMENT MUST BE EFFECTED ON OR ABOUT MAR.10 2019（星期日），則提單裝運日期最慢為何日？ (A)MAR.5 (B)MAR.10 (C)MAR.15 (D)MAR.31。（108一銀）

( ) 13. 超級公司於2018.4.12來銀行辦理出口押匯，押匯金額USD50,000，該信用狀之金額為ABOUT USD46,000，最後裝船日為2018.4.8，提示期限是9日，到期日是2019.4.17，該文件B/L之ON BOARD DATE 是2018.4.9，請問該文件的瑕疵為何？ (A)OVERDRAWN (B)LATE SHIPMENT (C)LATE PRESENTATION (D)L/C EXPIRED。（108一銀）

( ) 14. 轉開國內信用狀，下列何項可予縮短期間或減少金額？ A.信用狀金額 B.單價 C.投保百分比 D.裝運期間 (A)ABCD (B)僅ABC (C)僅ACD (D)僅ABD。（108一銀）

( )　15.依據UCP 600之規定，信用狀構成開狀銀行對一符合之提示須予兌付之確定承諾；而依據同規則之規定，下列何者非屬符合提示決定之依據？　(A)信用狀條款及條件　(B)信用狀統一慣例得適用之規定　(C)國際標準銀行實務　(D)買賣契約。（107台企）

( )　16.有關轉讓信用狀敘述，依據UCP 600之規定，下列何者錯誤？　(A)信用狀僅於開狀銀行明示其係「可轉讓」（TRANSFERABLE），始得轉讓　(B)受讓信用狀不得經第二受益人之請求，轉讓予隨後之任何受益人，第一受益人不認係隨後之受益人　(C)開狀銀行得為轉讓銀行　(D)轉讓信用狀之保兌得不延伸至受讓信用狀。（107一銀）

( )　17.下列何種信用狀之受益人不必簽發匯票？
(A)即期付款信用狀（Sight Payment Credit）
(B)承兌信用狀（Acceptance Credit）
(C)讓購信用狀（Negotiation Credit）
(D)延期付款信用狀（Deferred Payment Credit）。（104華南銀）

( )　18.根據UCP 600和ISBP681之規範，下列與商業信用狀（Commercial L/C）有關之敘述，何者正確？　(A)如果商業信用狀的到期日期因不可抗力事故導致銀行營業中斷，則不可以順延至下一個營業日　(B)受益人違反買賣契約，雖然單據符合規定，開狀銀行仍可拒付　(C)單據的簽發日期不可早於商業信用狀的開狀日期　(D)如果商業信用狀所規定的最後裝運日期適逢銀行休業日，則可以順延至下一個營業日。（104華南銀）

( )　19.依據UCP 600所簽發之信用狀，倘信用狀規定在開狀銀行使用（available with issuing bank），則該信用狀不得為下列何種使用方式？
(A)即期付款（Sight payment）
(B)延期付款（Deferred payment）
(C)承兌（Acceptance）
(D)讓購（Negotiation）。（103合庫銀）

( )　20. 依據UCP 600之規定，下列有關信用狀保兌之敘述何者正確？　(A)對於開狀銀行有關保兌之授權或委託，保兌銀行不得拒絕　(B)保兌銀行同意附加保兌後，不論受益人之提示是否相符，皆須兌付或讓購　(C)保兌銀行之讓購為無追索權（without recourse）　(D)保兌銀行之保兌係屬從屬債務，而非獨立之承諾。（103合庫銀）

( )　21. 除信用狀另有規定外，依據UCP 600第38條g項之規定，下列何者非屬受讓信用狀（已轉讓信用狀）得變更之項目？　(A)保兌　(B)信用狀之金額　(C)信用狀有效期間　(D)保險須投保之百分比。（103合庫銀）

( )　22. 非保兌銀行之通知銀行在辦理信用狀通知時，下列何者非屬其應負之義務？　(A)任何兌付或讓購之義務　(B)就信用狀或修改書外觀之真實性予以確認　(C)正確的反應所收到信用狀或修改書之條款及條件　(D)如選擇不通知信用狀時，則須將此意旨盡速告知所由收受信用狀、修改書或通知書之銀行。（103合庫銀）

( )　23. 下列何種外匯業務係使用於國際貿易貨款之清算，而非屬使用於各種契約履行保證之外幣保證業務？　(A)跟單信用狀　(B)擔保信用狀　(C)銀行保證函　(D)即付保證函。（103合庫銀）

( )　24. 倘信用狀要求提示運送單據之副本，而未要求提示運送單據正本且未規定裝運日後依信用狀條款提示單據之特定期間，則單據需在裝運日後幾日內提示？　(A)5個銀行營業日　(B)7個銀行營業日　(C)21個曆日　(D)在信用狀規定提示之有效期限內提示即可。（103合庫銀）

( )　25. 某筆信用狀交易，要求出口商裝運1000噸廢鐵且禁止部分裝運，此外對於信用狀項下貨物數量無其他規定，另信用狀金額為USD100,000.00，則依據UCP 600之規定，受益人（出口商）能裝運之最大數量及動支之金額分別為多少？　(A)1000噸／USD100,000.00　(B)1050噸／USD100,000.00　(C)1050噸／USD105,000.00　(D)1100噸／USD110,000.00。（103合庫銀）

( )　26. B公司向X銀行申請簽發一適用ISP98之擔保信用狀，有效期間載明
2014.7.31. at our counter，並以十足定存單設質擔保；假設屆期
（7/31）適逢颱風來襲停班，8/1恢復營業，A公司來銀行要求解除
質權設定返還定存單，請問X銀行應如何處理？　(A)應於8/1立即
解除質權設定返還定存單　(B)應於8/8（含）之後解除質權設定返
還定存單　(C)應於8/30（含）之後解除質權設定返還定存單　(D)
應於9/1（含）之後解除質權設定返還定存單。（103合庫銀）

( )　27. 依照UCP 600之規定，若雙方約定交貨數量為500M/T時，倘信用
狀未另有規定且動支金額未逾信用狀金額，下列何者敘述較適
當？　(A)交貨數量可增減5%　(B)交貨數量可增減10%　(C)須
按約定量交貨，不得增減　(D)僅可較原約定數量少，但不得超
過。（103華南銀）

( )　28. 根據UCP 600之規範，若信用狀上未規定單據之提示期間
（presentation period），則受益人或其代表人須於信用狀有效期
限內且於裝運日後幾個曆日內提示單據？　(A)5　(B)21　(C)15
(D)7。（102華南銀）

( )　29. 根據UCP 600之規範，信用狀上所規定的出貨數量以"about"表
示時，則只要所支取之金額不超過信用狀金額，受益人出貨時
可有多少百分比的增減範圍？　(A)15　(B)5　(C)10　(D)20。
（102華南銀）

( )　30. 信用狀作業準則UCP 600及ISBP對於可轉讓信用狀之規範，下列
敘述何者正確？　(A)信用狀必須加註"Transferable"字樣，方可轉
讓　(B)除信用狀另有規定外，信用狀可轉讓一次以上　(C)信用狀
轉讓時，有效期限可視情況予以延長　(D)信用狀轉讓時，保險應
投保的百分比不得提高。（101華南銀）

( )　31. 在以不可撤銷信用狀為付款條件且有需要進行條款修改時，依據
信用狀統一慣例（UCP）之解釋，可以不須徵得下列何者之同
意？　(A)通知銀行　(B)開狀銀行　(C)保兌銀行　(D)受益人。
（101彰銀）

( )｜32.下列何者是屬於在辦理信用狀轉讓時，不可加以更動的項分批裝
　　　運目？　(A)開狀申請人名稱 (B)交易單價 (C)裝船期限 (D)提示
　　　單據種類。（101彰銀）

( )｜33.有關信用狀之敘述，下列何者正確？
　　　(A)信用狀與買賣契約規定不一致者，其規定無效
　　　(B)若出口商未依約交貨，則銀行為確保本身債權，可以主張同時
　　　　履行抗辯
　　　(C)通知銀行除確認信用狀或修改書外觀之真實性外，並無其他
　　　　義務
　　　(D)若信用狀對可否分批交貨未做規定者，則受益人不可以安排
　　　　貨物。（101彰銀）

( )｜34.有關信用狀交易特性之敘述，下列何者正確？　(A)屬單據交易性
　　　質，完全以單據為依歸 (B)若貨物有瑕疵，銀行可拒絕接受單據
　　　(C)受益人得援用存在於申請人與開狀銀行間之契約關係　(D)銀
　　　行應以開狀申請人之開狀指示為審核單據之依據。（101彰銀）

解答及解析

　1. A 依據UCP 600第2條規定，信用狀無論其名呼或描述如何，其
　　　　為不可撤銷，而且只要依據該信函內容的要求提供相符的提
　　　　示，即構成該開狀銀行確定予以兌付的承諾；信用狀分類若為
　　　　Negotiable L/C，則此信用狀為讓購信用狀；若開狀銀行之信用
　　　　狀況不明，出口商應要求開保兌信用狀；信用狀之受益人通常為
　　　　出口商。

　2. B 根據UCP 600第14條規定，開狀銀行及任何指定銀行收到單據
　　　　後，須於提示日之次日起第5個營業日終了前，將此意旨以電傳
　　　　或如不可能時，以其他快捷之方式，通知提示人。

　3. B 依據UCP 600第30條規定，當信用狀金額或信用狀規定之商品
　　　　數量有"ABOUT"字義時，所提示單據上，總金額或數量可允許
　　　　±10%的差異。

4. **D** 依國際擔保函慣例一般準則，擔保函開立後，即是一項不可撤銷的、獨立的、要求單據的、具有約束力的承諾。

5. **A** 依據UCP 600第7規定，單據只要符合信用狀要求，則開狀銀行必須依信用狀規定付款，也就是開狀銀行負有信用狀最終付款義務。

6. **C** 依國際擔保函慣例，簽發人須對符合擔保函條款之提示為兌付。

7. **D** 依據UCP 600第4條的規定，信用狀其本質是一個與買賣或其它契約分開的交易，即使信用狀中含有對此類合約的任何援引，銀行也不受該合約約束。因此，買賣契約規定非屬「符合之提示」所依據者。

8. **C** 依據UCP 600第14條f項規定，如果信用狀要求提示的單據除運送單據，保險單據或商業發票外，未規定由誰簽發該單據或內涵資料，則銀 行將接受該已提示之單據 如其內涵顯示履行所要求單據功能及其他符合第14條d項。

9. **A** 依據 UCP 600第18條a項規定，除信用狀另有規定或轉讓信用狀外，商業發票之抬頭人應開狀申請人。

10. **B** 依據UCP 600第10條a項規定，除第38條款別有規定者外，信用狀未經開狀銀行，保兌銀行（如有時）及受益人同意，不得被修改或撤銷，因此該當事人不包括通知銀行。

11. **C** 依據UCP 600第30條b項規定，若信用狀未以包裝單位或個別件數規定數量者，貨物數量增減5%是允許的，但以動支金額不超逾信用狀金額為條件。在選項(C)中，信用狀規定貨物為球鞋500雙且不允許分批裝運，因為是以個別件數規定數量，因此球鞋數量必須符合信用狀規定的500雙，若提示之發票顯示貨物為球鞋450雙，即係瑕疵單據。

12. **C** 依據UCP 600第3條第2項規定，如信用狀規定"on or about"（在或大概在），即是指包含起訖日期計算在內，指定日期的前後五個曆日之間裝運。在本例中規定裝運日期為SHIPMENT MUST BE EFFECTED ON OR ABOUT MAR.10 2019，則裝運

須於3月5日至3月15日期間完成裝運，因此提單裝運日期最遲為MAR.15。

13. **B** 由於該信用狀規定之最後裝船日為2018.4.8，但B/L之ON BOARD DATE是2018.4.9，表示此單據有LATE SHIPMENT（晚裝船）的瑕疵。

14. **D** 轉開信用狀又稱為背對背信用狀（Back-to-Back L/C）或本地信用狀。若信用狀受益人本身並非貨物的供應商，為避免國外買方與國內供應商直接接觸，便可憑國外開來的主要信用狀（Master L/C），向通知銀行或本地其他銀行申請開發另一張轉開信用狀或稱次要信用狀給供應商。通常次要信用狀的金額會較原信用狀小，裝運期間與有效期限較原信用狀短，保險金額可高於原信用狀之投保百分比但不可以減少投保百分比。

15. **D** 依據UCP 600第4條的規定，信用狀其本質是一個與買賣或其它契約分開的交易，即使信用狀中含有對此類合約的任何援引，銀行也不受該合約約束。因此，銀行關於承兌、讓購或履行任何其它信用狀項下之義務的承諾，是不受制於申請人基於其與開狀銀行或與受益人之間的關係而產生的任何請求或抗辯。受益人在任何情況下不得適用現仍存在它自己與銀行或申請人及開狀銀行之間的合約關係。

16. **D** 依據UCP 600第38條g項相關規定，已被轉讓的信用狀必須準確地反應該信用狀的條件及要件，包含保兌。因此轉讓信用狀之保兌得延伸至受讓信用狀。

17. **D** 延期付款信用狀下，受益人無需簽發匯票，只須向指定承兌銀行提示符合信用狀的貨運單據並辦理承兌，待到期日取得款項的信用狀。因為沒有簽發匯票，所以出口商無法憑匯票至貼現市場貼現。

18. **A** 依據UCP 600第29條規定，信用狀的有效期限或提示之末日可因國定假期或休假日順延至銀行次一營業日，但不可以因不可抗力事件的發生而順延；信用狀與買賣契約係屬分開的交易，銀行僅

就單據審核，因此只要單據符合信用狀規定，開狀銀行就不可拒付；根據UCP 600第14條i項規定，除信用狀對單據文件的簽發日另有規定外，單據的簽發日得早於信用狀的簽發日，但不得遲於信用狀的有效日期；依據UCP 600第29條規定，最後裝運日不論任何原因皆不得順延。

19. **D** 倘信用狀規定在開狀銀行使用（available with issuing bank），表示該信用狀為直接信用狀（Straight L/C），受益人必須將匯票及單據直接持往開狀銀行或其指定銀行請求付款或承兌，則該信用狀不得讓購（Negotiation）。

20. **C** 保兌信用狀（Confirmed L/C）係指開狀銀行開出不可撤銷的信用狀後，再由另一家銀行（保兌銀行）附加承諾，對符合信用狀條款的單據履行付款。對信用狀加具保兌的銀行稱為保兌銀行。對於開狀銀行有關保兌之授權或委託，保兌銀行得拒絕保兌，但銀行一經保兌，就和開狀銀行一樣承擔付款責任，因此保兌銀行之讓購為無追索權（without recourse）。

21. **A** 依據UCP 600第38條g項之規定，被轉讓的信用狀，除信用狀金額、單價、有效日期、提示期間、最遲裝運日、給定的裝運期間等項目，得將任一或全部被減少或縮短外，其餘都必須準確地反應原始信用狀的條件及要件。另保險承保範圍的比例可以被增加，以達到原信用狀或本慣例規定之保險承保範圍的金額。

22. **A** 依據UCP 600第9條規定，非保兌銀行之通知銀行在辦理信用狀通知時，應就信用狀或修改書外觀之真實性予以確認；正確的反應所收到信用狀或修改書之條款及條件；如選擇不通知信用狀時，則須將此意旨盡速告知所由收受信用狀、修改書或通知書之銀行；但此通知銀行不是保兌銀行，故沒有任何兌付或讓購之義務。

23. **A** 擔保信用狀、銀行保證函以及即付保證函皆屬使用於各種契約履行保證之外幣保證業務；跟單信用狀則係使用於國際貿易貨款之清算。

24. **D** 倘信用狀要求提示運送單據之副本，而未要求提示運送單據正本且未規定裝運日後依信用狀條款提示單據之特定期間，則單據在信用狀規定提示之有效期限內提示即可。

25. **B** 依據UCP 600第30條的規定，若信用狀未以包裝單位或個別件數規定數量者，貨物數量增減5%是允許的，但以動支金額不超逾信用狀金額為條件。因此裝運1000噸廢鐵，受益人（出口商）能裝運之最大數量及動支之金額分別為1050噸及USD100,000.00。

26. **D** 依據押標金保證金暨其他擔保作業辦法第10條規定，廠商以銀行開發或保兌之不可撤銷擔保信用狀、銀行之書面連帶保證或保險公司之保證保險單繳納押標金者，除招標文件另有規定外，其有效期應較招標文件規定之報價有效期長三十日。廠商延長報價有效期者，其所繳納押標金之有效期應一併延長之。本題中由於（7/31）適逢颱風來襲停班，8/1恢復營業，因此X銀行應於 8/1後之三十日，即9/1（含）之後解除質權設定返還定存單。

27. **A** 依據UCP 600第30條的規定，若信用狀未以包裝單位或個別件數規定數量者，貨物數量增減5%是允許的，但以動支金額不超逾信用狀金額為條件。

28. **B** 運送單據的提示須在運送單據簽發日後特定期間內為之；若信用狀中沒有對運送單據簽發日後特定期間提示的規定，則依據UCP 600第14條c項規定，須於單據簽發日後的21個天內辦理押匯，否則會被視為逾期運送單據（Stale B/L）。

29. **C** 依據UCP 600第30條的規定，若信用狀中對金額、數量或單價中有"about"（約）或"approximately"（大概）的字樣，則表示金額、數量或單價可以有增減10%。

30. **A** 依據UCP 600第38條b項之規定，可轉讓信用狀必須敘述它是「可轉讓」（Transferable）的，因此信用狀必須加註"Transferable"字樣，方可轉讓；另外d項規定，已被轉讓的信用狀，不能再被轉讓給除原L/C第一受益人外之任何後續的受益人，意指其轉讓之次數最多以一次為限；g項規定，被轉讓的信用狀，除信用狀金

額、單價、有效日期、提示期間、最遲裝運日、給定的裝運期間等項目，得將任一或全部被減少或縮短外，其餘都必須準確地反應原始信用狀的條件及要件，因此信用狀轉讓時，有效期限不得予以延長；但保險承保範圍的比例可以被增加，以達到原信用狀或本慣例規定之保險承保範圍的金額。

31. **A** 依據UCP 600第10條a項規定，不可撤銷信用狀的修改須徵得開狀銀行、保兌銀行（如有時）及受益人的同意，始生修改的效力，唯不須徵得通知銀行之同意。

32. **D** 依據UCP 600第38條g項規定，被轉讓的信用狀，除信用狀金額、單價、有效日期、提示期間、最遲裝運日、給定的裝運期間等項目，得將任一或全部被減少或縮短外，其餘都必須準確地反應原始信用狀的條件及要件，因此信用狀轉讓時，提示單據種類不可加以更動。

33. **C** 依據UCP 600第9條規定，通知銀行在辦理信用狀通知時，應就信用狀或修改書外觀之真實性予以確認，但並無其他義務；而依據UCP 600第4條的規定，信用狀其本質是一個與買賣或其它契約分開的交易，銀行關於承兌、讓購或履行任何其它信用狀項下之義務的承諾，是不受制於買賣契約；另依據UCP 600第5條的規定，銀行所處理的是單據，而非與該等單據可能相關的貨物、勞務或履約行為，所以即使出口商未依約交貨，銀行仍不可以此作為拒付的理由；若信用狀對可否分批交貨未做規定者，依據UCP 600的規定，視為允許分批裝運。

34. **A** 依據UCP 600的規定，銀行所處理的是單據，而非與該等單據可能相關的貨物、勞務或履約行為，所以信用狀屬單據交易性質，完全以單據為依歸；即使貨物有瑕疵，但若單據符合信用狀規定，則銀行不可拒絕接受單據；而且信用狀與買賣或其它契約為分開的交易，故受益人不得援用存在於申請人與開狀銀行間之契約關係；另外銀行應以信用狀條款的規定，作為審核單據之依據。

申論題破解

一、X公司欲從澳洲進口鋼鐵原料，儘管在交貨、價格等條件均已達成共識，但出口商堅持僅接受Sight L/C而不同意Long D/P條件。鑑於X公司在往來銀行的信用還不錯，銀行亦願意給予融資來助其滿足客戶付款要求且同時解決其資金問題。於是，X公司乃在其銀行的支持下建議以Buyer's Usance L/C進行支付，並成功說服對手接受上述條件。根據上述案例，試請回答下列問題：
(一)何謂Long D/P？為何X公司會主張以Long D/P條件？
(二)何謂Buyer's Usance L/C？就以賣方角度，Sight L/C條件與Buyer's Usance L/C有何差異？（109關特）

解(一)

1. Long D/P（Documents against Payment after sight）：付款交單係指出口商按照買賣契約約定，將貨物交運後，備妥貨運單據（如提單、商業發票、保險單等），並簽發以進口商為付款人的匯票，一併交給其往來銀行（託收銀行）寄交進口地的分行或代理銀行（代收銀行），委託其向進口商收取貨款。而進口商則必須先付清貨款後，始能取得單據，辦理提貨手續。另外按匯票期限的不同，又可分為即期付款交單（Sight D/P）和遠期付款交單（Long D/P）。Long D/P是指出口商開具遠期匯票，由代收銀行向進口商提示，經進口商承兌後，代收銀行保留匯票及全套單據，待匯票到期日或匯票到期日以前，進口商交付貨款後，才可贖回貨運單據。

2. Long D/P託收方式對進口商較為有利，因為進口商待匯票到期日才須交付貨款，對其資金的負擔較小，且不需要支付開發信用狀的相關費用，需負擔的費用也較少、風險也較小，因此X公司會主張以Long D/P條件來付款。

(二)

1. Buyer's Usance L/C：買方遠期信用狀。係指受益人簽發遠期匯票，先經付款人承兌，待匯票到期時，才可取得款項的信用狀。期間遠期信用狀的貼現息由買方負擔者稱為買方遠期信用狀（Buyer's Usance L/C）。

2. Sight L/C（即期信用狀）是指受益人簽發即期匯票或於提示貨運單據時，即可取得款項的信用狀。因此在Sight L/C的情況下，受益人簽發的是即期匯票，而在Buyer's Usance L/C時，受益人簽發的是遠期匯票。但出口商於押匯時，兩者都不需負擔貼現息（Sight L/C沒有貼現息；Buyer's Usance L/C的貼現息由買方負擔），皆可立即獲取款項。

二、Confirming Bank 和Reimbursing Bank 皆屬於信用狀交易的關係人。請問：
(一)何謂Confirming Bank？請說明之。
(二)何謂Reimbursing Bank？請說明之。
(三)Confirming Bank 和Reimbursing Bank 所擔負的責任有何差異？（104關特）

解(一) Confirming Bank：保兌銀行。係指接受開狀銀行授權或委託，對信用狀加以保證兌付之銀行。適用於開狀銀行信用不佳、開狀銀行所在國政局不穩或外匯短缺等情形。此時開狀銀行會另請一家信用卓著或受益人熟悉的銀行，對其所開出的信用狀擔保兌付（或讓購），這一家擔保兌付（或讓購）的銀行即是保兌銀行。

(二) Reimbursing Bank：補償銀行，又稱償付銀行。係指應開狀銀行委託或授權，在開狀銀行所授權的範圍內，替其償付「求償銀行」所墊付之款項的銀行。一般而言，償付銀行多為國際金融中心的大銀行。

(三) Confirming Bank（保兌銀行）一經保兌，其義務責任與開狀銀行完全相同，須審核單據，並對受益人所提示符合信用狀規定的匯票、單據負有付款、承兌的責任；Reimbursing Bank（補償銀行）僅是依照開狀銀行的委託，在規定時間內將約定款項償付給求償銀行，為單純之付款，並不需要審核單據，若開狀銀行所接獲之單據有瑕疵時，應直接向求償銀行追回補償銀行所代為償付之款項。

三、試根據信用狀作業準則UCP 600之規範，說明在下列各場合中，開狀銀行是否可以拒絕付款？為什麼？
(一)受益人提示信用狀未要求的單據而該單據的內容與其他單據有不符合之情形。
(二)受益人所提示的單據日期早於信用狀開狀日期。
(三)受益人所提示的提單顯示將轉運的條款。
(四)受益人所提示的提單之託運人並非受益人本身。
(五)押匯銀行寄送受益人所提示的單據予開狀銀行途中不慎遺失。（103關特）

解(一)不可以拒絕付款：依據UCP 600第14條g項規定，銀行收到所提示單據非屬信用狀所要求者，將不予理會，且得退還給提示者。因此若受益人提示信用狀未要求的單據，即使該單據的內容與其他單據有不符合之情形，銀行仍不可作為拒付的理由。

(二)不可以拒絕付款：依據UCP 600第14條i項規定，單據的簽發日得註明早於信用狀的簽發日，但不得晚於它的提示日。故受益人所提示的單據日期早於信用狀開狀日期時，除非信用狀當事人有特別約定特約條款，銀行不可以拒絕付款。

(三)不可以拒絕付款：依據UCP 600第19條c項規定，運輸單據得標明該貨物將要或可能被轉運，前提為全段航程是被同一運送單據涵蓋；運送單據標明該轉運將要或可能發生是可接受的，即使該信用狀禁

止轉運。因此受益人所提示的提單顯示將轉運的條款時，除非信用狀當事人有特別約定特約條款，銀行將接受。

(四)不可以拒絕付款：依據UCP 600第14條k項規定，被標明在任何單據中的託運人或發貨人無須是該信用狀的受益人。故受益人所提示的提單之託運人並非受益人本身，而是信用狀受益人以外之第三者時，銀行將予接受。

(五)不可以拒絕付款：依據UCP 600第35條規定，銀行不負責依據信用狀中敘述要求被傳送、或遞交、或於欠缺指示下，主動遞交信用狀的任何訊息，或傳送信函或單據造成的遲延、中途遺失、殘缺或其他錯誤。如有中途遺失情況發生時，開狀銀行或保兌銀行必須兌付、讓購或償付該指定銀行。因此押匯銀行寄送受益人所提示的單據予開狀銀行途中不慎遺失時，開狀銀行仍須付款。

四、信用狀是由發狀銀行開具對受益人保證付款的文件，其用途非常多元，試比較說明下列信用狀的意義與用途：
(一)即期信用狀（sight credit）與遠期信用狀（usance credit）。
(二)可轉讓信用狀（transferable credit）與轉開或背對背信用狀（back-to-back credit）。
(三)跟單信用狀（documentary L/C）與保證信用狀（standby L/C）。（103高考）

解(一)信用狀依其付款期間可分為：

　　1.即期信用狀（sight credit）：受益人簽發即期匯票或於提示貨運單據時，即可取得款項的信用狀。

　　2.遠期信用狀（usance credit）：受益人簽發遠期匯票，須先經過付款人承兌，待匯票到期時才可取得款項的信用狀。遠期信用狀的貼現息由賣方負擔者稱為賣方遠期信用狀（Seller's Usance L/C）；由買方負擔者稱為買方遠期信用狀（Buyer's Usance L/

　　C）；若信用狀尚未載明貼現息由何方負擔時，實務上均是由賣方負擔。

（二）

　　1. 可轉讓信用狀（transferable credit）：係指開狀銀行授權通知銀行在受益人要求下，可將信用狀的全部或一部分金額轉讓給一個或數個第二受益人，即受讓人。這種信用狀的第一受益人通常是中間商，而第二受益人則通常是實際供貨商。

　　依據UCP 600第38條規定，可轉讓信用狀必須敘述它是「可轉讓」（Transferable）的，方可轉讓；除信用狀另有規定外僅可轉讓一次；被轉讓的信用狀，除信用狀金額、單價、有效期限、提示期間、最遲裝運日或所定的裝運期間，得將任一或全部予以減少或縮短外，其餘都必須準確地反應原始信用狀的條件及要件，但保險承保範圍的比例可以被增加，以達到原信用狀或本慣例規定之保險承保範圍的金額。

　　2. 轉開或背對背信用狀（back-to-back credit）：又稱為本地信用狀（Local L/C）。若信用狀受益人本身並非貨物的供應商，為避免國外買方與國內供應商直接接觸，便可憑國外開來的主要信用狀（Master L/C），向通知銀行或本地其他銀行申請開發另一張轉開信用狀或稱次要信用狀（Secondary L/C）給供應商。通常次要信用狀的金額會較主要信用狀小；有效期限較主要信用狀短；若該次要信用狀係開給國外供應商則屬於三角貿易。

　　可轉讓信用狀與轉開信用狀有以下兩點不同：

　　(1)可轉讓信用狀乃是信用狀的受益人將可轉讓信用狀的金額全部或一部分轉讓給第二個受益人；而轉開信用狀與原信用狀則是完全個別獨立。

　　(2)可轉讓信用狀必須註明「可轉讓」（transferable）字樣，信用狀才可轉讓，因此需要有信用狀申請人及開狀銀行的允許才可轉帳；而轉開信用狀的開發與信用狀申請人或開狀銀行不相關。可轉讓信用狀的受讓人與原受益人居於同等地位，皆可獲

得國外開狀銀行直接付款的保證；而轉開信用狀的的受益人對原信用狀的申請人及開狀銀行並無請求權。

(三)

1. 跟單信用狀（documentary L/C）：係指信用狀規定受益人請求讓購、付款或承兌時，須同時提示貨運單據者，稱為跟單信用狀。

2. 保證信用狀（standby L/C）：又稱為擔保信用狀或備用信用狀。係指不以清償貨物價款為目的，而是以擔保債務的清償、各項契約的履行或投標保證為目的，而開發的信用狀。一般保證信用狀多僅憑一張光票及（或）其他單據而不須提示貨運單據者，為無跟單信用狀的一種。

跟單信用狀的用途是用於償付國際貿易商品交易所產生之貨款；而保證信用狀的用途係用於借款、履約、投標等之保證，兩者的用途並不相同。

五、何謂Red Clauses in Credit？（103高考）

解 紅條款信用狀（Red Clause Credit）：又稱為預支信用狀。是開狀銀行授權付款銀行，允許出口商在裝貨交單前預支一定金額的信用狀，等貨運單據提示後，付款銀行再扣除預付貨款本息。為引人注目，這種預交貨款的條款常用紅字打出，故習慣稱為「紅字條款信用狀」。不過，現在信用狀的預支條款並非都是用紅字表示，但效力相同。

六、何謂「不可撤銷信用狀」（Irrevocable Credits）？何謂「可撤銷信用狀」（Revocable Credits）？請分別說明二者的含義與特徵。（102關特）

解 信用狀依可否撤銷分為：

(一) 不可撤銷信用狀（Irrevocable Credit）：係指信用狀一經簽發並通知受益人後，在有效期內，非經信用狀有關當事人同意，開狀銀行

不能片面修改或撤銷的信用狀。由於不可撤銷信用狀對受益人較有
保障，所以在國際貿易結算中使用最多。而依據UCP 600的2條h項
的規定，其所指的信用狀僅單指不可撤銷信用狀。

(二) 可撤銷信用狀（Revocable Credits）：係指開狀銀行對所開出的信
用狀不必徵得受益人的同意，可隨時修改或撤銷的信用狀，在實務
上幾乎已不再使用。

七、名詞解釋：
(一)UCP
(二)Confirmed L/C　（101台電、中油、台糖）
(三)Force Majeure
(四)S.W.I.F.T.　（102經濟部）

解(一) UCP（Uniform Customs and Practice for Documentary Credit）：
信用狀統一慣例。最早是由國際商會（International Chamber of
Commerce ； ICC）於1933年所制定，其後隨國際貿易方式及運輸
技術的改變，修訂過數次版本。目前適用之現行版本為2007年修訂
本（第600號發行本），簡稱UCP 600，全文共有39條，並自2007
年7月14日起施行。修正的內容主要是順應科技發展，並將信用狀
各單據內容一致性的標準放寬，取消了易造成誤解和無實際意義的
條款等，更方便於國際貿易的操作與運算。由於UCP只是「慣例」
而非「法律」，故無強制力，須於信用狀本文中明示受UCP規範，
才能拘束各當事人。因此，可在L/C中加以排除適用，特約條款的
效力優於UCP的規定。

(二) Confirmed L/C：保兌信用狀。係指開狀銀行開出不可撤銷的信用
狀以後，再由另一家銀行（保兌銀行）附加承諾，對符合信用狀條
款的單據履行付款。對信用狀加具保兌的銀行稱為保兌銀行。保兌
銀行一經保兌，就和開狀銀行一樣承擔付款責任。適用於開狀銀行
信用不佳、開狀銀行所在國政局不穩或外匯短缺。

(三) Force Majeure：不可抗力。係指在簽訂貨物買賣契約後，不是由於訂約者任何一方當事人的過失或疏忽，而是由於發生了當事人既不能預見，又無法事先採取預防措施的意外事故，以一致不能履行或不能如期履行契約。

(四) S.W.I.F.T.（Society for worldwide Interbank Financial Telecommunication）：環球銀行財務通訊系統。它是一套用於全世界各銀行間資訊傳遞，調撥資金，開發信用狀等高性能、低成本、安全、迅速、電文標準化、而且可以與各種電腦連續作業的電信系統。

八、何謂信用狀？信用狀交易有哪些特性？

解 (一) 信用狀（Letter of Credit，L/C）依據UCP 600第2條的定義，信用狀意指任何安排，不論其名稱或措辭為何，其係不可撤銷且因而構成開狀銀行對符合之提示須兌付之確定承諾。由上述的定義可知，信用狀是一種由開狀銀行開給受益人附有條件的付款保證書，開狀銀行對受益人承諾保證符合條件確定付款。即是指開狀銀行循申請人（買方）之請求所簽發的一種不可撤銷之書面承諾，受益人（賣方）只要依信用狀條款所規定條件，提示符合之單據（及匯票），開狀銀行就必須對其負兌付的責任。

(二) 信用狀的特性：

1. 交易之獨立性：依據UCP 600第4條的規定，信用狀其本質是一個與買賣或其它契約分開的交易，即使信用狀中含有對此類合約的任何援引，銀行也不受該合約約束。因此，銀行關於承兌、讓購或履行任何其它信用狀項下之義務的承諾是不受制於申請人基於其與開狀銀行或與受益人之間的關係而產生的任何請求或抗辯。受益人在任何情況下不得適用現仍存在它自己於銀行或申請人及開狀銀行之間的合約關係。

2. 單據交易性：依據UCP 600第5條的規定，銀行所處理的是單據而非與該等單據可能相關的貨物、勞務或履約行為。

3. 交易之文義性：依據UCP 600第14條的規定，銀行審核提示僅以單據為本，審查提示藉以決定該單據表面是否呈現構成相符的提示。

九、何謂電子信用狀統一慣例？

解 電子信用狀統一慣例（eUCP）為因應電子商務世代的來臨，使得國際貿易中普遍被使用的信用狀交易也產生電子提示的需要，國際商會因此增編了電子信用狀統一慣例（eUCP Version 1.0），於2002年4月起正式實施。之後為因應UCP 600的改變，國貿商會也將eUCP更新為eUCP Version 1.1，於2007年7月與UCP 600同時實施。eUCP共計12條，其為UCP 600的補充條文，補充UCP條款中有關電子單據單獨提示或併同書面單據提示的效力。

十、請說明L/C有關的關係人有哪些？

解 (一) 開狀申請人（Applicant）：向開狀銀行請求簽發信用狀之一方，通常為進口商。
(二) 開狀銀行（Issuing Bank；Opening Bank）：依循開狀申請人的指示，簽發信用狀之銀行。
(三) 受益人（Beneficiary）：為有權使用信用狀，享受信用狀利益的當事人，通常為出口商。
(四) 通知銀行（Advising Bank）：接受開狀銀行的委託，將信用狀通知給受益人的銀行。
(五) 押匯銀行（Negotiating Bank）：又稱讓購銀行。應信用狀受益人之請求，讓購或貼現信用狀項下匯票及單據之銀行。
(六) 付款銀行（Paying Bank）：信用狀規定擔任付款的銀行。付款銀行通常為開狀銀行或開狀銀行所委託知另一銀行。
(七) 求償銀行（Claiming Bank）：依信用狀規定對信用狀項下的匯票及單據為之付款、承兌、讓購或買斷後，即有權向補償銀行請求償付信用狀款項之銀行。

(八) 補償銀行（Reimbursing Bank）：係應開狀銀行委託替其償付「求償銀行」墊付之款項，一般而言其委任僅需償付款項，不需審核單據。

(九) 保兌銀行（Confirming Bank）：接受開狀銀行授權或委託，對信用狀加以保證兌付之銀行。

(十) 再押匯銀行（Re-Negotiating Bank）：又稱轉押匯銀行。在限押信用狀下，若該限押銀行非受益人的往來銀行，但受益人仍至其往來銀行辦理押匯（稱為押匯銀行或第一押匯銀行），而該往來銀行則須向限押銀行辦理轉押匯，此時該限押銀行稱之為再押匯銀行。

十一、信用狀的種類有哪些？

解 (一) 依可否撤銷分為

　　1. 不可撤銷信用狀（Irrevocable L/C）：係指信用狀一經簽發並通知受益人後，在有效期內，非經信用狀有關當事人同意，開狀銀行不能片面修改或撤銷的信用狀。由於不可撤銷信用狀對受益人較有保障，所以在國際貿易結算中使用最多。而依據UCP 600的2條h項的規定，其所指的信用狀僅單指不可撤銷信用狀。

　　2. 可撤銷信用狀（Revocable L/C）：係指開狀銀行對所開出的信用狀不必徵得受益人的同意，可隨時修改或撤銷的信用狀，在實務上幾乎已不再使用。

(二) 依有無保兌分為

　　1. 保兌信用狀（Confirmed L/C）：係開狀銀行開出不可撤銷的信用狀以後，再由另一家銀行（保兌銀行）附加承諾，對符合信用狀條款的單據履行付款。對信用狀加具保兌的銀行稱為保兌銀行。保兌銀行一經保兌，就和開狀銀行一樣承擔付款責任。適用於開狀銀行信用不佳、開狀銀行所在國政局不穩或外匯短缺等情形。

　　2. 無保兌信用狀（Unconfirmed L/C）：係指未經開狀銀行以外之其他銀行附加承諾兌付的信用狀。

(三) 依可否轉讓分為

1. 可轉讓信用狀（Transferable L/C）：係指開狀銀行授權通知銀行
在受益人要求下，可將信用狀的全部或一部分金額轉讓給一個或
數個第二受益人，即受讓人。這種信用狀的第一受益人通常是中
間商，而第二受益人則通常是實際供貨商。可轉讓信用狀必須註
明「可轉讓」（transferable）字樣，信用狀才可轉讓。

2. 不可轉讓信用狀（Non-transferable L/C）：係指信用狀的受益人
不得將所持信用狀的權利轉讓給其他人的信用狀。

(四) 依付款期間分為

1. 即期信用狀（Sight L/C）：係受益人簽發即期匯票或於提示貨運
單據時，即可取得款項的信用狀。

2. 遠期信用狀（Usance L/C）：係受益人簽發遠期匯票，須先經過
付款人承兌，待匯票到期時才可取得款項的信用狀。遠期信用狀的
貼現息由賣方負擔者稱為賣方遠期信用狀（Seller's Usance L/C）；
由買方負擔者稱為買方遠期信用狀（Buyer's Usance L/C）。

3. 延期付款信用狀（Deferred Payment L/C）：受益人無需簽發匯
票，只須向指定承兌銀行提示符合信用狀的貨運單據並辦理承
兌，待到期日才可取得款項的信用狀。因為沒有簽發匯票，所以
出口商無法憑匯票至貼現市場貼現。

(五) 依有無限定兌付銀行分為

1. 讓購信用狀（Negotiation L/C）：是指受益人將匯票及單據向付
款銀行以外的銀行請求讓購，即為讓購信用狀。讓購信用狀依有
無限定押匯銀行可區分為：

(1)未限押信用狀（Unrestricted L/C）：又稱為自由讓購信用
狀。即開狀銀行未限定押匯銀行，受益人可自行選擇銀行押
匯。信用狀內容多會出現「This Credit is available with any
bank by negotiation」字樣。

(2)限押信用狀（Restricted L/C）：又稱為特別信用狀。開狀銀
行有限定押匯銀行，受益人必須向限定的押匯銀行辦理押匯手
續，或受益人仍可至其往來銀行辦理押匯（稱為押匯銀行或第

一押匯銀行），而該往來銀行則須向限押銀行（稱為再押匯銀行或第二押匯銀行）辦理轉押匯。

2. 直接信用狀（Straight L/C）：是指受益人必須將匯票及單據直接持往開狀銀行或其指定銀行請求付款或承兌。讓購信用狀與直接信用狀的差別在於讓購信用狀為銀行墊款的性質，押匯銀行如果無法從開狀銀行獲得所墊款項，即可向受益人追回墊款；而直接信用狀則為付款的性質，指定銀行一旦付款，之後即不可再向受益人追回款項。

(六) 依是否需提示貨運單據分為

1. 跟單信用狀（Documentary L/C）：信用狀規定受益人請求讓購、付款或承兌時，須同時提示貨運單據者，稱為跟單信用狀。

2. 無跟單信用狀（Without Documentary L/C）：信用狀規定請求讓購、付款或承兌時，僅憑一張光票及（或）其他單據而不須提示貨運單據者，稱為無跟單信用狀或光票信用狀（Clean L/C）。光票信用狀主要用於押標保證、履約保證或還款保證。

(七) 背對背信用狀（Back to Back L/C）：又稱為轉開信用狀或本地信用狀（Local L/C）。若信用狀受益人本身並非貨物的供應商，為避免國外買方與國內供應商直接接觸，便可憑國外開來的主要信用狀（Master L/C），向通知銀行或本地其他銀行申請開發另一張轉開信用狀或稱次要信用狀（Secondary L/C）給供應商。通常次要信用狀的金額會較主要信用狀小；有效期限較主要信用狀短。

(八) 紅條款信用狀（Red Clause Credit）：又稱為預支信用狀。是開狀銀行授權付款銀行，允許出口商在裝貨交單前預支一定金額的信用狀，等貨運單據提示後，付款銀行再扣除預付貨款本息。為引人注目，這種預交貨款的條款常用紅字打出，故習慣稱為「紅字條款信用狀」。不過，現在信用狀的預支條款並非都是用紅字表示，但效力相同。

(九) 循環信用狀（Revolving L/C）：又稱回復信用狀。係指受益人在一定期間一定的額度內，可以重新恢復信用狀原金額再度循環使用。

　　　　一般適用於進口商對同一出口商之相同產品重複訂貨時，如此可免除進口商不斷請求開狀銀行開狀的費用。

(十) 擔保信用狀（Standby L/C）：又稱為保證信用狀或備用信用狀。係指不以清償貨物價款為目的，而是以擔保債務的清償、各項契約的履行或投標保證為目的而開發的信用狀。適用於ISP98《國際擔保函慣例》的規定。

(十一)SWIFT信用狀（SWIFT L/C）：所謂S.W.I.F.T.係Society for worldwide Interbank Financial Telecommunication之簡稱。中文譯為環球銀行財務通訊系統。它是一套用於全世界各銀行間資訊傳遞，調撥資金，開發信用狀等高性能、低成本、安全、迅速、電文標準化、而且可以與各種電腦連續作業的電信系統。SWIFT信用狀的特色有自動核對密碼、有一定的格式代號引導信用狀內容、遵循UCP 600之規定、且省略開狀銀行確切保證之字眼。

(十二)電傳信用狀（Teletransmission L/C）：乃指開狀銀行以電傳方式，例如海纜電報（Cable）、普通電報（Telegram）、電報交換（Telex）、傳真（Fax）或環球財務通訊系統（SWIFT），將開發信用狀事宜通知受益人的信用狀。

十二、信用狀對於期限的相關規定有哪些？

解 (一) 裝運期限

依據UCP 600第3條有關裝運期限的規定：

1. 如信用狀規定"prompt","immediately"or"as soon as possible"等字樣，銀行將不予理會。

2. 如信用狀規定"on or about"（在或大概在）即是指包含起訖日期計算在內，指定日期的前後五個曆日之間裝運。

3. 如信用狀規定"to"（至）、"until"（直至）、"till"（直到）、"from"（從……開始）及"between"（在……之間）等用詞，若

用於判定裝運日期，包含所提及之日；若使用"from"（在……之前）及"after"（在……之後）等用詞，用於判定到期日時，不包含所提及之日。

4. 如信用狀規定"first half"（前半月）代表每個月的第一日起到第十五日止；"second half"（後半月）代表每個月的第十六日起到該月的最後一日止。

5. 如信用狀規定"beginning"（開始）係指每個月的第一日起到第十日止；"middle"（中間）則指每個月的第十一日起到該月的第二十日止；"end"（末尾）意指每個月的第二十一日起到該月的最後一日止。

6. 依據UCP 600第32條規定，信用狀如規定在各期間內辦理分期裝運，而有任何一期未按信用狀規定期限裝運時，則該期及其後未履行的分期裝運將終止適用。

(二) 單據簽發日期：根據UCP 600第14條i項規定，除信用狀對單據文件的簽發日另有規定外，單據的簽發日得早於信用狀的簽發日，但不得遲於信用狀的有效日期。

(三) 單據提示的有限期限：運送單據的提示須在運送單據簽發日後特定期間內為之；若信用狀中沒有對運送單據簽發日後特定期間提示的規定，則依據UCP 600第14條c項規定，須於單據簽發日後的21個天內辦理押匯，否則會被視為逾期運送單據（Stale B/L）。上述兩者皆須在信用狀的有效期限內提示。

(四) 開狀銀行審單時間：根據UCP 600第14條規定，開狀銀行及任何指定銀行收到單據後，需在最長五個營業日內決定是否接受，否則將視為接受。

(五) 期限的順延

1. 依據UCP 600第29條的規定：

(1)如信用狀的有效日期或提示單據之截止日，適逢提示銀行因36條款中相關之外的原因是休業時，則該有效日期或提示單據之截止日得順延至次一個銀行營業日。

(2)如被提示是在銀行的次一營業日，指定銀行必須提供開狀銀
行或保兌銀行在它流程封單上附一份聲明，強調提示是依據
29(A)條項展延時限內被做成。

(3)裝運的最後日期將不因29(A)條項結果被展延。

2. 依據UCP 600第36條的規定，銀行不負責因為不可抗力造成的營
業中斷，對營業中斷期間信用狀已逾期者，銀行將不予受理付款
或押匯。不可抗力係指天災、暴動、騷亂、叛亂、戰爭、恐怖活
動、或因罷工、停工、或任何其它成因超過銀行所能控制之事
由。因此若遇不可抗力事件，最後裝運日期不可延期，信用狀有
效期限亦不可順延。

第十章　國際貨物運輸

本章依據出題頻率區分，屬：**A** 頻率高

經典考題

一、(一)何謂「不定期航運（Tramp Shipping）」？何謂「定期航運（Liner Shipping）」？請詳述。

　　(二)就下列各點，說明定期船運送與不定期船運送之差異：

　　　　1.運送人之身分。

　　　　2.承運之貨物。

　　　　3.託運人。

　　　　4.營運之船舶。

　　　　5.裝卸條件。（108台灣菸酒）★★★

二、何謂貨櫃運輸？在貨櫃運輸實務中，自託運人至受貨人為止，貨物依其裝載情形，可分為數種運輸作業方式，請就FCL/LCL；CY/CFS 及 LCL/FCL；CFS/CY 2種運輸作業方式說明之。（107經濟部）★★★

三、試述貨櫃運輸作業的四種型態。（104華南）★★★

四、複合運送單據之意義及規定。（103合庫銀）★★★

五、何謂第三者提單（Third Party B/L）？（102華南）★★★

六、海運提單是運送人簽發給託運人的運送單據，請問海運提單有那三項重要功能？（101高考）★★★

七、何謂B/L與 time charter party？（101台電、中油、台糖）★★★

八、試述航空運送單據的特性？（101華南）★★★

九、何謂複合運送？目前常用的貨櫃複合運送方式有哪幾種？★★

命題焦點

一、海洋運輸的運送方式

(一) 定期船運輸

1. **定義**：定期船（Liner Vessel）是指在特定航線上，依照預定船期表（Sailing Schedule）作有規則往返航行的船隻，並且將此固定的航線及船期經由報紙、期刊或網站向進出口商招攬承載。定期船所承載的貨物以一般貨物為主。

2. **運送流程**

   (1) **洽訂艙位，領取裝貨單**：託運人根據契約或信用狀規定覓得適當船隻後，通常先以電話、網路或傳真向運送人或其代理人洽訂艙位。託運人洽妥艙位時，船公司將製發裝貨單（Shipping Order, S/O），裝貨單一式多聯，第一聯為正本聯，第二聯為大副收據（Mate's Receipt , M/R）或碼頭收據（Dock Receipt），第三聯為副本，供託運人留底。託運人憑裝貨單辦理出口報關及裝運事宜。

   (2) **辦理出口報關、裝船並領取大副收據**：託運人備好貨物後，運貨進倉待運，並透過關貿網路（Trade-Van）進行出口報關，海關放行後，進行裝船作業並取得大副收據。

   (3) **支付運費，換領提單**：託運人領取大副收據後，若運輸並非由託運人負責的貿易條件，例如FOB條件，則無需先支付運費，即可直接換領提單，船公司將在提單上註明「運費待收」（Freight Collect）。若運輸是由託運人負責的貿易條件，例如CFR、CIF、CPT及CIP等條件，則需先支付運費，再換領提單，船公司將在提單上註明「運費預付」（Freight Prepaid）。出口商於貨物裝運後，應即向進口商發出裝船通知，以利進口商購買保險或準備進口報關、提貨等相關事宜。

(4) **出口押匯/託收，進口贖單**：出口商（託運人）領回提單並附上
信用狀指定之單據，持往銀行辦理出口押匯或出口託收，押匯
銀行或託收銀行審核無誤後，將全套單據寄給開狀銀行或往來
銀行，通知進口商辦理進口結匯或承兌，進口商於付款贖單或
承兌後即可領回提單。

(5) **換領小提單，辦理進口報關、提貨**：進口商持提單至進口地船
公司換領小提單（Delivery Order，D/O），憑以辦理進口報關
及提貨事宜。

(二) 不定期船運輸

定義：不定期船（Tramp Vessel）是指航線及航期不固定，沒有確定
的到港日期和固定停泊港口的船隻，通常以船艙包租的方式承攬業
務，故船公司為私人運送人。不定期船多以載運大宗貨物為主。

(三) 裝卸條件

碼頭交貨條件 （Berth Term）	其裝卸費用由船方負擔，定期船的裝卸條件依世界航運習慣多採用此條件，故又稱定期船交貨條件（Liner Terms）。
FI（Free In）	裝貨費用船方免責，即裝貨費用由貨方負擔。
FO（Free On）	卸貨費用船方免責，即卸貨費用由貨方負擔。
FIO（Free In and Out）	裝卸費費用船方免責，即裝卸船費用由貨方負擔。
F.I.O.S.T. （Free In/Out/Stowed/ Trimming）	即裝卸、堆積及平倉費用，船方免責，通常用於傭船契約。

二、貨櫃運輸

貨櫃運輸（Container Service）是指包括貨櫃及貨櫃船、貨櫃碼頭、貨櫃集散場站以及火車與卡車貨櫃運輸設備等的海陸及／或空運的聯合運輸設備。

(一) 常用的貨櫃規格

1. **20呎標準貨櫃**（Twenty-Foot Equivalent Unit，TEU）

    尺寸為 20'×8'×8.5'。

2. **40呎標準貨櫃**（Forty-Foot Equivalent Unit，FEU）

    尺寸為 40'×8'×8.5'

    一個FEU等於兩個TEU的容量，40呎櫃與20呎櫃同為最普遍使用的貨櫃尺寸之一。

3. **高櫃**（Hi-Cube Container，HQ）

    尺寸為 40'×8'×9.5'。

(二) 貨櫃船的種類

1. 全貨櫃船（Full-Container Ship）。

2. 半貨櫃船（Semi-Container Ship）。

3. 可變貨櫃船（Convertible-Container Ship）。

4. 駛進駛出型貨櫃船。

5. 吊上吊下行貨櫃船。

6. 子母船（Lash Ship）。

(三) 貨櫃的種類

1. **平板貨櫃**：一般用以裝運車輛、鋼板、木材、電纜的貨櫃。

2. **乾貨貨櫃**：為裝運一般雜貨的貨櫃。

3. **冷藏貨櫃**：為裝運低溫及冷凍食品的貨櫃。

4. **開頂貨櫃**：一般用以裝運整體、粗重或大件貨物的貨櫃。

5. **液體貨櫃**：一般用以裝運流體貨物的貨櫃。

(四) 貨櫃裝卸的方式

整櫃（FCL）	當貨物足以裝滿1個或數個貨櫃時，託運人通常至船公司的貨櫃場（CY）領回空櫃，自行裝櫃並加封後，交回貨櫃場以便裝運；或是受貨人自行將到達之整櫃貨櫃，拖至自家倉庫拆櫃及點貨後，再將空櫃交還船方。
併櫃（LCL）	當貨物不足以裝滿1個貨櫃時，託運人通常將貨物運送至船公司的貨櫃集散站（CFS）交與船公司，並與其他託運人之貨物合併裝櫃，一同裝運；或是受貨人的貨物不足1個貨櫃時，待船公司拆櫃後，再行領回貨物。

(五) 貨櫃運輸的作業方式

整裝／整拆 （CY/CY，FCL/FCL）	出口地的託運人自行裝櫃後，整櫃交予運送人，運送人（船公司）只負責運送；待貨櫃運至目的地的貨櫃場，整櫃交由受貨人自行拆櫃。在裝運地屬於同一託運人及在目的地屬於同一受貨人。
整裝／併拆 （CY/CFS，FCL/LCL）	出口地的託運人自行裝櫃後，整櫃交予運送人；運送人（船公司）將貨櫃運至目的地後須將貨物拆櫃交予各個受貨人。在裝運地屬於同一託運人及在目的地屬於不同受貨人。
併裝／併拆 （CFS/CFS，LCL/LCL）	出口地的託運人將貨物運送至貨櫃集散站，由運送人（船公司）負責將不同託運人的貨物併櫃裝運；運送人將貨櫃運至目的地後，須將貨物拆櫃交予各個受貨人。在裝運地屬於不同託運人及在目的地屬於不同受貨人。

併裝／整拆 （CFS/CY，LCL/ FCL）	出口地的託運人將貨物運送至貨櫃集散站，由運送人（船公司）負責將不同託運人的貨物併櫃裝運；運送人將貨櫃運至目的地的貨櫃場，整櫃交由受貨人自行拆櫃。在裝運地屬於不同託運人及在目的地屬於同一受貨人。

（104華南）

(六) 貨櫃運輸的優缺點

優點	(1)節省貨物包裝費用。 (2)減少貨物被竊損失。 (3)減少貨物搬運破損、污染。 (4)減少裝卸及倉儲等費用。 (5)降低保險費負擔。 (6)縮短到達時間，易於配合市場的需求。
缺點	(1)並非所有貨物皆適用貨櫃運輸。 (2)運價與傳統運價相比，更為昂貴。 (3)三成以上貨櫃裝載於甲板上，故須另行加保附加險，增加貨主負擔。

三、國際複合運送

依「聯合國貿易暨發展委員會」（UNCTAD）所制定的「聯合國國際貨物複合運送公約」（或稱「聯合國國際貨物多式聯運公約」），對於國際複合運送的定義如下：國際複合運送係指依照國際複合運送契約，以至少兩種以上不同模式的運輸方式來運送，由複合運送人將貨物自一國境內接管貨物的地點，運送至另一國境內指定交付貨物的地點。

(一) 國際複合運送的特性

1.必須使用兩種以上的運輸方式，例如海運、陸運或空運。
2.必須是國際間的貨物運輸，遂不包括旅客的運送及郵件運輸。
3.為履行單一方式運輸契約而進行的貨物接送業務，不構成國際複合運送。

(二) 國際複合運送的種類

1. 陸橋運輸作業（Land-Bridge Service,LBS）

係指貨物經由「海運→陸運→海運」的方式運送，即是利用大陸鐵路運輸，連結兩邊海運運輸的複合運送方式。例如貨物由基隆港海上運輸至美國西岸，再利用鐵路運至東岸，最後利用海運運送至歐洲。陸橋運輸作業主要有北美洲陸橋（American Land Bridge）與西伯利亞陸橋（Siberian Land Bridge）兩條航線。

2. 小型陸橋運輸（Mini-Land-Bridge Service,MLB）

又稱迷你陸橋運輸，係指貨物經由「海運→陸運」或「陸運→海運」的方式運送，因其運送路程只利用陸橋作業的前半段，故稱為小型陸橋運輸。

3. 微陸橋運輸（Micro-Land-Bridge Service,MBS）

又稱IPI（Interior Point Intermodal），其運送路程與小型陸橋相似係以「海運→陸運」或「陸運→海運」的方式運送，但陸運部分比小型陸橋為短，例如遠東地區貨物在美國西岸卸下後，直接以內陸運輸運往美國中西部之目的地。

4. 門對門運輸作業（Door to Door Service）

係指貨物於託運人的工廠或倉庫裝進貨櫃，並經由兩種以上的運送方式將貨物直接運至受貨人的倉庫門為止，且全程運輸皆涵蓋於同一份貨運單據之內的運送方式。例如航空快遞業務（Air Express Service）公司派專人從發貨人處提取貨物，運抵目的地，並由專人提貨辦妥通關手續後，直接送達收貨人的倉庫，即為門到門服務的運輸方式。

(三) 陸路共同地點作業（Overland Common Point Service,OCP）

係指海運運送人於裝運港收取貨物，將貨物運至海運終點港口之後，運送行程改由內陸運送人負責，將貨物運送至指定交貨地點。例如貨物自遠東地區運往美國中部或東部之運輸作業，即可採用此方式。

四、海運提單

海運提單（Marine/Ocean Bill of Lading）是由出口地的船公司在收到貨物後簽發給託運人，證明託運貨物已收到或已裝船，並約定將其運往目的地，交付提單持有人之有價證券。（101台電、中油、台糖）

(一) 海運提單的功能

1. **貨物收據**

   提單是證明承運人已接管貨物和貨物已裝船的貨物收據。

2. **運送契約**

   提單上印定的條款規定了承運人與託運人之間的權利、義務，而且提單也是法律上承認處理有關貨物運輸的依據。

3. **物權憑證**

   提單可以表彰貨物所有權，須憑合法取得之運送單據正本始可提領貨物，是承運人保證憑以交付貨物及可以轉讓的物權憑證。（101高考）

(二) 海運提單的關係人

託運人 （Shipper， Consignor）	通常為信用狀之受益人。
受貨人 （Consignee）	視信用狀規定，如信用狀無規定，則以託運人為受貨人。
被通知人 （Notify Party）	通常為買方或其代理人或其報關行。
運送人、承運人 （Carrier）	通常是指船公司。

(三) 海運提單的種類

1. 依提單可否轉讓，可區分為：

(1) 可轉讓提單（Negotiable B/L）

又稱指示式提單（Order B/L），係提單上Consignee（受貨人）欄位內有order字樣，表示受貨人待指示。指示式提單可經由背書，將提單所表彰的貨物所有權轉讓給他人，為可流通的證券。其主要有下列幾種：

To Order （待指定、指示式）	為無記名提單，表示受貨人待指定。其流通的方式，只要交付提單即完成權益的移轉。但實務上，信用狀之受益人應依信用狀的指示，作成空白背書（Blank Endorsement）或記名背書（Special Endorsement），以利於押匯。
To Order of Shipper （待託運人指示）	依據ISBP第123項規定，此種提單須經託運人或其代理人背書。託運人未指定收貨人或受讓人之前，貨物所有權仍屬於託運人，故此種提單對出口商最為有利。提單如為空白背書或記名可轉讓背書，則可增加其流通性，使銀行樂於接受。
To Order of Issuing Bank （待開狀銀行指示）	此種提單常用於信用狀的付款方式。若開狀申請人非全額結匯或以保證金方式開發信用狀時，開狀銀行為了取得控制貨物的所有權，遂規定提單上的受貨人（Consignee）須為開狀銀行，提單必須經由開狀銀行背書後，才能提貨。

To Order of Buyer （待買方指示）	此種提單常用於買方貨款已預付、開狀申請人信用等級極佳或以全額結匯方式開發信用狀、或出口商交運免費樣品或賠償品時適用。

(2) 不可轉讓提單（Non-Negotiable B/L）

又稱直接提單（Staight B/L）或記名提單。提單上Consignee（受貨人）欄位內無order字樣，而是以Consignee to...（受貨人名稱）直接指定受貨人。不可轉讓提單的記名受貨人不得在提單上背書，將提單所表彰的貨物所有權轉讓給他人，因此並非代表貨物所有權的流通證券。不可轉讓的提單可分為下列幾種：

Consigned to Shipper （託運人為受貨人）	託運人指定自己為受貨人，貨物送達目的地後，由託運人自行領取。此種表示方式對出口商最有利。
Consigned to Issuing Bank （開狀銀行為受貨人）	以開狀銀行為受貨人的提單。此種提單常用於信用狀的付款方式，若開狀申請人以融資方式申請開發信用狀時，開狀銀行為了確保債權的安全，遂指定提單上的受貨人為開狀銀行，此種提單常用於空運方式。
Consigned to Buyer （買方為受貨人）	以買方為受貨人的提單。在此種提單下，託運人即失去對貨物的所有權。例如買方若採CWO（訂貨付現）付款方式時，代表買方在交貨前已經付款，為保障買方權益，應要求提單上之受貨人欄填寫To Buyer，以買方為受貨人，確保買方權益。

2. 依提單是否有批註，可區分為：

清潔提單 （Clean B/L）	是指承運人或船方在收到貨物或裝載貨物時，貨物外表狀況良好，運送人在簽發提單時，未在提單上加註任何有關貨物包裝、件數、重量或體積等缺陷的批註。
不潔提單 （Unclean B/L）	是指承運人收到貨物或裝載貨物時，發現貨物或外包裝有不良情況，而在提單上給予相應的批註。對於不清潔提單，銀行將拒絕接受。

3. 依提單是否裝運，可區分為：

已裝運提單 （On Board B/L， Shipped B/L）	貨物已經裝上船舶後，運送人所簽發的提單。提單上註明裝載貨物的船舶名稱和裝船的日期。
備運提單 （Received Shipment B/L，Received B/L）	託運人已將貨物交給承運人接管，因船公司船期關係，或船隻尚未到港，暫存倉庫由其保管，而憑倉庫收據簽發的備運提單。由於此種題單未註明裝運船舶名稱和裝船日期，銀行一般多不接受此類提單。但當貨物實際裝運後，運送人在備運提單上加註裝運船名、裝運日期並簽字蓋章後，備運提單即成為已裝運提單。

4. 依運費之費先後方式，可區分為：

運費預付提單 （Freight Prepaid B/L）	在CFR、CIF貿易條件下，貨物於託運時，必須先預付運費。此種提單正面上將註明"Freight Prepaid"（運費預付）字樣，託運人在付清運費後才能取得提單。

運費到付提單 （Freight Collect B/L）	在FAS、FOB貿易條件下，不論是買方洽訂艙位，還是買方委託賣方洽訂艙位，運費均為到付。此種提單正面上將註明"Freight Collect"（運費到付）字樣，貨物到達目的港後，必須付清運費，受貨人才能提貨。

5. 依提單內容詳簡，可區分為：

詳式提單 （Long Form B/L， Full Form B/L）	係指提單上除正面印有法定事項外，背面則列有運送人事先印定之詳細的貨運條款，列明有關運送人、託運人及收貨人之間權利、義務等詳細條款的提單。
簡式提單 （Short Form B/L）	又稱為背面空白提單（BLANK BACK B/L）。係指提單正面只記載法定事項，背面並沒有印定貨運條款，亦即無運送人、託運人及收貨人之間權利、義務等詳細條款的提單。

6. 依運輸方式的不同，可區分為：

直達提單 （Direct B/L）	係指貨物從裝運港裝運後，中途不轉船，直接運達最終目的港，卸貨交與受貨人的提單。直達提單上不得有「轉船」或「在某港口轉船」的批註。
聯運提單 （Through B/L）	係指貨物由裝運地運送至最終目的地，須由兩個或兩個以上的運送人運送，且是由第一運送人簽發涵蓋全程並能在目的港或目的地憑以提貨的提單。

複合或聯合運送單據（Multimodal Transport Document，MTD，Combined Transport Document）	係指貨物由發送地、接管地或裝運地運送至最終目的地，必須由兩種或兩種以上運送方式（陸、海、空運等）相繼運送，由第一運送人簽發涵蓋全程的運送單據，並且第一運送人須對全部運輸過程負責。依據UCP 600之規定，除信用狀另有規定外，複合運送單據不須一律顯示貨物業已於信用狀敘明之裝載港裝運於標名之船舶。（103合庫銀）

7. 其他種類提單

貨運承攬人收據（Forwarder's Cargo Receipt，FCR）	係指貨運承攬業者收到託運人之貨物時，所簽發給託運人之收據。如運送過程中發生任何問題，須由貨運承攬人負起全責。除非信用狀有明確規定願意接受，否則銀行將不受理此類單據。
傭船提單（Charter Party B/L）	又稱為不定期船提單。係指傭船人與船東訂立傭船契約，租用船舶全部或部分供運送貨物至特定目的地港口，船東或其代理人於收到傭船人貨物時所簽發的提單。除非信用狀表明接受傭船提單，否則銀行將不接受此種提單。（101台電、中油、台糖）
第三者提單（Third Party B/L）	係指提單之託運人為信用狀受益人以外的第三者。此種提單常被運用於三角貿易，是中間商為防止購貨人知悉原始供應商所開發的提單。依據UCP 600第14條k項規定，貨物的託運人或發貨人被標明在任何單據中，無須為該信用狀的受益人，所以除非信用狀另有規定外，銀行將接受此種提單。（102華南）

貨櫃提單 （Container B/L）	係指當貨物以貨櫃裝載並以貨櫃船運送時，運送人（船公司）所簽發的提單。在整櫃貨物（FCL）作業方式下，運送人多會在提單上記載「託運人自行裝貨、點數」（shipper's load and count）、「據託運人稱內裝」（said by shipper to contain）等用語，稱為「據稱條款」。
海運貨單 （Sea Waybill）	係仿照空運貨單（Air Waybill）制度所簽發。由於近洋線短程運送船速提高，為求如同航空運輸一樣快速提領貨物，於是產生海運貨單。但其僅為貨物收據，非物權單據和運送契約，且其不可轉讓，無須託運人提供正本運送單據給受貨人，因此屬於認人不認單的提貨方式。此種提單有助於縮短提領貨物時間。
電放提單 （Surrendered B/L）	為求短期航程之時效，並加快貨物流轉，出口商出貨後，即向運送人提出電報放貨申請，先在裝運港繳回全套正本提單。當出口地船公司所發行之海運提單全套收回後，遂以FAX通知進口地船公司，直接在貨物運抵目的地時，將貨物交給進口商，其所使用的提單稱為電放提單。

(四) 海運提單應載明之事項

依海商法第54條規定，海運提單應載明之事項包括：

1. 船舶名稱及航次。
2. 託運人名稱及地址。
3. 包裝嘜頭、貨物名稱、件數、重量及材積噸。
4. 裝載港及卸貨港。
5. 運費交付。

6. 載貨證券的份數。

7. 填發之年、月、日。

(五) 海運提單日期的功能

提單上所載明之裝船日期可作為：

1. 判斷是否超過輸入許可證有效期。

2. 判斷是否符合信用狀裝船期限。

3. 判斷是否延遲押匯。

依UCP 600第20條a項之規定，提單上以預先印定措辭表明貨物業已裝載或裝運於標名之船舶，則提單上之簽發日期將視為裝載日期及裝運日期。故提單上所載明之裝船日期可以判斷受益人的押匯日期是否延遲。

(六) 提單相關的國際公約

1.「海牙規則」（Hague Rules）

「海牙規則」於1931年6月2日正式生效。其統一規範運送人與託運人之間的權利、義務和賠償責任，為國際海上貨物運輸方面最重要且普遍使用的國際公約。

2.「維斯堡規則」（Visby Rules）

「維斯堡規則」係建立在修訂和補充《海牙規則》的基礎上，其只對海牙規則中明顯不合理或不明確的條款作局部的修訂和補充，所以維斯堡規則也稱為海牙—維斯堡規則（Hague-Visby Rules）。

3.「漢堡規則」（Hamburg Rules）

「漢堡規則」是為因應開發中國家的強烈反彈，而全面修改了海牙規則。其內容在較大程度上加重了承運人的責任，保護了貨方的利益。

(七) 海運運費的規定主要有

1. 海運貨物如按重量噸計算運費，主要是依據總毛重（Gross Weight），以一公噸為一個運費噸。

2. 貴重物品如珠寶、鑽石等,其計算運費之單位是以從價法計費。

3. 海運運費的附屬費包括有超重費、超長費、更改卸貨港費、超大費、選擇卸貨港費、轉船附屬費及內陸轉運附屬費等。

4. 船公司報出「ALL IN」之運費時,代表所有費用均包括在內,但不包括貨櫃處理費(THC)、拆/併櫃費(SFS)及文件處理費(DOC)。

5. 國際貨運承運人對於油料或燃料漲價而增列之附加費用稱為BAF(BunkerAdjustment Factor)燃料調整費。

6. 在定期船的運費結構中,CAF(Currency Adjustment Factor)是代表幣值調整因素。

7. 常見的附加運費有:

(1) Surcharge on heavy lifts:超重附加費。

(2) Surcharge on bulky cargo:超大附加費。

(3) Surcharge on lengthy cargo:超長附加費。

(4) Bunker Surcharge:燃料附加費。

(5) Congestion Surcharge:港口壅塞附加費。

(6) Currency Surcharge:幣值附加費。

五、運費的計算

(一) 包裝尺寸的單位換算

常見的包裝尺寸為公制的公分(cm)或公尺(m),以及英制的英吋(inch)二種。而船公司的計價單位則是以公制的立方公尺(CBM)作為運費計算標準,因此解題時必須先做單位換算。

表(一)

1公尺(m)=100公分(cm)
1立方公尺(CBM)=100×100×100 =1,000,000立方公分
1英吋(inch)=2.54公分

1英呎（foot）＝12英吋
＝12×2.54÷100
＝0.3048公尺

1立方英呎（CFT；才）＝12×12×12
＝1,728立方英吋
＝0.3048×0.3048×0.3048
＝0.0283168立方公尺

1立方公尺（CBM）＝1÷0.0283168
＝35.315立方英呎（CFT）

(二) 不同裝運方式的運費計算

一般運費報價的計算方式分為兩種情況，一為併櫃（CFS）裝運，一為整櫃（CY）裝運。併櫃的運費係以託運貨物的體積或重量計價，並以1立方公尺（CBM）為計價單位；整櫃的運費則是以一只貨櫃計收固定的運費，以20呎貨櫃或40呎貨櫃為計價單位。一般預設20呎貨櫃的裝運體積為25CBM；40呎貨櫃的裝運體積為50CBM。

茲以下面範例，說明不同裝運方式下運費的計算（假設以美元計價）：

產品資料：（國貿丙級）

型號	123A	456B
包裝方式	15 BAGS/箱（CTN）	12 PCS/箱（CTN）
包裝尺寸	50×45×36（cm）	12×15×20（inch）

運費資料：

裝運方式	併櫃（CFS）	20呎整櫃（CY）	40呎整櫃（CY）
運費	USD 100	USD2,500	USD4,500
最低裝運量	1 CBM	25 CBM	50 CBM

1. **型號123A**：採用併櫃方式裝運

   運費解析：

   (1) **每箱體積（CBM）**：因為型號123A包裝尺寸為公制，因此直接
   將其換算為立方公尺（CBM）即可。

   $50cm \times 45cm \times 36cm = 0.5m \times 0.45m \times 0.36m = 0.081$（CBM）

   (2) **每箱／袋運費**：運費的計算單位以報價的單位為準，若報價單
   位為每箱（USD/CTN）運費多少，則將每箱的體積乘以計價運
   費即可；但若報價單位為每袋（USD/BAG）運費多少，就須要
   再將每箱運費除以一箱中包含的袋數，才是每袋運費。

   每箱運費：$USD100 \times 0.081 = USD8.10$（USD/CTN）

   每袋運費：$USD8.10 \div 15 = 0.54$（USD/SET）

2. **型號456B**：採用40尺整櫃方式裝運

   運費解析：

   (1) **每箱體積（CBM）**：因為型號456B包裝尺寸為英制，因此須要
   將其轉換為公制，再來計算運費（英制換算為公制的方式，請
   參考表(一)）。

   $12" \times 15" \times 20" = 3600$（立方英吋）

   $3600 \div 1728 = 2.083 \fallingdotseq 2.08$（立方英呎；才；CFT）

   $2.08 \div 35.315 = 0.0588 \fallingdotseq 0.059$（CBM）

   (2) **每箱／件運費**：範例中40呎貨櫃的最低裝運量為50CBM，而每
   箱的體積為0.059CBM，所以456B產品裝滿一只40呎貨櫃可以
   裝的箱數為：

   $50 \div 0.059 = 847.46 \fallingdotseq 848$（箱）

   因為50CBM為最低裝運量，所以用50CBM除以每箱貨物的體積
   後，若有餘數，則以無條件進位法增加一箱貨物裝運數量，則
   每箱運費：

   $USD4,500 \div 848 = 5.306 \fallingdotseq 5.31$（USD/CTN）

每箱裝有12件（PCS），所以共可裝：

$848 \times 12 = 10,176$（PCS）

每件運費：

USD4,500 $\div$ 10,176 = 0.442 $\fallingdotseq$ 0.44（USD/PC）

六、航空運輸

(一) 空運提單的特性

1. **作為運送契約**：空運提單上印定的條款規定了承運人與託運人之間的權利、義務，可作為運送契約。

2. **作為貨物收據**：空運提單是證明承運人已接管貨物的貨物收據。

3. **不能轉讓**：空運提單的受貨人採記名式，故其為不可轉讓憑證，無流通性。（101華南）

(二) 空運提單的種類

1. **航空主提單（Master Air Waybill，MAWB）**：係由航空公司或其代理人所簽發。為航空公司於承運貨物時，簽發給承攬業者或併裝業者之提單。提單號碼全部是阿拉伯數字，前三碼是代碼或IATA統一編號，後八碼為流水號碼，為航空公司自行編列不超過八碼的號碼。空運提單提貨時是認人不認單，只要證明其為提單上之受貨人即可。

2. **航空分提單（House Air Waybill，HAWB）**：係由航空運送承攬業者所簽發。提單號碼為英文加阿拉伯數字，前三碼是英文，以空運承攬業者的英文名稱字首縮寫表示，後為流水號碼，為業者自行編列。因此貨主若持有HAWB提單，貨物一旦發生運送糾紛，貨主即可向航空貨運承攬業者主張權利。

> **名師講解**
> 航空主提單（MAWB）與航空分提單（HAWB）最大的不同點是簽發人不同，MAWB係由航空公司或其代理人所簽發；HAWB係由航空運送承攬業者所簽發。

正本空運提單為一式三聯，其中第一聯（Original 1）由託運人簽名後交付運送人，又稱會計聯；第二聯（Original 2）由託運人與運送人共同簽名後，由載貨飛機於目的地機場交付受貨人，作為進口報關及提貨用，又稱提貨聯；第三聯（Original 3）是由運送人簽名後交付託運人，託運人（出口商）則持第三聯（Original 3）至銀行辦理押匯事宜，故又稱押匯聯。

(三) 空運運費的規定

1. 依華沙公約之規定，空運貨物承運人對貨物的最高賠償責任為1公斤20美元。
2. 空運運費的費率是由國際航空運輸協會（IATA）制定，重量愈重，費率愈低，運費基準以公斤或磅為單位，且運費收費有起碼運費，最低運費的等級代號為M。
3. 空運運費以體積重量作為計價重量時，1公斤等於366立方吋或6000立方公分。

測驗題攻略

(　)　1.下列何者為貨運承攬人所簽發的運送單據？
(A)House Air Waybill　　(B)Bill of Lading
(C)Shipping Order　　(D)Post Receipt。（108台企）

(　)　2.下列何者為戶對戶的貨櫃裝卸作業方式？　(A)CFS/CFS　(B)Pier/Pier　(C)FCL/FCL　(D)LCL/LCL。（108台企）

(　)　3.下列運送單據中，何者係屬「物權證書（Document of title）」？
(A)空運提單（Air Waybill）　(B)海運提單（Bill of Lading）
(C)海運貨單（Sea Waybill）　(D)公路運送單據（Road Transport Document）。（107台企）

（　）　4.依據UCP 600之規定，信用狀要求提示備船提單時，下列何者非
　　　　屬備船提單之簽發人？　(A)Master　(B)Owner　(C)Charterer
　　　　(D)Carrier。（107一銀）

（　）　5.下列何種貨櫃裝卸作業係指「在起運地由託運人以整櫃方式交
　　　　運，到達目的地後，由收貨人以整櫃方式領回自行拆卸」？
　　　　(A)LCL/LCL　(B)CY/CY　(C)LCL/FCL　(D)CY/CFS。
　　　　（104華南）

（　）　6.下列運送單據，何者係屬物權證書，須憑合法取得之運送單據正
　　　　本始可提領貨物？　(A)海運提單（marine bill of lading）　(B)
　　　　空運提單（air waybill）　(C)海運貨單（sea waybill）　(D)郵政
　　　　收據（post receipt）。（103合庫銀）

（　）　7.在貨櫃運輸實務上，下列何者係屬整裝／整拆之代號？　(A)CY/
　　　　CY　(B)CY/CFS　(C)CFS/CY　(D)CFS/CFS。（103合庫銀）

（　）　8.倘信用狀未另有規定，依據UCP 600之規定及ISBP實務，下列在
　　　　運送單據上之註記，何者將構成不潔運送單據？
　　　　(A)packaging may not be sufficient for the sea journey
　　　　(B)packaging is not sufficient for the sea journey
　　　　(C)shipper's load and count
　　　　(D)said by shipper to contain。（103合庫銀）

（　）　9.依據UCP 600之規定，除信用狀另有規定外，下列何種運送單據不
　　　　須一律顯示貨物業已於信用狀敘明之裝載港裝運於標名之船舶？
　　　　(A)海運提單　(B)不可轉讓之海運貨單　(C)複合運送單據　(D)備
　　　　船提單。（103合庫銀）

（　）　10.依據UCP 600第19條之規定，下列與複合運送單據（multimodal
　　　　transport document）相關之敘述何者錯誤？　(A)涵蓋至少兩種
　　　　不同運送方式之運送單據　(B)一律需表明貨物已於信用狀敘明之
　　　　裝載港裝運於標名之船舶　(C)未含表明係受備船契約規範者
　　　　(D)即使信用狀禁止轉運，表明將轉運或可能發生轉運之運送單
　　　　據，可以接受。（103合庫銀）

( )　11. 某貿易商出口貨物一批，每箱體積45"×30"×30"，淨重88kgs，毛重90kgs。如船公司運費報價為USD130.00 TON/CBM，則該批貨物每箱的運費為多少？ (A)USD11.44 (B)USD11.70 (C)USD52.65 (D)USD86.27。（103華南）

( )　12. 以信用狀為付款之交易，出口商以取得下列何種運輸文件對其較有利？ (A)Sea Waybill (B)Air Waybill (C)Negotiable B/L (D)Straight B/L。（103華南）

( )　13. 下列何者被稱為第三者提單（Third Party B/L）？ (A)以信用狀受益人以外之第三者為Consignee之提單 (B)以信用狀受益人以外之第三者為Notify Party之提單 (C)以信用狀受益人以外之第三者為Shipper之提單 (D)以信用狀受益人以外之第三者為Carrier之提單。（102華南）

( )　14. 若提單（B/L）須經由信用狀之開狀銀行背書，申請人（進口商）方可辦理提貨，則該提單收貨人（Consignee）欄位的表示方式，應為下列何者？ (A)to order of Shipper (B)to order of Issuing Bank (C)to order of Negotiating Bank (D)to order of Remitting Bank。（101華南）

( )　15. 下列何者係運送人為了因應匯率變動而增列之附加費用？ (A)Bunker Surcharge (B)Terminal Handling Charge (C)Stuffing Charge (D)Currency Surcharge。（101華南）

( )　16. 下列關於航空運送單據（Air Transport Document）之敘述，何者錯誤？ (A)航空運送單據並無海運提單所具備之物權證書（document of title）功能 (B)縱使信用狀要求提示全套航空運送單據，提示一份"Original for the Shipper/Consignor"即符合規定 (C)信用狀並未要求，而航空運送單據顯示"actual flight date"之個別註記，則以該個別註記的日期作為判定裝運日期之基準 (D)只要運送全程由同一份單據所涵蓋，縱使信用狀禁止轉運，表示將轉運或可能轉運的航空運送單據可以接受。（101華南）

( )｜17.下列何種運送單據具有物權證書之功能？　(A)ocean bill of lading　(B)air waybill　(C)post receipts　(D)consignment note。（101彰銀）

解答及解析

1. **A** House Air Waybill（HAWB）：航空分提單，係由航空運送承攬業者所簽發。貨主若持有HAWB提單，貨物一旦發生運送糾紛，貨主即可向航空貨運承攬業者主張權利。

2. **C** 整裝／整拆（FCL/FCL）：係指出口地的託運人自行裝櫃後，整櫃交予運送人，運送人（船公司）負責運送貨櫃至目的地的貨櫃場，再整櫃交由受貨人自行拆櫃，因此為戶對戶的貨櫃裝卸作業方式。在裝運地屬於同一託運人及在目的地屬於同一受貨人，為戶對戶的貨櫃裝卸作業方式。

3. **B** 海運提單（Bill of Lading）是由出口地的船公司在收到貨物後簽發給託運人，證明託運貨物已收到或已裝船，並約定將其運往目的地，交付提單持有人之有價證券。提單可以表彰貨物所有權，是承運人保證憑以交付貨物及可以轉讓的物權憑證。

4. **D** 依據UCP 600第22條a項規定，傭船契約提單，不管該單據的名稱是甚麼，只要單據上表示傭船契約提單，必須於該單據上顯示；表明運送人名稱並且由下列人員簽署：
   Master（船長）或代表；
   Owner（船東）或代表；
   Charterer（傭船人）或代表；
   而Carrier（運送人）則非屬傭船提單之簽發人。

5. **B** CY/CY（整裝／整拆）係指出口地的託運人自行裝櫃後，整櫃交予運送人，運送人只負責運送，待貨櫃運至目的地的貨櫃場後，整櫃交由收貨人自行領回拆櫃。

6. **A** 海運提單可以表彰貨物所有權，是承運人保證憑以交付貨物及可以轉讓的物權憑證，因此須憑合法取得之運送單據正本始可提領貨物。

7. **A**　整裝／整拆之代號為CY/CY , FCL/FCL。

8. **B**　不潔運送單據是指承運人收到貨物或裝載貨物時，發現貨物或外包裝有不良情況，而在運送單據上給予相應的批註。packaging is not sufficient for the sea journey為海上運送之包裝不足的註記，將構成不潔運送單據。

9. **C**　複合運送單據（Multimodal /Combined Transport Document）係指貨物由發送地、接管地或裝運地運送至最終目的地，必須由兩種或兩種以上運送方式（陸、海、空運等）相繼運送，由第一運送人簽發涵蓋全程的運送單據。依據UCP 600第19條之規定，除信用狀另有規定外，複合運送單據不須一律顯示貨物業已於信用狀敘明之裝載港裝運於標名之船舶。

10. **B**　依據UCP 600第19條之規定，除信用狀另有規定外，複合運送單據不須一律顯示貨物業已於信用狀敘明之裝載港裝運於標名之船舶。

11. **B**　因為題目中有註明貨物的體積與重量，因此需要分別算出兩種計價方式的運費，再採用較低的價格作為運費。
    (1)用重量計價：
    　　USD130×90 ÷ 1000 =11.70（USD/CTN）
    (2)用體積計價：
    　　因為該貨物的體積為英吋，所以先將其換算為CBM，即
    　　45"×30"×30"÷ 1728÷35.315≒ 0.6636（CBM）
    　　USD130×0.6636 = 86.268 ≒ 86.27（USD/CTN）
    　　因為用重量計價的費用較低，所以運費為11.70（USD/CTN）

12. **C**　Sea Waybill（海運貨單）係仿照空運貨單制度所簽發，但其僅為貨物收據，非物權單據和運送契約，且其不可轉讓，無須託運人提供正本運送單據給受貨人，因此屬於認人不認單的提貨方式，對出口商較為不利。
    Air Waybill（空運提單）係由航空運送人於收到承運貨物後，發給託運人的證明文件。因為空運提單其受貨人為記名式，所以

非物權證券，開狀銀行為確保該項貨物的控制權，信用狀多規定以開狀銀行為受貨人，對出口商較為不利。

Straight B/L（直接提單）又稱不可轉讓提單，即直接指定受貨人的提單。該記名受貨人不得在提單上背書而將提單轉讓，對出口商較為不利。

Negotiable B/L（可轉讓提單）又稱指示式提單（Order B/L），係提單上Consignee（受貨人）欄位內有order 字樣，表示受貨人待指示。此種提單可經由背書將提單所表彰的貨物所有權轉讓給他人，為可流通的證券，對出口商較為有利。

13. **C** 第三者提單（Third Party B/L）係指提單之託運人（Shipper）為信用狀受益人以外的第三者。

14. **B** 若開狀申請人非全額結匯或以保證金方式開發信用狀時，開狀銀行為了取得控制貨物的所有權，遂規定提單上的受貨人（Consignee）須為開狀銀行，提單必須經由開狀銀行背書後，申請人（進口商）方可辦理提貨。則該提單收貨人（Consignee）欄位須表示為to order of Issuing Bank（待開狀銀行指示）。

15. **D** Bunker Surcharge：燃料附加費；Terminal Handling Charge：碼頭處理費Stuffing Charge：裝櫃費用；Currency Surcharge：幣值附加費，係運送人為了因應匯率變動而增列之附加費用。

16. **C** 依據UCP 600第23條之規定，航空運送單據的簽發日期被認為是裝運日期，除非單據上顯示了單獨的裝運日期，在此種情況下，標記的日期將被認為是裝運日期。航空運送單據上顯示的其它相關於航班和日期的訊息，將不被用來判定裝運日期。

17. **A** 海運提單（ocean bill of lading）可以表彰貨物所有權，須憑合法取得之運送單據正本始可提領貨物，是承運人保證憑以交付貨物及可以轉讓的物權憑證。

申論題破解

一、匯率在國際貿易中扮演關鍵角色,其衍生的相關交易也是銀行的
重要業務。請說明:
(一)何謂 Delivery Forward 和 Non-Delivery Forward?
(二)出口結匯與出口押匯有何不同?對押匯銀行而言,可能需承擔
那些風險?(108關特)

解(一)

1. Delivery Forward(DF):遠期外匯,遠期外匯交易是一種金融
交易合約,係指客戶與銀行訂定合約同意在未來一定期間內或特
定日期,就約定之匯率及金額交割相對貨幣。基本上可分為預購
(Buy Forward)及預售(Sell Forward)之遠期外匯或固定日交
割與期間內交割之遠期外匯。遠期外匯是匯率避險、投機及套利
之工具,也是資產負債管理之工具。具有確定成本及收入、減少
可能之匯兌損失以及增加財務處理及資金調度的彈性等特性。

2. Non-Delivery Forward(NDF):無本金交割之遠期外匯,為遠
期外匯的一種,其特色為遠期外匯合約到期時,交易雙方不須交
割本金,而只就合約的議定匯率,與到期時的即期匯率之間的差
額清算收付。本金僅用於匯差之計算,無需實際收支,故對未來
之現金流量不會造成影響。所以,不但適合企業規避匯率風險,
也可以作為一般個別客戶的投資工具。除避險功能外,也具有濃
厚的投機性質。

(二)

1. 出口結匯:係指出口商自進口商處取得貨款後,向金融機構結售
其所取得外匯的作業過程。出口結匯的方式有匯付、託收及信用
狀等。

出口押匯：是指在信用狀項下的出口結匯手續稱為出口押匯。即在信用狀付款方式下，出口商將貨物裝運後，依信用狀規定簽發匯票，並以代表貨物的貨運單證為擔保，請銀行辦理讓購貨運單據，以取得貨款的動作。

因此出口押匯係出口結匯的方式之一。

2. 押匯銀行將單據項下的金額先行墊付給出口商融通，藉此賺取手續費、差額匯率及墊款利息等。雖然押匯銀行受理出口押匯時握有出口商所提示之單據，可憑該等單據向開狀銀行或其指定付款人請求付款，但仍可能需承擔以下風險：

(1)開狀銀行倒閉或無理拒付。

(2)國家經濟不穩定。

(3)市場狀況不佳，進口商拒絕贖單。

(4)發生運輸風險

(5)匯率變動。

(6)出口商財務惡化或倒閉。

二、在國際貿易之大宗物資交易（例如：小麥、大豆），通常係以不定期船（Tramp）運送，而非一般貨物使用之定期船（Liner），就此運送實務，請問：

(一)何謂「不定期航運（Tramp Shipping）」？何謂「定期航運（Liner Shipping）」？請詳述。

(二)就下列各點，說明定期船運送與不定期船運送之差異：

1.運送人之身分。

2.承運之貨物。

3.託運人。

4.營運之船舶。

5.裝卸條件。（108台灣菸酒）

解(一)

1. 不定期航運（Tramp Shipping）：是指航線及航期不固定，沒有確定的到港日期和固定停泊港口的船隻，通常以船艙包租的方式承攬業務，故船公司為私人運送人。不定期船多以載運大宗貨物為主。

2. 定期航運（Liner Shipping）：係指在特定航線上，依照預定船期表（Sailing Schedule）作有規則往返航行的船隻，並且將此固定的航線及船期經由報紙、期刊或網站向進出口商招攬承載。定期船所承載的貨物以一般貨物為主。

(二) 定期船運送與不定期船運送之差異：

	定期船運送	不定期船運送
1.運送人之身分	公共運送人	私人運送人
2.承運之貨物	承運零星件貨，種類繁多，數量不拘	通常整船僅載運一種貨物，以大宗貨物為主，如礦砂、煤炭、小麥、玉米、木材等
3.託運人	託運人數眾多	往往只有一個託運人
4.營運之船舶	船舶的設計大多為配合所經營航線之需求	船舶的設計大多已裝載散裝貨為主
5.裝卸條件	貨物裝卸及搬運費用較高，且大多由船方負擔	貨物裝卸及搬運費用較低，且大多約定由傭船人負擔

三、晚近在國際貿易實務上，因貨櫃運輸之興起，衍生之複合運送模式，已成為海運貨物之主要運輸方式；請回答下列相關問題：
(一)何謂「貨櫃（Container）」？

(二)貨櫃運輸模式主要有下列四種，請分別說明其運作方式：
　　1.整裝／整拆（FCL/FCL;CY/CY）。
　　2.整裝／分拆（FCL/LCL;CY/CFS）。
　　3.併裝／整拆（LCL/FCL;CFS/CY）。
　　4.併裝／分拆（LCL/LCL;CFS/CFS）。
(三)何謂「複合運送（Multimodal transport）」，其定義為何？
　　其與貨櫃運輸之關聯性為何？（107台企）

解(一) 依據海關管理貨櫃集散站辦法第2條規定，本辦法所稱貨櫃，指供
　　裝運進出口貨物或轉運、轉口貨物特備之容器，其構造與規格及應
　　有之標誌與號碼，悉依國際貨櫃報關公約之規定。貨櫃內裝有貨物
　　者，稱實貨櫃；未裝有貨物者，稱空貨櫃；實貨櫃內所裝運之進
　　口、轉運、轉口貨物如屬同一收貨人，或出口、轉口貨物如屬同一
　　發貨人者，為整裝貨櫃；其進口、轉運、轉口貨物如屬不同一收貨
　　人或出口、轉口貨物不屬同一發貨人者，為合裝貨櫃。

(二)
　　1. 整裝／整拆（FCL/FCL;CY/CY）：出口地的託運人自行裝櫃
　　　 後，整櫃交予運送人，運送人（船公司）只負責運送；待貨櫃運
　　　 至目的地的貨櫃場，整櫃交由受貨人自行拆櫃。係在裝運地屬於
　　　 同一託運人，及在目的地屬於同一受貨人。

　　2. 整裝／分拆（FCL/LCL;CY/CFS）：出口地的託運人自行裝櫃
　　　 後，整櫃交予運送人；運送人（船公司）將貨櫃運至目的地後，
　　　 將貨物拆櫃交予各個受貨人。係在裝運地屬於同一託運人，而在
　　　 目的地屬於不同受貨人。

　　3. 併裝／整拆（LCL/FCL;CFS/CY）：出口地的託運人將貨物運送
　　　 至貨櫃集散站，由運送人（船公司）負責將不同託運人的貨物
　　　 併櫃裝運；運送人將貨櫃運至目的地的貨櫃場，整櫃交由受貨
　　　 人自行拆櫃。係在裝運地屬於不同託運人，但在目的地屬於同
　　　 一受貨人。

4. 併裝／分拆（LCL/LCL;CFS/CFS）：出口地的託運人將貨物運送至貨櫃集散站，由運送人（船公司）負責將不同託運人的貨物併櫃裝運；運送人將貨櫃運至目的地後，須將貨物拆櫃交予各個受貨人。係在裝運地屬於不同託運人，且在目的地屬於不同受貨人。

(三)

1. 複合運送（Multimodal transport）：係指貨物由發送地、接管地或裝運地運送至最終目的地，必須由兩種或兩種以上運送方式（陸、海、空運等）相繼運送。而依聯合國國際貨物複合運送公約對於國際複合運送的定義為國際複合運送係指依照國際複合運送契約，以至少兩種不同模式的運輸方式來運送，由複合運送人將貨物自一國境內接管貨物的地點，運送至另一國境內指定交付貨物的地點。

2. 貨櫃運輸是指包括貨櫃及貨櫃船、貨櫃碼頭、貨櫃集散場站以及火車與卡車貨櫃運輸設備等的海陸及／或空運的聯合運輸設備。而在複合運送的情況下，必須由兩種或兩種以上的陸運、海運或空運等運送方式來運送。透過貨櫃運輸，可以連結複合運送的多種運送方式。

四、名詞解釋

(一)B/L

(二)time charter party （101台電、中油、台糖）

(三)Combined Transport B/L （102經濟部）

解(一) B/L（Bill of Lading）：提單。係運輸部門承運貨物時簽發給發貨人的一種憑證。提單的功能有：

1. 貨物收據：提單是證明承運人已接管貨物和貨物已裝船的貨物收據。

2. 運送契約：提單上印定的條款規定了承運人與託運人之間的權利、義務，而且提單也是法律上承認處理有關貨物運輸的依據。

3. 物權憑證：提單可以表彰貨物所有權，是承運人保證憑以交付貨物及可以轉讓的物權憑證。

(二) time charter party：論時傭船契約。係指船舶所有人在約定期間內，將船舶全部及其所僱用之船長、船員、一併包租予傭船人，傭船人對船長、船員有指揮監督權，但船長、船員之薪津及船舶之修繕費等仍由船舶所有人負責，航海費用則由傭船人負責。除非信用狀表明接受論時傭船提單，否則銀行將不接受此種提單。

(三) Combined Transport B/L：複合或聯合運送提單。係由複合運送業者（簡稱CTO）所簽發的提單，指貨物由發送地、接管地或裝運地運送至最終目的地，必須由兩種或兩種以上運送方式（陸、海、空運等）相繼運送，而複合運送單據的簽發人須對全部運輸過程中所發生貨物的滅失或毀損負責。

五、海運提單是運送人簽發給託運人的運送單據，請問海運提單有那三項重要功能？（101高考）

解 海運提單（Marine/Ocean Bill of Lading）是由出口地的船公司在收到貨物後簽發給託運人，證明託運貨物已收到或已裝船，並約定將其運往目的地，交付提單持有人之有價證券。海運提單的功能有：

(一) 貨物收據：提單是證明承運人已接管貨物和貨物已裝船的貨物收據。

(二) 運送契約：提單上印定的條款規定了承運人與託運人之間的權利、義務，而且提單也是法律上承認處理有關貨物運輸的依據。

(三) 物權憑證：提單可以表彰貨物所有權，須憑合法取得之運送單據正本始可提領貨物，是承運人保證憑以交付貨物及可以轉讓的物權憑證。

六、貨櫃運輸的作業方式可分為哪幾種？

解 貨櫃運輸的作業方式可分為下列四種方式：

(一) 整裝／整拆（CY/CY,FCL/FCL）：出口地的託運人自行裝櫃後，整櫃交予運送人，運送人（船公司）只負責運送；待貨櫃運至目的地的貨櫃場，整櫃交由受貨人自行拆櫃。在裝運地屬於同一託運人及在目的地屬於同一受貨人。

(二) 整裝／併拆（CY/CFS,FCL/LCL）：出口地的託運人自行裝櫃後，整櫃交予運送人；運送人（船公司）將貨櫃運至目的地後須將貨物拆櫃交予各個受貨人。在裝運地屬於同一託運人及在目的地屬於不同受貨人。

(三) 併裝／併拆（CFS/CFS,LCL/LCL）：出口地的託運人將貨物運送至貨櫃集散站，由運送人（船公司）負責將不同託運人的貨物併櫃裝運；運送人將貨櫃運至目的地後，須將貨物拆櫃交予各個受貨人。在裝運地屬於不同託運人及在目的地屬於不同受貨人。

(四) 併裝／整拆（CFS/CY,LCL/FCL）：出口地的託運人將貨物運送至貨櫃集散站，由運送人（船公司）負責將不同託運人的貨物併櫃裝運；運送人將貨櫃運至目的地的貨櫃場，整櫃交由受貨人自行拆櫃。在裝運地屬於不同託運人及在目的地屬於同一受貨人。

七、貨櫃船的種類有哪些？

解 (一) 貨櫃船的種類依構造分為：

1. 全貨櫃船（Full-Container Ship）：此種貨櫃船為新型的船舶，駕駛及動力均集中在尾端，全船空間均作裝載貨櫃之用。

2. 半貨櫃船（Semi-Container Ship）：此種貨櫃船係利用傳統貨輪加以改良，將部分貨艙設計作為裝載貨櫃之用，其餘貨艙仍裝載一般貨物，是混合用途船舶。

3. 可變貨櫃船（Convertible-Container Ship）：此種船舶經特別設計，使船艙的全部或部分既可裝載貨櫃，也可裝載一般貨物，配合不同需求，皆可裝載航行。

(二)依裝卸方式分為：

1. 駛進駛出型貨櫃船（Roll-On/Roll-Off Vessel）：此種貨櫃船一般在船首或船尾開一艙門，艙門開啟時，會有一跳板伸出，架在艙門與岸肩之間，貨櫃裝船時，利用拖車或堆高機，自船首或船尾的艙門，經過跳板搬進艙內。

2. 吊上吊下行貨櫃船（Lift-On/Lift-Off Vessel）：此種類型的貨櫃船本身通常無裝卸設備，因此裝卸時須利用岸上起重機，將貨櫃自拖車上吊上貨櫃船，或自貨櫃船上吊下。

3. 駁進駁出行貨櫃船（Float-On/Float-Off Vessel）：又稱子母船（Lash），每一艘母船（Lash Ship）可承載數十艘子船（Lash Lighter），每一個子船相當於一個大型的貨櫃，為一特製的平底駁船。母船到港後無須停泊碼頭，可利用船上特製的起重設備，將子船由船尾卸入港中，再由拖船將子船拖到起駁地點起卸；裝貨出口時，將貨物先行裝入子船，等到母船到港時，透過其尾端的起重機將子船鉤上母船，運往目的港，這種類型的船舶因無須停靠碼頭，故不受港口擁擠的影響，可提高航運效率。

八、何謂複合運送？複合運送的種類有哪些？複合運送方式適用的貿易條件為何？

解(一) 依「聯合國貿易暨發展委員會」（UNCTAD）所制定的「聯合國國際貨物複合運送公約」，對於國際複合運送的定義如下：國際複合運送係指依照國際複合運送契約，以至少兩種以上不同模式的運輸方式來運送，由複合運送人將貨物自一國境內接管貨物的地點，運送至另一國境內指定交付貨物的地點。

(二) 複合運送的種類：

1. 陸橋運輸作業（Land-Bridge Service，LBS）：係指貨物經由「海運→陸運→海運」的方式運送，即是利用大陸鐵路運輸，連結兩邊海運運輸的複合運送方式。例如貨物由基隆港海上運輸至美國西岸，再利用鐵路運至東岸，最後利用海運運送至歐洲。陸橋運輸作業主要有北美洲陸橋（American Land Bridge）與西伯利亞陸橋（Siberian Land Bridge）兩條航線。

2. 小型陸橋運輸（Mini-Land-Bridge Service，MLB）：又稱迷你陸橋運輸，係指貨物經由「海運→陸運」或「陸運→海運」的方式運送，因其運送路程只利用陸橋作業的前半段，故稱為小型陸橋運輸。

3. 微陸橋運輸（Micro-Land-Bridge Service，MBS）：又稱IPI（Interior Point Intermodal），其運送路程與小型陸橋相似係以「海運→陸運」或「陸運→海運」的方式運送，但陸運部分比小型陸橋為短，例如遠東地區貨物在美國西岸卸下後，直接以內陸運輸運往美國中西部之目的地。

4. 門對門運輸作業（Door to Door Service）：係指貨物於託運人的工廠或倉庫裝進貨櫃，並經由兩種以上的運送方式將貨物直接運至受貨人的倉庫門為止，且全程運輸皆涵蓋於同一份貨運單據之內的運送方式。例如航空快遞業務（Air Express Service）公司派專人從發貨人處提取貨物，運抵目的地，並由專人提貨辦妥通關手續後，直接送達收貨人的倉庫，即為門到門服務的運輸方式。

(三) 複合運送方式適用的貿易條件為FCA、CPT或CIP。因為傳統的FOB、CFR或CIF等貿易條件，除了海運運費外，尚有裝卸費用、接運費用等的分攤問題，因此最好改用FCA、CPT或CIP等專門為複合運送設計的貿易條件。

九、海運提單的種類有哪些？

解 (一) 依提單可否轉讓，可區分為：

　　1. 可轉讓提單（Negotiable B/L）：又稱指示式提單（Order B/L），係提單上Consignee（受貨人）欄位內有order 字樣，表示受貨人待指示。指示式提單可經由背書，將提單所表彰的貨物所有權轉讓給他人，為可流通的證券。

　　2. 不可轉讓提單（Non-Negotiable B/L）：又稱直接提單（Staight B/L）或記名提單。提單上Consignee（受貨人）欄位內無order 字樣，而是以Consignee to...（受貨人名稱）直接指定受貨人。不可轉讓提單的記名受貨人不得在提單上背書，將提單所表彰的貨物所有權轉讓給他人，因此並非代表貨物所有權的流通證券。

(二) 依提單是否有批註，可區分為：

　　1. 清潔提單（Clean B/L）：是指承運人或船方在收到貨物或裝載貨物時，貨物外表狀況良好，運送人在簽發提單時，未在提單上加註任何有關貨物包裝、件數、重量或體積等缺陷的批註。

　　2. 不潔提單（Unclean B/L）：是指承運人收到貨物或裝載貨物時，發現貨物或外包裝有不良情況，而在提單上給予相應的批註。對於不清潔提單，銀行將拒絕接受。

(三) 依提單是否裝運，可區分為：

　　1. 已裝運提單（On Board B/L，Shipped B/L）：貨物已經裝上船舶後，運送人所簽發的提單。提單上註明裝載貨物的船舶名稱和裝船的日期。

　　2. 備運提單（Received Shipment B/L，Received B/L）：託運人已將貨物交給承運人接管，因船公司船期關係，或船隻尚未到港，暫存倉庫由其保管，而憑倉庫收據簽發的備運提單。由於此種題單未註明裝運船舶名稱和裝船日期，銀行一般多不接受此類提單。

(四) 依運費之費先後方式，可區分為：

1. 運費預付提單（Freight Prepaid B/L）：在CFR、CIF貿易條件下，貨物於託運時，必須先預付運費。此種提單正面上將註明 "Freight Prepaid"（運費預付）字樣，託運人在付清運費後才能取得提單。

2. 運費到付提單（Freight Collect B/L）：在FAS、FOB貿易條件下，不論是買方洽訂艙位，還是買方委託賣方洽訂艙位，運費均為到付。此種提單正面上將註明"Freight Collect"（運費到付）字樣，貨物到達目的港後，必須付清運費，受貨人才能提貨。

(五) 依提單內容詳簡，可區分為：

1. 詳式提單（Long Form B/L,Full Form B/L）：係指提單上除正面印有法定事項外，背面則列有運送人事先印定之詳細的貨運條款，列明有關運送人、託運人及收貨人之間權利、義務等詳細條款的提單。

2. 簡式提單（Short Form B/L）：又稱為背面空白提單（BLANK BACK B/L）。係指提單正面只記載法定事項，背面並沒有印定貨運條款，亦即無運送人、託運人及收貨人之間權利、義務等詳細條款的提單。

(六) 依運輸方式的不同，可區分為：

1. 直達提單（Direct B/L）：係指貨物從裝運港裝運後，中途不轉船，直接運達最終目的港，卸貨交與受貨人的提單。直達提單上不得有「轉船」或「在某港口轉船」的批註。

2. 聯運提單（Through B/L）：係指貨物由裝運地運送至最終目的地，須由兩個或兩個以上的運送人運送，且是由第一運送人簽發涵蓋全程並能在目的港或目的地憑以提貨的提單。

3. 複合或聯合運送單據（Multimodal Transport Document,MTD, Combined Transport Document）：係指貨物由發送地、接管地或裝運地運送至最終目的地，必須由兩種或兩種以上運送方式（陸、海、空運等）相繼運送，由第一運送人簽發涵蓋全程的運

送單據,並且第一運送人須對全部運輸過程負責。依據UCP 600
之規定,除信用狀另有規定外,複合運送單據不須一律顯示貨物
業已於信用狀敘明之裝載港裝運於標名之船舶。

(七) 貨運承攬人收據(Forwarder's Cargo Receipt,FCR):係指貨運承
攬業者收到託運人之貨物時,所簽發給託運人之收據。如運送過程
中發生任何問題,須由貨運承攬人負起全責。除非信用狀有明確規
定願意接受,否則銀行將不受理此類單據。

(八) 傭船提單(Charter Party B/L):又稱為不定期船提單。係指傭船
人與船東訂立傭船契約,租用船舶全部或部分供運送貨物至特定目
的地港口,船東或其代理人於收到傭船人貨物時所簽發的提單。除
非信用狀表明接受傭船提單,否則銀行將不接受此種提單。

(九) 第三者提單(Third Party B/L):係指提單之託運人為信用狀受
益人以外的第三者。此種提單常被運用於三角貿易,是中間商為
防止購貨人知悉原始供應商所開發的提單。依據UCP 600第14條k
項規定,貨物的託運人或發貨人被標明在任何單據中,無須為該
信用狀的受益人,所以除非信用狀另有規定外,銀行將接受此種
提單。

(十) 貨櫃提單(Container B/L):係指當貨物以貨櫃裝載並以貨櫃船
運送時,運送人(船公司)所簽發的提單。在整櫃貨物(FCL)
作業方式下,運送人多會在提單上記載「託運人自行裝貨、點
數」(shipper's load and count)、「據託運人稱內裝」(said by
shipper to contain)等用語,稱為「據稱條款」。

(十一)海運貨單(Sea Waybill):係仿照空運貨單(Air Waybill)制度
所簽發。由於近洋線短程運送船速提高,為求如同航空運輸一樣
快速提領貨物,於是產生海運貨單。但其僅為貨物收據,非物權
單據和運送契約,且其不可轉讓,無須託運人提供正本運送單據
給受貨人,因此屬於認人不認單的提貨方式。此種提單有助於縮
短提領貨物時間。

(十二)電放提單（Surrendered B/L）：為求短期航程之時效，並加快貨物流轉，出口商出貨後，即向運送人提出電報放貨申請，先在裝運港繳回全套正本提單。當出口地船公司所發行之海運提單全套收回後，遂以FAX通知進口地船公司，直接在貨物運抵目的地時，將貨物交給進口商，其所使用的提單稱為電放提單。

十、何謂AWB？

解 AWB（Air Waybill）：係指空運提單。正本空運提單為一式三聯，其中第一聯（Original 1）由託運人簽名後交付運送人，又稱會計聯；第二聯（Original 2）由託運人與運送人共同簽名後，由載貨飛機於目的地機場交付受貨人，作為進口報關及提貨用，又稱提貨聯；第三聯（Original 3）是由運送人簽名後交付託運人，託運人（出口商）則持第三聯（Original 3）至銀行辦理押匯事宜，故又稱押匯聯。空運提單提貨時是認人不認單，只要證明其為提單上之受貨人即可。

空運提單又可分為兩種：

(一)航空主提單（Master Air Waybill,MAWB）：係由航空公司或其代理人所簽發。為航空公司於承運貨物時，簽發給承攬業者或併裝業者之提單。

(二)航空分提單（House Air Waybill,HAWB）：係由航空運送承攬業者所簽發。因此貨主若持有HAWB提單，貨物一旦發生運送糾紛，貨主即可向航空貨運承攬業者主張權利。

十一、試述航空運送單據的特性？

解(一)作為運送契約：空運提單上印就的條款規定了承運人與託運人之間的權利、義務，可作為運送契約。

(二)作為貨物收據：空運提單是證明承運人已接管貨物的貨物收據。

(三)不能轉讓：空運提單的受貨人採記名式，故其為不可轉讓憑證，無流通性。

第十一章 國際貿易風險管理

本章依據出題頻率區分，屬：**A** 頻率高

經典考題

一、海上保險中的損失種類可分為全部損失（total loss）及部分損失（partial loss），請分別說明之。（108經濟部）★★★

二、(一)出口商投保「O/A 方式輸出綜合保險」，可以規避何種風險？
(二)「O/A方式輸出綜合保險」的正確投保流程。（107輸出入銀）
★★★

三、General Average和Particular Average皆屬於貨物運輸保險之部分損失（Partial Loss）。請問：
(一)何謂General Average？是否屬於基本險的承保範圍？請說明之。
(二)何謂Particular Average？是否屬於基本險的承保範圍？請說明之。
(三)Particular Average是否可以全數獲得賠償，尚需視保險單據之規定。根據ISBP的規範，若信用狀要求承保範圍必須是"Irrespective of Percentage, I.O.P."，則保險單據不得含有"Franchise"或"Excess Deductible"之條款。請說明I.O.P.、Franchise及Excess Deductible三者之間有何區別？（104關特）★★★

四、ICC(A)係海上貨物運輸保險承保範圍最大的基本險，惟仍有除外不保的項目，試列舉出其中四項。ICC(B)與ICC(C)皆屬於海上貨物運輸保險的基本險，試問兩者的承保範圍有何差異？（103關特）★★★

五、Open Policy係屬常見的保險單據之一，試說明其意義為何？（103關特）★★★

六、何謂General Average？（102經濟部）★★★

七、何謂推定全損？可視為推定全損的情況有哪些？（101台電、中油、台糖）★★★

八、試述海上貨物運輸損害的種類。★★

命題焦點

一、貨物運輸保險

在國際貿易的進行中，貨物在運送的過程可能因遭遇危險而導致貨物全部或一部分遭受滅失或損害，因此必須將意外風險造成的損失及連帶發生的費用與責任，透過保險的方式，來作為損害的補償。

(一) 保險的關係人

根據保險法第一章的規定，保險主要的關係人如下：

保險人 （Insurer , Assurer）	又稱為承保人，係指經營保險事業之各種組織，在保險契約成立時，有保險費之請求權；在承保危險事故發生時，依其承保之責任，負擔賠償之義務。
要保人 （Applicant）	又稱為投保人，指對保險標的具有保險利益，向保險人申請訂立保險契約，並負有交付保險費義務之人。
被保險人 （Insured , Assured）	係指於保險事故發生時，遭受損害，享有賠償請求權之人；要保人亦得為被保險人。
受益人 （Beneficiary）	係指被保險人或要保人約定享有賠償請求權之人，要保人或被保險人均得為受益人。
公證人 （Insurance Surveyor）	係指向保險人或被保險人收取費用，為其辦理保險標的之查勘，鑑定及估價與賠款之理算、洽商，而予證明之人。

(二) 海上貨物運輸危險

海上貨物運輸保險所承保的危險是基本危險與特殊危險。茲介紹如下：

1. 基本危險

(1) 海上固有危險，例如船舶沉沒、擱淺、觸礁、碰撞、失蹤及風暴等。

(2) 火災。

(3) 暴力竊盜。

(4) 投棄。

(5) 船長或船員的惡意行為。

(6) 其他一切海上危險。

2. 特殊危險

(1) 戰爭。

(2) 罷工、暴動、民眾騷擾。

(3) 偷竊、挖竊或遺失。

(4) 淡水與雨水、破損、漏損、鉤損、汙油、汙染、汙濕及發熱等危險。

(三) 海上貨物運輸損害的種類

1. 全部損失（Total Loss）

亦稱為全損，是指保險標的物在海上運輸過程中，全部遭受損失。全損又可分為2種：

實際全損 （Actual Total Loss）	是指貨物或船舶發生海損而致保險標的業經毀損或損害的程度已失去原有之形體；或被保險人對於保險標的的所有權，已被剝奪且永不能恢復者。例如船舶承載之麵粉遭海水浸入，致全部泡水變成糊狀，因為麵粉的損害的程度已失去原有之形體，所以屬於實際全損。

推定全損 （Constructive Total Loss）	是指貨物或船舶發生海損，程度雖未達全部滅失，但因受損過鉅，其回復似不可能或其回復費用或修理費用及運到目的港的費用，將超過抵達後標的物本身價值者，可視為推定全損。（101台電、中油、台糖）

可視為推定全損的情況有下列三種：

1. 因承保危險致使被保險人喪失對貨物的控制，而回復似不可能者，例如船舶與外界物體碰撞或擦撞，施救困難，船長已宣布棄船，裝載於船上的貨物，即可視為推定全損。

2. 因承保危險致使被保險人喪失對貨物的控制，而該項貨物回復費用可能超過該貨物回覆時的價值者，例如船舶遇難沉沒，裝在船上的廢鐵，雖可打撈，但打撈費用（即回復費用）可能超過廢鐵本身價值，這種情形即可視為推定全損。

3. 貨物如受有損壞，損壞修理費用及將貨物運往目的地的費用，將超過貨物到達時的價值者，例如數箱電視機由台灣運往菲律賓，途中遭遇颱風，電視機全數遭海水浸蝕，以致受損不能使用，須加以修理，但修理費用和再運到菲律賓的運費，將超過這些電視機在菲律賓市場的價值，這種情形即可視為推定全損。

   由於推定全損並非被保險標的物實際上全部滅失，日後被保險標的物可能會失而復得或仍有部分價值存在，因此被保險人向保險人請求賠償時，必須表示委付，用以表示被保險人將保險標的物的一切權利移轉給保險人，同時並要求保險人支付該保險標的物之全部保險金額。（103合庫銀）

2. 部分損失（Particular Loss）

亦稱為分損，是指保險標的物的損失沒有達到全部損失的狀態。分損也可分為兩種：

共同海損（General Average, GA）	是指在海上發生緊急危難時，船長為了避免船舶及貨物的共同危險所作處分而直接發生的犧牲及費用，例如投棄即屬於共同海損。另外由海難事故所造成的共同海損應由貨主與船東比例分擔。因此共同海損成立的要件包括： (1)必須有危險的存在，如果客觀上危險並不存在卻誤認，則採取的行為所產生的犧牲及費用，並不構成共同海損。 (2)必須是為了船貨的共同安全，如僅因為船舶或貨物單方面之安全，所採取的預防行為，並不構成共同海損。 (3)必須是故意的行為。當發生危險時，為了船貨共同安全的目的，所採取之故意的行為。 (4)需有共同海損所直接引起之犧牲及費用。
單獨海損（Particular Average, PA）	是指貨物在海上運送途中，因不可預料的危險所造成的部分滅失或損害，係由該項利益之所有人單獨負擔者。換言之，單獨海損僅為部分關係人之損失，而無共同海損性質。

（104關特）

3.費用

因海上危險的發生而導致的費用支出。主要有以下幾種：

損害防止費用（Sue and Labor Charges）	係指船貨在海上遇險時，被保險人或其代理人或保險受益人，為了避免或減少損失，採取各種措施而支出的費用。
施救費用（Salvage Charges）	係指船貨在海上遇險時，若經由第三人非契約的任意施救行為而獲救時，其所支付該第三人的報酬。

單獨費用 （Particular Charge）	係指船貨在海上遇險時，貨主為了保護貨物安全所支付的費用，例如特別起卸費、臨時倉儲費、貨物維護費及轉運等費用。

二、海上貨物運輸保險的種類

在國際海運保險業務中，英國是一個保險歷史比較悠久且發達的國家，因此目前世界上大多數國家在海上保險業務中，都直接採用英國倫敦保險協會所制定的「協會貨物條款」（Institute Cargo Clause，簡稱I.C.C.）。其最早制定於1912年，後來經過多次修訂，而於2009年1月1日推出新版的海上貨物保險條款。主要修訂內容包括：說明條款所載的不承保事項；條款改用現代化文字，以及加入某些詞語的新釋義。修訂後的條款，更易為人明白，更重要的是擴大保障範圍，使受保人獲得更全面的保障。保險協會新修訂的保險條款主要有6種，包含3種基本險與3種附加險：

(一) 基本險

協會貨物條款 (A)款險 （Institute Cargo Clauses(A)， 簡稱ICC(A)）	倫敦保險協會所推出的新版協會貨物保險(A)條款，與舊條款全險條款（All Risk , AR）相類似，屬於概括式承保，是採用一切風險減去除外責任的保險方式，即除了保單規定除外責任項下所列風險不予負責外，其他風險均予負責。所以本保險的承保範圍最廣，其保費的費率也是最高。另依據Incoterms ® 2020的規定，如果買賣契約未規定保險條款時，在CIP貿易條件下，賣方至少要投保ICC(A)或AR險。 (A)條款不承保的危險有： 1.一般除外條款： 　(1)可歸因於被保險人故意過失所引起者。 　(2)保險標的之正常滲漏、重量或容量的正常耗損所引起者。 　(3)保險標的包裝或配置不足或不當所引起者。 　(4)保險標的固有瑕疵或本身特性所引起者。 　(5)直接由於延遲所引起者，包括承保風險引起的延遲所造成者亦同。

協會貨物條款 (A)款險 （Institute Cargo Clauses(A)， 簡稱ICC(A)）	(6)由於船舶所有人、經理人、承租人或營運之人破產或 因其財務糾紛所引起者。 (7)任何因使用原子或核子分裂或其他類似反應，或放射 性武器所引起者。 2.不適航及不適運除外條款。 3.兵險除外條款。 4.罷工除外條款。（103關特）
協會貨物條款 (B)款險 （Institute Cargo Clauses(B)， 簡稱ICC(B)）	與舊條款水漬險（With Particular Average，WA）相類 似，屬於列舉式承保，即僅承保保單上列舉之危險，承保 範圍較ICC(A)小。 (B)條款承保的危險為保險標的之滅失或損壞，可合理地歸 因於下列任何之一者，保險人應予以賠償： 1.火災或爆炸。 2.船舶或駁船擱淺、觸礁、沉沒或傾覆。 3.陸上運輸工具傾覆或出軌。 4.船舶、駁船或運輸工具與水以外的任何外界物體碰撞或 擦撞。 5.在遇難港卸貨。 6.地震、火山爆發或雷擊。 7.共同海損犧牲。 8.投棄或浪擊落海。 9.海水、湖水或河水進入船舶、船艙或貨櫃、貨廂或儲存 處所。 10.貨物於裝卸船舶時，掉落或墜落海中而造成整件貨物的 全部損失。 11.共同海損條款所列之共同海損及施救費用。 12.雙方過失碰撞條款所列的碰撞責任分擔。（103關特） (B)條款不承保的危險有： (B)條款的除外責任和(A)條款大致相同，但(B)條款另增 加了「由於任何人員的不法行為或惡意行為所引起對保險 標的之全部或一部分遭到故意損害或破壞，保險人不負責 任」的規定，這表示在(B)條款中，保險人不但對被保險人 蓄意不法行為所致的損失不負責任，對任何其他人的故意 非法行為所致損失也不負責任。

| 協會貨物條款
(C)款險
（Institute
Cargo
Clauses(C)，
簡稱
ICC(C)） | 與舊條款平安險（Free of Particular Average，FPA）相類
似，又稱為「單獨海損不賠」，亦屬於列舉式承保，僅承
保保單上列舉之危險，其承保範圍是最小，保費的費率
也是最低。依據Incoterms® 2010的規定，如果買賣契約
未規定保險條款時，在CIF貿易條件下，賣方至少要投保
ICC(C)或FPA險。
(C)條款承保的危險有：
1.(B)條款承保危險中的前5項。
2.共同海損犧牲。
3.投棄。
4.共同海損條款所列之共同海損及施救費用。
5.雙方過失碰撞條款所列的碰撞責任分擔。（103關特）
由上可知，(C)條款承保範圍較(B)條款小，另(C)條款不承
保的危險與(B)條款完全一致。 |

(二) 附加險

| 協會貨物兵險條款
（Institute War
Clauses Cargo） | 由於協會基本險類中均不承保兵險，因此如欲加保此
險時，須另外加收兵險保險費，並於保單上批註兵險
條款始得生效。本條款與舊保險協會兵險相類似，主
要是針對戰爭行為及戰爭武器導致保險標的之直接損
失負責，但不負責因此而導致的費用損失。此外，對
於為避免承保風險所造成的共同海損和救助費用，予
以負責。投保兵險時，其保險人之兵險責任是終止於
貨物在最終卸貨港卸離海船或到達最終卸貨港當日午
夜起算屆滿15天。 |
| 協會貨物罷工險
條款（Institute
Strikes Clauses
Cargo） | 和兵險條款一樣，如欲加保本保險，須向保險人另行
投保繳費，並於保單上批註該保險條款始得生效。本
條款與舊保險協會罷工、暴動、民眾騷擾險（Strikes,
Riots and Civil Commotions，SRCC）相類似，對於因
罷工、停工或參與工潮、暴動或民眾騷擾所造成的損
失，以及任何恐怖分子或任何出於政治目的採取行動
之人所致的損失，還有為避免承保風險所致的共同海
損和救助費用，予以負責。 |

協會貨物偷竊及 未能送達險條款 （Institute Theft , Pilferage and Non-Delivery Clauses Cargo）	由於協會基本險類中除ICC(A)承保此險外，ICC(B)及ICC(C)均不承保此險，因此被保險人如有需要，須向保險人另行投保繳費，並於保單上批註此條款始得生效。本條款與舊保險協會偷竊、挖竊、遺失險（Theft, Pilferage and Non-Delivery，TPND）相類似，承保範圍為貨物因偷竊、短卸或遺失致未能送達所產生之毀損或滅失，保險人應予以賠償。"Theft"是指包裝完好之整件貨物被偷走，"Pilferage"則指整件貨物被竊取其中一部分，"Non-Delivery"則是指整件貨物在運送中遺失、誤卸或被誤領以致未能送達目的地。

三、海上貨物運輸保險責任的起迄

通常海上貨物運輸保險的保險單均以「倉庫至倉庫」（Warehouse to Warehouse）方式承保，其所指之倉庫係為保險單載明的航程起、迄運地點之倉庫。海上貨物運輸保險責任的起迄如下：

(一) 保險責任的生效

依新協會貨物條款第8條規定，本保險責任起於貨物離開保險單所記載地點倉庫或儲存處所時開始生效。

(二) 保險責任的終止

海上貨物運輸基本險之保險責任的終止，係以下述所列之3種終止情形，先發生者為準：

1. 貨物依照正常運輸過程，運送至保險單所記載之目的地受貨人倉庫或儲存處所。
2. 貨物運送至保險單所記載之目的地以外之倉庫或儲存處，而該倉庫或儲存處所為正常運送過程以外的儲存。
3. 被保險貨物自貨輪於最終卸貨港卸載完畢之日起屆滿60天；航空貨物保險，其保險效力係貨物自載運飛機於最終目的地機場卸載完畢之日起屆滿30天終止。

四、海運保險單據

(一) 種類

1. **預約保險單（Open Policy,Open Cover）或流動保險單（Floating Policy）**：俗稱統保單，係要保人以預約方式向保險人投保長期性、總括性的保險。保險單上只有一般保險條件，要保人於每次貨物裝運後，須將裝船的詳細資料提供給保險人，以利保險人簽發保險證明書。（103關特）

2. **保險單（Insurance Policy）**：為國際貿易上正式的保險單據，為證明保險人與被保險人間成立保險契約的正式文件。其性質可分為：

航程保險單	保險人所承保的標的係按照運送航程來承保的保險單，一般海上貨運保單多屬於航程保單。
定期保險單	於保險單上註明保險標的物的價值。

3. **保險證明書（Insurance Certificate）或保險聲明書（Insurance Declaration）**：係要保人與保險人間訂有預約或流動保險契約，並由保險人簽發總括性的保險單，當要保人向保險人提出每批貨物裝運的詳細資料後，由保險人所簽發證明貨物業以保險的證明書或聲明書。根據UCP 600第28條d項規定，保險單可以由統保單項下的保險證明書或聲明書來替代。

4. **預保單（To Be Declared Policy , TBD Policy）**：又稱TBD保單，在FOB或CFR貿易條件下，其保險是由進口商負擔。開狀銀行為保障其融資債權的安全，均要求進口商於開狀時提供保險單據，然而此時，進口商對於貨物的內容及裝運情形尚未知悉，因此進口商只能先提示未確定船名、航次及開航日期之預保單，保險人先在預保單的船舶名稱、航次及開航日期欄位中填註"To Be Declared"，表示船名、航次與開航日期待通知。等到進口商接到出口商的裝運通知後，再由保險人於保險單上批註或簽發，故也稱為待通知保單。

5. **暫保單（Cover Note）或投保通知書（Binder）**：是保險契約簽訂時，保險人對要保人所為的臨時收據。為保險人未正式簽發保險單之前，為證明保險契約已成立因而簽發的一種臨時文件。根據UCP 600第28條c項規定，除非信用狀有特別規定，否則銀行將拒絕接受投保通知書。

(二) 保險單據之功用

1. 保險契約成立之憑證。
2. 得作成指示式或無記名式，同保險標的物一同轉讓。
3. 在CIF、CIP條件下，保險單據為押匯單據中的重要文件。
4. 保險事故發生時，保險單據係向保險人請領賠款的必要證件。

(三) UCP 600第28條保險單據的相關規定

1. 保險單據限由保險公司，保險人或其代理人所簽發並簽署。
2. 保險單據正本超過一份時，所有正本都必須提示。
3. 暫保單（Cover Note）將不被接受。
4. 保險單可由統保單項下的保險證明書或聲明書所替代。
5. 保險單據的簽發日期必須不遲於裝船日期。
6. (1) 保險幣別須和信用狀同一貨幣表示。
   (2) 保險金額應依信用狀規定。如信用狀無規定時，則投保金額至少須為CIF或CIP貨物價值的110%。
7. 保險種類須多於或和信用狀敘述者一致。
8. 保險單據有「全險」標記或條款時，不論是否註記「全險」標題，或是否有「一切險」標題，該保險單據將被接受。
9. 保險單據得包含援引任何除外條款。
10. 保險單據得表明其承保的範圍適用免賠額或扣除免賠額僅賠超額。

> **註**
>
> I.O.P.（Irrespective of Percentage）
> 不計免賠額比率。係指不計免賠額比率均要賠償，意指沒有免賠額限制，不論損失百分比多少保險人都要理賠。
>
> Franchise
> 免賠額或起賠額。係指保險標的物的損害未達一定額度或比率者，保險人不與賠償；如保險標的物的損害超過一定額度或比率者，保險人須就全部損害予以賠償。
>
> Excess Deductible
> 自負額或僅賠超額。係指保險事故發生時，被保險人應先自行負擔某一定額度或某一比率的損失，當保險標的物的損害超過一定額度或一定比率時，保險人僅就超過部分的損害予以賠償。
> 上述三者之間的區別在於保險人承保的範圍。在 I.O.P. 條款下，不論損失百分比多少保險人都要理賠；在 Franchise 條款下，保險標的物的損害未達一定額度或比率者，保險人不與賠償；而在Excess Deductible條款下，保險人僅就超過自付額部分的損害予以賠償。
> （104關特）

五、輸出保險

輸出保險是國家為促進外銷及國外投資而設立的一種政策性保險制度，其設立並不以營利為目的，乃是為保障國內出口廠商因進口商信用或進口國政治因素所致損失，能獲得賠償。例如進口商因金融風暴倒閉，致出口商所生貨款之損失，給予賠償。

輸出保險係以出口商為要保人與被保險人，貨款為其保險標的。但保險金額有限制，無法按貨物價值全額投保，因此出口商須承擔部分風險。出口廠商於辦理輸出保險後，如需要資金融通，可出具保險證明書向銀行取得週轉資金。輸出保險一般多由政府經營或委由公營機構辦理。我國辦理輸

出保險始自民國49年，初期由中央信託局辦理，民國68年成立中國輸出入銀行，乃改由該行輸出保險部承辦。

目前輸出保險的種類計有：

(一) 託收方式（D/P、D/A）輸出綜合保險。

(二) 記帳方式（O/A）輸出綜合保險。

(三) 中長期延付輸出保險。

(四) 普通輸出綜合保險。

(五) 海外工程保險。

(六) 海外投資保險。

(七) 輸出融資綜合保險。

(八) 國際應收帳款輸出信用保險。

(九) 中小企業安心出口保險。

(十) 信用狀出口保險。

(十一)台灣接單、大陸出口境外貿易保險。

今將較常使用的保險介紹如下：

(一) 輸出融資綜合保險

承保範圍	因出口商信用危險致融資不能收回之損失，或進口國的政治風險與國家風險，負責賠償融資銀行損失。
保險標的	以輸出融資金額為保險標的。
保險金額	保險金額為保險價額的90%。
承保對象	係以融資銀行為要保人或被保險人。

(二) 台灣接單、大陸出口境外貿易保險

本國廠商在「台灣接單、大陸出口」下，以一年期以下D/P、D/A、O/A或L/C付款方式交易者，宜投保台灣接單、大陸出口境外貿易保險業務，本業務保險對象鎖定為經濟部投審會核准或核備者。

測驗題攻略

( )　1. 依據UCP 600 之規定，有關保險單據的審核，下列敘述何者錯誤？　(A)保險單據之被保險人（assured）為受益人，則須受益人作空白背書　(B)保險最低金額為CIF或CIP金額之110%　(C)保險單據簽發日不得晚於B/L裝運日　(D)得以保險聲明書取代保險單。（107一銀）

( )　2. 根據INCOTERMS 2010、UCP 600及ISBP681之規範，在由賣方負責洽訂貨物運輸保險契約，而保險事故發生時係由買方提出索賠之場合，若買賣雙方未約定保險內容，則下列敘述何者錯誤？(A)保險種類必須為ICC(A)　(B)保險日期不得遲於裝運日期(C)保險幣別應和契約幣別一致　(D)保險金額最低為契約金額之110%。（104華南）

( )　3. 根據UCP 600和ISBP681之規範，下列與保險單據有關之敘述，何者錯誤？
(A)若信用狀要求保險單據"endorsed in blank"，則保險單據可以"issued to bearer"方式簽發
(B)投保通知書（cover notes）將不被接受
(C)即使保險單據或信用狀沒有要求，所有正本之保險單據應顯示業經副署（countersigned）
(D)若信用狀未規定被保險人，則保險單據表明賠償係"to order of the beneficiary"，只要經過背書，即可接受。（104華南）

（　）4.倘信用狀要求提示保險單據（Insurance Document），此外未另有其他規定，則依據UCP 600之規定，下列單據何者將不予接受？
(A)保險單（insurance policy）
(B)保險證明書（insurance certificate）
(C)保險聲明書（insurance declaration）
(D)投保通知書（cover note）。（103合庫銀）

（　）5.下列何者不屬共同海損（General Average）成立之要件？　(A)共同航海事業必須處於實際危險中　(B)行為必須是非故意的意外　(C)行為必須是非常的　(D)行為必須使遭遇危險之財物得以保全。（103合庫銀）

（　）6.投保下列何種基本協會保險條款，需加保「投棄波浪掃落（J.W.O.B）」附加條款，否則貨物因狂風巨浪捲落海中導致之損失，將無法獲得理賠？　(A)ICC(A)　(B)ICC(B)　(C)ICC(C)　(D)ICC（Air）。（103合庫銀）

（　）7.依據協會貨物保險基本條款，投保「倉到倉條款」（warehouse to warehouse）之貨物雖未運抵保險單據所載目的地倉庫，但已於最後卸貨港自船舶卸載完成屆滿幾天，保險效力終止？　(A)21天　(B)30天　(C)60天　(D)90天。（103合庫銀）

（　）8.被保險人欲以推定全損（constructive total loss）索賠時，須將保險標的物之一切權利移轉於保險人，而請求支付該保險標的物之全部保險金額，此種作為謂之為何？　(A)催告　(B)協議　(C)委付　(D)債權移轉。（103合庫銀）

（　）9.下列何種危險並不包括在保險條款ICC(A)的承保範圍？　(A)共同海損犧牲　(B)戰爭　(C)海盜　(D)地震。（103華南）

（　）10.出口商以CIP條件出口貨物並約定在ABC CY交貨，該整櫃貨物於4月3日於貨櫃場（CY）交付運送人，並於同月12日裝船，14日取得提單，則出口商所安排運輸保險之保險單據之簽發日期不得遲於下列何日？　(A)4月3日　(B)4月12日　(C)4月14日　(D)4月24日。（103華南）

( )│11.買賣雙方若以CIF或CIP條件成交時，根據INCOTERMS 2010及
　　　UCP 600 與ISBP 681之規範，有關貨物運輸保險之敘述，下列何
　　　者錯誤？
　　　(A)如果買賣雙方未約定保險種類，賣方將就協會貨物條款或任
　　　　　何類似條款最低者承保
　　　(B)如果信用狀要求保險金額"irrespective of percentage"，則保險
　　　　　單據可以含有表明保險責任受免賠額（franchise）約束之條款
　　　(C)除買賣雙方另有約定外，保險金額應與契約同一貨幣
　　　(D)除買賣雙方另有約定外，理賠地點通常是以買方所在地或貨
　　　　　物運往之目的地為之。（102華南）

( )│12.下列何者係屬於海上貨物運輸保險基本險ICC(A)之承保範圍？
　　　(A)戰爭　(B)罷工　(C)包裝不良或配置不當　(D)海盜行為。
　　　（101華南）

解答及解析

1. **D** 根據UCP 600第28條d項規定，保險單可以由統保單項下的保險
　　 證明書或聲明書來替代，而非得以保險聲明書取代保險單。

2. **A** 依據Incoterms® 2010的規定，如果買賣契約未規定保險條款時，
　　 在CIF或CIP貿易條件下，賣方至少要投保ICC(C)或FPA險。

3. **C** 根據UCP 600第28條a項規定，保險單據限由保險公司，保險人
　　 或其代理人所簽發並簽署（signed）。

4. **D** 根據UCP 600第28條c項規定，投保通知書（cover note）將
　　 不被接受。

5. **B** 共同海損是指在海上發生緊急危難時，船長為了避免船舶及貨物
　　 的共同危險所作處分而直接發生的犧牲及費用，因此行為可能是
　　 故意的意外。

6. **C** ICC(C)條款的承保範圍內不包含投棄波浪掃落（J.W.O.B）險，
　　 因此須另行加保。

7. **C** 依據協會貨物保險基本條款，被保險貨物自貨輪於最終卸貨港卸載完畢之日起屆滿60天，保險效力終止。

8. **C** 由於推定全損並非被保險標的物實際上全部滅失，日後被保險標的物可能會失而復得或仍有部分價值存在，因此被保險人向保險人請求賠償時，必須表示委付，用以表示被保險人將保險標的物的一切權利移轉給保險人，同時並要求保險人支付該保險標的物之全部保險金額。

9. **B** 戰爭險屬於附加險，不包括在保險條款ICC(A)的承保範圍內，要保人須另行投保。

10. **A** CIP條件下，貨物風險於出口地貨物交給第一運送人時移轉給買方，因此出口商所安排運輸保險之保險單據之簽發日期，不得遲於貨物交付運送人之日（4月3日）。

11. **B** 如果信用狀要求保險金額"irrespective of percentage"（I.O.P），即表示不計免賠額比率均要賠償，意指無免賠額限制，不論損失百分比多少都要理賠。因此保險單據不可以含有表明保險責任受免賠額（franchise）約束之條款。

12. **D** 協會貨物條款(A)款險（ICC(A)）屬於概括式承保，是採用一切風險減去除外責任的保險方式，即除了保單規定除外責任項下所列風險不予負責外，其他風險均予負責。戰爭、罷工及包裝不良或配置不當皆為ICC(A)之除外責任，而海盜行為則在ICC(A)之承保範圍。

申論題破解

一、台灣出口商與國外進口商簽訂一筆貿易契約，雙方約定以Open Account（O/A）方式交易，貨物應從台灣裝運出口。契約成立後，出口商向中國輸出入銀行投保「O/A方式輸出綜合保險」。

請回答下列問題：

(一)何謂 Open Account（O/A）？

(二)出口商投保「O/A方式輸出綜合保險」，可以規避何種風險？

(三)以下是「O/A方式輸出綜合保險」的各項投保步驟，請依序排列正確的投保流程。（請列出代碼即可，例如BDA……）

　　A.中國輸出入銀行向出口商發送「國外進口商信用限額通知書」。

　　B.出口商繳交保險費。

　　C.中國輸出入銀行簽發「保險證明書」。

　　D.出口商向中國輸出入銀行申請簽發「保險單」。

　　E.中國輸出入銀行確認進口商符合承保標準。

　　F.出口商自行委託國內外依法立案之徵信機構辦理進口商的徵信調查，或委託中國輸出入銀行代為辦理對進口商的徵信調查。

　　G.出口商將貨物裝運出口，向中國輸出入銀行填送「貨物輸出通知書」。（107輸出入銀）

解(一) Open Account（O/A）：記帳。係指賣方於貨物交運出口後，即將貨運單據等逕寄買方辦理提貨，其貨款則以應收帳款方式記入買方帳戶，俟約定付款期限屆滿時，再行結算。此方式通常用於公司內部及母子公司間往來，或進出口雙方已有長期且穩固交易基礎者，如老客戶頻繁的訂單，或在買方市場狀態下，出口商具有較堅實財務基礎者。

(二) 出口商投保「O/A方式輸出綜合保險」，可以規避以下風險：

1. 政治危險：輸出目的地政府變更法令或發生戰爭、天災等致貨物不能進口或不能匯兌等，以致貨款不能收回之損失。

2. 信用危險：買主不依約付款，不依約承兌或承兌到期不付款等所致損失。（但貨物由第三國裝運出口者，因輸入目的地或轉口地政府禁止或限制進口所致損失，不負賠償責任。）

(三)「O/A方式輸出綜合保險」正確的投保流程如下：

1. F.出口商自行委託國內外依法立案之徵信機構辦理進口商的徵信調查，或委託中國輸出入銀行代為辦理對進口商的徵信調查。

2. E.中國輸出入銀行確認進口商符合承保標準。

3. A.中國輸出入銀行向出口商發送「國外進口商信用限額通知書」。

4. D.出口商向中國輸出入銀行申請簽發「保險單」。

5. G.出口商將貨物裝運出口，向中國輸出入銀行填送「貨物輸出通知書」。

6. C.中國輸出入銀行簽發「保險證明書」。

7. B.出口商繳交保險費。

因此投保流程為F→E→A→D→G→C→B。

二、General Average 和Particular Average 皆屬於貨物運輸保險之部分損失（Partial Loss）。請問：

(一)何謂General Average？是否屬於基本險的承保範圍？請說明之。

(二)何謂Particular Average？是否屬於基本險的承保範圍？請說明之。

(三)Particular Average 是否可以全數獲得賠償，尚需視保險單據之規定。根據ISBP的規範，若信用狀要求承保範圍必須是"Irrespective of Percentage, I.O.P."，則保險單據不得含有"Franchise"或"Excess Deductible"之條款。請說明I.O.P.、Franchise及Excess Deductible三者之間有何區別？（104關特）

解 (一) General Average（GA）：共同海損。係指在海上發生緊急危難時，船長為了避免船舶及貨物的共同危險所作處分而直接發生的犧牲及費用，例如投棄即屬於共同海損。另外由海難事故所造成的共同海

損應由貨主與船東比例分攤。協會貨物條款中ICC(A)條款、ICC(B)條款以及ICC(C)條款三個基本險的承保範圍皆包含共同海損。

(二) Particular Average（PA）：單獨海損。係指貨物在海上運送途中，因不可預料的危險所造成的部分滅失或損害，係由該項利益之所有人單獨負擔者。協會貨物條款中ICC(A)條款及ICC(B)條款的承保範圍皆包含單獨海損，但單獨海損不屬於ICC(C)條款的承保範圍。

(三)

1. I.O.P.（Irrespective of Percentage）：不計免賠額比率。係指不計免賠額比率均要賠償，意指沒有免賠額限制，不論損失百分比多少保險人都要理賠。

2. Franchise：免賠額或起賠額。係指保險標的物的損害未達一定額度或比率者，保險人不與賠償；如保險標的物的損害超過一定額度或比率者，保險人須就全部損害予以賠償。

3. Excess Deductible：自負額或僅賠超額。係指保險事故發生時，被保險人應先自行負擔某一定額度或某一比率的損失，當保險標的物的損害超過一定額度或一定比率時，保險人僅就超過部分的損害予以賠償。

上述三者之間的區別在於保險人承保的範圍。在I.O.P.條款下，不論損失百分比多少保險人都要理賠；在Franchise條款下，保險標的物的損害未達一定額度或比率者，保險人不與賠償；而在Excess Deductible條款下，保險人僅就超過自付額部分的損害予以賠償。

三、請回答下列各問題：

(一)ICC(A)係海上貨物運輸保險承保範圍最大的基本險，惟仍有除外不保的項目，試列舉出其中四項。

(二)ICC(B)與ICC(C)皆屬於海上貨物運輸保險的基本險，試問兩者的承保範圍有何差異？

(三)Open Policy係屬常見的保險單據之一，試說明其意義為何？

　　（103關特）

解(一) ICC(A)（協會貨物保險條款(A)條款）係海上貨物運輸保險承保範圍最大的基本險，屬於概括式承保，是採用一切風險減去除外責任的保險方式，即除了保單規定除外責任項下所列風險不予負責外，其他風險均予負責。所以本保險的承保範圍最廣，其保費的費率也是最高。

(A)條款不承保的危險有：

1. 一般除外條款：

　A.可歸因於被保險人故意過失所引起者。

　B.保險標的之正常滲漏、重量或容量的正常耗損所引起者。

　C.保險標的包裝或配置不足或不當所引起者。

　D.保險標的固有瑕疵或本身特性所引起者。

　E.直接由於延遲所引起者，包括承保風險引起的延遲所造成者亦同。

　F.由於船舶所有人、經理人、承租人或營運之人破產或因其財務糾紛所引起者。

　G.任何因使用原子或核子分裂或其他類似反應，或放射性武器所引起者。

2. 不適航及不適運除外條款。

3. 兵險除外條款。

4. 罷工除外條款。

(二) ICC(B)（協會貨物保險條款(B)條款）與ICC(C)（協會貨物保險條款(C)條款）皆屬於列舉式承保，即僅承保保單上列舉之危險，但ICC(B)承保的範圍較ICC(C)大。兩者承保範圍的差異為ICC(B)承保的範圍較ICC(C)多了以下幾項：

1. 可合理歸因於下列事故所致保險標的之毀損或滅失：地震、火山爆發或雷擊。

2. 因下列事故所致保險標的之毀損或滅失：

　(1)浪擊落海。

　(2)海水、湖水或河水進入船舶、船艙或貨櫃、貨廂或儲存處所。

(3)貨物於裝卸船舶時，掉落或墜落海中而造成整件貨物的全部損失。

(三)預約保單（Open Policy）俗稱統保單，係要保人以預約方式向保險人投保長期性、總括性的保險。保險單上只有一般保險條件，要保人於每次貨物裝運後，須將裝船的詳細資料提供給保險人，以利保險人簽發保險證明書。

四、名詞解釋：General Average（102經濟部）

解 General Average（GA）：共同海損。是指在海上發生緊急危難時，船長為了避免船舶及貨物的共同危險所作處分而直接發生的犧牲及費用，例如投棄即屬於共同海損。另外由海難事故所造成的共同海損應由貨主與船東比例分擔。

五、何謂推定全損？可視為推定全損的情況有哪些？（101台電、中油、台糖）

解 推定全損（Constructive Total Loss）係指貨物或船舶發生海損，程度雖未達全部滅失，但因受損過鉅，其回復似不可能或其回復費用或修理費用及運到目的港的費用，將超過抵達後標的物本身價值者，可視為推定全損。

可視為推定全損的情況有下列三種：

(一)因承保危險致使被保險人喪失對貨物的控制，而回復似不可能者，例如船舶與外界物體碰撞或擦撞，施救困難，船長已宣布棄船，裝載於船上的貨物，即可視為推定全損。

(二)因承保危險致使被保險人喪失對貨物的控制，而該項貨物回復費用可能超過該貨物回覆時的價值者，例如船舶遇難沉沒，裝在船上的廢鐵，雖可打撈，但打撈費用（即回復費用）可能超過廢鐵本身價值，這種情形即可視為推定全損。

(三) 貨物如受有損壞，損壞修理費用及將貨物運往目的地的費用，將超過貨物到達時的價值者，例如數箱電視機由台灣運往菲律賓，途中遭遇颱風，電視機全數遭海水浸蝕，以致受損不能使用，須加以修理，但修理費用和再運到菲律賓的運費，將超過這些電視機在菲律賓市場的價值，這種情形即可視為推定全損。

六、何謂單獨海損？何謂共同海損？

解 (一) 單獨海損（Particular Average，PA）：是指貨物在海上運送途中，因不可預料的危險所造成的部分滅失或損害，係由該項利益之所有人單獨負擔者。換言之，單獨海損僅為部分關係人之損失，而無共同海損性質。

(二) 共同海損（General Average，GA）：是指在海上發生緊急危難時，船長為了避免船舶及貨物的共同危險所作處分而直接發生的犧牲及費用，例如投棄即屬於共同海損。另外由海難事故所造成的共同海損應由貨主與船東比例分擔。因此共同海損成立的要件包括：

1. 必須有危險的存在，如果客觀上危險並不存在卻誤認，則採取的行為所產生的犧牲及費用，並不構成共同海損。

2. 必須是為了船貨的共同安全，如僅因為船舶或貨物單方面之安全，所採取的預防行為，並不構成共同海損。

3. 必須是故意的行為。當發生危險時，為了船貨共同安全的目的，所採取之故意的行為。

4. 需有共同海損所直接引起之犧牲及費用。

七、請說明英國倫敦保險協會於2009年推出新版海上貨物保險條款中的基本險與附加險。

解(一)基本險：

　　1. 協會貨物條款(A)款險（（Institute Cargo Clauses(A)，簡稱 ICC(A)）：倫敦保險協會所推出的新版協會貨物保險(A)條款，與舊條款全險條款（All Risk，AR）相類似，屬於概括式承保，是採用一切風險減去除外責任的保險方式，即除了保單規定除外責任項下所列風險不予負責外，其他風險均予負責。所以本保險的承保範圍最廣，其保費的費率也是最高。

　　2. 協會貨物條款(B)款險（（Institute Cargo Clauses(B)，簡稱 ICC(B)）：與舊條款水漬險（With Particular Average，WA）相類似，屬於列舉式承保，即僅承保保單上列舉之危險，承保範圍較ICC(A)小。

　　3. 協會貨物條款(C)款險（（Institute Cargo Clauses(C)，簡稱 ICC(C)）：與舊條款平安險（Free of Particular Average，FPA）相類似，又稱為「單獨海損不賠」，亦屬於列舉式承保，僅承保保單上列舉之危險，其承保範圍是最小，保費的費率也是最低。依據Incoterms® 2010的規定，如果買賣契約未規定保險條款時，在CIF或CIP貿易條件下，賣方至少要投保ICC(C)或FPA險。

(二)附加險

　　1. 協會貨物兵險條款（Institute War Clauses Cargo）：本條款與舊保險協會兵險相類似，主要是針對戰爭行為及戰爭武器導致保險標的之直接損失負責，但不負責因此而導致的費用損失。此外，對於為避免承保風險所造成的共同海損和救助費用，予以負責。投保兵險時，其保險人之兵險責任是終止於貨物在最終卸貨港卸離海船或到達最終卸貨港當日午夜起算屆滿15天。

　　2. 協會貨物罷工險條款（Institute Strikes Clauses Cargo）：本條款與舊保險協會罷工、暴動、民眾騷擾險（Strikes, Riots and Civil Commotions，SRCC）相類似，對於因罷工、停工或參與工潮、暴動或民眾騷擾所造成的損失，以及任何恐怖分子或任何出於政

治目的採取行動之人所致的損失，還有為避免承保風險所致的共
同海損和救助費用，予以負責。

3. 協會貨物偷竊及未能送達險條款（Institute Theft, Pilferage and
Non-Delivery Clauses Cargo）：本條款與舊保險協會偷竊、挖
竊、遺失險（Theft, Pilferage and Non-Delivery, TPND）相類
似，承保範圍為貨物因偷竊、短卸或遺失致未能送達所產生之毀
損或滅失，保險人應予以賠償。

八、國際貿易中海上貨物運輸基本險之保險責任終止於何時？

解 海上貨物運輸基本險之保險責任的終止，係以下述所列之三種終止情
形，先發生者為準：

(一) 貨物依照正常運輸過程，運送至保險單所記載之目的地受貨人倉庫
或儲存處所。

(二) 貨物運送至保險單所記載之目的地以外之倉庫或儲存處，而該倉庫
或儲存處所為正常運送過程以外的儲存。

(三) 被保險貨物自貨輪於最終卸貨港卸載完畢之日起屆滿60天；航空貨
物保險，其保險效力係貨物自載運飛機於最終目的地機場卸載完畢
之日起屆滿30天終止。

九、試述保險單的種類。

解 (一) 預約保險單（Open Policy,Open Cover）或流動保險單（Floating
Policy）：俗稱統保單，係要保人以預約方式向保險人投保長期
性、總括性的保險。保險單上只有一般保險條件，要保人於每次貨
物裝運後，須將裝船的詳細資料提供給保險人，以利保險人簽發保
險證明書。

(二) 保險單（Insurance Policy）：為國際貿易上正式的保險單據，為證
明保險人與被保險人間成立保險契約的正式文件。

(三) 保險證明書（Insurance Certificate）或保險聲明書（Insurance Declaration）：係要保人與保險人間訂有預約或流動保險契約，並由保險人簽發總括性的保險單，當要保人向保險人提出每批貨物裝運的詳細資料後，由保險人所簽發證明貨物業以保險的證明書或聲明書。根據UCP 600第28條d項規定，保險單可以由統保單項下的保險證明書或聲明書來替代。

(四) 預保單（To Be Declared Policy , TBD Policy）：又稱TBD保單，在FOB或CFR貿易條件下，其保險是由進口商負擔。開狀銀行為保障其融資債權的安全，均要求進口商於開狀時提供保險單據，然而此時，進口商對於貨物的內容及裝運情形尚未知悉，因此進口商只能先提示未確定船名、航次及開航日期之預保單，保險人先在預保單的船舶名稱、航次及開航日期欄位中填註"To Be Declared"，表示船名、航次與開航日期待通知。等到進口商接到出口商的裝運通知後，再由保險人於保險單上批註或簽發，故也稱為待通知保單。

(五) 暫保單（Cover Note）或投保通知書（Binder）：是保險契約簽訂時，保險人對要保人所為的臨時收據。為保險人未正式簽發保險單之前，為證明保險契約已成立因而簽發的一種臨時文件。根據UCP 600第28條c項規定，除非信用狀有特別規定，否則銀行將拒絕接受投保通知書。

十、何謂航程保單？何謂時間保單？

解 (一) 航程保單：係指保險人所承保的標的係按照運送航程來承保的保險單，保險單的效力僅及於某一段航程者稱之，一般海上貨運保單多屬於航程保單。

(二) 時間保單：如果保險單係以某一特定時段為保險有效期間者，稱為時間保單。

十一、輸出保險的意義為何？託收方式（D/P、D/A）輸出綜合保險的內容為何？

解 (一) 輸出保險是國家為促進外銷及國外投資而設立的一種政策性保險制度，其設立並不以營利為目的，乃是為保障國內出口廠商因進口商信用或進口國政治因素所致損失，能獲得賠償。例如進口商因金融風暴倒閉，致出口商所生貨款之損失，給予賠償。

輸出保險係以出口商為要保人與被保險人，貨款為其保險標的。但保險金額有限制，無法按貨物價值全額投保，因此出口商須承擔部分風險。出口廠商於辦理輸出保險後，如需要資金融通，可出具保險證明書向銀行取得週轉資金。輸出保險一般多由政府經營或委由公營機構辦理。我國辦理輸出保險始自民國49年，初期由中央信託局辦理，民國六十八年成立中國輸出入銀行，乃改由該行輸出保險部承辦。

(二) 託收方式（D/P、D/A）輸出綜合保險：

1. 承保對象：本保險以一年期以下付款交單（D/P）或承兌交單（D/A）方式由本國或由第三地輸出貨物之交易為保險對象。貨物如由第三地出口供應，該出口供應商須為我國廠商經政府核准或核備之對外投資設立。

2. 要保人及被保險人：出口廠商

3. 保險標的：輸出貨款。

4. 承保範圍：

   (1) 政治危險：輸出目的地政府變更法令或發生戰爭、天災等致貨物不能進口或不能匯兌等，以致匯款不能收回之損失。

   (2) 信用危險：進口商不依約付款，不依約承兌或承兌到期不付款等所致損失。（貨物由第三國裝運出口者，因輸入目的地或轉口地政府禁止或限制進口所致損失，不負賠償責任。）

5. 保險金額：保險金額以不超過保險價額的90%為限。

經典考題

一、何謂「原產地證明書」（Certificate of Origin, C/O）？「一般產地證明書」與「優惠關稅產地證明書」各有何種特性？（102關特）★★★

二、國際貿易經常使用各式貨運單據〈shipping documents〉，請回答下列有關貨運單據之問題？

(一)列舉二種具備有價證券性質之貨運單據。

(二)列舉二種由賣方（出口商）簽發之貨運單據。

(三)何種貨運單據是憑單提貨之物權證書？

(四)何種貨運單據是CIF交易賣方必須提示，而FOB與CFR交易賣方不須提示之貨運單據？

(五)商業發票（commercialinvoice）與包裝單（packing list）有何不同性質？（102輸出入銀）★★★

三、何謂匯票？其功能為何？為何國際貿易上的匯票可能由進口地發出，也可能由出口地發出？由進口地發出與由出口地發出的匯票有何不同？試分析說明之。（101關特）★★★

四、請解釋說明下列貿易單據：

(一)GSP Certificate of Origin

(二)ISF Form

(三)Fumigation Certificate

(四)Customs Invoice

(五)Delivery Order（101關特）★★★

五、海運提單是運送人簽發給託運人的運送單據，請回答下列相關問題：
　　(一)海運提單左上方第一欄名稱為"shipper"是何意義？通常應填寫何內容？
　　(二)海運提單左上方第二欄名稱為"consignee"是何意義？通常應填寫何內容？
　　(三)海運提單左上方第三欄名稱為"notify party"是何意義？通常應填寫何內容？（101高考）★★★

六、信用狀交易通常要簽發匯票與提示各種貨運單據，請回答下列相關問題：
　　(一)匯票有那三個關係人？通常分別為信用狀交易中何方當事人？
　　(二)列舉信用狀常要求提示單據，其中五種單據之名稱與其意義。
　　　　（101高考）★★★

七、匯票票期欄位之記載方式有哪些？何者對於出口商最不利？（101華南）★★★

命題焦點

一、匯票

匯票（Bill of Exchange；Draft）係由發票人簽發一定之金額，委託付款人在指定之到期日，無條件支付給受款人或者持票人的票據。（101關特）

(一) 匯票的種類

1. 依發票人的不同

銀行匯票 （Banker's Bill）	係指發票人和付款人均是銀行的匯票。

商業匯票 （Commercial Bill）	係指發票人為企業、公司、行號或者個人，付款人為其它公司行號、個人或者銀行的匯票。出口押匯和託收的匯票皆是由出口商所簽發，所以屬於商業匯票。

2. 依是否交付貨運單據

光票 （Clean Bill）	係指不附帶貨運單據的匯票，銀行匯票多為光票。
跟單匯票 （Documentary Draft）	係指有附帶貨運單據的匯票，商業匯票多為跟單匯票，在國際貿易中經常使用。

3. 依付款時間不同

即期匯票 （Sight Bill）	係指持票人向付款人提示匯票後，付款人須立即付款的匯票。
遠期匯票 （Usance Bill）	係指發票後一定期限或特定日期付款的匯票。

4. 依承兌人的不同

銀行承兌匯票 （Banker's Acceptance Draft）	係指經由銀行承兌的遠期匯票。
商業承兌匯票 （Commercial Acceptance Draft）	係指由銀行以外的任何公司、行號或個人為承兌人的遠期匯票。

(二) 匯票欄位解析

茲以所附的空白匯票及範例，說明匯票欄位的填製方式：

BILL OF EXCHANGE

Draft No. <u>(1) 匯票號碼</u>

Exchange for <u>(2)匯票金額（小寫）</u> (3)發票地點與日期

At <u>(4)匯票期限</u> sight of this FIRST of Exchange（Second of the same tenor and date unpaid）Pay to the order of <u>(5)受款人</u>

The sum of <u>(6)匯票金額（大寫）</u>

Drawn under Irrevocable credit No. <u>(7)信用狀號碼</u> Dated <u>(7)開狀日期</u>

Issued by <u>(7)開狀銀行名稱</u>

To <u>(8)付款人</u>

<u>(9)發票人</u>

範例

BILL OF EXCHANGE

Draft No.　XYZ-123

Exchange for　USD45,450.00　　　AUG. 25, 2015 TAIPEI, TAIWAN

At XXXXX sight of this **FIRST** of Exchange（Second of the same tenor and date unpaid）Pay to the order of　HUA NAN COMMERCIAL BANK

The sum of　US DOLLARS FOURTY FIVE THOUSAND FOUR HUNDRED AND FIFTY ONLY.

Drawn under Irrevocable credit No.　ABC-456　Dated　AUG.10, 2015

Issued by　ABC BANK, TOKYO

To　ABC BANK, LOS ANGELES

BEST TRADING CO., LTD.

BEST TRADING CO.,LTD.

主要格式如下：

(1) 匯票號碼：由發票人自行編號，通常與商業發票的編號一致。

(2) 匯票金額（小寫）：Exchange for 之後填入的是匯票幣別及阿拉伯數字的小寫金額。並且匯票金額必須是一定金額，填註約略金額（如 about USD5,000.00）的匯票，係屬無效。

一般信用狀多規定匯票金額與發票金額相同，例如L/C規定：FOR 100% OF INVOICE VALUE，則匯票金額應與商業發票金額一致；但如果L/C規定：FOR 80% OF INVOICE VALUE，則匯票金額須為商業發票金額的八成。

(3) 發票地點與日期

發票地點	一般銀行所備的空白格式已印列，所以不需填製；但若銀行所備的空白格式未印列，則以發票人的營業處所或住所為發票地點。
發票日期	發票日期為必要記載事項。依ISBP規定，匯票的簽發日期不可早於提單日期，但可與提單日期同一日。且匯票的簽發日期應在信用狀有效期限及提示期間內，但不得在押匯期限後。

(4) 匯票期限

即為匯票的到期日，依付款期限不同可分為：

即期匯票	付款期限為見票即付（AT SIGHT），在此欄位劃一橫線（—）或填打XXXXXX。
遠期匯票	係指匯票在未來特定的時日付款。此欄位應依信用狀或契約的規定填入付款期限，例如： AT 30 DAYS AFTER SIGHT：見票（承兌）後30天付款。 AT 60 DAYS AFTER DATE：發票日後60天付款，此發票日係指匯票簽發日期。 AT 90 DAYS AFTER B/L DATE：提單簽發日後90天付款。 AT Aug. 31, 2014：特定日付款。

（101華南）

(5) 受款人（Payee）：為匯票的主要債權人。根據我國銀行界慣例，信用狀的受益人到銀行押匯時所提示的匯票受款人（payee）通常是押匯銀行。一般出口押匯使用的匯票為押匯銀行已印定之格式，故不需再另行繕打。

(6)匯票金額（大寫）：The sum of之後填入匯票的大寫金額。本欄的幣別與金額應與(2)小寫金額相符。另外金額最後須加上"ONLY"表示結束。

(7)發票條款：為開發匯票的依據。由於貿易上多以信用狀為支付工具，故匯票上多已印上發票條款"Drawn under Irrevocable credit No."，表明該匯票係依據某信用狀所簽發，出口商只須填上信用狀號碼、開狀銀行名稱與開狀日期即可；若非以信用狀方式付款，例如使用D/A方式付款時，則在"Drawn under"之後填上"D/A"。

(8)付款人（Payer）：即指被發票人（Drawee），為匯票之主要債務人。在信用狀交易下，通常為開狀銀行或信用狀指定之銀行。須注意依據UCP 600第6條c項規定，信用狀的簽發，不可要求以申請人為匯票付款人；在非信用狀交易下，匯票一般均以進口商為付款人。

(9)發票人（Drawer）：即指簽發匯票的人，通常為信用狀之受益人（出口商）。此欄位應載明公司名稱，並由負責人加以簽署。

二、商業發票

商業發票（Commercial Invoice）：係出口商開給進口商載有貨物名稱、規格、數量、單據及總價等的貨物清單。

依據ISBP的規定，如信用狀要求提示Invoice（發票），而未有進一步定義時，則任何型態之發票例如"Commercial Invoice"（商業發票）、"Customs Invoice"（海關發票）、"Consular Invoice"（領事發票）等皆可接受。但除非信用狀特別授權外，發票名稱為"Provisional"（臨時）、"Pro-forma"（預估）或類似者將不被接受。另依據UCP 600第17條e項規定，如信用狀要求提示複式單據，而使用諸如"in duplicate"（一式兩份）、"in two fold"（兩套）or "in two copies"（兩份）等字樣時，以提示至少一份正本及剩餘副本為滿足。例如當信用狀要求提示COMMERCIAL INVOICE IN 3 COPIES時，則提示3張正本、提示2張正本及1張副本或提示1張正本及2張副本皆可接受。唯提示3張副本將不被接受。

(一) 商業發票欄位解析

　　茲以所附的空白商業發票及範例，說明商業發票欄位的填製方式：

INVOICE

NO.　(1)發票號碼　　　　　　　　　　　DATE ：　(2)發票日期

INVOICE of　　　　　(3)貨品名稱及數量

For account and risk of Messrs.　　　　(4)抬頭人

Shipped by　　　　　(5)發貨人

Sailing on or about　(6)啟航日期　Per (7)船名、航次或其他運送工具名稱

From　　(8)裝運港　　　　　To　　　　　(9)卸貨港

L/C No.　(10)信用狀號碼　　Contract No.　(11)契約號碼

Marks & Nos.	Description of Goods	Quantity	Unit Price	Amount
(12)裝運標誌及 件號	(13)貨品明細敘述	(14)數量	(15)單價 （貿易條件）	(16)貨物總金額

(17)大寫金額

(18)其他事項

　　　　　　　　　　　　　　　　　(19)發票人簽署

範例

INVOICE

NO. <u>DEF789</u>   DATE ： <u>AUG. 25, 2015</u>

INVOICE of <u>5,000 SETS OF TOYS</u>

For account and risk of Messrs. <u>SPONGEBOB CO., LTD. P.O.BOX</u>

<u>NO.968547 LOS ANGELES CA., U.S.A.</u>

Shipped by <u>BEST TRADING CO., LTD. P.O. BOX NO.56247 TAIPEI, TAIWAN</u>

Sailing on or about <u>AUG. 25, 2015</u> Per <u>S.S. BOSYE-0788</u>

From <u>KEELUNG</u> To <u>LOS ANGELES</u>

L/C No. <u>ABC-456</u> Contract No. <u>SP-5776428</u>

Marks & Nos.	Description of Goods	Quantity	Unit Price	Amount
			FOB KEELUNG	
SPONGEBOB	TOYS			
(IN SQUARE)	AS PER Contract			
LOS ANGELES	No. SP-56428			
C/N：1-50				
MADE IN TAIWAN	#AR-002	5,000SETS	USD9.09	USD45,450.00
		5,000SETS		USD45,450.00

SAY TOTAL US DOLLARS FOURTY FIVE THOUSAND FOUR HUNDRED AND
FIFTY ONLY.
DRAWN UNDER L/C NO. ABC-456 DATED AUG.10, 2015 ISSUED BY ABC BANK,
LOS ANGELES

BEST TRADING CO., LTD.

BEST TRADING CO.,LTD.

一般的公司行號會在商業發票表頭（Letterhead）印有公司行號的名稱與地址，為出口商的公司行號及地址。

主要格式如下：

(1) 發票號碼：由發票人自行編號。

(2) 發票日期：為簽發發票的日期。發票日期為必要記載事項，原則上應與裝船日期一致，但不得遲於信用狀有效日期或提示押匯、付款或承兌期限。

(3) 貨品名稱及數量：Invoice of 之後填上交運貨物的名稱與總數量。本欄貨品名稱僅以總名稱即可，不需詳述商品品質或規格，依據UCP 600第18條c項規定，商業發票上的貨品名稱須與信用狀所顯示者相符。

(4) 抬頭人：For account and risk of Messrs. 之後填上抬頭人名稱（也可含地址）。依據UCP 600第18條a項規定，除信用狀另有規定外，商業發票須以開狀申請人（通常為進口商）為抬頭人。

(5) 發貨人：Shipped by之後填上發貨人名稱（也可含地址）。發貨人通常為信用狀受益人（出口商）。

(6) 啟航日期：Sailing on or about 之後填入啟航日。啟航日原則上須與裝貨單所記載的裝船日期一致。

(7) 船名、航次或其他運送工具名稱：Shipped per之後填入運輸工具的名稱與航次。運輸方式如為海運時，船名之前須加上S.S.（Steam Ship的簡寫），且航次前須加上V（Voyage的簡寫）；如果採用空運運輸，則填入"Airfreight"或"Airlift"等類似字樣；若為郵遞方式則填入"Parcel Post"。

(8) 裝運港：即貨物裝船的港口。本欄位須與信用狀及裝貨單所規定者相符。

(9) 卸貨港：即卸下貨物的港口。本欄位須與信用狀及裝貨單所規定者相符。

(10) 信用狀號碼：填入之信用狀號碼須與信用狀所載內容一致。

(11) 契約號碼：填上契約或訂單號碼。

(12) 裝運標誌及件號：須按照信用狀的規定表示。裝運標誌通常記載的項目包括主標誌、卸貨港與目的地、件號及原產地，原則上應與運送單據及其他單據記載者相同。

(13) 貨品明細敘述：依據UCP 600第18條c項規定，商業發票上有關貨物的敘述必須與信用狀上所載者相符，此為強行規定，須嚴格遵守。所謂貨物的敘述，不僅指貨物的名稱，還包括品質、規格及其他附帶說明。

(14) 數量：應與信用狀、運送單據及其他單據記載者一致。

(15) 單價：本欄位除註明單價和幣別外，單價上方亦須填上貿易條件，且單價、幣別和貿易條件皆須與信用狀規定相同，如信用狀規定的貿易條件為"CIP TOKYO Incoterms 2010"，若標示"CIP TOKYO"則與信用狀規定不符。

(16) 貨物總金額：貨物總金額為貨物單價與裝運數量的相乘積，此金額須與信用狀所載內容一致，且不可超過信用狀可使用餘額。

(17) 大寫金額：大寫金額須與貨物總金額一致。

(18) 其他事項：信用狀中若有其他規定，則從其規定列明。例如：47A（附加條款）中規定，所有單據皆須註明信用狀號碼及契約號碼時，則須在發票上載明信用狀號碼及契約號碼。

(19) 發票人簽署：商業發票的發票人通常為受益人，並由其簽署。依據UCP 600第18條a項規定，除信用狀另有規定外，商業發票可以不簽署。

三、包裝單

包裝單（Packing List）：又稱為裝箱單。係表明出口貨物的包裝內容、數量、形式、體積或件數的單據。包裝單內容雖在UCP 600中無相關條文規範，但仍不得與其他單據互相矛盾或抵觸。依據 ISBP 第41條規定，單據得冠以信用狀要求之名稱、相似名稱、或不冠名稱。例如信用狀內容規定提示單據中要求之 Packing List（包裝單），只要單據包含包裝明細，無論該單據冠以 Packing Note（包裝說明）、或Weight List（重量單）等名稱、或不冠名稱，均符合信用狀規定。

(一) 包裝單欄位解析

茲以所附空白的包裝單及範例，說明包裝單欄位的填製方式：

PACKING LIST

NO. ___(1)包裝單號碼___　　　　　DATE：___(2)簽發日期___

Packing List of ___(3)貨品名稱及數量___　　　Marks ＆ Nos.

For account and risk of Messrs. ___(4)抬頭人___　　(12)裝運標誌及件號

_____

Shipped by _____(5)發貨人_____

_____

Sailing on or about ___(6)啟航日期___

Per ___(7)船名、航次或其他運送工具名稱___

From _____(8)裝運港_____　To _____(9)卸貨港_____

L/C No. ___(10)信用狀號碼___　　Contract No. ___(11)契約號碼___

Paxkage No.	Description of Goods	Quantity	Net Weight	Gross Weight	Measurement
(13)包裝 件號	(14)貨物 敘述	(15)貨物 數量	(16)貨物 淨重	(17)貨物 毛重	(18)貨物 體積

(19)裝運貨物總件數（大寫）

(20)其他事項

___(21)發票人簽署___

範例

PACKING LIST

NO. __DEF789__   DATE ： __AUG. 25, 2015__

Packing List of __5,000 SETS OF TOYS__   Marks & Nos.

For account and risk of Messrs. __SPONGEBOB__   SPONGEBOB

__CO., LTD. P.O.BOX NO.968547 LOS__   （IN SQUARE）

__ANGELES CA., U.S.A__   LOS ANGELES

Shipped by __BEST TRADING CO., LTD.__   C/N：1-50

__P.O. BOX NO.56247 TAIPEI, TAIWAN__   MADE IN TAIWAN

Sailing on or about __AUG. 25, 2015__

Per __S.S. BOSYE-0788__

From __KEELUNG__   To __LOS ANGELES__

L/C No. __ABC-456__   Contract No. __SP-5776428__

Paxkage No.	Description of Goods	Quantity	Net Weight	Gross Weight	Measurement
	TOYS AS PER Contract No. SP-56428				
1-50	#AR-002	@ 100SETS	@ 15.00KGS	@ 16.00KGS	@ 0.15CBM
		5,000SETS	750.00KGS	800.00KGS	7.50CBM
50CTNS		5,000SETS	750.00KGS	800.00KGS	7.50CBM

TOTAL FIFTY(50) CARTONS ONLY.

DRAWN UNDER L/C NO. XYZ-456 DATED AUG.10, 2014 ISSUED BY XYZ BANK, LOS ANGELES

BEST TRADING CO., LTD.

BEST TRADING CO.,LTD.

主要格式如下：

(1) 包裝單號碼。

(2) 簽發日期。

(3) 貨品名稱及數量。

(4) 抬頭人。

(5) 發貨人。

(6) 啟航日期。

(7) 船名、航次或其他運送工具名稱。

(8) 裝運港。

(9) 卸貨港。

(10) 信用狀號碼。

(11) 契約號碼。

(12) 裝運標誌及件號。

　　以上各項目欄位的填製方式與商業發票(1)-(12)欄位資料相同。

(13) 包裝件號：分別就不同種類或規格貨物的件數加以填列，且須與裝貨單及嘜頭所載內容一致。

(14) 貨物敘述：依據UCP 600第14條e項規定，除商業票外，其他單據的貨物敘述得為不與信用狀說明有所牴觸之統稱，但依照信用狀說明最安全。

(15) 貨物數量：包裝單上所載明的貨物數量，須依序列出不同型號或不同包裝方式的貨品數量，將貨數量加總後，再列出總數量。須與商業發票及裝貨單所載內容一致。

(16) 貨物淨重：應依序列出不同型號或不同包裝方式的貨物淨重，將貨物淨重加總後，再列出總淨重。

(17) 貨物毛重：應依序列出不同型號或不同包裝方式的貨物毛重，將貨物毛重加總後，再列出總毛重。總毛重須與運送單據所載內容一致。

(18) 貨物體積：應依序列出不同型號或不同包裝方式的貨物體積，將貨物體積加總後，再列出總體積。總體積須與運送單據所載內容一致。

(19) 裝運貨物總件數（大寫）：將貨物總件數以大寫方式表示並於結尾加上"ONLY"。總件數須與運送單據所載內容一致。

(20) 其他事項：信用狀中若有其他規定，則從其規定列明。例如：47A（附加條款）規定，包裝單中須註明原產地，則須在此欄位中標註貨品原產地。

(21) 發票人簽署：與商業發票一致，由出口商簽署。

四、提單

提單（Bill of Lading）：係指運輸公司在承運貨物時，簽發給託運人的一種憑證。依據UCP 600第20條a項規定，提單上之簽發日期將被視為裝船日期，因此提單上的日期不得在裝船日期後。一般進口商向開狀銀行融資開狀時，開狀銀行為了取得貨物的控制權，以確保債權，往往會要求以開狀銀行為提單抬頭人。另外因為空運提單為記名式，所以受貨人必須是"consigned to"；不可為記名式的"to order"。提單的種類與性質另於第十二章中說明。

(一) 提單欄位解析

茲以所附空白的提單及範例，說明提單欄位的填製方式：

ABC MARINE	BILL OF LADING (1)提單抬頭			
Shipper (2)託運人	Booking No.			
	B/L No. (14)提單號碼			
Consignee (3)受貨人	Export References			
Notify Party (4)被通知人	Forwarding Agent			
Also Notify	Number of Origin B/L THREE(3) (16)提單份數			
Ocean Vessel (5)船名 / Voy. No. 航次				
Place of Receipt (6)收貨地 / Port of Loading (7)裝運港				
Place of Discharge (8)卸貨港 / Place of Delivery (9)交貨地	Final destination			
Marks & Numbers / Container No. and Seal No.	Number of packages or container	Description of goods	Gross weight （KGS）	Measurement （M₃/cft）
(10)裝運標誌 及件號	(11)總包裝件數 或總貨櫃數	(12)貨物明細	(13)總毛重	(14)總體積
Freight and Charges (15)運費註記	Total Number of Containers or Packages by The Carrier			
ABC MARINE By_____	Shipped on Board Date (17)裝船日期			
As Carrier				

範例

BOS MARINE	BILL OF LADING			
Shipper BEST TRADING CO., LTD.	Booking No. 12345			
	B/L No. ABC12345			
Consignee TO ORDER OF SHIPPER	Export References			
Notify Party SPONGEBOB CO., LTD. P.O.BOX NO.968547	Forwarding Agent			
Also Notify	Number of Origin B/L THREE(3)			

Ocean Vessel BOSYE	Voy. No. 0788	
Place of Receipt KEELUNG	Port of Loading KEELUNG	
Place of Discharge LOS ANGELES	Place of Delivery LOS ANGELES	Final destination

Marks & Numbers / Container No. and Seal No.	Number of packages or container	Description of goods	Gross weight (KGS)	Measurement (M₃/cft)
SPONGEBOB (IN SQUARE) LOS ANGELES C/N:1-50 MADE IN TAIWAN	50CTNS TOTAL FIFTY(50)	TOYS CARTONS ONLY.	800.00KGS	7.50CBM

Freight and Charges Freight Collect	Total Number of Containers or Packages by The Carrier
BOS MARINE By_____	Shipped on Board Date AUG. 25, 2015
As Carrier	

提單的主要格式如下：

(1) 提單抬頭（Title of Bill of Lading）：由於提單為可轉讓的有價證券，所以提單上必須確切標示其為"Bill of Lading"，以利於辨識。

(2) 託運人（Shipper）：又稱裝貨人，通常為出口商。以信用狀方式付款時，依信用狀之規定列載。如信用狀未規定，通常以信用狀受益人為託運人。且除非信用狀另有規定外，提單上可以信用狀受益人以外之第三人為託運人，此提單即所謂之第三者提單（Third Party B/L）。

(3) 受貨人（Consignee）：乃是有權要求交付貨物的人。本欄位應依照信用狀提單條款規定之受貨人列載；如信用狀未規定時，習慣上以託運人為受貨人。如信用狀規定受貨人為 to order、to order of shipper、to shipper's order、to order of consignor，託運人於提示時，須經其背書始可轉讓。

(4) 被通知人（Notify Party）：信用狀如有規定被通知人時，應從其規定填寫，例如詳細地址、電話、傳真號碼等，以便於順利通知；未規定時，通常都填寫開狀申請人為被通知人。

(5) 船名及航次（Ocean Vessel & Voyage No.）：依裝運資料填寫船舶名稱及航次。

(6) 收貨地（Place of Receipt）：託運人實際將貨物交與運送人的地點。在貨櫃運輸時，收貨地是指運送人內陸收貨的地點。本項記載必須與信用狀所規定者相符。

(7) 裝運港（Port of Loading）：為實際將貨物裝船的港口。本項記載必須與信用狀所規定者相符。

(8) 卸貨港（Port of Discharge）：即卸下貨物的港口。本項記載必須與信用狀所規定者相符。

(9) 交貨地（Place of Delivery）：為進口地之交貨地點。本項記載必須與信用狀所規定者相符。

(10) 裝運標誌及件號：指貨物外包裝的嘜頭及件號。本項記載必須與信用狀項下之各單據相符。

(11) 總包裝件數或總貨櫃數：以文字敘述該批貨物的總件數或總貨櫃數。依據包裝單上的貨物包裝總件數填寫，整櫃方式出口時，另填入總貨櫃數。

(12) 貨物明細：指裝運貨物的說明。依據UCP 600第14條規定，貨物敘述得為不與信用狀說明有所牴觸之統稱，但依照信用狀說明最安全。

(13) 總毛重：指整批貨物的總毛重。依據包裝單上的總毛重填製。

(14) 總體積：指整批貨物的總體積。依據包裝單上的總體積填製。

(15) 運費註記：依照信用狀規定填寫。如貿易條件為FAS、FOB時，運費選擇"Freight Collect"（運費到付）；若貿易條件為 CFR、CIF 時，運費選擇"Freight Prepaid"（運費預付）。

(16) 提單份數：此為船公司簽發全套提單的份數，一般正本提單的份數通常以二份或三份最普遍。信用狀中若規定，押匯時須提供全套的正本提單（full set of B/L），而提單上註明提單份數為三份，則押匯時就須提示三份正本提單。

(17) 裝船日期：即為貨物的裝運日期。提單上的日期有兩種，一為裝船日期，一為提單發行日期，兩者日期通常相同。如提單上未註明裝船日期，即以提單的發行日期為裝船日期。

五、保險單

保險單（Insurance Policy）：保險單是保險人與被保險人，訂立保險契約的正式書面證明。出口押匯所提示之保險單據，被保險人為賣方時，賣方須將保險利益轉出來，因此必須於保險單背面作成空白背書。依據UCP 600第28條e項規定，保險單據的日期必須不晚於裝運日期，但保險單生效日期得早於裝運日期。另外依據UCP 600第28條f項規定，信用狀要求保險金額為發票金額的110%時，所提示之保險單據之金額至少得為發票金額的110%。保單的種類與性質另於第十一章中說明。

六、原產地證明書

(一) 意義

原產地證明書（Certificate of Origin）為進口國憑以證明進口貨物產地或製造地的文件。由於進口國會對某些特定的國家所製造的產品，課以優惠性的關稅，或為了限制或禁止某些國家的某種貨物進口等目的，而要求進口商於進口報關時，應提供原產地證明書以為憑證。該項證明書的發給機關，通常為駐在出口地的輸入國領事，或出口地的商會。

依貿易法第20-2條規定，經濟部國際貿易局得應出口人輸出貨品之需要，簽發原產地證明書或加工證明書，並得收取費用。必要時，得委託其他機關、財團法人、工業團體、商業團體或農會、漁會、省級以上之農業合作社及省級以上之農產品產銷協會辦理之。

依原產地證明書管理辦法規定，輸出貨品以我國為原產地者，應符合下列各款情形之一：

一、貨品在我國境內完全取得或完全生產者。

二、貨品之加工、製造或原材料涉及我國與其他國家或地區共同參與者，以在我國境內產生最終實質轉型者為限。實質轉型，除經濟部國際貿易局（以下簡稱貿易局）為配合進口國規定之需要，或視貨品特性，或特定區域另為認定者外，指下列情形：

  (一)原材料經加工或製造後所產生之貨品與其原材料歸屬之我國海關進口稅則前六位碼號列相異者。

  (二)貨品之加工或製造雖未造成前款所述號列改變，但已完成重要製程或附加價值率超過百分之三十五者。

(二) 原產地證明書的作用

1. 防止由禁止貨品出口國家貨品之輸入。
2. 進口稅課徵之來源地證明。
3. 防止外國產品傾銷。
4. 便於海關統計進口國別。

(三) 格式種類

1. 優惠關稅產地證明書

優惠關稅產地證明書是適用於一般優惠關稅制度（GSP）、關稅同盟、雙邊或區域性自由貿易協定等各種優惠貿易領域之貨品原產地認定。包含有：

(1) ECFA（海峽兩岸經濟合作架構協議）。

(2) GSP產證（FORM A）：目前僅限出口俄羅斯/烏克蘭。

(3) FTA產證（約定的特定格式）：產證格式包括台巴（巴拿馬）、台瓜（瓜地馬拉）、台尼（尼加拉瓜）及台薩（薩爾瓦多）宏（宏都拉斯）。

2. 非優惠關稅產地證明書

又稱為一般產地證書。通常不使用海關發票或領事發票的國家，會要求提供產地證明用以確定對貨物徵稅的稅率；有的國家限制從某個國家或地區進口貨物；有些國家對從某個國家或地區進口的貨物有配額管制，透過一般產地證書來確定貨物來源國。（102關特）

七、海關發票

海關發票（Customs Invoice）：係根據進口國海關當局規定進口報關必須提供之特定格式的發票，目前出口貨物到加拿大、澳洲、紐西蘭及南非聯邦等地，除須提供商業發票外，還須提示其海關所規定的特定發票。其作用與領事發票大致相同，主要作用為供作進口國海關統計之用、作為進口國海關查核貨物原產地，對進口貨物決定其課稅價格的根據，也可供作進口國海關查核出口商有無傾銷情事。

另外信用狀若已要求出具海關發票時，大多不再要求提供產地證明書，因海關發票已具有此單據之功能。（101關特）

測驗題攻略

( )　1.一般銀行對於海運提單（B/L）的背書都主張空白背書，下列敘述何者錯誤？
(A)提單背書目的是為達成貨物所有權之移轉
(B)採空白背書則銀行無需在提單上簽字，故不負連帶責任
(C)提單背書人之責任包括保證提單真正無偽
(D)背書人不需簽名。（108台企）

( )　2.下列何種單據中貨物之說明須與信用狀所顯示者相符合，至於其他單據上貨物之說明，如有敘明者，得為不與信用狀之說明有所抵觸之統稱？　(A)提單　(B)保險單　(C)包裝單　(D)商業發票。（108一銀）

( )　3.依UCP 600第14條規定，信用狀要求下列哪一單據之提示，而未規定由何人簽發或其資料內容，則銀行將照單接受？　(A)保險單據　(B)運送單據　(C)檢驗證明書　(D)商業發票。（108一銀）

( )　4.除信用狀另有規定外，海運提單的受貨人（Consignee）標明為下列何者時，應由託運人空白背書？
(A)To order of Applicant
(B)To order of First Bank
(C)To order of Issuing Bank
(D)To order。（107一銀）

( )　5.遠期信用狀項下押匯日期為2018.03.31，信用狀之使用方式為"available with us by acceptance"匯票期間60 DAYS AFTER SIGHT，開狀銀行於2018.04.10收到押匯單據且經審查單據無瑕疵，請問本筆押匯匯票到期日為何？
(A)2018.05.28　　　　　　(B)2018.05.30
(C)2018.06.09　　　　　　(D)2018.06.12。（107一銀）

( )　6. 依據UCP 600之規定及ISBP實務，當信用狀規定得由任何銀行以承兌方式付款（available with any bank by acceptance），則匯票應以下列何者為付款人（drawee）？　(A)開狀銀行　(B)任何銀行　(C)同意承兌該匯票從而依其指定而行事之銀行　(D)依UCP 600之規定，信用狀之使用方式不得由任何銀行以承兌方式付款。（103合庫銀）

( )　7. 倘信用狀對於單據之簽署（signed）未予以規定，則依據UCP 600之規定及ISBP之實務，下列單據何者不須簽署？　(A)商業發票　(B)運送單據　(C)保險單據　(D)受益人證明書。（103合庫銀）

( )　8. 關於匯票票期欄位之記載方式，下列何者對於出口商最不利（即款項收回的時間將最長）？　(A)at sight　(B)at 90 days after B/L˙date　(C)at 90 days after sight　(D)at 90 days after date。（101華南）

( )　9. 依據現行UCP及ISBP，下列何種貨物之說明在信用狀交易下會被認定為構成瑕疵？　(A)將"machine"拼作"mashine"　(B)將"fountain pen"拼作"fountan pen"　(C)將"Model 123"拼作"Model 321"　(D)將"model"拼作"modle"。（101彰銀）

( )　10. 根據國際標準銀行實務（ISBP）之解釋，下列何種不屬於裝運單據（shipping documents）？　(A)匯票　(B)提單　(C)保險單　(D)包裝單。（101彰銀）

解答及解析

1. **D**　提單背書目的是為達成貨物所有權之移轉，若採空白背書則銀行無需在提單上簽字，故不負連帶責任，且提單背書人之責任包括保證提單真正無偽，但背書人需於提單上簽名背書。

2. **D**　依據UCP 600第14條及第18條相關規定，商業發票中貨物之說明須與信用狀所顯示者相符合，至於其他單據上貨物之說明，如有敘明者，得為不與信用狀之說明有所抵觸之統稱。

3. **C** 依據UCP 600第14條f項規定，如果信用狀要求提示的單據除運送單據，保險單據或商業發票外，未規定由誰簽發該單據或內涵資料，則銀行將接受該已提示之單據 如其內涵顯示履行所要求單據功能及其他符合第14條d項。

4. **D** To order為待指示，表示受貨人待指定。其流通的方式為交付提單即完成權益的移轉。但實務上，信用狀之託運人（受益人）應作成空白背書（Blank Endorsement）或記名背書（Special Endorsement），以利於押匯。

5. **C** 匯票期間60 DAYS AFTER SIGHT（見票後60天付款），開狀銀行於2018.04.10收到押匯單據，因此由2018.04.10加計60天，則本筆押匯匯票到期日為2018.06.09。

6. **C** 匯票的付款人為匯票之主要債務人。在信用狀交易下，通常為開狀銀行或信用狀指定之銀行。因此當信用狀規定得由任何銀行以承兌方式付款（available with any bank by acceptance），則同意承兌該匯票從而依其指定而行事之銀行為付款人。

7. **A** 依據UCP 600第18條a項規定，除信用狀另有規定外，商業發票可以不簽署。

8. **C** at sight：見票即付。
   at 90 days after B/L date：提單簽發日後90天付款。
   at 90 days after sight：見票（承兌）後90天付款。
   at 90 days after date：發票日後90天付款，此發票日係指匯票簽發日期。
   因此承兌後90天才付款，對出口商最不利。

9. **C** 依據UCP 600第14條e項規定，除商業票外，其他單據的貨物敘述得為不與信用狀說明有所牴觸之統稱。"Model 123"與"Model 321"明顯為不同貨物，因此將被認定為瑕疵。

10. **A** 跟單託收的單據有兩類：一為商業單據，例如運送單據（提單）、商業發票、保險單、包裝單等；另一為金融單據，例如匯票、本票、支票等，故匯票不屬於裝運單據。

申論題破解

一、何謂「原產地證明書」（Certificate of Origin, C/O）？「一般產地證明書」與「優惠關稅產地證明書」各有何種特性？（102關特）

解 (一) 原產地證明書（Certificate of Origin, C/O）為進口國憑以證明進口貨物產地或製造地的文件。由於進口國會對某些特定的國家所製造的產品，課以優惠性的關稅，或為了限制或禁止某些國家的某種貨物進口等目的，而要求進口商於進口報關時，應提供原產地證明書以為憑證。該項證明書的發給機關，通常為駐在出口地的輸入國領事，或出口地的商會。

(二) 原產地證明書依原產地規則可分為非優惠性及優惠性兩種。非優惠性係指「一般產地證明書」，適用於各種貿易保護政策之原產地的認定。通常不使用海關發票或領事發票的國家，會要求提供產地證明用以確定對貨物徵稅的稅率；有的國家限制從某個國家或地區進口貨物；有些國家對從某個國家或地區進口的貨物有配額管制，透過一般產地證書來確定貨物來源國。

「優惠關稅產地證明書」是適用於一般優惠關稅制度（GSP）、關稅同盟、雙邊或區域性自由貿易協定等，各種優惠貿易領域之貨品原產地認定。

二、國際貿易經常使用各式貨運單據〈shipping documents〉，請回答下列有關貨運單據之問題？
(一)列舉二種具備有價證券性質之貨運單據。
(二)列舉二種由賣方（出口商）簽發之貨運單據。
(三)何種貨運單據是憑單提貨之物權證書？
(四)何種貨運單據是CIF交易賣方必須提示，而FOB與CFR交易賣方不須提示之貨運單據？
(五)商業發票（commercialinvoice）與包裝單（packing list）有何不同性質？（102輸出入銀五等）

解(一)
1. 匯票（Bill of Exchange；Draft）係由發票人簽發一定之金額，委託付款人在指定之到期日，無條件支付給受款人或者持票人的票據。在金融市場開放的國家和地區，匯票經持票人背書後可以轉讓或向銀行貼現。
2. 提單（Bill of Loading；B/L）是由運送人在收到貨物後簽發給託運人，證明託運貨物已收到並約定將其運往目的地，交付提單持有人之有價證券。提單可以表彰貨物所有權，是承運人保證憑以交付貨物及可以轉讓的物權憑證。

(二)
1. 商業發票（Commercial Invoice）係賣方（出口商）開給進口商載有貨物名稱、規格、數量、單據及總價等的貨物清單。
2. 包裝單（Packing List）又稱為裝箱單。係由賣方（出口商）簽發，表明出口貨物的包裝內容、數量、形式、體積或件數的單據。

(三) 提單（Bill of Lading）係指成運人在承運貨物時，簽發給託運人的一種憑證，證明承運人已接管貨物和貨物已裝船的貨物收據，並約定將其運往目的地，交付提單持有人，為憑單提貨之物權證書。

(四) 保險單（Insurance Policy）是保險人與被保險人，訂立保險契約的正式書面證明。因為在CIF貿易條件下，賣方必須就運送途中貨物滅失或損壞的危險訂定保險契約，並須提示保險單據；而FOB與CFR交易中，賣方不須負擔運送途中貨物滅失或損壞的危險，故賣方不須提示保險單據。

(五) 商業發票（commercial Invoice）是出口商開給進口商載有貨物名稱、規格、數量、單據及總價等的貨物清單，具有債務通知書與帳單的性質；而包裝單（packing List）的內容主要是表明出口貨物的包裝內容、數量、形式、體積或件數，屬於包裝內容敘述的清單，為商業發票的補充文件。因為商業發票上的貨物數量為籠統數字，詳細內容則由包裝單來表示。

三、何謂匯票？其功能為何？為何國際貿易上的匯票可能由進口地發出，也可能由出口地發出？由進口地發出與由出口地發出的匯票有何不同？試分析說明之。（101關特）

解(一)匯票（Bill of Exchange；Draft）是票據的一種，也是國際貿易中重要的支付工具之一。依據我國票據法第2條規定，匯票係由發票人簽發一定之金額，委託付款人在指定之到期日，無條件支付給受款人或者持票人的票據。

(二)匯票的功能

1. 支付功能：匯票是一種流通證券，也是一種支付的工具。

2. 信用功能：匯票係流通信用的手段之一。

3. 強制功能：匯票具有強制性託收價款的功能。

4. 匯票可以使買賣雙方的期望同時獲得滿足。

(三)匯票的使用方式有順匯和逆匯兩種。順匯是指進口商向進口地銀行購買銀行匯票，逐寄出口商，再由出口商憑票向出口地的付款銀行取款，所以匯票是由進口地發出，例如票匯（Demand Draft，D/D）；而逆匯係出口商開發匯票透過往來銀行向進口商收款，所以匯票是由出口地發出。此種匯票多附有貨運單證，例如信用狀項下的跟單匯票、付款交單（D/P）及承兌交單（D/A）等。

四、請解釋說明下列貿易單據：
　　(一)GSP Certificate of Origin
　　(二)ISF Form
　　(三)Fumigation Certificate
　　(四)Customs Invoice
　　(五)Delivery Order（101關特）

解(一)GSP Certificate of Origin（Generalised System of Preference Certificate of Origin）：優惠關稅產地證明書為受優惠關稅的進口

貨物之證明單據。係指受惠國對於出口貨物到給予優惠國時，須提供證明原產地的證明文件。由進出口公司向出口國之指定機構申請簽發，作為進口到給予優惠國，減免關稅的依據。我國目前僅限出口俄羅斯/烏克蘭可以使用。

(二) ISF Form（Importer Security Filing）：進口安全申報，係美國國土安全局宣佈的一項新規定。針對經由船舶進口至美國的貨物，進口商及運送人必須在貨物裝船前二十四小時，通過AMS或ABI系統將電子申報資料送入美國海關，自2010年1月26日起強制施行。

ISF申報中屬於進口商須申報的資料有10項，包括：

1. 製造商的公司名稱和地址（Manufacturer name and address）。
2. 賣方名稱和地址（Seller name and address）。
3. 買方名稱和地址（Buyer name and address）。
4. 收貨人名稱和地址（Ship to name and address）。
5. 進口商的海關登記號（Importer of record number）。
6. 收貨人的美國保稅號碼（Consignee number）。
7. 商品的原產地（Country of origin of the goods）。
8. 美國海關關稅編號（六碼）（Harmonized Tariff Schedule No. 6 digit）。
9. 貨櫃的裝櫃地址（Container stuffing location）。
10. 集運公司名稱和地址（Consolidator name and address）。

屬於運送人須申報之資料有2項，一為船運裝載位置計畫資料（VESSEL STOW PLAN），另一為裝載貨櫃的狀況訊息（CONTAINER STATUS MESSAGE），故此法令亦被稱為"10+2"。ISF申報操作方面，進口商可以委託其信任的海外代理代為申報；進口商若未能及時、正確地完成資料申報，可能被處以最高 USD5,000之罰款。

(三) Fumigation Certificate：煙燻證明，為蟲害防治證明書。是用於證明有關產品已經獲認可的燻蒸服務商所提供的檢疫及付運前燻蒸程序。目前歐盟、韓國、美國、加拿大、墨西哥等國皆要求木

質包裝材料需證明經過處理，處理後的包裝材料上必需印上IPPC處理標誌或標記，若沒有遵守木質包裝材料檢疫規定，貨物將被退回原裝貨地。

(四) Customs Invoice：海關發票，係根據進口國海關當局規定進口報關必須提供之特定格式的發票，目前出口貨物到加拿大、澳洲、紐西蘭及南非聯邦等地，除須提供商業發票外，還須提示其海關所規定的特定發票。其作用與領事發票大致相同，主要作用為供作進口國海關統計之用、作為進口國海關查核貨物原產地，對進口貨物決定其課稅價格的根據，也可供作進口國海關查核出口商有無傾銷情事。另外信用狀若已要求出具海關發票時，大多不再要求提供產地證明書，因海關發票已具有此單據之功能。

(五) Delivery Order（D/O）：提貨單，俗稱小提單，為在目的港提領貨物時所必須的憑證。貨物裝船後由船公司簽發提單（B/L）給出口商（託運人），出口商備妥單據後向往來銀行辦理押匯，出口地銀行遂將貨運單據寄至進口地銀行，進口地銀行即通知進口商前來付款贖單，進口商付款後即可拿到貨運單據。進口商憑B/L正本並繳清運費後，船公司始將D/O交予收貨人，憑以提領貨物。

五、海運提單是運送人簽發給託運人的運送單據，請回答下列相關問題：

(一)海運提單左上方第一欄名稱為"shipper"是何意義？通常應填寫何內容？

(二)海運提單左上方第二欄名稱為"consignee"是何意義？通常應填寫何內容？

(三)海運提單左上方第三欄名稱為"notify party"是何意義？通常應填寫何內容？（101高考）

解 (一) "shipper"：係指託運人，又稱裝貨人，通常為出口商。以信用狀方式付款時，依信用狀之規定列載；如信用狀未規定，通常以信用狀受益人為託運人。且除非信用狀另有規定外，提單上可以信用狀受

益人以外之第三人為託運人，此提單即所謂之第三者提單（Third Party B/L）。

(二) "consignee"：係指受貨人，乃是有權要求交付貨物的人。本欄位應依照信用狀提單條款規定之受貨人列載；如信用狀未規定時習慣上以託運人為受貨人。如信用狀規定受貨人為to ordert、to order of shipper、to shipper's order、to order of consignor，託運人於提示時，須經其背書始可轉讓。

(三) "notify party"：係指被通知人。信用狀如有規定被通知人時，應從其規定填寫，例如詳細地址、電話、傳真號碼等，以便於順利通知；未規定時，通常都填寫開狀申請人為被通知人。

六、信用狀交易通常要簽發匯票與提示各種貨運單據，請回答下列相關問題：
(一)匯票有那三個關係人？通常分別為信用狀交易中何方當事人？
(二)列舉信用狀常要求提示單據，其中五種單據之名稱與其意義。
　　（101高考）

解 (一) 匯票主要的三個關係人為受款人、付款人以及發票人，說明如下：

1. 受款人（Payee）：為匯票的主要債權人。根據我國銀行界慣例，信用狀的受益人到銀行押匯時所提示的匯票受款人通常是押匯銀行。

2. 付款人（Payer）：即指被發票人（Drawee），為匯票之主要債務人。在信用狀交易下，通常為開狀銀行或信用狀指定之銀行為付款人。依據UCP 600第6條c項規定，信用狀的簽發，不可要求以申請人為匯票付款人；在非信用狀交易下，匯票一般均以進口商為付款人。

3. 發票人（Drawer）：即指簽發匯票的人，通常為信用狀之受益人（出口商）。

(二) 信用狀常要求提示單據有商業發票、包裝單、提單、保險單、產地
證明書等，其意義如下：

1. 商業發票（Commercial Invoice）：係出口商開給進口商載有貨
物名稱、規格、數量、單據及總價等的憑證。其具有運出貨物清
單、債務通知書及帳單的性質。

2. 包裝單（Packing List）：又稱為裝箱單。係表明出口貨物的包裝
內容、數量、形式、體積或件數的單據。

3. 提單（Bill of Lading）：係指運輸公司在承運貨物時，簽發給託
運人的一種憑證，證明託運貨物已收到或已裝載於船上，並約定
將該項貨物運往目的地，交付提單持有人之有價證券。提單的功
能主要是可作為貨物收據，證明承運人已接管貨物和貨物已裝船
的貨物收據；作為運送契約，提單上印就的條款規定了承運人與
託運人之間的權利、義務；以及作為物權憑證，用以表彰貨物所
有權，合法取得之運送單據正本始可提領貨物，是承運人保證憑
以交付貨物及可以轉讓的物權憑證。

4. 保險單（Insurance Policy）：是保險人與被保險人，訂立保險
契約的正式書面證明。出口押匯所提示之保險單據，被保險人
為賣方時，賣方須將保險利益轉出來，因此必須於保險單背面作
成空白背書。依據UCP 600第28條e項規定，保險單據的日期必
須不晚於裝運日期，但保險單生效日期得早於裝運日期。另外依
據UCP 600第28條f項規定，信用狀要求保險金額為發票金額的
110%時，所提示之保險單據之金額至少得為發票金額的110%。

5. 原產地證明書（Certificate of Origin）：為進口國憑以證明進口
貨物產地或製造地的文件。由於進口國會對某些特定的國家所製
造的產品，課以優惠性的關稅，或為了限制或禁止某些國家的某
種貨物進口等目的，而要求進口商於進口報關時，提供原產地證
明書以為憑證。該項證明書的發給機關通常為駐在出口地的輸入
國領事或出口地的商會。

七、製作匯票時，須注意的事項有哪些？

解(一) 發票日期：依ISBP規定，匯票的簽發日期不可早於提單日期，但可與提單日期同一日。且匯票的簽發日期應在信用狀有效期限及提示期間內，但不得在押匯期限後。

(二) 匯票金額：匯票金額必須是一定金額，填註約略金額（如about USD5,000.00）的匯票，係屬無效。另外依據ISBP第50條及51條項規定，除信用狀另有規定外，匯票金額必須與商業發票的金額相同，且不超過信用狀可使用餘額。匯票上大小寫的幣別與金額必須相符。

(三) 發票人（Drawer）：依據ISBP第37條及51條項規定，發票人應為信用狀之受益人（出口商），且須由負責人加以簽署。

(四) 付款人（Drawee）：依據UCP 600 第6條c項規定，信用狀的簽發，不可要求以申請人為匯票付款人；匯票之付款人通常為開狀銀行。

(五) 受款人：根據我國銀行界慣例，信用狀的受益人到銀行押匯時所提示的匯票受款人（payee）通常是押匯銀行。

八、商業發票的功能為何？

解 商業發票（commercial Invoice）是出口商開給進口商載有貨物名稱、規格、數量、單據及總價等的貨物清單，其功能有：

(一) 運出貨物清單的性質：商業發票上記載整個交易和貨物有關內容的總體說明，可瞭解賣方交貨情況。

(二) 具有債務通知書的性質：賣方在貨物裝運後，為讓買方了解其債務金額，通常會將發票副本寄給買方，讓買方在付款方面有所準備。

(三) 帳單的性質：商業發票上不但記載單價、數量和總價，且載明各筆金額間的關係，故具有帳單的特性。

九、若信用狀規定要求包裝單（Packing List），但出口商卻提示包裝／重量單（Weight List），是否構成瑕疵？

解 包裝單內容雖在UCP 600中無相關條文規範，但仍不得與其他單據互相矛盾或抵觸。依據ISBP第41條規定，單據得冠以信用狀要求之名稱、相似名稱、或不冠名稱。例如信用狀內容規定提示單據中要求之Packing List（包裝單），只要單據包含包裝明細，無論該單據冠以Packing Note（包裝說明）、或Weight List（重量單）等名稱、或不冠名稱，均符合信用狀規定。

十、原產地證明書的功能為何？

解 原產地證明書（Certificate of Origin）為進口國憑以證明進口貨物產地或製造地的文件。其功能為：
(一) 防止由禁止貨品出口國家貨品之輸入。
(二) 進口稅課徵之來源地證明。
(三) 防止外國產品傾銷。
(四) 便於海關統計進口國別。

第十三章　進出口結匯

本章依據出題頻率區分，屬：**A** 頻率高

經典考題

一、匯率在國際貿易中扮演關鍵角色，其衍生的相關交易也是銀行的重要業務。請說明：

(一)何謂Delivery Forward和Non-Delivery Forward？

(二)出口結匯與出口押匯有何不同？對押匯銀行而言，可能需承擔那些風險？（108關特）★★★

二、Factoring和Forfaiting皆屬於貿易融資之方式。請問：

(一)何謂Factoring？請說明之。

(二)何謂Forfaiting？請說明之。

(三)Forfaiting在協助出口商拓展海外市場之功能為何？請說明之。（104關特）★★★

三、何謂出口押匯？其與出口結匯有何不同？倘若出口商接獲大額訂單，需要營運資金融通，試述可行的融通管道。（103高考）★★★

四、試述擔保提貨的意義及注意事項。（103合庫銀、101彰銀）★★★

五、何謂Forfaiting業務？試述其主要的特點有哪些？（103合庫銀）★★★

六、「擔保提貨」與「電報放貨」各用於何種情況？各如何操作？它們對關係人各有何風險？試述之。（101關特）★★★

七、何謂「應收帳款收買」業務？（101華南）★★★

八、貿易商規避匯率風險的方法有哪些？★★

命題焦點

一、外匯及規避匯率風險的方法

(一) 外匯業務

1. **外匯**：係指一國所擁有的國外資產。依管理外匯條例第2條規定，本條例所稱外匯，指外國貨幣、票據及有價證券。前項外國有價證券之種類，由掌理外匯業務機關核定之。

2. **外匯結購或結售之相關規定**

   (1) 外匯收支及交易申報辦法第5條規定，公司、行號每筆結匯金額達一百萬美元以上之匯款及團體、個人每筆結匯金額達五十萬美元以上之匯款，申報義務人應檢附與該筆外匯收支或交易有關合約、核准函等證明文件，經銀行業確認與申報書記載事項相符後，始得辦理新台幣結匯。因此所謂大額結匯是指每筆個人匯款金額達五十萬美元或等值外幣，公司行號匯款金額達一百萬美元或等值外幣。

   (2) 外匯收支及交易申報辦法第6條規定，個人每年累積結購或結售金額超過五百萬美元之必要性匯款，申報義務人應於檢附所填申報書及相關證明文件，經由銀行業向本行申請核准後，始得辦理新台幣結匯。也就是指個人一年內累積結購或結售之匯款額度為五百萬美元。

   (3) 依銀行業辦理外匯業務管理辦法第47條第1項規定，指定銀行及中華郵政公司受理公司、有限合夥、行號等值一百萬美元以上（不含跟單方式進、出口貨品結匯），或個人、團體等值五十萬美元以上之結購、結售外匯，應於確認交易相關證明文件無誤後，於訂約日立即傳送。

   (4) 客戶將國外匯入款自國內他行匯入，外匯收支或交易性質應填寫原自國外匯入款之性質，而匯款地區國別則應填寫為本國。

3. **外幣貸款**：依銀行業辦理外匯業務作業規範第6條規定，指定銀行辦理外幣貸款業務，應依下列規定辦理：

(1) 承作對象：以國內顧客為限。

(2) 憑辦文件：應憑顧客提供其與國外交易之文件或本行核准之文件，經確認後辦理。

(3) 兌換限制：外幣貸款不得兌換為新台幣。但出口後之出口外幣貸款，不在此限。

(4) 報送資料：外幣貸款之撥款及償還，應參考「指定銀行承作短期及中長期外幣貸款資料填報說明」填報交易日報及相關明細資料；並將月底餘額及承作量，依短期及中長期貸款類別，報送本行外匯局。

(5) 外債登記：於辦理外匯業務時，獲悉民營事業自行向國外洽借中長期外幣貸款者，應促請其依民營事業中長期外債申報要點辦理，並通知本行外匯局。

4. **主管機關與業務機關**：國際金融業務條例第2條規定，國際金融、證券及保險業務之行政主管機關為金融監督管理委員會（簡稱金管會）；業務主管機關為中央銀行。

(二) 衍生性金融商品

1. **遠期外匯交易（Forward Exchange Transaction）**：係指買賣雙方約定以將來某一特定時日的匯率買賣一定金額、幣別的外匯，成交後並不立即辦理交割，而是俟到期日，才進行實際交割的外匯交易。例如出口商與銀行簽訂預售遠期外匯契約，俟未來出口貨物取得外匯時，依約定匯率辦理交割；或進口商與銀行簽訂預購遠期外匯契約，俟未來進口貨物須支付外匯時，依約定匯率辦理交割。

遠期外匯交易依是否有實物交割又可分為：

(1) Delivery Forward（DF）：遠期外匯，遠期外匯交易是一種金融交易合約，係指客戶與銀行訂定合約同意在未來一定期間內或特定日期，就約定之匯率及金額交割相對貨幣。基本上可分

為預購（Buy Forward）及預售（Sell Forward）之遠期外匯或固定日交割與期間內交割之遠期外匯。遠期外匯是匯率避險、投機及套利之工具，也是資產負債管理之工具。具有確定成本及收入、減少可能之匯兌損失以及增加財務處理及資金調度的彈性等特性。

(2) Non-Delivery Forward（NDF）：無本金交割之遠期外匯，為遠期外匯的一種，其特色為遠期外匯合約到期時，交易雙方不須交割本金，而只就合約的議定匯率，與到期時的即期匯率之間的差額清算收付。本金僅用於匯差之計算，無需實際收支，故對未來之現金流量不會造成影響。所以，不但適合企業規避匯率風險，也可以作為一般個別客戶的投資工具。除避險功能外，也具有濃厚的投機性質。

依銀行業辦理外匯業務管理辦法第31條第3項規定無本金交割新台幣遠期外匯業務（NDF）：

A.承作對象以國內指定銀行及指定銀行本身之海外分行、總（母）行及其分行為限。

B.契約形式、內容及帳務處理應與遠期外匯業務（DF）有所區隔。

C.承作本項交易不得展期、不得提前解約。

D.到期結清時，一律採現金差價交割。

E.不得以保證金交易（Margin Trading）槓桿方式為之。

F. 非經本行許可，不得與其他衍生性商品、新台幣或外幣本金或其他業務、產品組合。

G.無本金交割新台幣遠期外匯交易，每筆金額達五百萬美元以上者，應立即電告本行外匯局。

2. **換匯交易（FX SWAP）**：係指同時承作相同幣別、相等金額、但買賣方向相反之即期交易及遠期外匯交易。

3. **換匯換利（Cross Currency Swaps，CCS）**：是指客戶與銀行約定，於約定期間內，交換兩種不同幣別的本金及其衍生出來的利息。並在到期時再以相同匯率換回。

4. **目標可贖回遠期契約（Target Redemption Forward，TRF）**：屬於一種衍生性金融商品，中央銀行將其分類為選擇權類的商品。交易方式為由銀行與客戶對未來匯率走勢進行押注，屬於複雜性高風險之衍生性金融商品。

5. **匯率選擇權交易（FX Options）**：係以匯率為標的物之選擇權，雙方議定於特定到期日之前，選擇權買方於期初須支付權利金，且有權於約定日或該期間內依約定匯率買賣外匯；選擇權賣方則於期初收取權利金，且有義務於約定日或期間內應要求依約定匯率買賣外匯。所以買方支付權利金而獲取要求賣方履約的權利，且買方有權利決定是否履約，賣方收取權利金，有義務在到期日或到期日前依約定匯率履約，而買方最大風險為損失權利金。

依銀行國際金融業務分行辦理衍生性金融商品業務應依規定辦理第2條規定，衍生性金融商品之承作對象以金融機構及中華民國境外之個人、法人或政府機關為限。因此中華民國境內法人非屬本業務承作之對象。

(二) 貿易商規避匯率風險的方法

外匯期貨交易（Foreign Exchange Futures）	係指買賣雙方透過指定交易所的公開喊價，約定在將來某一特定時日，按目前所約定之價格買入或賣出某標準數量的特定外匯。例如出口商與交易所簽訂賣出外匯期貨合約，俟未來出口貨物取得外匯時，依約定匯率辦理交割；或進口商與交易所簽訂買入外匯期貨合約，俟未來進口貨物須支付外匯時，依約定匯率辦理交割。

遠期外匯交易 （Forward Exchange Transaction）	係指買賣雙方約定以將來某一特定時日的匯率買賣一定金額、幣別的外匯，成交後並不立即辦理交割，而是俟到期日，才進行實際交割的外匯交易。例如出口商與銀行簽訂預售遠期外匯契約，俟未來出口貨物取得外匯時，依約定匯率辦理交割；或進口商與銀行簽訂預購遠期外匯契約，俟未來進口貨物須支付外匯時，依約定匯率辦理交割。
外匯選擇權交易 （Options）	係指買（賣）方支付（收取）權利金後，即有權利依所約定的匯率，於將來約定之到期日，買入（賣出）約定金額的外匯。例如出口商為避免未來出口貨物的外匯所得貶值，得與銀行簽訂契約買入「賣權」（Put），即未來取得外匯時，有權利依契約約定匯率賣給銀行；或進口商為避免未來支付進口貨物的外匯升值，得與銀行簽訂契約買入「買權」（Call），即未來須支付進口外匯時，有權利依契約約定匯率向銀行買入外匯。

二、出口結匯

(一) 出口結匯的意義

出口商自進口商處取得貨款後，向金融機構結售其所取得外匯的作業過程。

(二) 出口押匯

1. **意義**：信用狀項下的出口結匯手續稱為出口押匯。係指在信用狀付款方式下，出口商將貨物裝運後，依信用狀規定簽發匯票，並以代表貨物的貨運單證為擔保，請銀行辦理讓購貨運單據，以取得貨款的動作。（103高考）

2. **性質**：我國銀行界承作出口押匯時，均與客戶明定，當開狀銀行拒絕付款時，押匯銀行享有向受益人追索的權利。故出口押匯係屬於質押墊款的授信行為，銀行與受益人之間並非買斷的關係。

3. **辦理押匯的手續**

(1) **初次辦理出口押匯時出口商應辦理的手續**

A. 提供各種信用資料。

B. 簽具質押權利總設定書（Letter of Hypothecation，L/H）為出口商與押匯銀行間權利義務的約定書，初次押匯時出口商為取得信用狀押匯額度，須簽定質押權利總設定書，其具有永久效力，往後各次押匯均適用。

C. 送交印鑑登記卡。

D. 開立外匯存款帳戶。

(2) **每次押匯時應提供的文件**

A. 出口押匯申請書。

B. 全套信用狀正本（及修改書）。

C. 匯票。

D. 信用狀要求的單據。

E. 匯出匯款申請書或賣匯水單：如須匯付佣金至國外，則須提出匯出匯款申請書或賣匯水單。

F. 保結書（Letter of Indemnity，L/I）：若押匯銀行於審核單據時，發現所提示的押匯單據有瑕疵，受益人向押匯銀行請求在單據有瑕疵的情形下仍予墊款，押匯銀行得要求出口商提出保證，此時受益人必須填具保結書以辦理押匯手續，此種憑保結書的押匯稱為保結押匯。萬一開狀銀行仍因此等瑕疵而主張拒付，受益人就須立即歸還所墊款項，並償付相關費用及利息損失。

三、轉押匯

1. **意義**：在限押信用狀下，開狀銀行限定押匯銀行，受益人必須向限定的押匯銀行辦理押匯手續，但如受益人與該指定銀行並無往來關係時，受益人仍可至其往來銀行辦理押匯（稱為押匯銀行或第一押匯銀行），而該往來銀行則須向限押銀行（稱為再押匯銀行或第二押匯銀行）辦理轉押匯。

2. **各銀行的責任**：依據銀行公會訂定的銀行間辦理轉押匯業務合作要點中規定：

審單工作由押匯銀行負責	押匯銀行（即第一押匯銀行）對押匯單據負審查責任，惟再押匯銀行（即第二押匯銀行）亦得對單據之審查結果提供書面意見。當押匯銀行與再押匯銀行二者就轉押匯案件意見相左時，在符合信用狀規定及不違反UCP規則之原則下，有關單據之審核，應採押匯銀行之意見。
再押匯銀行負責寄單及求償	再押匯銀行應對提示之押匯單據點收，並負責依信用狀之指示執行寄送單據、求償及其他特別指示。有關單據寄送及求償相關流程與方式，應採再押匯銀行的意見。
拒付時應由押匯銀行向開狀銀行交涉	如因審查不周而引起拒付情事，概由押匯銀行負全責處理，由押匯銀行逕向開狀銀行交涉，開狀銀行如不願和押匯銀行交涉，再押匯銀行應出面協助處理。
再押匯銀行兼為保兌銀行時不適用	再押匯銀行兼為保兌銀行時，因尊重信用狀統一慣例的規定，所以不適用前述權責劃分。

四、進口結匯

(一) 意義

指進口商在貿易過程中為支付出口商貨款，向金融機構結購取得指定外匯，並將其依據約定方式匯付出口商的作業過程。

(二) 進口結匯的方式

1. 憑信用狀的進口結匯。
2. 跟單託收（以託收方式辦理進口結匯的情形下，依一般慣例，託收票款之費用係由出口商負擔）。
3. 記帳。
4. 分期付款。
5. 寄售。

(三) 信用狀方式的進口結匯

信用狀結匯方式依銀行是否融資分為：

1. **全額開狀**：開狀銀行沒有對進口商融資，因此進口商須於申請開狀時，向開狀行付清信用狀款項。
2. **融資開狀**：其一般可分為兩階段結匯：
   (1) **第一次結匯**：又稱融資開狀結匯。係指進口商於申請開發信用狀時，繳交保證金的結匯。
   (2) **第二次結匯**：又稱贖單結匯。係當貨運單據寄達開狀銀行後，進口商辦理結匯以付清剩餘貨款。依付款的先後可分為：

即期信用狀項下的付款贖單	出口商於出貨裝船並辦妥押匯手續後，即由押匯銀行將跟單匯票與貨運單據寄往開狀銀行求償。開狀銀行於收到提示文件次日起最長5個銀行營業日，決定是否接受。開狀銀行審單無誤後，一方面將款項匯入押匯銀行指定的帳戶，另一方面通知進口商前來付款贖單。進口商於收到開狀銀行之「單據到達通知書」後，攜帶原結匯印鑑及證實書，至銀行繳交扣除保證金後之貨款，並加計利息，便可順利贖回單據，辦理提貨。

遠期信用狀項下的付款贖單	押匯銀行將遠期匯票與貨運單據寄往開狀銀行，開狀銀行於審單無誤後，將「單據到達通知書」通知進口商。由於匯票未到期前，進口商無須立即償還款項，但開狀銀行通常會規定進口商須簽發本票、信託收據（Trust Receipt，T/R）、徵提擔保品或辦妥物權設定後，才可向銀行領取單據，辦理進口通關提貨事宜。俟到期日再行結匯，償付銀行貸款本息。

五、擔保提貨與副提單背書提貨

(一) 擔保提貨

1. **意義**：係指在以開立信用狀為付款條件下，當裝運船舶已抵達進口港，而貨運單據尚未經押匯銀行寄達開狀銀行，而進口商又急需提貨時，進口商可持提單副本，請開狀銀行簽發擔保提貨書，提前辦理提貨事宜。（103合庫銀）

2. **手續**：通常出口商於貨物裝船後，將依照信用狀的規定，將整套貨運單據連同提單副本直接寄達進口商。進口商於收到單據，又接到船公司的到貨通知後，為節省海關倉儲費用或應生產、銷售的需求，進口商可以提單副本向船公司索取空白擔保提貨書，再到開狀銀行填具擔保提貨申請書，連同結匯證實書、商業發票並付清貸款本息後，請求開狀銀行在擔保提貨書上附屬，即可憑開狀銀行附屬的擔保提貨書向船公司換取小提單（D/O），辦理進口報關及提貨。

3. **注意事項**

   (1) 正本提單到達後，開狀銀行須以一份正本提單，背面印上解除保證責任之戳記，向船公司換回擔保提貨書，以解除開狀銀行的保證責任。

(2) 進口商一旦辦理擔保提貨，則對該批貨物之信用狀項下的單據必須無條件接受，即使押匯銀行提供之單據有瑕疵，仍不得拒絕受理。

(3) 如辦理擔保提貨，日後貨物有瑕疵不可拒絕受貨。並喪失以任何瑕疵或理由主張拒付的權利。（101關特）

(二) 副提單背書提貨

1. **意義**：進口商收到出口商寄來的提單正本，而開狀銀行尚未收到貨運單據時，進口商可持提單正本向開狀銀行申請副提單背書後，憑以向船公司或航空公司提前辦理提貨事宜。

2. **手續**：進口商先至銀行填具副提單背書申請書，連同結匯證實書、商業發票及副提單（Duplicate B/L）等，向銀行請求在副提單上背書。銀行於進口商結清授信債務並繳付有關費用後，在該副提單背面做戳記及背書，進口商即可憑此經背書之副提單，向船公司換領小提單（D/O），辦理進口報關提貨。

3. **注意事項**

(1) 所謂副提單（Duplicate B/L）乃是指多份正本提單中的一份而言，並非提單副本或影本，而是提單正本。

(2) 副提單背書可以適用於海運或空運等運送方式。

(3) 假若進口貨物之航程較短，可在信用狀上規定出口商需將一份正本提單及一套其他副份單據於出貨後，立即寄送進口商，供其辦理副提單背書提貨。

> **名師講解**
> 當進口貨物較押匯單證正本先到達進口地，而進口商又急需提貨時，可用擔保提貨方式辦理提貨；而當進口貨物較押匯單證正本先到達進口地，且進口商已從出口商處接到副提單時，則進口商可以用副提單背書提貨方式辦理提貨。

(三) 電報放貨

出口商為求短期航程的時效，可事先在裝運港將全套正本提單交回承運人，並出具切結書。船公司於確認無誤後，通常是以電傳、電報等通訊方式，通知其在卸貨港的代理人，表明該批貨物可以在不出具正本提單的情況下，逕行提貨。（101關特）

六、貿易融資

(一) 貿易融資的特性

1. 大多涉及跟單匯票之處理。
2. 涉及之風險較高。
3. 銀行大多透過信用狀給廠商貿易融資。

(二) 常見的貿易融資種類

1. 外銷貸款

銀行為支應外銷廠商於接獲信用狀付款條件之國外訂單或輸出契約後，基於採購、加工、生產外銷產品的需要，而辦理外銷貸款，未來則以出口押匯或匯入匯款償還。

2. 應收帳款收買業務（Factoring）

係指賣方將買賣交易所產生之應收帳款，售予應收帳款承購商，此種貿易融資業務稱為應收帳款管理業務。

> **特點：**
> (1) 對出口商提供資金融通。
> (2) 應收帳款承受商擁有專業的帳務管理人員，有利於對與應收帳款有關之帳務的管理。
> (3) 應收帳款的收取與催收由應收帳款承受商負責。
> (4) 使出口商免受進口商不履行付款義務的損失。
>
> （104關特）

3. **遠期信用狀賣斷業務（Forfaiting）**

係指出口商將遠期信用狀項下的票據，以無追索權方式賣斷給買斷行，俟該票據獲得開狀銀行承兌後，買斷行即予付款。此項業務為一種權利的移轉，出口商將未來應收之債權，轉讓給中長期應收票據收買業者，用以規避進口國之國家、政治風險及開狀行到期不付款之信用風險。

> **特點：**
> (1) 融資期限多為中長期半年～數年。
> (2) Forfaiter對出口商無追索權。
> (3) 有進口國銀行或政府機構對票據保證。
> (4) 因提供出口商中長期出口融資及規避風險管道，成為拓展新興市場之優勢。（104關特）

七、境外金融中心（Offshore Banking Unit , OBU）

我國稱為國際金融業務分行，俗稱境外金融中心。係指政府以外國貨幣為計算單位，並以減少金融及外匯管制，提供租稅優惠等待遇，吸引國際資金參予我國境外金融業務。境外金融業務的資金係取之於境外，用之於境外，和國內金融業務截然不同。

境外金融中心主要業務包括：

(一) 吸收境外資金，例如外匯存款。

(二) 承作外幣放款業務。

(三) 承作即期、遠期與換匯等外匯操作。

(四) 外幣信用狀之開發、通知及押匯。

(五) 外幣保證業務。

(六) 外幣票據貼現及承兌。

(七) 辦理境外客戶之新種金融商品，例如金融期貨、選擇權等。

測驗題攻略

( )　1.依外匯收支及交易申報辦法規定,個人一年內累積結購或結售之匯款額度為何? 　(A)五萬美元　(B)十萬美元　(C)五十萬美元　(D)五百萬美元。（108一銀）

( )　2.依中央銀行規定,所謂大額結匯是指每筆匯款達多少金額? 　(A)個人匯款金額達二十萬美元或等值外幣,公司行號匯款金額達五十萬美元或等值外幣　(B)個人匯款金額達五十萬美元或等值外幣,公司行號匯款金額達一百萬美元或等值外幣　(C)個人匯款金額達五十萬美元或等值外幣,公司行號匯款金額達五十萬美元或等值外幣　(D)個人匯款金額達新台幣五十萬元,公司行號匯款金額達新台幣一百萬元。（108一銀）

( )　3.客戶將國外匯入款自國內他行匯入,外匯收支或交易性質應填寫原自國外匯入款之性質,那匯款地區國別則應填寫為何? 　(A)本國　(B)本國 OBU　(C)原始匯款國名　(D)匯款金額幣別國名。（108一銀）

( )　4.有關 FORFAITING 業務的敘述,下列何者錯誤? 　(A)買斷行以浮動利率貼現且無追索權方式買斷遠期票據　(B)出口商不須占用出口押匯額度　(C)可規避買方開狀行信用風險及國家風險　(D)以遠期信用狀項下之遠期匯票為優先。（108一銀）

( )　5.有關預購／預售遠期外匯業務之敘述,下列何者錯誤?
(A)訂約與交割皆須提供相關交易文件
(B)契約之期別一律須為固定之日曆日
(C)屆期交割時如適逢國內、外假日須順延,倘順延交易日跨越當月月份時,則提前至前一營業日
(D)辦理展期應依當時市場匯率結清原契約,再依當時匯率重新議定新契約匯率,不得依原契約價格展期。（107台企）

( ) 6.有關擔保提貨之敘述，下列何者錯誤？
(A)無論以海運或空運進口貨物之開狀案件，皆可透過銀行所簽發之擔保提貨書，辦理擔保提貨
(B)對於未核予開狀額度之全額結匯開狀案件，不得辦理擔保提貨
(C)開狀申請人一旦以「擔保提貨」方式向船公司提貨，則對該信用狀項下單據，開狀申請人喪失拒付之權利
(D)擔保提貨書並未記載擔保金額及有效期限。（103合庫銀）

( ) 7.依據UCP 600第16條之規定，有關各銀行（包含依指定而行事之指定銀行、保兌銀行，如有保兌者、及開狀銀行）對不符合提示拒絕兌付或讓購之敘述，下列何者正確？
(A)各銀行決定提示係不符合，該行依自身之判斷得洽商申請人拋棄瑕疵之主張
(B)倘申請人決定一提示係不符合，申請人得自行主張拒絕兌付或讓購
(C)倘銀行決定拒絕兌付或讓購，須於提示日之次日起第五個銀行營業日終了之前，將拒付之意思表示以單次之通知經由電傳方式，通知提示人
(D)在拒付通知上有關拒絕兌付或讓購後之單據處理，各銀行得表明留置單據直至從申請人收到拋棄及同意接受單據，或在同意接受拋棄前自提示人收到進一步指示。（103合庫銀）

( ) 8.倘銀行與客戶，同時於即/遠期交易買進/賣出某一貨幣對另一貨幣；其組合得為：即期與遠期之組合（例如：進行即期交易之同時，另訂一筆方向相反且金額相同之遠期交易合約），此種外匯交易其名稱為何？ (A)預購/預售遠期外匯 (B)外匯期貨 (C)換匯 (D)換匯換利。（103合庫銀）

( ) 9.有關承作Forfaiting業務之敘述，下列何者錯誤？
(A)承作Forfaiting之信用狀限於遠期信用狀
(B)出口商可藉此規避進口國之國家風險與開狀銀行之信用風險
(C)對Forfaiter提示單據時，Forfaiter即須付款
(D)除非係歸咎於出口商之商業糾紛，否則Forfaiter之付款係無追索權的。（103合庫銀）

( )　10.信用狀規定匯票的票期為"90 days after sight"，若提單日期為6月
3日、押匯日期為6月8日、付款銀行於6月12日收到單據並於6月
15日進行承兌，則根據信用狀作業準則ISBP 681之規範，下列何
者應為匯票之到期日？　(A)9月6日　(B)9月1日　(C)9月13日
(D)9月10日。（102華南）

( )　11.下列何者係指「應收帳款收買」業務？　(A)Negotiation　(B)
Factoring　(C)Forfaiting　(D)Export Loan。（101華南）

( )　12.在信用狀交易之場合，貨物已到達進口地而全套正本單據尚未寄
達開狀銀行，進口商若急須辦理提貨，可以利用下列何種方式完
成？　(A)記帳　(B)擔保提貨　(C)進口託收　(D)擔保信用狀。
（101彰銀）

解答及解析

1. **D**　依外匯收支及交易申報辦法第6條規定，個人每年累積結購或結
售金額超過五百萬美元之必要性匯款，申報義務人應於檢附所填
申報書及相關證明文件，經由銀行業向本行申請核准後，始得辦
理新台幣結匯。也就是指個人一年內累積結購或結售之匯款額度
為五百萬美元。

2. **B**　依外匯收支及交易申報辦法第5條規定，公司、行號每筆結匯金
額達一百萬美元以上之匯款及團體、個人每筆結匯金額達五十萬
美元以上之匯款，申報義務人應檢附與該筆外匯收支或交易有關
合約、核准函等證明文件，經銀行業確認與申報書記載事項相符
後，始得辦理新台幣結匯。因此所謂大額結匯是指每筆個人匯款
金額達五十萬美元或等值外幣，公司行號匯款金額達一百萬美元
或等值外幣。

3. **A**　客戶將國外匯入款自國內他行匯入，外匯收支或交易性質應填寫
原自國外匯入款之性質，而匯款地區國別則應填寫為本國。

4. **A**　FORFAITING：遠期信用狀賣斷業務，係指出口商將遠期信用狀
項下的票據，以約定利率且無追索權方式賣斷給買斷行，俟該票

據獲得開狀銀行承兌後，買斷行即予付款。此項業務為一種權利的移轉，出口商將未來應收之債權，轉讓給中長期應收票據收買業者，不須占用出口押匯額度，可用以規避進口國之國家、政治風險及開狀行到期不付款之信用風險。

5. **B**　預購／預售遠期外匯業務係指客戶約定在將來某一特定日期或期間（交易日後兩個營業日以上），按事先約定之匯率，以一種貨幣買賣另一種特定金額貨幣之交易。因此契約之期別是約定在將來某一特定日期或期間，非一律須為固定之日曆日。

6. **A**　擔保提貨係指以海運方式進口，當裝運船舶已抵達進口港，而貨運單據尚未經押匯銀行寄達開狀銀行，而進口商又急需提貨時，進口商可持提單副本，請開狀銀行簽發擔保提貨書，提前辦理提貨事宜。

7. **C**　依據UCP 600第16條之規定，倘銀行決定拒絕兌付或讓購，須於提示日之次日起第五個銀行營業日終了之前，將拒付之意思表示以單次之通知經由電傳方式，通知提示人。

8. **C**　換匯係指同時於即/遠期交易買進/賣出某一貨幣對另一貨幣。

9. **C**　遠期信用狀賣斷業務（Forfaiting）係指出口商將遠期信用狀項下的票據，以無追索權方式賣斷給買斷行，除非係歸咎於出口商之商業糾紛，否則Forfaiter之付款無追索權。出口商對Forfaiter提示單據，須俟該票據獲得開狀銀行承兌後，買斷行才予付款。此項業務為一種權利的移轉，出口商將未來應收之債權，轉讓給中長期應收票據收買業者，用以規避進口國之國家、政治風險及開狀行到期不付款之信用風險。

10. **D**　"90 days after sight"乃是指見票後90天付款，因為付款銀行於6月12日收到單據，因此見票後90天付款，匯票之到期日為9月10日。

11. **B**　應收帳款收買業務（Factoring）係指賣方將買賣交易所產生之應收帳款，售予應收帳款承購商，此種貿易融資業務稱為應收帳款管理業務。

12. **B** 擔保提貨係指以海運方式進口，當裝運船舶已抵達進口港，而貨運單據尚未經押匯銀行寄達開狀銀行，而進口商又急需提貨時，進口商可持提單副本，請開狀銀行簽發擔保提貨書，提前辦理提貨事宜。

申論題破解

一、出口商依約將買賣契約所議定的貨品準備妥當後，即可向進口商辦理請款手續，此往往經由其國內往來銀行或其他金融機構之協助代理完成，試回答下列與貨款收付及資金融通相關之問題：

(一)何謂出口押匯？其與出口結匯有何不同？

(二)何謂Red Clauses in Credit？

(三)倘若出口商接獲大額訂單，需要營運資金融通，試述可行的融通管道。（103高考）

解(一) 出口押匯為信用狀項下的出口結匯手續。係指在信用狀付款方式下，出口商將貨物裝運後，依信用狀規定簽發匯票，並以代表貨物的貨運單證為擔保，請銀行辦理讓購貨運單據，以取得貨款的動作。

我國銀行界承作出口押匯時，均與客戶明定，當開狀銀行拒絕付款時，押匯銀行享有向受益人追索的權利。故出口押匯係屬於質押墊款的授信行為，銀行與受益人之間並非買斷的關係。

出口結匯則是指出口商自進口商處取得貨款後，向金融機構結售其所取得外匯的作業過程，過程中銀行並未授信與出口商。

(二) 紅條款信用狀（Red Clause Credit）又稱為預支信用狀。是開狀銀行授權付款銀行，允許出口商在裝貨交單前預支一定金額的信用狀，等貨運單據提示後，付款銀行再扣除預付貨款本息。為引人注

目，這種預交貨款的條款常用紅字打出，故習慣稱為「紅字條款信用狀」。不過，現在信用狀的預支條款並非都是用紅字表示，但效力相同。

(三)出口商的融通管道有：

1. 訂單融資：係指在以匯款、跟單託收方式結算的國際貿易中，出口商憑出口訂單或買賣契約，向往來銀行申請用於出口貨物備料、生產和裝運等履約活動的短期融資。

2. 出口信用狀押匯墊款：係指銀行讓購以出口廠商為受益人的信用狀項下之匯票及（或）單據，先行墊付信用狀款項給出口商。

3. 憑紅條款信用狀融資：出口商若需要營運資金融通，可請進口商開發紅條款信用狀，約定以預付貨款方式付款，允許出口商在裝貨交單前預支一定金額的貨款。

4. 憑擔保信用狀融資：國外進口商委請往來銀行開發擔保信用狀給出口地銀行，擔保其貸款給出口商，若出口商屆期未能還款付息，貸款銀行可憑該擔保信用狀向開狀銀行請求支付貸款。

5. 外銷貸款：銀行為支應外銷廠商於接獲信用狀付款條件之國外訂單或輸出契約後，基於採購、加工、生產外銷產品的需要，而辦理外銷貸款，未來則以出口押匯或匯入匯款償還。

6. 應收帳款收買業務（Factoring）：係指賣方將買賣交易所產生之應收帳款，售予應收帳款承購商，此種貿易融資業務稱為應收帳款管理業務。

7. 遠期信用狀賣斷業務（Forfaiting）：係指出口商將遠期信用狀項下的票據，以無追索權方式賣斷給買斷行，俟該票據獲得開狀銀行承兌後，買斷行即予付款。此項業務為一種權利的移轉，出口商將未來應收之債權，轉讓給中長期應收票據收買業者，用以規避進口國之國家、政治風險及開狀行到期不付款之信用風險。

二、解釋名詞：保結押匯。（102經濟部）

解 若押匯銀行於審核單據時，發現所提示的押匯單據有瑕疵，受益人向押匯銀行請求在單據有瑕疵的情形下仍予墊款，押匯銀行得要求出口商提出保證，此時受益人必須填具保結書以辦理押匯手續，此種憑保結書的押匯稱為保結押匯。萬一開狀銀行仍因此等瑕疵而主張拒付，受益人就須立即歸還所墊款項，並償付相關費用及利息損失。

三、「擔保提貨」與「電報放貨」各用於何種情況？各如何操作？它們對關係人各有何風險？試述之。（101關特）

解(一)

1. 情況：擔保提貨係指在以開立信用狀為付款條件下，當裝運船舶已抵達進口港，而貨運單據尚未經押匯銀行寄達開狀銀行，而進口商又急需提貨時，進口商可持提單副本，請開狀銀行簽發擔保提貨書，提前辦理提貨事宜。

2. 操作手續：通常出口商於貨物裝船後，將依照信用狀的規定，將整套貨運單據連同提單副本直接寄達進口商。進口商於收到單據，又接到船公司的到貨通知後，為節省海關倉儲費用或應生產、銷售的需求，進口商可以提單副本向船公司索取空白擔保提貨書，再到開狀銀行填具擔保提貨申請書，連同結匯證實書、商業發票並付清貸款本息後，請求開狀銀行在擔保提貨書上附屬，即可憑開狀銀行附屬的擔保提貨書向船公司換取小提單（D/O），辦理進口報關及提貨；俟日後正本提單到達後，再持往船公司換回擔保提貨書。

3. 關係人風險：
   (1)進口商一旦辦理擔保提貨，則對該批貨物之信用狀項下的單據必須無條件接受，即使押匯銀行提供之單據有瑕疵，仍不得拒絕受理。
   (2)如辦理擔保提貨，日後貨物有瑕疵不可拒絕受貨。並喪失以任何瑕疵或理由主張拒付的權利。
   (3)正本提單到達後，開狀銀行須以一份正本提單，背面印上解除保證責任之戳記，向船公司換回擔保提貨書，以解除開狀銀行的保證責任。

(二)
   1. 情況：電報放貨係出口商為求短期航程的時效，可事先在裝運港將全套正本提單交回承運人，並出具切結書。船公司於確認無誤後，通常是以電傳、電報等通訊方式，通知其在卸貨港的代理人，表明該批貨物可以在不出具正本提單的情況下，逕行提貨。
   2. 操作手續：辦理電報放貨只需繳清運費，並附上電放切結書，向船公司申請電報放貨即可。
   3. 關係人風險：電報放貨代表進口商可以不憑正本提單提貨，因此在以信用狀付款或託收付款的情況下，將會有進口商不向銀行付款贖單的風險。

四、何謂出口結匯？押匯銀行承做出口押匯需承擔何種風險？

解(一) 出口結匯係指出口商自進口商處取得貨款後，向金融機構結售其所取得外匯的作業過程。

(二) 出口押匯係指在信用狀付款方式下，出口商將貨物裝運後，依信用狀規定簽發匯票，並以代表貨物的貨運單證為擔保，請銀行辦理讓購貨運單據，以取得貨款的動作。

出口押匯係押匯銀行對於出口商質押墊款的授信行為，銀行與受益人之間並非買斷的關係。當開狀銀行拒絕付款時，押匯銀行雖可向

受益人追索，但受益人若惡意不償還或無力償還時，將使押匯銀行
蒙受損失。

五、何謂進口結匯？請說明兩階段結匯為何？

解(一) 進口結匯係指進口商在貿易過程中為支付出口商貨款，向金融機構
結購取得指定外匯，並將其依據約定方式匯付出口商的作業過程。
進口結匯的方式有憑信用狀的進口結匯、跟單託收、記帳、分期付
款以及寄售等。

(二) 信用狀結匯方式依銀行是否融資分為全額開狀與融資開狀。全額
開狀情況下，開狀銀行沒有對進口商融資，因此進口商須於申請
開狀時，向開狀行付清信用狀款項。而融資開狀一般可分為兩階
段結匯：

1. 第一次結匯：又稱融資開狀結匯。係指進口商於申請開發信用狀
時，繳交保證金的結匯。

2. 第二次結匯：又稱贖單結匯。係當貨運單據寄達開狀銀行後，進
口商辦理結匯以付清剩餘貨款。

六、何謂副提單背書？副提單背書的程序為何？

解(一) 副提單背書：係指進口商收到出口商寄來的提單正本，而開狀銀行
尚未收到貨運單據時，進口商可持提單正本向開狀銀行申請副提單
背書後，憑以向船公司或航空公司提前辦理提貨事宜。

(二) 副提單背書的程序為進口商收到出口商寄來的提單正本後，先至銀
行填具副提單背書申請書，連同結匯證實書、商業發票及副提單
（Duplicate B/L）等，向銀行請求在副提單上背書。銀行於進口商
結清授信債務並繳付有關費用後，在該副提單背面做戳記及背書，
進口商即可憑此經背書之副提單，向船公司換領小提單（D/O），
辦理進口報關提貨。

七、何謂Factoring？何謂Forfaiting？請說明之。

解(一) Factoring：應收帳款收買業務。係指賣方將買賣交易所產生之應收帳款，售予應收帳款承購商，此種貿易融資業務稱為應收帳款管理業務。

特點：

1. 對出口商提供資金融通。

2. 應收帳款承受商擁有專業的帳務管理人員，有利於對與應收帳款有關之帳務的管理。

3. 應收帳款的收取與催收由應收帳款承受商負責。

4. 使出口商免受進口商不履行付款義務的損失。

(二) Forfaiting：遠期信用狀賣斷業務（Forfaiting）。係指出口商將遠期信用狀項下的票據，以無追索權方式賣斷給買斷行，俟該票據獲得開狀銀行承兌後，買斷行即予付款。此項業務為一種權利的移轉，出口商將未來應收之債權，轉讓給中長期應收票據收買業者，用以規避進口國之國家、政治風險及開狀銀行到期不付款之信用風險。

特點：

1. 融資期限多為中長期半年到數年。

2. Forfaiter對出口商無追索權。

3. 有進口國銀行或政府機構對票據保證。

4. 因提供出口商中長期出口融資及規避風險管道，成為拓展新興市場之優勢。

第十四章 貿易索賠

經典考題

一、索賠的意義及發生的原因為何？試述之。★★

二、索賠的方式有哪些？★

三、預防索賠發生的基本要件為何？★★

四、何謂保險索賠？保險索賠應注意的事項為何？★★

五、處理貿易索賠與糾紛的方法與優先順序為何？★★

命題焦點

一、索賠發生的原因

(一) 意義

索賠（Claim）是指在整個交易過程中，當買賣雙方的任何一方違反契約規定，直接或間接造成另一方有所損失時，受損害的一方自可向應負責之人提出賠償要求。在貿易實務上常見的索賠有買賣索賠、運輸索賠及保險索賠等。

(二) 索賠發生的原因

1. **信用不佳**：因為交易對手信用不佳，沒有確實履行契約義務，導致另一方因而遭受損害而提出索賠，此為最常見的索賠原因。例如賣方遲延交貨或交貨產品品質不符合契約規定等。

2. **契約條件不完備或用詞模稜兩可**：買賣雙方簽訂的買賣契約內容不夠完備或契約用詞模稜兩可，導致履約發生問題時，無法依契約解決。例如契約中僅規定立即交貨（shipment as soon as possible），因而發生索賠。

3. **法規慣例不一致**：各國的法規與貿易管制情況各異，彼此容易因貿易法規慣例的不同，造成索賠的發生。

4. **不可抗力事故**：因為不可抗力事故的發生，而造成索賠。例如戰爭或罷工，使得賣方無法如期交貨，而發生索賠。

二、買賣索賠

(一) 意義

買賣索賠係指買賣雙方當事人違反買賣契約上的約定所致的損害。此種由任一方故意或過失而導致對方遭受損失時，受損害的一方可依契約相關規定提出索賠。其可分為買方索賠與賣方索賠。

(二) 索賠的方式

1. **金錢索賠**：為索賠人向被索賠人提出金錢的索賠，方式有：
   (1) 拒付價款。
   (2) 要求減價或折價。
   (3) 要求賠償損失。

2. **非金錢索賠**：為索賠人向被索賠人提出金錢以外的索賠，方式有：
   (1) 拒收貨品。　　　　(2)換貨。
   (3) 補交貨物。　　　　(4)要求維修或修復。
   (5) 要求履約。　　　　(6)取消契約。
   (7) 道德制裁：透過通報同業、拒絕往來或請主管當局列入黑名單，來加以制裁。

(三) 可能採取的行動

1. 賣方索賠時

(1) 扣留貨物。　　　　　　(2)要求支付價金。

(3) 中止交貨。　　　　　　(4)另售他人。

(5) 要求損害賠償。

2. 買方索賠時

(1) 退貨。　　　　　　　　(2)補送貨物或換貨。

(3) 要求減價。　　　　　　(4)要求損害賠償。

(四) 買賣索賠通知與期限

對所裝運貨物若有索賠情事發生時,則請求索賠之通知必須於貨物抵達卸貨港後,即刻以書面向賣方提示,並且必須給賣方有調查的機會。買方向賣方索賠應在契約規定的索賠期限內提出,若契約未規定索賠期限,依聯合國國際貨物買賣契約公約第39條規定,買方行使索賠期限自其收到貨物之日起不超過兩年。

(五) 買賣索賠與糾紛的預防

1. **遵守誠信原則**:誠信為貿易往來的根本法則,如買賣之一方違反誠信,則貿易糾紛不斷,因此誠信原則是處理貿易索賠的基本原則。

2. **慎選交易對手**:應透過徵信調查,謹慎選擇交易對手。

3. **熟悉國際貿易慣例**:國際貿易的環境複雜,因此必須熟悉國際貿易慣例,以及交易對手國的法律和相關規定,以避免發生糾紛。

4. **嚴格履行契約條款**:在履約時應嚴格遵守契約的規定,符合契約要求,避免索賠的發生。

5. **利用保險制度**:透過辦理輸出保險,降低索賠的損失。

6. **利用公正檢驗制度**:利用公正檢驗制度、確認品質、數量等,預防糾紛發生。

三、運輸索賠

(一) 意義

運輸索賠係指運送人在運輸過程中因貨物處理不當,致使貨物受損,運送人應負賠償貨主的責任。

(二) 向船公司索賠

1. 船公司的責任範圍

一般船公司負賠償責任的事項為:

(1) **貨物短卸**:即貨物未卸完,或貨物誤卸於其他港口而造成短卸。

(2) **貨物遺失**:為船舶在無意外事故情況下,丟失所承載之貨物。

(3) **偷竊、挖竊**:係指貨物在運送過程中,遭到偷竊、挖竊,而產生的損害。

(4) **破損、撒漏**:為貨物在船公司運送期間,因破損、撒漏,而造成貨物的短少。

(5) **屬於運送人責任的貨物毀損**:包括海水損害、雨中強行裝卸、未經託運人同意將貨物裝載於甲板上所受的損害、未拒絕裝載禁運貨物或偷運貨運而發生的損害、無正當理由變更航程而造成的損害、船舶上未配置相當設備及人員所引起的損害,以及未讓船舶具有安全航行能力所致的損害。

2. 船公司的責任期間

一般定期船船公司的責任期間為自貨物在裝貨港搬上船邊索具起,至貨物在卸貨港從索具中卸落船邊為止;若為貨櫃運輸,船公司的責任期間則自裝貨港貨櫃基地起,至卸貨港貨櫃基地止。

3. 索賠應注意事項

(1) **儘速發出索賠通知**:有受領貨物權利的人,如欲對運送人主張損害賠償時,應於規定期限內,以書面向運送人或其代理人發出損害通知。例如我國海商法規定,貨物毀損滅失顯著者,應

於提貨前或當時；貨物毀損滅失不顯著者，應於提貨後三日
內，以書面通知運送人。

(2) **備齊索賠文件**：貨主為便於索賠，應作成有關的公證或相關的
損害證明文件，如索賠函、提單正本或副本、公證報告或短損
報告等。

(3) **注意索賠期限**：依我國海商法第56條規定，貨物之全部或一部
毀損、滅失者，自貨物受領之日或自應受領之日起，一年內未
起訴者，運送人或船舶所有人解除其責任。

(二) 向航空公司索賠

1. **航空公司的責任範圍**：在國際航空運輸中有關航空公司的責任範圍
目前多遵循華沙公約（Warsaw Convention）的條款，其對航空公
司責任範圍的規定為：

   (1) 對於已經登記的貨物，在航空運輸期間，遭毀滅、遺失或損壞
   而蒙受損害時，航空運送人須就該損害負賠償責任。

   (2) 航空運送的貨物因延滯所受的損害，航空運送人應負賠償責任。

2. **航空公司的責任期間**：航空公司的責任期間為航空運送期間，即貨
物交付運送後的期間，包括在航空站中、航空器上或在飛行場外降
落的任何地方。

3. **索賠應注意事項**

   (1) 儘速發出索賠通知：依華沙公約第26條規定，如貨物遭受損
   壞，收貨人或有關當事人應在收到貨物之日起7日內提出書面通
   知。在延遲交貨的情況下，收貨人應在收到貨物之日起14日內
   提出書面通知。如未在規定的期限內提出，則收貨人放棄該項
   索賠。

   (2) 備齊索賠文件：索賠時應提出的文件有索賠函、空運提單正本
   或副本、公證報告或短損報告等。

(3) 注意索賠期限：依華沙公約第29條規定，索賠訴訟應在航空器到達目的地之日，或應該到達目的地之日，或運輸停止之日起2年內提出，否則獲得損害賠償的權利即告終絕。

四、保險索賠

(一) 意義

保險索賠係指國際貿易貨物於運輸過程中，因保險事故而使貨物發生損害或滅失，而此損害或滅失係屬保所人所承保的範圍時，則可向保險人提出索賠。

(二) 保險索賠應注意事項

1. **索賠通知**：依我國海商法第151條規定，要保人或被保險人，自接到貨物之日起，一個月內不將貨物所受損害通知保險人或其代理人時，視為無損害。

2. **索賠文件**：索賠進行採證據主義，因此除索賠函外，並應同時檢附相關單據，如公證報告、事故證明等。

3. **索賠期限**：依我國保險法第65條規定，由保險契約所生之權利，自得為請求之日起，經過二年不行使而消滅。

五、國際貿易糾紛的解決方法

處理貿易索賠與糾紛的方法與優先順序：

(一) 協商

由當事人雙方自行和解，因為雙方最了解交易內容，所以當事人通過友好協商的方式解決為最優先。

(二) 調解

經由第三人調解糾紛，若一方惡意或雙方無法達成協議時，則可經由第三人居間協調。

(三) 仲裁

若無強制力的第三人調解不成，可以經由商務仲裁來解決貿易糾紛。商務仲裁具有經濟、快速、保密、專家裁決以及具有法律效力等優點。

(四) 訴訟

經由訴訟途徑來解決。在各種解決商務糾紛的方法中，訟訴的手續最繁雜又曠日廢時，且耗損金錢及精神，因此到最後不得以才經由訴訟途徑解決。

測驗題攻略

( )　1. 船公司在運輸過程中因貨物處理不當，致使貨物受損，理應賠償貨主，此稱為　(A)貿易索賠　(B)保險索賠　(C)運輸索賠　(D)買賣索賠。（國貿丙級）

( )　2. 買方因市場行情變化而假藉理由向賣方提出之索賠屬於　(A)誤解索賠　(B)市場索賠　(C)正當索賠　(D)賣方索賠。（國貿丙級）

( )　3. 下列何者屬於非金錢索賠？　(A)折價　(B)退款　(C)換貨　(D)損害賠償。（國貿丙級）

( )　4. 海商法第151條，要保人或被保險人，自接到貨物之日起，幾個月內不將貨物所受損害通知保險人或其代理人時視為無損害？　(A)1個月　(B)2個月　(C)3個月　(D)6個月。（國貿丙級）

解答及解析

1. **C**　運輸索賠是指船公司在運輸過程中因貨物處理不當，致使貨物受損，理應賠償貨主。

2. **B**　市場索賠是指買方因市場行情變化，而假藉理由向賣方提出之索賠。

3. **C**　索賠方式分為金錢索賠與非金錢索賠。非金錢索賠表示索賠人向被索賠人提出金錢以外的索賠，例如換貨、補交貨、維修或取消契約等。

4. **A**　依我國海商法第151條規定，要保人或被保險人，自接到貨物之日起，一個月內不將貨物所受損害通知保險人或其代理人時，視為無損害。

申論題破解

一、若發生國際訴訟案件，訴訟地之選擇原則如何？請申述之。
（102經濟部）

解　依據我國涉外民事法律適用法規定，國際訴訟案件涉及外國人、外國地或外國事務者，應適用選法規則決定訴訟之管轄，同時選定應具體適用之法律。依本法適用當事人本國法時，如依其本國法就該法律關係須依其他法律而定者，應適用該其他法律。但依其本國法或該其他法律應適用中華民國法律者，適用中華民國法律。

二、索賠的意義及發生的原因為何？

解　(一) 索賠（Claim）是指在整個交易過程中，當買賣雙方的任何一方違反契約規定，直接或間接造成另一方有所損失時，受損害的一方自可向應負責之人提出賠償要求。貿易實務上常見的索賠有買賣索賠、運輸索賠及保險索賠。

(二)索賠發生的原因：
1. 信用不佳：因為交易對手信用不佳，沒有確實履行契約義務，導致另一方因而遭受損害而提出索賠，此為最常見的索賠原因。例如賣方遲延交貨或交貨產品品質不符合契約規定等。

2. 契約條件不完備或用詞模稜兩可：買賣雙方簽訂的買賣契約內容不夠完備或契約用詞模稜兩可，導致履約發生問題時，無法依契約解決。例如契約中僅規定立即交貨（shipment as soon as possible），因而發生索賠。

3. 法規慣例不一致：各國的法規與貿易管制情況各異，彼此容易因貿易法規慣例的不同，造成索賠的發生。

4. 不可抗力事故：因為不可抗力事故的發生，而造成索賠。例如戰爭或罷工，使得賣方無法如期交貨，而發生索賠。

三、索賠的方式有哪些？

解 (一) 金錢索賠：為索賠人向被索賠人提出金錢的索賠，方式有：
1. 拒付價款。
2. 要求減價或折價。
3. 要求賠償損失。

(二) 非金錢索賠：為索賠人向被索賠人提出金錢以外的索賠，方式有：
1. 拒收貨品。
2. 換貨。
3. 補交貨物。
4. 要求維修或修復。
5. 要求履約。
6. 取消契約。
7. 道德制裁：透過通報同業、拒絕往來或請主管當局列入黑名單，來加以制裁。

四、預防索賠發生的基本要件為何？

解 (一) 遵守誠信原則：誠信為貿易往來的根本法則，如買賣之一方違反誠信，則貿易糾紛不斷，因此誠信原則是處理貿易索賠的基本原則。

(二) 慎選交易對手：應透過徵信調查，謹慎選擇交易對手。

(三) 熟悉國際貿易慣例：國際貿易的環境複雜，因此必須熟悉國際貿易慣例，以及交易對手國的法律和相關規定，以避免發生糾紛。

(四) 嚴格履行契約條款：在履約時應嚴格遵守契約的規定，符合契約要求，避免索賠的發生。

(五) 利用保險制度：透過辦理輸出保險，降低索賠的損失。

(六) 利用公正檢驗制度：利用公正檢驗制度、確認品質、數量等，預防糾紛發生。

五、何謂保險索賠？保險索賠應注意的事項為何？

解 (一) 保險索賠係指國際貿易貨物於運輸過程中，因保險事故而使貨物發生損害或滅失，而此損害或滅失係屬保所人所承保的範圍時，則可向保險人提出索賠。

(二) 保險索賠應注意事項

1. 索賠通知：依我國海商法第151條規定，要保人或被保險人，自接到貨物之日起，一個月內不將貨物所受損害通知保險人或其代理人時，視為無損害。

2. 索賠文件：索賠進行採證據主義，因此除索賠函外，並應同時檢附相關單據，如公證報告、事故證明等。

3. 索賠期限：依我國保險法第65條規定，由保險契約所生之權利，自得為請求之日起，經過二年不行使而消滅。

六、處理貿易索賠與糾紛的方法與優先順序為何？

解 (一) 處理貿易索賠與糾紛的方法與優先順序：

1. 協商：由當事人雙方自行和解，因為雙方最了解交易內容，所以當事人通過友好協商的方式解決為最優先。

2. 調解：經由第三人調解糾紛，若一方惡意或雙方無法達成協議時，則可經由第三人居間協調。

3. 仲裁：若無強制力的第三人調解不成，可以經由商務仲裁來解決貿易糾紛。商務仲裁具有經濟、快速、保密、專家裁決以及具有法律效力等優點。

4. 訴訟：經由訴訟途徑來解決。在各種解決商務糾紛的方法中，訟訴的手續最繁雜又曠日廢時，且耗損金錢及精神，因此到最後不得以才經由訴訟途徑解決。

第十五章　國際商務仲裁

經典考題

一、試問依據我國「仲裁法」第37條第2項規定，仲裁判斷應如何方得為強制執行？或仲裁判斷應如何，得逕為強制執行？（99關特）★★★

二、何謂仲裁？請試述仲裁的優點和效力。★★

三、請說明仲裁人選定的方法。★★

四、常見仲裁地之選擇有哪些？試述之。★★

命題焦點

一、仲裁的優點及效力

(一) 意義

仲裁（Arbitration）係指經由雙方當事人約定，將彼此間將來或現在的糾紛，交由選定的仲裁機構予以判斷，且雙方皆服從其判斷的方法，為現今國際間解決貿易糾紛的主要方式。

(二) 優點

國際商務仲裁的優點：

1. **經濟**：各仲裁機構均訂有一定的仲裁費用標準，一般而言，仲裁費用較訴訟費用為低，可節省雙方當事人的費用。

2. **快速**：以仲裁方式解決當事人間的爭議，手續較簡便，所費時間也較訴訟為短。

3. **專家判決**：仲裁人係由雙方當事人審慎選擇，為具有豐富的商務經驗與各業專門知識之專家，精通國際貿易實務，較易使當事人服從裁定。

4. **保密**：商務上的爭議常涉及雙方當事人的業務機密，如進行訴訟，將會使得機密公開於世。而仲裁程序不對外公開，可確保商業上的營業祕密。

5. **具有法律效力**：仲裁人做出仲裁判斷後，當事人必須遵守判決，必要時可經法院公證，效力等同法院判決，具強制力。

(三) 仲裁的效力

1. **國內仲裁判斷效力**：依據我國「仲裁法」第37條規定，仲裁人之判斷，於當事人間，與法院之確定判決，有同一效力。仲裁判斷，須聲請法院為執行裁定後，方得為強制執行。但合於下列規定之一，並經當事人雙方以書面約定仲裁判斷無須法院裁定即得為強制執行者，得逕為強制執行：

　　一、以給付金錢或其他代替物或有價證券之一定數量為標的者。

　　二、以給付特定之動產為標的者。

　　前項強制執行之規定，除當事人外，對於下列之人，就該仲裁判斷之法律關係，亦有效力：

　　一、仲裁程序開始後為當事人之繼受人及為當事人或其繼受人占有請求之標的物者。

　　二、為他人而為當事人者之該他人及仲裁程序開始後為該他人之繼受人，及為該他人或其繼受人占有請求之標的物者。（99關特）

2. **外國仲裁判斷效力**：依據我國「仲裁法」第47條規定，在中華民國領域外作成之仲裁判斷或在中華民國領域內依外國法律作成之仲裁判斷，為外國仲裁判斷。

　　外國仲裁判斷，經聲請法院裁定承認後，於當事人間，與法院之確定判決有同一效力，並得為執行名義。

二、仲裁人選定的方法及費用

(一) 仲裁人選定的方法

1. 依我國仲裁法第9條規定，仲裁協議，未約定仲裁人及其選定方法者，應由雙方當事人各選一仲裁人，再由雙方選定之仲裁人共推第三仲裁人為主任仲裁人，並由仲裁庭以書面通知當事人。仲裁人於選定後三十日內未共推主任仲裁人者，當事人得聲請法院為之選定。

2. 仲裁協議約定由單一之仲裁人仲裁，而當事人之一方於收受他方選定仲裁人之書面要求後三十日內未能達成協議時，當事人一方得聲請法院為之選定。

前二項情形，於當事人約定仲裁事件由仲裁機構辦理者，由該仲裁機構選定仲裁人。當事人之一方有二人以上，而對仲裁人之選定未達成協議者，依多數決定之；人數相等時，以抽籤定之。

(二) 仲裁費用

仲裁費用可在協議中訂明；若買賣雙方事先無約定仲裁費用，按照慣例，仲裁費用是由敗訴的一方負擔；另也可規定由仲裁庭裁決仲裁費用由誰負擔。

三、仲裁機關及仲裁地之選擇

(一) 辦理仲裁的機關

各國辦理仲裁的機關不盡相同主要有以下幾種：：

1. **商業或工業團體組織**：依我國仲裁法第54條規定，仲裁機構，得由各級職業團體、社會團體設立或聯合設立，負責仲裁人登記、註銷登記及辦理仲裁事件。

2. **商品交易協會**：某些特種產品的交易，如穀物、棉花、咖啡等，對於品質或數量方面的糾紛，一般多由各商品交易協會處理仲裁事務。

3. **國際商會**：國際商會本身雖不直接辦理仲裁業務，但可任命或核定仲裁人，成立仲裁庭，由仲裁庭作成仲裁判斷。

(四) 仲裁地之選擇

常見仲裁地之選擇有三種：

起岸地主義	對於品質不良糾紛，仲裁地宜採用此方式，因為方便於仲裁人就近查看貨物情況。
被告地主義	若採用被告地為仲裁地，未來若是有賠償的問題，方便於仲裁判斷之執行。
第三國主義	基於政治理由，或因第三國擁有著名仲裁機構時，可選用此方式。

測驗題攻略

( )　1. 國際商務仲裁不具備下列何項優點？
(A)經濟
(B)可保密
(C)簡單快速
(D)當事人可自行決定是否遵守判決。（國貿丙級）

( )　2. 有關我國仲裁判斷效力之敘述，下列何者正確？　(A)比法院之確定判決效力低　(B)比法院之確定判決效力強　(C)與法院之確定判決有同一效力　(D)當事人可向仲裁人提出上訴。（國貿丙級）

( )　3. 一般而言，仲裁人的遴選方式為依　(A)當事人同意　(B)仲裁機構選定　(C)法院選定　(D)按照公約規定。（國貿丙級）

( )　4. 有關貿易糾紛之仲裁地，下列何者較方便於仲裁判斷之執行？
(A)起岸地主義　(B)被告地主義　(C)第三國主義　(D)離岸地主義。（國貿丙級）

( )　5. 依我國法律，商務仲裁之約定應以　(A)口頭　(B)特定形式　(C)書面　(D)公證方式為之。（國貿丙級）

解答及解析

1. **D**　國際商務仲裁具備下列優點：經濟、可保密、簡單快速及專家判決等。且仲裁人做出仲裁判斷後，當事人必須遵守判決，必要時可經法院公證，效力等同法院判決，具公信力與強制力。

2. **C**　我國仲裁判斷在仲裁人做出仲裁判斷後，當事人必須遵守判決，必要時可經法院公證，與法院之確定判決有同一效力。

3. **A**　依我國仲裁法第9條規定，仲裁協議，未約定仲裁人及其選定方法者，應由雙方當事人各選一仲裁人，再由雙方選定之仲裁人共推第三仲裁人為主任仲裁人，並由仲裁庭以書面通知當事人。所以仲裁人的遴選方式為依當事人同意。

4. **B**　常見仲裁地之選擇有三種：(1)起岸地主義：若為品質糾紛宜採用此方式，因為方便於仲裁人就近查看貨物情況。(2)被告地主義：若採用被告地為仲裁地，未來若是有賠償的問題，方便於仲裁判斷之執行。(3)第三國主義：基於政治理由，或因第三國擁有著名仲裁機構時，可選用此方式。

5. **C**　依我國仲裁法第1條規定，仲裁協議，應以書面為之。

申論題破解

一、國際貿易契約內容原則上應包含契約有效期、契約之終止與消滅、不可抗力條款、契約之轉讓、仲裁條款、裁判管轄、準據法、完整契約條款、契約修正條款、通知條款等。當國際貿易發生糾紛時，可選擇仲裁以利省時、省錢、省力地解決糾紛。試問依據我國「仲裁法」第37條第2項規定，仲裁判斷應如何方得為強制執行？或仲裁判斷應如何，得逕為強制執行？

解　依據我國「仲裁法」第37條第2項規定，仲裁人之判斷，於當事人間，與法院之確定判決，有同一效力。仲裁判斷，須聲請法院為執行裁定

後，方得為強制執行。但合於下列規定之一，並經當事人雙方以書面約定仲裁判斷無須法院裁定即得為強制執行者，得逕為強制執行：

一、以給付金錢或其他代替物或有價證券之一定數量為標的者。

二、以給付特定之動產為標的者。

前項強制執行之規定，除當事人外，對於下列之人，就該仲裁判斷之法律關係，亦有效力：

一、仲裁程序開始後為當事人之繼受人及為當事人或其繼受人占有請求之標的物者。

二、為他人而為當事人者之該他人及仲裁程序開始後為該他人之繼受人，及為該他人或其繼受人占有請求之標的物者。

二、何謂仲裁？試述仲裁的優點和效力。

解(一) 仲裁（Arbitration）係指經由雙方當事人約定，將彼此間將來或現在的糾紛，交由選定的仲裁機構予以判斷，且雙方皆服從其判斷的方法，為現今國際間解決貿易糾紛的主要方式。

(二) 國際商務仲裁的優點：

1. 經濟：各仲裁機構均訂有一定的仲裁費用標準，一般而言，仲裁費用較訴訟費用為低，可節省雙方當事人的費用。

2. 快速：以仲裁方式解決當事人間的爭議，手續較簡便，所費時間也較訴訟為短。

3. 專家判決：仲裁人係由雙方當事人審慎選擇，為具有豐富商務經驗與各業專門知識之專家，精通國際貿易實務，較易使當事人服從裁定。

4. 保密：商務上的爭議常涉及雙方當事人的業務機密，如進行訴訟，將會使得機密公開於世。而仲裁程序不對外公開，可確保商業上的營業祕密。

5. 具有法律效力：仲裁人做出仲裁判斷後，當事人必須遵守判決，必要時可經法院公證，效力等同法院判決，具強制力。

(三) 仲裁的效力
　　1. 國內仲裁判斷效力：依據我國「仲裁法」第37條規定，仲裁人之判斷，於當事人間，與法院之確定判決，有同一效力。仲裁判斷，須聲請法院為執行裁定後，方得為強制執行。
　　2. 外國仲裁判斷效力：依據我國「仲裁法」第47條規定，在中華民國領域外作成之仲裁判斷或在中華民國領域內依外國法律作成之仲裁判斷，為外國仲裁判斷。
　　　外國仲裁判斷，經聲請法院裁定承認後，於當事人間，與法院之確定判決有同一效力，並得為執行名義。

三、請說明仲裁人選定的方法。

解(一) 依我國仲裁法第9條規定，仲裁協議，未約定仲裁人及其選定方法者，應由雙方當事人各選一仲裁人，再由雙方選定之仲裁人共推第三仲裁人為主任仲裁人，並由仲裁庭以書面通知當事人。仲裁人於選定後三十日內未共推主任仲裁人者，當事人得聲請法院為之選定。
　　(二) 仲裁協議約定由單一之仲裁人仲裁，而當事人之一方於收受他方選定仲裁人之書面要求後三十日內未能達成協議時，當事人一方得聲請法院為之選定。
　　前二項情形，於當事人約定仲裁事件由仲裁機構辦理者，由該仲裁機構選定仲裁人。當事人之一方有二人以上，而對仲裁人之選定未達成協議者，依多數決定之；人數相等時，以抽籤定之。

四、請說明仲裁地點的選擇有哪些？

解(一) 起岸地主義：對於品質不良糾紛，仲裁地宜採用此方式，因為方便於仲裁人就近查看貨物情況。
　　(二) 被告地主義：若採用被告地為仲裁地，未來若是有賠償的問題，方便於仲裁判斷之執行。
　　(三) 第三國主義：基於政治理由，或因第三國擁有著名仲裁機構時，可選用此方式。

第十六章 歷屆試題彙編

106年 中小企銀「國際貿易實務概要」－第一次

( ) 1. 某甲欲以電子商務模式進行B2C之出口業務，下列何者是最能吸引客戶的貿易條件？ (A)EXW條件 (B)FOB條件 (C)CIF條件 (D)DDP條件。

( ) 2. 下列何者是廠商參與政府採購交易時較佳的押標保證？
(A)stand-byL/C (B)transferable L/C
(C)confirmed L/C (D)revolving L/C。

( ) 3. 出口商若欲以D/A條件進行交易時，其應選用下列何種貿易條件與對方議約？ (A)FAS條件 (B)FCA條件 (C)CFR條件 (D)CIF條件。

( ) 4. 在申報通關時，下列何者為海關所核定之「免審免驗」通關？
(A)C1 (B)C2 (C)C3 (D)F4。

( ) 5. 下列何者是比較可能屬於進口商所發出的「契約」文件？
(A)Proforma Invoice (B)Quotation
(C)Estimate Sheet (D)Order。

( ) 6. 根據一般貿易慣例，在CIF條件下之賣方至少應投保以下何種險類？ (A)ICC(A) (B)ICC(B) (C)ICC(C) (D)ICC(A)+ICC（War Risks）。

( ) 7. 根據現行UCP規定，銀行應於收單後多少個營業日內完成單據審查？ (A)三個 (B)五個 (C)七個 (D)十個。

( ) 8. 下列何者是出口商在向銀行申辦押匯時所提出，且只要提出一次即可適用至未來所有押匯交易？ (A)L/I (B)L/C (C)L/H (D)P/L。

( ) 9. 下列何者不可作為銀行拒付信用狀款項的理由？ (A)單據不符合買賣契約規定 (B)單據不符合信用狀條款規定 (C)單據不符合信用狀統一慣例規定 (D)單據不符合國際標準銀行實務規定。

( ) 10. 根據現行 Incoterms 之解釋，下列何者？ (A)FAS (B)FOB (C)CIF (D)FCA。

( ) 11. 若信用狀規定提示可轉讓的海運提單，則通常會在提單的哪個欄位顯示類如"to order"或"to order of XXX"字樣？ (A)SHIPPER (B)CONSIGNEE (C)NOTIFY PARTY (D)DELIVERY AGENT。

( ) 12. 一般而言，下列何種文件可能具有物權功能？ (A)Ocean Bill of Lading (B)Air waybill (C)Insurance Certificate (D)Sales Confirmation。

( ) 13. 在CIF條件下，船沉沒，貨物全損，則由誰向保險公司索賠？ (A)買方 (B)賣方 (C)運送人 (D)看信用狀規定。

( ) 14. 海關發票與下列何種文件的作用相當？ (A)受益人證明書 (B)副署商業發票 (C)領事簽證發票 (D)黑名單證明書。

( ) 15. 下列何者屬於先交貨後付款的條件？ (A)CWO (B)SIGHT L/C (C)O/A (D)D/P。

( ) 16. 下列何種約定品質的標準適合於農產品之期貨買賣？ (A)標準品交易 (B)規格交易 (C)樣品交易 (D)說明書交易。

( ) 17. 一般而言，大型機器設備的交易，其確定貨物品質的時間或地點，較適合採用以下何種約定方式？ (A)出廠品質為準 (B)裝運品質為準 (C)買方倉庫品質為準 (D)卸貨品質為準。

( ) 18. 依UCP 600的規定，Shipment on or about May 25, 2017 指的是5月25日的前後各幾天？ (A)2天 (B)3天 (C)5天 (D)10天。

( )　19. CFRC3所指為何？　(A)含稅在3%內　(B)遞延3日裝船　(C)含佣金3%在內　(D)提前3日裝船。

( )　20. 關於穩固報價（firm offer）之敘述，下列何者錯誤？　(A)相當於民法中之承諾行為　(B)又稱確定報價　(C)只要被報價人接受，則契約成立　(D)不得任意修改。

( )　21. CFS/CY係指：　(A)整裝／整拆　(B)整裝／併拆　(C)併裝／併拆　(D)併裝／整拆。

( )　22. 下列何者係罷工暴動險？　(A)War Risk　(B)TPND　(C)SR&CC　(D)ICC (A)。

( )　23. 下列何種保險所承保之保險範圍最廣？　(A)ICC(A)　(B)ICC(B)　(C)ICC(C)　(D)SRCC。

( )　24. 有關SWIFT信用狀的敘述，下列何者錯誤？　(A)有一定的格式代號　(B)可構成有效的正本信用狀　(C)SWIFT發出的信用狀附有密碼，可查核信用狀的真偽　(D)SWIFTL/C亦載明開狀銀行的確切保證。

( )　25. 下列哪一個文件，不是買方向銀行申請開狀時，通常須填具或提出的文件？　(A)開發信用狀約定書　(B)開狀申請書　(C)輸入許可證或交易憑證　(D)出口報單。

( )　26. 下列何者非為信用狀的使用方式？　(A)Negotiation　(B)Acceptance　(C)Sight Payment　(D)Prepaid。

( )　27. 下列何種信用狀適用於中間商不願意讓供應商與買主直接接觸時的場合？　(A)保證信用狀　(B)循環信用狀　(C)背對背信用狀　(D)預支信用狀。

( )　28. 信用狀上載有何字樣，表示其可以轉讓？　(A)Transferable　(B)Assignable　(C)Divisible　(D)Transmissible。

解答及解析　答案標示為#者，表官方曾公告更正該題答案。

1. **D**　B2C（Business to Customer）為企業對消費者的電子商務模式，而一般消費者對於進口商品的運送及輸出入通關手續並不熟悉，因此採用DDP條件（指定目的地稅訖交貨條件）時，賣方會於議定日期或期間，在指定目的地將已運送抵達指定地點，且已辦妥輸入通關並準備好卸載之貨物置於買方處置的狀況，故此條件為最能吸引客戶的貿易條件。

2. **A**　stand-by L/C（擔保信用狀）又稱保證信用狀或備用信用狀，係指不以清償貨款為目的，而是以融資保證、履約保證或投標保證為目的而開發的信用狀，因此是廠商參與政府採購交易時較佳的押標保證。

3. **D**　D/A（承兌交單）是指出口商按照買賣契約的約定，將貨物交運後，備妥貨運單據，並簽發以進口商為付款人的匯票，一併交給其往來銀行（託收銀行）寄交進口地的分行或代理銀行（代收銀行），委託其向進口商收取貨款。出口商以D/A條件進行交易時，代收銀行於收到貨運單據及匯票後，僅通知進口商在匯票上承兌，即交付單據給進口商，辦理提貨手續，俟匯票到期時再行付款，對出口商的資金周轉較不利，因此應選用CIF條件與對方議約。

4. **A**　海關核定的報關方式共分為三種：
   C1（免審免驗）：免審書面文件、免驗貨物、直接送往徵稅，繳稅放行。
   C2（應審免驗）：報關人依電腦連線通知，向海關補送書面報單及相關文文件，經海關收單及完成分估計稅作業後，通關放行。
   C3（應審應驗）：報關人依電腦連線通知補送書面報單及相關文件，經海關收單、查驗貨物及完成分估計稅作業後，通關放行。

5. **D**　Proforma Invoice：預約發票，亦稱為形式發票，是由賣方所製作，為出口商交貨前，提供進口商估算貨物進口費用之假設性質的文件。
   Quotation：報價單，係出口商向進口商報述價格的文件。
   Estimate Sheet：估價單，是出口商提供進口商預估報價的文件。
   Order：訂單，為進口商向出口商發出的訂貨憑據。

6. **C**　依據Incoterms® 2010的規定，如果買賣契約未規定保險條款時，在CIF或CIP貿易條件下，賣方至少應投保 ICC(C)或 FPA險。

7. **B** 根據UCP 600第14條規定，開狀銀行及任何指定銀行收到單據後，需在最長五個營業日內決定是否接受，否則將視為接受。

8. **C** 質押權利總設定書（Letter of Hypothecation, L/H）：為出口商與押匯銀行間權利義務的約定書。初次押匯時，出口商為取得信用狀押匯額度，須簽定質押權利總設定書，其具有永久效力，只要提出一次，往後各次押匯均適用。

9. **A** 依據UCP 600第4條的規定，信用狀本質是一個與買賣或其它契約分開的交易，即使信用狀中含有對此類合約的任何援引，銀行也不受該合約約束。因此，銀行關於承兌、讓購或履行任何其它信用狀項下之義務的承諾，是不受制於申請人基於其與開狀銀行或與受益人之間的關係而產生的任何請求或抗辯。

10. **D** 現行Incoterms分為「適合任何或多種運送方式」及「僅適用海運及內陸水路運送方式」兩類條件，FAS、FOB與CIF貿易條件係屬於「僅適用海運及內陸水路運送方式」的條件，而FCA貿易條件則屬於「適合任何或多種運送方式」的條件，因此較適合使用在以空運方式運送的交易場合。

11. **B** 可轉讓的海運提單（Negotiable B/L）又稱指示式提單（Order B/L），係提單上Consignee（受貨人）欄位內有order字樣，表示受貨人待指示，類如"to order"或"to order of XXX"字樣。

12. **A** Ocean Bill of Lading（海運提單）是由出口地的船公司在收到貨物後簽發給託運人，證明託運貨物已收到或已裝船，並約定將其運往目的地，交付提單持有人之有價證券。Ocean Bill of Lading可以表彰貨物所有權，是承運人保證憑以交付貨物及可以轉讓的物權憑證，具有物權功能。

13. **A** 在CIF條件下係由賣方投保，並由買方提出保險索賠。因為在此貿易條件下，賣方雖就運送途中貨物滅失或損壞的危險訂定保險契約，並支付保險費，但雙方風險是在貨物運送至指定裝運港並裝載於船舶上時移轉，故裝運後貨品毀損之風險應由買方承擔，若船沉沒，貨物全損，則由買方向保險公司索賠。

14. **C** 海關發票是根據某些國家海關的規定，由出口商填寫供進口商憑以報關用的特定格式發票。其主要作用有供進口國海關核定貨物的原產地國，供進口商向海關辦理進口報關、納稅等手續以及供進口國海關作為統計的依據，作用相當於領事簽證發票。

15. **C** O/A（記帳交易）係賣方於貨物交運出口後，即將貨運單據等逕寄買方辦理提貨，其貨款則以應收帳款方式記入買方帳戶，俟約定付款期限屆滿時，再行結算，屬於先交貨後付款的條件。

16. **A** 標準品交易通常係由交易所、檢驗機構或公會所訂，且為業界認定之品質標準，此種標準通常使用於農、漁、牧、林、礦等產業產品之交易。

17. **C** 買方倉庫品質條件係以買方倉庫為確定品質之時間與地點，適用於大型機器設備的交易，一般多約定在買方倉庫經安裝後可正常運轉，並經測試合格，此時品質才算符合約定。

18. **C** 依UCP 600規定，如信用狀註明"on or about"（在或大概在），即是指包含起訖日期計算在內，用於裝運期間，應在特定期日前後5曆日之期間內辦理裝運。

19. **C** 含佣價格是指價格中包含佣金，其表示方式是在貿易條件後加上Cx，例如：CFRC3即代表所報價格中包含3%的佣金。

20. **A** 穩固報價（Firm offer）為民法上之「要約」行為，又稱確定報價，係指報價人明確指出特定之被要約人、商品名稱、數量、價格、有效期限及相關之交易條件等，並表示願意按報價單上所列載之各項條件訂立契約，不須再經原報價人同意，只要被報價人接受，契約即成立，因此穩固報價對於報價人具有約束力，不得任意修改。

21. **D** CFS/CY：併裝／整拆，係指出口地的託運人將貨物運送至貨櫃集散站，由運送人（船公司）負責將不同託運人的貨物併櫃裝運；運送人再將貨櫃運至目的地的貨櫃場，整櫃交由受貨人自行拆櫃。在裝運地屬於不同託運人而在目的地屬於同一受貨人。

22. **C** SR&CC（Strikes, Riots and Civil Commotions）：罷工暴動險，是對於因罷工、停工或參與工潮、暴動或民眾騷擾所造成的損失，以及任何恐怖分子或任何出於政治目的採取行動之人所致的損失，還有為避免承保風險所致的共同海損和救助費用，予以負責的保險。

23. **A** ICC(A)：協會貨物保險條款(A)條款，係以概括方式表示承保一切危險所造成的貨物毀損滅失，屬於概括式承保，即保單規定除外責任項下所列風險不予負責外，其他風險均予負責，所以本保險的承保範圍最廣，其保費的費率也是最高。

24. **D** SWIFT信用狀的特色為：有一定的格式代號引導信用狀內容、可構成有效的正本信用狀、自動核對密碼，可查核信用狀的真偽且遵循UCP 600之規定，但省略開狀銀行確切保證之字眼。

25. **D** 依關稅法17條規定，出口報關時，應填送貨物出口報單，故出口報單為出口報關所應具備之文件，不是買方向銀行申請開狀時，通常須填具或提出的文件。

26. **D** 依據UCP 600第7條規定，信用狀的使用方式可為Negotiation（讓購）、Acceptance（承兌）、Sight Payment（即期付款）或Deferred payment（延期付款），但Prepaid（預付）非信用狀的使用方式。

27. **C** 背對背信用狀（Back to Back L/C）又稱為轉開信用狀或本地信用狀（Local L/C）。若信用狀受益人本身並非貨物的供應商，為避免國外買方與國內供應商直接接觸，便可憑國外開來的主要信用狀（Master L/C），向通知銀行或本地其他銀行申請開發另一張轉開信用狀或稱次要信用狀（Secondary L/C）給供應商，適用於中間商不願意讓供應商與買主直接接觸時的場合。

28. **A** 依據UCP 600第38條b項規定，可轉讓信用狀必須敘述它是「可轉讓（Transferable）」，才得以轉讓該信用狀。

106年 華南銀行「國際貿易學」

壹、選擇題

( ) 1. 根據UCP 600之規範，下列敘述何者不適當？ (A)提示之單據係信用狀未要求者，將不予理會並可退還提示人 (B)除信用狀另有規定外，任何單據上所敘明之貨物發貨人或託運人，無須為信用狀之受益人 (C)除信用狀另有規定外，商業發票須顯示由受益人所簽發並簽署 (D)修改書之部分接受者，不予容許，並將視其為對該修改書拒絕之知會。

( ) 2. 根據UCP 600之規範，下列何種運送單據須表明其係受傭船契約之拘束？ (A)Multimodal/Combined Transport Document (B)Marine/Ocean Bill of Lading (C)Non-Negotiable Sea Waybill (D)Charter Party Bill of Lading。

( ) 3. 若信用狀的開狀日為Mar. 05, 2016、有效日為May 15, 2016、最後裝運日為Apr. 30, 2016、規定須提示正本提單，沒有規定單據提示期間，則下列何種情況開狀銀行可以主張拒付？
(A)提單的日期為Mar.03, 2016，收益人於Mar.15, 2016提示單據
(B)提單的日期為Apr.03, 2016，收益人於Apr. 18, 2016提示單據
(C)提單的日期為Mar.31, 2016，收益人於Apr.23, 2016提示單據
(D)提單的日期為Apr. 30, 2016，收益人於May.15, 2016提示單據。

( ) 4. 有一批貨將以空運方式從Los Angeles Airport運至Taoyuan Airport，根據INCOTERMS 2010之規範，下列貿易條件之運用何者最適當？
(A)FOB Los Angeles Airport (B)FCA Taoyuan Airport (C)CPT Taoyuan Airport (D)CIP Los Angeles Airport。

( ) 5. 下列何種付款方式貨運單據之遞送並未交由銀行處理？ (A)D/P (B)D/A (C)L/C (D)O/A。

( )　6. 有關報價單之敘述，下列何者將被視為穩固報價（Firm Offer）？
(A)This offer is valid until Jun. 25, 2016, thereafter subject to our confirmation.　(B)This offer is subject to prior sale.　(C)This offer is subject to Export/Import License being approved.　(D)This offer is subject to shipping space being available.。

解答及解析　答案標示為#者，表官方曾公告更正該題答案。

1. **C**　依據UCP 600第18條a項規定，除信用狀另有規定外，商業發票可不必簽署。

2. **D**　Multimodal/Combined Transport Document為複合或聯合運送單據；Marine/Ocean Bill of Lading為海運提單；Non-Negotiable Sea Waybill為不可轉讓海運貨單；Charter Party Bill of Lading為傭船提單，此運送單據須表明其係受傭船契約之拘束。

3. **C**　運送單據的提示須在運送單據簽發日後特定期間內為之；若信用狀中沒有對運送單據簽發日後特定期間提示的規定，則依據UCP 600第14條c項規定，須於單據簽發日後的21個曆日內辦理提示，否則會被視為逾期運送單據（Stale B/L），且上述兩者皆須在信用狀的有效期限內提示。本題中選項(C)提單的日期為Mar.31, 2016，收益人於Apr.23, 2016提示單據，雖在信用狀有效期限內，但超過單據簽發日21個曆日，故開狀銀行可以主張拒付。

4. **C**　根據INCOTERMS 2010之規範，將貿易條件分為「適合任何或多種運送方式」及「僅適用海運及內陸水路運送方式」兩類條件，FOB為僅適用海運及內陸水路運送方式，故不適合用於空運方式；FCA、CPT與CIP雖適合任何或多種運送方式，但FCA後須接指定交貨地，貿易條件須為FCA Los Angeles Airport；CIP後則須接指定目的地，貿易條件應為 CIP Taoyuan Airport；因此CPT Taoyuan Airport最適當。

5. **D**　O/A（記帳交易）係賣方於貨物交運出口後，即將貨運單據等逕寄買方辦理提貨，其貨款則以應收帳款方式記入買方帳戶，俟約定付款期限屆滿時，再行結算，因此貨運單據之遞送並未交由銀行處理。而D/P（付

款交單）、D/A（承兌交單）與L/C（信用狀）的付款方式，其貨運單據之遞送皆須交由銀行處理。

6. **A** 穩固報價（Firm offer）為民法上之「要約」行為，係指報價人明確指出特定之被要約人、商品名稱、數量、價格、有效期限及相關之交易條件等，並表示願意按報價單上所列載之各項條件訂立契約。本題中除了選項(A)有註明有效期限外，其他選項皆未列出，且都為附帶條件的報價。選項(B)為有權先售的報價；選項(C)為要求取得輸出/輸入許可證才有效的報價；選項(D)為要求取得艙位才有效的報價，因此只有選項(A)被視為穩固報價。

貳、非選擇題

請回答下列與信用狀作業有關之問題：
(一) 請以「融資保證」為目的，舉例說明擔保信用狀（Standby L/C）之運作方式為何？
(二) 根據UCP 600之規範，信用狀依照其使用方式可分為即期付款信用狀（Sight Payment Credit）、延期付款信用狀（Deferred Payment Credit）、承兌信用狀（Acceptance Credit）及讓購信用狀（Negotiation Credit），請簡要說明該四種不同類型的信用狀有何區別？

解(一) 擔保信用狀（Standby L/C）又稱保證信用狀或備用信用狀，係指不以清償貨款為目的，而是以融資保證、履約保證或投標保證為目的而開發的信用狀。

以「融資保證」為目的的擔保信用狀之運作方式舉例如下：若甲公司欲向乙公司融資時，甲公司可以請求本國銀行開出以乙公司為受益人的擔保信用狀。此擔保信用狀規定如借款人甲公司（開狀申請人）不於規定日期償還借款本息時，乙公司（受益人）即可依其本息開出即期匯票向開狀銀行求償。此種擔保信用狀通常規定受益人於提示匯票時，只須再提示表明借款人未按約償還本息的聲明書即可。

(二) 用狀（Sight Payment Credit）：信用狀規定受益人簽發即期匯票或於提示貨運

1. 即期付款信用狀（Sight Payment Credit）：信用狀規定受益人簽發即期匯票或於提示貨運單據時，即可取得款項的信用狀。

2. 延期付款信用狀（Deferred Payment Credit）：信用狀規受益人無需簽發匯票，只須向指定承兌銀行提示符合信用狀的貨運單據並辦理承兌，待到期日才可取得款項的信用狀。此種信用狀因為沒有簽發匯票，所以出口商無法憑匯票至貼現市場貼現。

3. 承兌信用狀（Acceptance Credit）：係指信用狀指定的付款銀行在收到信用狀規定的遠期匯票和貨運單據後，經審查無誤，即先對該遠期匯票承兌，俟該遠期匯票到期，付款銀行才進行付款的信用狀。由於此種信用狀的遠期匯票是由銀行承兌，所以也稱為銀行承兌信用狀（Banker's Acceptance Credit）。

4. 讓購信用狀（Negotiation Credit）：是指受益人將匯票及貨運單據向付款銀行以外的銀行請求讓購，即為讓購信用狀。讓購信用狀依有無限定押匯銀行可區分為：

(1)未限押信用狀（Unrestricted L/C）：又稱為自由讓購信用狀。即開狀銀行未限定押匯銀行，受益人可自行選擇銀行押匯。

(2)限押信用狀（Restricted L/C）：又稱為特別信用狀。開狀銀行有限定押匯銀行，受益人必須向限定的押匯銀行辦理押匯手續，或受益人仍可至其往來銀行辦理押匯（稱為押匯銀行或第一押匯銀行），而該往來銀行則須向限押銀行（稱為再押匯銀行或第二押匯銀行）辦理轉押匯。在限押信用狀之下，其有效期限係指單據最遲應在有效期限當日或之前送限押銀行。

106年 高雄銀行「國際貿易實務概要」

( )　1. MAWB係指下列何者？　(A)航空主提單　(B)海運貨櫃提單　(C)承攬人運送證明　(D)大副簽收單。

( )　2. 從事間接貿易，中間商不願國外買主與製造商直接接觸，而將國外買主開來的L/C持往其往來銀行，申請另外再開一張L/C給製造商，這另外再開之信用狀，一般稱為：(A)Master L/C　(B)Back-to-Back L/C　(C)Confirmed L/C　(D)Usance L/C。

( )　3. 以D/P作為付款方式時，出口商係委託下列哪一個銀行收取貨款？(A)押匯銀行　(B)開狀銀行　(C)通知銀行　(D)託收銀行。

( )　4. 依據UCP 600第28條規定，下列何者錯誤？　(A)保險單據必須表明保險金額　(B)保險單據的幣別，必須與信用狀同一貨幣　(C)保單已表明承保範圍自「倉庫至倉庫」生效，則保險單據日期得遲於裝運日期　(D)若保險單據表明簽發之正本超過一份時，所有正本均須提示。

( )　5. 有關中華民國商品標準分類號列（CCC Code）之敘述，下列何者錯誤？　(A)我國的進口稅則採用HS系統　(B)前6碼與HS相同(C)前8碼稱為稅則號別　(D)包括檢查號碼共10碼。

( )　6. 信用狀要求提示B/L時，其Notify Party，通常為下列何者？(A)押匯銀行　(B)開狀申請人　(C)通知銀行　(D)受益人。

( )　7. 付款方式為信用狀（L/C）時，進口商辦理進口開狀時，須至下列何者辦理？　(A)Negotiating Bank　(B)Advising Bank　(C)Issuing Bank　(D)Collecting Bank。

( )　8. 以信用狀（L/C）付款時，依ISBP745和UCP 600規定，有關信用狀使用所須提示匯票（Draft）之敘述，下列何者錯誤？　(A)匯票由信用狀受益人簽發　(B)如匯票上資料之更改係屬不允許者，開狀銀行應於信用狀中，載明妥適之規定　(C)匯票付款人通常為信用狀申請人　(D)匯票之幣別應與信用狀之幣別相符。

( ) 9. 依據UCP 600規定，下列何者正確？ (A)信用狀與買賣契約之關係為相互獨立 (B)一信用狀修改書，容許只接受前兩項修改信用狀之有效日期延長和最遲裝運日期延長，但拒絕接受第三項修改信用狀之金額減少 (C)信用狀未表明可撤銷或不可撤銷則視為可撤銷 (D)以貨物品質不良之理由，開狀銀行可以拒付款。

( ) 10. 依Incoterms 2010之規定，台灣出口商打算向美國客戶報價時，其貿易條件之敘述，下列何者錯誤？ (A)FCA Taoyuan International Airport (B)FOB Taichung (C)CFR Keelung (D)DAP New York。

( ) 11. 台灣廠商所從事的OEM交易，是屬於： (A)原廠委託設計和製造 (B)轉口貿易 (C)三角貿易 (D)原廠委託製造。

( ) 12. 依 Incoterms 2010之規定，以CIP條件交易時，下列敘述何者錯誤？ (A)賣方必須洽訂艙位並支付將貨物運送至指定目的地之運送費用 (B)貨物到達目的地時，賣方即履行其交貨的義務 (C)賣方投保貨物運輸保險並支付保險費 (D)賣方必須辦理出口報關手續。

( ) 13. 依Incoterms 2010之規定，賣方應負擔輸入時應支付進口關稅，任何加值稅或其他稅捐之貿易條件，係指： (A)DDP (B)DAP (C)CIF (D)DAT。

( ) 14. 對於國際貿易所發生的糾紛，使用仲裁的方式來處理，通常規定於貿易契約中之： (A)Arbitration Clause (B)Proper Law Clause (C)Claim Clause (D)Force Majeure Clause。

( ) 15. 國際貿易實務計算海運費經常用CBM，1CBM約為： (A)35.315立方吋 (B)35.315立方呎 (C)35.315立方公分 (D)35.315立方公尺。

( ) 16. 國際貿易之報價人若為避免因為出口價格構成因素的波動而可能遭受風險時，其應以下列何種方式報價較妥？ (A)We offer subject to prior sale (B)We offer firmly that price will not change anyway (C)We offer subject to buyer's approval (D)We offer subject to our final confirmation。

( ) 17. 付款方式為信用狀（L/C）時，依UCP 600及 ISBP745，有關發票
（Invoice）之敘述，下列何者錯誤？ (A)發票應由受益人簽發
（第38條所規定者除外） (B)若信用狀要求提示發票，而未進
一步說明時，則提示領事發票是符合要求 (C)發票應表明所裝
運或交付貨物之價值 (D)發票須簽署或加註日期。

( ) 18. 進口貨物，海關須查驗貨物和審核書面文件之通關方式為：
(A)C1 (B)C2 (C)C3 (D)C4。

( ) 19. 當信用狀上規定 B/L 須註明"Freight Collect"時，是屬於信用狀內
容的哪一項？ (A)裝運條件 (B)運費條款 (C)付款條件 (D)
保險條款。

( ) 20. Siberian Landbridge屬於： (A)Land Bridge System (B)Mini Land
Bridge System (C)Macro Bridge System (D)Micro Bridge System。

( ) 21. 10TEU表示： (A)10個20呎貨櫃 (B)10個30呎貨櫃 (C)10個
40呎貨櫃 (D)10個50呎貨櫃。

( ) 22. 當信用狀上載明44T：NOT ALLOWED是指： (A)不准併櫃
(B)不准分批裝運 (C)不准轉運 (D)不可轉讓。

( ) 23. 有關可轉讓信用狀之敘述，下列何者正確？ (A)只能轉讓一次，
且不得轉回第一受益人 (B)只能全部而非部分轉讓給另一受益
人 (C)開狀銀行不得為轉讓銀行 (D)信用狀敘明「可轉讓
（transferable）」，始可轉讓。

( ) 24. D/A的付款方式若發生進口商不承兌或不付款，其風險由下列何者
承擔？ (A)託收銀行 (B)代收銀行 (C)提示銀行 (D)出口商。

( ) 25. 下列何者為UCP 600所定義之運送單據？ (A)航空運送單據
(B)送貨單 (C)貨物收據 (D)承攬人收貨證明。

( ) 26. 下列何者為「報關行」扮演的角色？ (A)報價 (B)償付押匯款項
(C)傳送出口報單 (D)通知信用狀。

解答及解析 答案標示為#者，表官方曾公告更正該題答案。

1. **A** MAWB（Master Air Waybill）：航空主提單，係由航空公司或其代理人所簽發。為航空公司於承運貨物時，簽發給承攬業者或併裝業者之提單。

2. **B** Back-to-Back L/C：背對背信用狀，又稱為轉開信用狀或本地信用狀（Local L/C）。係信用狀受益人本身並非貨物的供應商，為避免國外買方與國內供應商直接接觸，便可憑國外開來的主要信用狀（Master L/C），向通知銀行或本地其他銀行申請開發另一張轉開信用狀或稱次要信用狀（Secondary L/C）給供應商，適用於中間商不願意讓供應商與買主直接接觸時的場合。

3. **D** 以D/P（付款交單）作為付款方式時，出口商按照買賣契約的約定，將貨物交運後，備妥貨運單據（如提單、商業發票、保險單等），並簽發以進口商為付款人的匯票，委託交給其往來銀行（託收銀行）寄交進口地的分行或代理銀行（代收銀行），委託其向進口商收取貨款。而進口商則必須先付清貨款後，始能取得單據，辦理提貨手續。

4. **C** 依據UCP 600第28條規定，保險單據的日期不得遲於裝運日期。

5. **D** 我國商品標準分類是依照國際商品統一分類制度國際公約（簡稱HS公約）2007年版修正「海關進口稅則」，並於2009年1月1日實施我國進出口貨品分類制度，稱為中華民國商品標準分類號列（Standard Classification of Commodities of the Republic of China）或C.C.C. Code，分為章（二位碼）、節（四位碼）、目（六位碼）、款（八位碼）、項（十位碼）。我國加入WTO後實施關稅配額制度，相關配額之貨品及稅率另增列第98章－關稅配額之貨品，分為43款（八位碼）及200項（十位碼）。我國進口稅率依八位碼貨品配置，稱為稅則號別」；統計及貿易管理則採用十位碼，另於十位碼之後加一位檢查碼，以供電腦檢核之用。廠商申請輸出入許可證及報關時，均須填報十一位碼之輸出入貨品分類號列。

6. **B** 信用狀如有規定 Notify Party（被通知人）時，應從其規定填寫；未規定時，通常都填寫開狀申請人為被通知人。

7. **C** Issuing Bank（開狀銀行）係依循開狀申請人（進口商）的指示，簽發信用狀的銀行，也是在信用狀交易中，負最終付款義務的當事人。

8. **C** 匯票的被發票人（Drawee），為匯票之主要債務人。在信用狀交易下，通常為開狀銀行或信用狀指定之銀行，依據UCP 600第6條c項規定，信用狀的簽發，不可要求以信用狀申請人為匯票付款人。

9. **A** 依據UCP 600第4條的規定，信用狀其本質是一個與買賣或其它契約分開的交易，所以信用狀與買賣契約之關係為相互獨立；信用狀如涉及兩個以上條款之修改，受益人須全部接受或全部拒絕，意即不允許受益人部分接受；信用狀未表明可撤銷或不可撤銷則視為不可撤銷；依據UCP 600第5條的規定，銀行所處理的是單據而非與該等單據可能相關的貨物、勞務或履約行為，因此開狀銀行不可以貨物品質不良之理由拒付款。

10. **C** 在CFR貿易條件下，賣方負責洽訂運輸契約，並支付將貨物交運到指定目的港的運費，因此CFR其後接的地點須為指定目的港，而非出口港。

11. **D** OEM（Original Equipment Manufacturing, OEM）：原廠委託製造，係生產廠商依照委託廠商的指定，依原圖設計、代工製造，再以委託廠商的品牌及通路在市場上行銷，此生產廠商僅從中賺取代工的利潤。

12. **B** 在CIP貿易條件下，賣方於議定日期或議定之期間內，將貨物交付賣方指定之運送人接管，即屬賣方交貨。

13. **A** DDP（指定目的地稅訖交貨條件）：在此條件下，賣方須於議定日期或期間，在指定目的地將已運送抵達此指定地點，且已辦妥輸入通關並準備好卸載之貨物置於買方處置下，即屬賣方交貨。此條件賣方應負擔之義務最重，賣方除應取得符合該條件的運送契約並支付運送成本，並有義務辦理貨物出口及進口通關手續，且支付所有任何進出口關稅。

14. **A** Arbitration Clause：仲裁條款，係經由雙方當事人約定，對於彼此間將來或現在的糾紛，交由選定的仲裁機構予以判斷，且雙方皆服從其判斷的條款。

15. **B** 1CBM（立方公尺）=35.315立方呎（CFT）

16. **D** 報價人若為避免因為出口價格構成因素的波動而可能遭受風險時，可於報價中加註 We offer subject to our final confirmation（報價須經報價人最後確認才有效）條件。

17. **D** 依據UCP 600第18條a項規定，除信用狀另有規定外，商業發票可不必簽署。

18. **C** C3（應審應驗）：報關人依電腦連線通知補送書面報單及相關文件，經海關收單、查驗貨物及完成分估計稅作業後，通關放行。

19. **B** 當信用狀上規定B/L須註明"Freight Collect"，表示運費到付，屬於信用狀內容的運費條款。

20. **A** Land Bridge System（LBS）：陸橋運輸作業，係指貨物經由「海運→陸運→海運」的方式運送，即是利用大陸鐵路運輸，連結兩邊海運運輸的複合運送方式，Siberian Landbridge（西伯利亞陸橋）即屬於陸橋運輸作業。

21. **A** TEU（Twenty-Foot Equivalent Unit）為20呎標準貨櫃，因此10TEU表示：10個20呎貨櫃。

22. **C** 信用狀上43T：Transshipment（轉運），因此若載明NOT ALLOWED，表示不准轉運。

23. **D** 依據UCP 600第38條的規定，信用狀必須敘明它是「可轉讓」（Transferable），始可轉讓；已被轉讓的信用狀，不能再被轉讓給除原L/C的第一受益人外之任何後續的受益人；轉讓得採用其中全部或部份給另一受益人；開狀銀行本身得為轉讓銀行。

24. **D** D/A（承兌交單）的付款方式係出口商將貨物交運後，備妥代表貨運單據，並簽發以進口商為付款人的匯票，一併交給其往來銀行（託收銀行）寄交進口地的分行或代理銀行（代收銀行），委託其向進口商收取貨款。代收銀行於收到貨運單據及匯票後，僅通知進口商在匯票上承兌，即交付單據給進口商，辦理提貨手續，俟匯票到期時，再行付款。若發生進口商不承兌或不付款，其風險由出口商承擔。

25. **A** 航空運送單據為UCP 600所定義之運送單據。

26. **C** 報關行是指經海關准予註冊、登記，受進出口貨物收發貨人之委託，向海關辦理代理進出口報關業務（如洽訂艙位、倉庫及提領貨物等業務）的營利事業法人。報關行的主要業務有二：一是幫忙貨物進出口報關，例如傳送出口報單；二是處理隨同國際貨物的單據，用以辦理押匯、結匯、保險和運輸等業務。

106年 高考三級「國際貿易實務」

一、 在經貿全球化的經營環境中，各國貨品在通過進口國海關時通常
會被要求需提供原產地證明書以為通關憑辦之依據，試請回答下
列問題：
(一) 何謂「原產地證明書」？
(二) 可以簽發「原產地證明書」的單位或組織？
(三) 依據我國之「原產地證明書及加工證明書管理辦法」規定，
輸出貨品欲主張為「台灣製原產地」，則應符合那些條件？
(四) 對於外貨在我國進行加工後復出口，但因其加工未符合以我
國為原產地之情形者，則應如何處理？

解 (一) 原產地證明書（Certificate of Origin, C/O）為證明貨物產地或製造地
的文件。由於進口國會對某些特定的國家所製造的產品，課以優惠性
的關稅，或為了限制或禁止某些國家的某種貨物進口等目的，而要求
進口商於進口報關時，提供原產地證明書以為憑證。

(二) 簽發「原產地證明書」的單位或組織：

1. 駐在出口地的輸入國領事簽發。

2. 出口地的商會簽發。

3. 同業公會簽發。

4. 輸出國政府機構簽發。

5. 出口商自行簽發。

依貿易法第20-2條規定，經濟部國際貿易局得應出口人輸出貨品之需
要，簽發原產地證明書或加工證明書，並得收取費用。必要時，得委
託其他機關、財團法人、工業團體、商業團體或農會、漁會、省級以
上之農業合作社及省級以上之農產品產銷協會辦理之。

(三) 依據我國之「原產地證明書及加工證明書管理辦法」第三條規定，
輸出貨品欲主張為「台灣製原產地」者，應符合下列各款情形之
一：一、貨品在我國境內完全取得或完全生產者。二、貨品之加

工、製造或原材料涉及我國與其他國家或地區共同參與者，以在我國境內產生最終實質轉型者為限。

依據台灣製產品MIT微笑標章驗證制度取得台灣製產品MIT微笑標章之產品得以我國為原產地，但該制度之台灣製原產地認定條件仍應符合前項規定。

(四) 依據我國之「原產地證明書及加工證明書管理辦法」第二條規定，外貨在我國進行加工後復出口，其加工未符合以我國為原產地之情形者，得申請我國之加工證明書。申請原產地證明書或加工證明書，其申請書之種類、內容及應記載事項，由經濟部國際貿易局依各項貨品或用途之需要分別定之。

二、 由於在國際貿易過程中關於資金的調度與運用是相當重要的環節，故而為因應國際貿易的發展需要，乃產生一些相應的措施，試問：
(一) 何謂「國際應收帳款承購」（international factoring）？
(二) 其通常是適用在以何種付款方式交易的場合？
(三)「國際應收帳款承購」對於出口商在貿易經營上有那些好處？

解(一) 國際應收帳款承購（international factoring）：係指出口商將買賣交易所產生之應收帳款，售予應收帳款承購商（主要是銀行或金融公司），由承購商承擔進口商的信用風險，並提供帳務管理、應收帳款收取及貿易融資等多項服務，為一體的整合性金融業務。

(二) 國際應收帳款承購適用在以O/A或D/A付款方式交易的場合。

(三)「國際應收帳款承購」對於出口商在貿易經營上的好處有：

1. 對出口商提供資金融通。

2. 應收帳款承購商有義務向進口商催款，且應收帳款承受商擁有專業的帳務管理人員，有利於對與應收帳款有關之帳務的管理。

3. Factoring可則在授信額度內循環使用。

4. 應收帳款的收取與催收係由應收帳款承受商負責。

5. Factoring在無追索權下承擔100%之應收帳款債權，使出口商免受進口商不履行付款義務的損失。

三、 在進出口結匯作業過程中，關於貿易單證的製作與審查是其中相當
　　 重要的環節。試請回答下列問題：
　　 (一) 若信用狀上出現以"independent"形容單據簽發人時，則根據
　　　　 UCP 600的規定，出口商應如何準備該單據？
　　 (二) 何謂商業發票（commercial invoice）？
　　 (三) UCP 600中關於商業發票在製作與審查時的規定為何？

解(一) 根據UCP 600第3條規定，若信用狀上出現以"first class"（第一
　　 流的），"well known"（著名的），"qualified"（合格的），
　　 "independent"（獨立的），"official"（正式的），"competent"
　　 （有資格的）或"local"（本地的）形容單據簽發人時，除受益人
　　 之外任何人所簽發的單據，都予以接受。因此若信用狀上出現以
　　 "independent"（獨立的）形容單據簽發人時，則根據UCP 600的規
　　 定，出口商只須提示非受益人所簽發的單據即可。
　　(二) 商業發票（commercial invoice）：又稱發貨清單或發貨單，係出口
　　 商開給進口商載有貨物名稱、規格、數量、單據及總價等的貨物清
　　 單。商業發票同時具有出貨清單、債務通知書或收款通知單及帳單
　　 的性質。
　　(三) UCP 600中關於商業發票在製作與審查時的規定如下：
　　　 1. 發票人：依據UCP 600第18條a項規定，除可轉讓信用狀外，應
　　　　 以信用狀受益人為發票人。
　　　 2. 抬頭人：依據UCP 600第18條a項規定，除信用狀另有規定外，
　　　　 商業發票須以開狀申請人（通常為進口商）為抬頭人。
　　　 3. 發票幣別：依據UCP 600第18條a項規定，商業發票的幣別須與
　　　　 信用狀幣別一致。
　　　 4. 簽署：依據UCP 600第18條a項規定，除信用狀另有規定外，商
　　　　 業發票可不必簽署。
　　　 5. 發票金額：依據UCP 600第18條b項規定，信用狀如允許一定
　　　　 程度的金額超押，但是指定銀行或保兌銀行或開狀銀行，都尚

未付款或受理押匯，若指定銀行或保兌銀行或開狀銀行，接受「超出信用狀允許一定程度的超押金額」時，則此一決定將約束相關各方。

6. 貨物的敘述：依據UCP 600第18條c項規定，商業發票上有關貨物的敘述必須與信用狀上所載者相符。

四、 A公司欲以FCA條件空運出口貨物一批，但客戶卻希望能改成CIF條件進行交易，試問：

(一) 賣方使用CIF條件相較FCA條件，需額外負擔那些交易義務？

(二) 未來該批貨物若在離開運送人倉庫而於裝機過程因不慎掉落致發生毀損時，應由何人承擔該貨損？請說明理由。

(三) 上述情況，若改採 FCA條件交易時，是否會有不同？請說明理由。

解(一) CIF運保費在內條件（…指定目的港）下，賣方須將貨物運送至指定出口地裝運港並裝載於船舶上時，即屬賣方交貨。本條件交易價格包含運費與保費，因此賣方除必須負擔貨物至前述交付地點為止貨物滅失或毀損之一切風險及相關費用外；還需要訂定將貨物運抵指定目的地之運送契約並支付運送成本；且賣方必須就運送途中貨物滅失或損壞的危險訂定保險契約，另外須提供標明運費已付之運送單據以及保險單據；同時賣方也須負責取得任何輸出許可證或其他官方許可，及辦理貨物輸出通關及貨物在交貨前通過第三國運送所須之一切通關手續及費用，但無義務支付進口稅捐或辦理貨物進口通關手續。

FCA貨交運送人條件（…指定交貨地）下，賣方須於議定之日期或期間內，在指定交貨地之議定地點，將貨物交付買方所指定之運送人接管，即屬賣方交貨。在此條件下賣方除負擔貨物送交運送人前之所有的成本及風險外，也必須負責取得任何輸出許可簽證或其他官方許可，及辦理貨物輸出通關所須之一切手續及費用，但無義務支付進口稅捐或辦理貨物進口通關手續。

由於兩種貿易的風險移轉點不同，CIF條件的風險移轉點是指定出口地裝運港並裝載於船舶上時，而FCA條件只要在指定交貨地將貨物交付運送人，風險即移轉，因此CIF條件下賣方須多負擔從運送人到裝運港船舶上的費用及風險。另外賣方在CIF條件較FCA條件須多負擔運費和保險費，賣方需要訂定將貨物運抵指定目的地之運送契約並支付運送成本；也必須就運送途中貨物滅失或損壞的危險訂定保險契約，另外須提供標明運費已付之運送單據以及保險單據。

(二) 因為CIF條件危險移轉的地方為將貨物裝載於指定的船舶上，賣方須負擔貨物裝載於指定的船舶上之前的所有成本及風險，因此該批貨物若在離開運送人倉庫而於裝機過程因不慎掉落致發生毀損時，由於貨物還未載於指定的船舶上，遂應由賣方承擔該貨損。

(三) 而FCA條件下，賣方將貨物交付買方所指定之運送人接管時，風險即移轉給買方，所以該批貨物若在離開運送人倉庫而於裝機過程因不慎掉落致發生毀損時，由於貨物已交予運送人，遂應由買方承擔該貨損。

106年 中國輸出入銀行「國際貿易與實務」－五職等

一、 輸出保險為我國政策性保險之一種，包括託收方式（D/P、D/A）
輸出綜合保險、記帳方式（O/A）輸出綜合保險、信用狀貿易保險
等。請回答下列問題：
(一) 請說明輸出保險之承保範圍為何？
(二) 分別列出上述三種保險之保險區間為何？
(三) 請說明對出口商而言，D/P與D/A何者的風險較大？

解(一) 輸出保險是國家為促進外銷及國外投資而設立的一種政策性保險制
度，其設立並不以營利為目的，乃是為保障國內出口廠商因進口商
信用或進口國政治因素所致損失，能獲得賠償。輸出保險之承保範
圍如下：
1. 信用危險：買主不依約付款，不依約承兌或承兌到期不付款等所
致損失。
2. 政治危險：輸出目的地政府變更法令或發生戰爭、天災等致貨物
不能進口或不能匯兌，以致貨款不能收回之損失。

(二)
1. 託收方式（D/P、D/A）輸出綜合保險：自完成貨物裝運日起至
約定付款日止，承保帳款天期最長可達360天。
2. 記帳方式（O/A）輸出綜合保險：自完成貨物裝運日起至約定付
款日止，承保帳款天期最長可達360天。
3. 信用狀貿易保險：自完成貨物裝運日起至約定付款日止，承保帳
款天期最長可達1080天。

(三)
1. 付款交單（Documents against Payment, D/P）
出口商按照買賣契約的約定，將貨物交運後，備妥貨運單據（如
提單、商業發票、保險單等），並簽發以進口商為付款人的匯

票，一併交給其往來銀行（託收銀行）寄交進口地的分行或代理銀行（代收銀行），委託其向進口商收取貨款。而進口商則必須先付清貨款後，始能取得單據，辦理提貨手續。

2. 承兌交單（Documents against Acceptance , D/A）

出口商按照買賣契約的約定，將貨物交運後，備妥代表貨運單據，並簽發以進口商為付款人的匯票，一併交給其往來銀行（託收銀行）寄交進口地的分行或代理銀行（代收銀行），委託其向進口商收取貨款。與付款交單方式不同者，代收銀行於收到貨運單據及匯票後，僅通知進口商在匯票上承兌，即交付單據給進口商，辦理提貨手續，俟匯票到期時，再行付款。

由於在D/P的付款方式下，進口商必須先付清貨款後，始能取得單據辦理提貨手續，但在D/A的付款方式下，進口商只須先在匯票上承兌，即可取得單據辦理提貨，俟匯票到期時，才須付款，因此對出口商而言，D/A的風險較大。

二、 貨櫃運輸廣泛用於陸、海、空之運輸作業，請解釋：

(一) 出進口廠商在訂艙位時，若欲船公司簽發可轉讓之海運提單（B/L），則該如何處理？

(二) 運輸業務裡所指的"Carrier"與"Shipper"為何？

(三) 依Incoterms 2010的建議，有哪些條件不適用於貨櫃運輸？請寫出中文全稱及英文簡稱與全稱。

解 (一) 可轉讓之海運提單（Negotiable B/L）又稱指示式提單，係指可經由背書而將提單所表彰的貨物所有權轉讓給他人的提單。此種提單上Consignee（受貨人）欄位內會有order 字樣，表示受貨人待指示。出進口廠商在訂艙位時，若欲船公司簽發可轉讓之海運提單（B/L），可在裝貨單的Consignee欄位中填註To Order、To Order of Shipper或To Order of Issuing Bank等字樣。

(二)

    1. Carrier1：運送人、承運人，指由自己或以自己之名義與託運人訂立海上貨物運送契約之人，通常是指船公司。

    2. Shipper：託運人，又稱裝貨人，是指本人或以其名義或其代表與運送人訂立海上貨物運送契約並將貨物交給海上貨物運輸有關的運送人之人，通常為出口商。

(三) Incoterms 2010將貿易條件分為兩大類型11種條件，採用「適合任何或多種運送方式」及「僅適用海運及內陸水路運送方式」兩類。不適用於貨櫃運輸也就是僅適用海運及內陸水路運送方式的貿易條件，分述如下：

    1. 裝運港船邊交貨條件（…指定裝運港）：FAS，全名為FREE ALONGSIDE SHIP（...named port of shipment）。

    2. 裝運港船上交貨條件（…指定裝運港）：FOB，全名為FREE ON BOARD（...named port of shipment）。

    3. 運費在內條件（…指定目的港）：CFR，全名為COST AND FREIGHT（...named port of destination）。

    4. 運保費在內條件（…指定目的港）：CIF，全名為COST INSURANCE AND FREIGHT（...named port of destination）。

三、「匯票」（Bill of Exchange）是國際貿易資金融通中常見之信用工具：

    (一) 請說明「匯票」之意義。

    (二) 依據ISBP paragraph 745 A11之實務補充，匯票應加註簽發日期（to indicate a date of issuance），且該日期應不遲於哪兩個期限？又，在匯票上即期匯票之付款期限應如何記載？

    (三) 在國際貿易中，何時要簽發匯票？匯票上的被出票人（付款人）應為何人？

解 (一) 匯票（Bill of Exchange；Draft）：係由發票人簽發一定之金額，委託付款人在指定之到期日，無條件支付給受款人或者持票人的票據。

(二)

1. 依ISBP規定，匯票的簽發日期應在信用狀有效期限及提示期間內，但不得在押匯期限後。

2. 即期匯票的付款期限為見票即付（AT SIGHT），其在匯票上的記載方式係在付款期限欄位劃一橫線（------）或填打XXXXXX。

(三)

1. 在國際貿易中，若採用信用狀為付款方式，則出口商將貨物裝運後，依信用狀規定簽發匯票並以代表貨物的貨運單證為擔保，請銀行辦理讓購貨運單據，以取得貨款的動作；另若採用託收為付款方式，出口商按照買賣契約的約定，將貨物交運後，備妥貨運單據（如提單、商業發票、保險單等），並簽發以進口商為付款人的匯票，一併交給其往來銀行（託收銀行）寄交進口地的分行或代理銀行（代收銀行），委託其向進口商收取貨款。

2. 匯票上的被出票人（付款人）即指被發票人（Drawee），為匯票之主要債務人。在信用狀交易下，通常為開狀銀行或信用狀指定之銀行。依據UCP 600第6條c項規定，信用狀的簽發，不可要求以申請人為匯票付款人；在非信用狀交易下，匯票一般均以進口商為付款人。

四、 台灣的出口商S公司銷售一批貨物給荷蘭的進口商B公司，買賣契約的部分條件如下：

Quantity：10,000 pieces.

Unit Price：EUR 25.00 per pieceCIFRotterdam Incoterms® 2010.

Shipment：On or before Aug. 31, 2017, partial shipment not allowed.

S公司於簽約後即向保險公司投保海上貨物運輸保險 ICC(C)，2017年8月10日，S公司於高雄港將符合契約的貨物裝運出口，9月5日運抵目的港，B公司提貨後發現貨物因運送過程中遭竊而有短少。

> 請問：
> (一) 依Incoterms 2010與上述契約條款，S公司的交貨時間是否符合約定？為什麼？
> (二) 依Incoterms 2010規定，CIF條件下的賣方，在海運保險方面的義務為何？
> (三) 本案係由出口商 S公司投保海上貨物運輸保險，若貨物在海運過程中因遭遇保險事故而導致毀損滅失，應由出口商或進口商向保險公司請求賠償？
> (四) 保險公司是否應理賠本案貨物遭竊的損失？請說明理由。

解(一) 是。因為CIF貿易條件下，賣方須於議定日期或期間，將貨物運送至指定出口地裝運港並裝載於船舶上時，即屬賣方交貨。本例中出口商（S公司）於高雄港的交貨日期為2017年8月10日，而契約的裝運日為2017年8月31日前（On or before Aug. 31, 2017），故符合約定。

(二) 在CIF貿易條件下，賣方必須就運送途中貨物滅失或損壞的危險訂定保險契約，支付保費並提供保險單據；若買賣契約沒有規定險種，依Incoterms 2010規定，賣方僅須投保最低承保範圍之保險，即賣方須訂立並取得符合協會貨物保險(C)條款（INSTITUTE CARGO CLAUSE (C)2009/1/1，簡稱ICC(C)），或其他類似保險條款所提供最低承保範圍之保險契約；而保險金額與幣別除買賣契約另有約定外，前述之保險最低投保金額應為買賣契約所議定之價格加一成，亦即契約金額×110%，且為規避匯兌風險，保險金額之幣別應為契約金額之幣別。

(三) 由進口商向保險公司請求賠償。在CIF條件下，雖是由出口商（S公司）投保，但卻須由進口商（B公司）提出保險索賠。因為此貿易條件，雖由賣方就運送途中貨物滅失或損壞的危險訂定保險契約，並支付保險費，但雙方風險是在貨物運送至指定裝運港並裝載於船

舶上時移轉，故裝運或發貨後貨品毀損之風險應由進口商承擔，故由進口商提出保險索賠。

(四) 不須理賠。因為 S 公司向保險公司投保海上貨物運輸保險 ICC(C)，其屬於列舉式承保，也就是僅承保保單上列舉之危險，其承保範圍是最小，保費的費率也是最低。而 ICC(C) 條款承保的危險有：

1. 火災、爆炸。

2. 船舶或駁船觸礁、擱淺、沉沒或傾覆。

3. 陸上運輸工具傾覆或出軌。

4. 船舶、駁船或運輸工具與水以外的任何外界物體碰撞或擦撞。

5. 在避難港卸貨。

6. 共同海損犧牲。

7. 投棄。

8. 共同海損條款所列之共同海損及施救費用。

9. 雙方過失碰撞條款所列的碰撞責任分擔。

而 B 公司提貨後發現貨物係因運送過程中遭竊而有短少，其不屬於 ICC(C) 條款承保的範圍，故保險公司不須理賠本案貨物遭竊的損失。

106年 中國輸出入銀行「國際貿易與實務」－六職等

一、 出口商與國外客戶約定以D/A方式付款，該出口商向中國輸出入銀行投保「託收方式（D/P, D/A）輸出綜合保險」，請問：

(一)「託收方式（D/P, D/A）輸出綜合保險」承保的危險為何？

(二) 出口商投保「託收方式（D/P, D/A）輸出綜合保險」，須負擔哪些費用？

(三) 匯票期限為下列兩種情況：(1)D/A 30 days after B/L date，(2)D/A 30 days after sight，若不考慮其他因素，則何者的輸出綜合保險期間應訂定得較長？請說明理由。

(四) 買方提貨後，以貨物品質有問題為由拒付貨款，則出口商能否得到輸出保險的賠償？請說明理由。

解 (一)「託收方式（D/P, D/A）輸出綜合保險」承保的危險如下：

　　1. 政治危險：輸出目的地政府變更法令或發生戰爭、天災等致貨物不能進口或不能匯兌，以致貨款不能收回之損失。

　　2. 信用危險：買主不依約付款，不依約承兌或承兌到期不付款等所致損失。

(二) 出口商投保「託收方式（D/P, D/A）輸出綜合保險」，須負擔的費用依據買主信用狀況、買主所在地區政治經濟情況、承保比率、保險期間長短等釐訂費率。貨物由第三國出口供應者，其保險費加收15%。

(三)

　　1. D/A 30 days after B/L date：承兌交單，提單簽發日後30天付款。

　　2. D/A 30 days after sight：承兌交單，見票後30天付款。

　　由於ISBP規定，匯票的簽發日期不可早於提單日期，但可與提單日期同一日，因此不考慮其他因素下，到期日較久的D/A 30 days after sight，其輸出綜合保險期間應訂定得較長。

(四) 不能獲得輸出保險的賠償。因為「託收方式（D/P, D/A）輸出綜合保險」承保的危險為進口國政治危險與進口商信用危險，買方提貨後，以貨物品質有問題為由拒付貨款，出口商是無法得到輸出保險的賠償。

二、某一複合運送提單（Combined Transport Bill of Lading）上的部分記載事項如下：

Consignee ：To order of ABC Commercial Bank
FCL/FCL
1×40' REEFER HIGH CUBE
SAID TO CONTAIN 1,500 CARTONS OF FRROZEN YELLOWFIN
TUNA FILLET Freight prepaid

請問：
(一) 何謂FCL/FCL？
(二) 1×40' REEFER HIGH CUBE，其意為何？
(三) 提單上載明"SAID TO CONTAIN"，其意為何？
(四) 該提單為「可轉讓提單」或「不可轉讓提單」？請說明理由。
(五) 本提單所涉及的貨物買賣契約，應不可能是以下列哪一種貿易條件交易？(1)FCA；(2)CPT；(3)DAT，請說明理由。

解 (一) FCL/FCL：整裝／整拆，係指出口地的託運人自行裝櫃後，整櫃交予運送人，運送人將貨櫃運至目的地；待貨櫃運至目的地的貨櫃場，整櫃交由受貨人自行拆櫃，在裝運地屬於同一託運人及在目的地屬於同一受貨人。

(二) 1×40' REEFER HIGH CUBE是指一個40呎的冷凍超高貨櫃。

(三) 提單上載明"SAID TO CONTAIN"，其意指「內容據稱」，依據UCP 600第26條b項規定，銀行接受提單上載有"SAID TO CONTAIN"之文句。

(四) 該提單為可轉讓提單。
可轉讓提單（Negotiable B/L）又稱指示式提單，係指可經由背書而將提單所表彰的貨物所有權轉讓給他人的提單。此提單上Consignee

（受貨人）欄位內會有order字樣，表示受貨人待指示；不可轉讓提單（Non-Negotiable B/L）又稱直接提單（Staight B/L）或記名提單，提單上Consignee（受貨人）欄位內無order字樣，而是以Consignee to...（受貨人名稱）指定受貨人。本題的提單上，受貨人（Consignee）載明為：To order of ABC Commercial Bank，表示待ABC銀行指示，因此為可轉讓提單。

(五) 不可能以FCA條件交易。

本提單上註明Freight prepaid（運費預付），表示其貿易條件是由賣方負擔運費，而選項中的FCA貿易條件的運費係由買方負擔，因此不可能以此種貿易條件交易。

三、「匯票」（Bill of Exchange）是國際貿易資金融通中常見之信用工具：

(一) 請說明「匯票」之意義。

(二) 依據ISBP paragraph 745 A11之實務補充，匯票應加註簽發日期（to indicate a date of issuance），且該日期應不遲於哪兩個期限？又，在匯票上即期匯票之付款期限應如何記載？

(三) 在國際貿易中，何時要簽發匯票？匯票上的被出票人（付款人）應為何人？

解 (一) 匯票（Bill of Exchange；Draft）：係由發票人簽發一定之金額，委託付款人在指定之到期日，無條件支付給受款人或者持票人的票據。

(二)

1. 依ISBP規定，匯票的簽發日期應在信用狀有效期限及提示期間內，但不得在押匯期限後。

2. 即期匯票的付款期限為見票即付（AT SIGHT），其在匯票上的記載方式係在付款期限欄位劃一橫線（------）或填打XXXXXX。

(三)
　　1. 在國際貿易中，若採用信用狀為付款方式，則出口商將貨物裝運後，依信用狀規定簽發匯票並以代表貨物的貨運單證為擔保，請銀行辦理讓購貨運單據，以取得貨款的動作；另若採用託收為付款方式，出口商按照買賣契約的約定，將貨物交運後，備妥貨運單據（如提單、商業發票、保險單等），並簽發以進口商為付款人的匯票，一併交給其往來銀行（託收銀行）寄交進口地的分行或代理銀行（代收銀行），委託其向進口商收取貨款。

　　2. 匯票上的被出票人（付款人）即指被發票人（Drawee），為匯票之主要債務人。在信用狀交易下，通常為開狀銀行或信用狀指定之銀行。依據UCP 600第6條c項規定，信用狀的簽發，不可要求以申請人為匯票付款人；在非信用狀交易下，匯票一般均以進口商為付款人。

四、　台灣的出口商S公司銷售一批貨物給荷蘭的進口商B公司，買賣契約的部分條件如下：

Quantity：10,000 pieces.

Unit Price：EUR 25.00 per pieceCIFRotterdam Incoterms® 2010.

Shipment：On or before Aug.31, 2017, partial shipment not allowed.

S公司於簽約後即向保險公司投保海上貨物運輸保險ICC(C)，2017年8月10日，S公司於高雄港將符合契約的貨物裝運出口，9月5日運抵目的港，B公司提貨後發現貨物因運送過程中遭竊而有短少。

請問：

(一) 依Incoterms 2010與上述契約條款，S公司的交貨時間是否符合約定？為什麼？

(二) 依Incoterms 2010規定，CIF條件下的賣方，在海運保險方面的義務為何？

> (三) 本案係由出口商S公司投保海上貨物運輸保險，若貨物在海運過程中因遭遇保險事故而導致毀損滅失，應由出口商或進口商向保險公司請求賠償？
> (四) 保險公司是否應理賠本案貨物遭竊的損失？請說明理由。

解(一) 是。因為CIF貿易條件下，賣方須於議定日期或期間，將貨物運送至指定出口地裝運港並裝載於船舶上時，即屬賣方交貨。本例中，出口商（S公司）於高雄港的交貨日期為2017年8月10日，而契約的裝運日為2017年8月31日前（On or before Aug.31, 2017），故符合約定。

(二) 在CIF貿易條件下，賣方必須就運送途中貨物滅失或損壞的危險訂定保險契約，支付保費並提供保險單據；若買賣契約沒有規定險種，依Incoterms 2010規定，賣方僅須投保最低承保範圍之保險，即賣方須訂立並取得符合協會貨物保險(C)條款（INSTITUTE CARGO CLAUSE (C)2009/1/1，簡稱ICC(C)），或其他類似保險條款所提供最低承保範圍之保險契約；而保險金額與幣別除買賣契約另有約定外，前述之保險最低投保金額應為買賣契約所議定之價格加一成，亦即契約金額×110%，且為規避匯兌風險，保險金額之幣別應為契約金額之幣別。

(三) 由進口商向保險公司請求賠償。在CIF條件下，雖是由出口商（S公司）投保，但卻須由進口商（B公司）提出保險索賠。因為此貿易條件，雖由賣方就運送途中貨物滅失或損壞的危險訂定保險契約，並支付保險費，但雙方風險是在貨物運送至指定裝運港並裝載於船舶上時移轉，故裝運或發貨後貨品毀損之風險應由進口商承擔，故由進口商提出保險索賠。

(四) 不須理賠。因為S公司向保險公司投保海上貨物運輸保險ICC(C)，其屬於列舉式承保，也就是僅承保保單上列舉之危險，其承保範圍是最小，保費的費率也是最低。而ICC (C)條款承保的危險有：

1. 火災、爆炸。
2. 船舶或駁船觸礁、擱淺、沉沒或傾覆。
3. 陸上運輸工具傾覆或出軌。
4. 船舶、駁船或運輸工具與水以外的任何外界物體碰撞或擦撞。
5. 在避難港卸貨。
6. 共同海損犧牲。
7. 投棄。
8. 共同海損條款所列之共同海損及施救費用。
9. 雙方過失碰撞條款所列的碰撞責任分擔。

而B公司提貨後發現貨物係因運送過程中遭竊而有短少，其不屬於ICC (C)條款承保的範圍，故保險公司不須理賠本案貨物遭竊的損失。

106年 中小企銀「國際貿易學」－第二次

( )　1. 下列何種貿易方式係賣方一方面對買方輸出技術、機械設備或製成品等，另一方面依約定向買方購入其他產品或原物料？
(A)Consignment Trade　　　　(B)Transit Trade
(C)Counter Trade　　　　　　(D)Intermediary Trade。

( )　2. 根據「服務貿易總協定」（GATS）之分類，金融業至海外設立分支機構係屬於下列何種型態？
(A)Cross-Border Supply
(B)Commercial Presence
(C)Consumption Abroad
(D)Movement of Natural Persons。

( )　3. 根據Incoterms 2010之規範，下列何種貿易條件賣方須自付保險費洽訂國際貨物運輸保險契約並交付保險單據予買方？　(A)FOB　(B)CPT　(C)FCA　(D)CIP。

( )　4. 根據Incoterms 2010之規範，下列何種貿易條件的風險移轉時點最不利於賣方？　(A)DAT　(B)CIF　(C)FAS　(D)CFR。

( )　5. 根據 Incoterms 2010之規範，下列何種貿易條件不適合使用於航空運送之場合？　(A)CIP　(B)CPT　(C)FCA　(D)CFR。

( )　6. 下列何者係指含包裝材料在內之重量？　(A)Tare Weight　(B)Net Weight　(C)Gross Weight　(D)Net Net Weight。

( )　7. 下列何種付款方式係指賣方將貨運單據及匯票委託銀行向買方提示，買方須付款後方能取得相關單據辦理提貨手續？　(A)D/A　(B)D/P　(C)O/A　(D)L/C。

( )　8. 下列何種貨櫃裝卸作業係指託運人在出口地以整櫃方式交運，抵達目的地後，收貨人亦以整櫃方式取貨？　(A)LCL/LCL　(B)CFS/CFS　(C)FCL/FCL　(D)CY/CFS。

( ) 9. 下列何者不屬於定期航運（Liner Shipping）的特性？
(A)通常委託Chartering Broker代為招攬貨物之運送
(B)通常以併櫃或整櫃方式裝運
(C)船方為公共運送人，以多數託運人為服務對象
(D)通常船方負擔理貨、丈量及裝卸等費用。

( ) 10. 下列何者係由買方所簽發之承諾（Acceptance）？
(A)Sales Confirmation　　　(B)Proforma Invoice
(C)Purchase Order　　　　(D)Confirmation of Order。

( ) 11. 下列何者係國際貨物運輸保險之基本險中承保範圍最低者？
(A)ICC (D)　　　　　　(B)ICC (C)
(C)ICC (B)　　　　　　(D)ICC (A)。

( ) 12. 在海運之副提單背書提貨之場合，通常信用狀規定提單之收貨人
（Consignee）為下列何者？　(A)To Order of Issuing Bank　(B)To
Order of Shipper　(C)To Order　(D)To Order of Negotiating Bank。

( ) 13. 下列何種貨物通關方式為「文件審核」通關，亦即應審書面文件
免驗貨物？
(A)Channel 1　　　　　(B)Channel 2
(C)Channel 3　　　　　(D)Channel 4。

( ) 14. 下列國際貿易契約之一般交易條件中，何者係「索賠條件」？
(A)Commercial Arbitration　(B)Inspection　(C)Claim　(D)
Proper Law。

( ) 15. 根據UCP 600之規定，若信用狀規定出貨的數量為100公斤且對數
量未另有其他約定，則受益人出貨之上限為何？　(A)100公斤
(B)101公斤　(C)103公斤　(D)105公斤。

( ) 16. 下列何種運送單據具有「物權憑證」（A Document of Title）之
功能？　(A)Master Air waybill　(B)Negotiable B/L　(C)Non-
Negotiable Sea Waybill　(D)Courier Receipt。

( ) 17. 根據ISBP 745之規範，若信用狀要求提示Invoice而未做進一步說明時，則下列何者不被接受？ (A)Provisional Invoice (B)Commercial Invoice (C)Customs Invoice (D)Consular Invoice。

( ) 18. 根據UCP 600第14條f項之規定，若信用狀未規定單據的簽發人，則下列何種單據銀行將就所提示者照單接受？ (A)運送單據 (B)保險單據 (C)商業發票 (D)檢驗證明書。

( ) 19. 根據聯合國國際商品買賣合約公約（CISG）之規範，被報價人變更下列何種交易條件，只要報價人沒有適時以口頭或書面反對，將被視為有效的承諾（Acceptance）？ (A)價格 (B)包裝 (C)品質 (D)交貨時間與地點。

( ) 20. 就出口商而言，下列何種情況最不適合選用Incoterms 2010之FOB條件？ (A)運費有上漲趨勢時 (B)洽船不易時 (C)出口商須控制交貨期時 (D)本國貨幣有升值趨勢時。

( ) 21. 若信用狀的有效期限為106年8月15日且須提示提單正本，但未規定單據提示期限，假設提單日期為106年7月23日，則根據UCP 600之規範，受益人須於下列何者之前提示單據方符合規定？ (A)106年8月12日 (B)106年8月13日 (C)106年8月14日 (D)106年8月15日。

( ) 22. 根據ISBP 745之規範，若信用狀未特別要求，則下列何種單據不必標示日期？ (A)商業發票 (B)匯票 (C)正本運送單據 (D)保險單據。

( ) 23. 根據託收統一規則URC 522之規範，下列何者通常為出口地銀行，接受委託人之請託，辦理出口託收業務？ (A)Collecting Bank (B)Presenting Bank (C)Remitting Bank (D)Negotiating Bank。

( ) 24. 若信用狀規定匯票的票期為"90 days after B/L date"，假設B/L日期為July 15, 2017，則根據ISBP 745之規範，下列票期欄位的表示方式何者不適當？ (A)October 13, 2017 (B)90 days after July 15, 2017 (C)90 days date (D)90 days after B/L date July 15, 2017。

解答及解析　答案標示為#者，表官方曾公告更正該題答案。

1. **C**　Counter Trade：相對貿易，是指在交易中，由買賣雙方中之一方，以全部或部分的商品或勞務取代貨幣，作為付款工具的貿易方式，所謂的勞務可以是技術、專利權、商標或授權等。例如賣方一方面對買方輸出技術、機械設備或製成品等，另一方面依約定向買方購入其他產品或原物料。

2. **B**　Commercial Presence（商業存在）：係由一會員之服務提供者以設立商業據點方式在其他會員境內提供服務。金融業至海外設立分支機構係屬於此種型態。

3. **D**　在CIP貿易條件下，賣方須於議定日期或議定之期間內，將貨物交付賣方指定之運送人接管。本條件交易價格包含運費與保費，因此賣方除必須負擔貨物至前述交付地點為止貨物滅失或毀損之一切風險及相關費用外；還需要訂定將貨物運抵指定目的地之運送契約，並支付運送成本；此外賣方必須就運送途中貨物滅失或損壞的危險訂定保險契約，並提供標明運費已付之運送單據以及保險單據。

4. **A**　DAT（終點站交貨條件）：在此條件下，賣方須於議定日期或期間，在指定目的港或目的地的指定終點站，從抵達的運送工具上將尚未辦妥輸入通關之貨物，完成卸載，交付買方處置，即屬賣方交貨。因為FAS貿易條件下的風險移轉點為買方指定裝運港之船邊，而CIF與CFR貿易條件下的風險移轉點皆為指定出口地裝運港並裝載於船舶上時，因此DAT條件的風險移轉時點最不利於賣方。

5. **D**　Incoterms 2010分為「適合任何或多種運送方式」及「僅適用海運及內陸水路運送方式」兩類條件，CIP、CPT與FCA貿易條件係屬於「適合任何或多種運送方式」的條件，而CFR貿易條件則屬於「僅適用海運及內陸水路運送方式」的條件，因此較不適合使用於航空運送之場合。

6. **C**　Gross Weight（毛重）：包括包裝重材料在內之貨物重量。
　　Tare Weight（皮重）：是指包裝材料的重量。
　　Net Weight（淨重）：是毛重扣除皮重的重量，即是商品本身的實際重量。
　　Net Net Weight（純淨重）：是淨重扣除內包裝的重量。

7. **B** D/P（Documents against Payment）：付款交單，係賣方按照買賣契約的約定，將貨物交運後，備妥貨運單據（如提單、商業發票、保險單等），並簽發以買方為付款人的匯票，委託其往來銀行（託收銀行）寄交進口地的分行或代理銀行（代收銀行），委託其向買方收取貨款。而買方須付款後方能取得相關單據辦理提貨手續。

8. **C** FCL/FCL：整裝／整拆，係出口地的託運人自行裝櫃後，整櫃交予運送人，運送人（船公司）只負責運送；待貨櫃運至目的地的貨櫃場，整櫃交由收貨人自行拆櫃，在裝運地屬於同一託運人及在目的地屬於同一受貨人。

9. **A** 通常委託Chartering Broker（出船經紀人）代為招攬貨物之運送屬於不定期航運的特性。

10. **C** Sales Confirmation：售貨確認書，是由賣方製作並以確認書方式簽訂者；或有時當承諾由買方發出時，賣方為了使對方瞭解其已收到承諾，通常再發出另一封函件，此函件就是售貨確認書。
    Proforma Invoice：預約發票，亦稱為形式發票，是由賣方所製作，為出口商交貨前，提供進口商估算貨物進口費用之假設性質的文件。
    Purchase Order：購貨訂單，也稱為購貨確認書，是由買方製作並以確認書方式簽訂者，為進口商向出口商發出的訂貨憑據。
    Confirmation of Order：訂單確認書，是由賣方製作，針對買方的訂單加以確認。

11. **B** ICC (C)：協會貨物保險條款(C)條款，與舊條款平安險（Free of Particular Average, FPA）相類似，又稱為「單獨海損不賠」，屬於列舉式承保，僅承保保單上列舉之危險，其承保範圍最低，保費的費率也是最低。

12. **A** 在海運之副提單背書提貨之場合，係因進口商收到出口商寄來的提單正本，而開狀銀行尚未收到貨運單據時，進口商可持提單正本向開狀銀行申請副提單背書後，憑以向船公司或航空公司提前辦理提貨事宜。通常信用狀規定提單之收貨人（Consignee）為 To Order of Issuing Bank（開狀銀行）。

13. **B** Channel 2（應審免驗）：報關人依電腦連線通知，向海關補送書面報單及相關文件，經海關收單及完成分估計稅作業後，通關放行，亦即應審書面文件免驗貨物。

14. **C** 國際貿易契約之一般交易條件中，Claim 係「索賠條件」。

15. **D** 根據UCP 600第30條規定，若信用狀未以包裝單位或個別件數規定數量者，貨物數量增減5%是允許的，但以動支金額不超逾信用狀金額為條件。因此若信用狀規定出貨的數量為100公斤且對數量未另有其他約定，則受益人出貨之上限為105公斤。

16. **B** Negotiable B/L：可轉讓提單，又稱指示式提單（Order B/L），此提單可以表彰貨物所有權，是承運人保證憑以交付貨物及可以轉讓的物權憑證。

17. **A** 根據ISBP 745第57條規定，若信用狀要求提示Invoice而未做進一步說明時，則提交任何形式的發票都可以接受，如商業發票（Commercial Invoice）、海關發票（Customs Invoice）及領事發票（Consular Invoice）等。但是，臨時發票（Provisional Invoice）是不被接受。

18. **D** 根據UCP 600第14條f項之規定，如果信用狀要求提示的單據除了運送單據，保險單據或商業發票之外，未規定單據的簽發人或內涵資料，銀行將接受該已提示之單據如其內涵顯示履行所要求單據，且單據中的資料與信用狀及國際標準銀行實務內文無須一致，但該單據中的資料必須不抵觸其他單據或信用狀規定，因此檢驗證明書銀行將就所提示者照單接受。

19. **B** 根據CISG第19條規定，(1)對發價表示接受但載有添加、限制或其他更改的答覆，即為拒絕該項發價並構成還價。(2)但是對發價表示接受但載有添加或不同條件的答覆，如所載的添加或不同條件在實質上並不變更該項發價的條件，除發價人在不過分遲延的期間內以口頭或書面通知反對其間的差異外，仍構成接受。如果發價人不做出這種反對，合同的條件就以該項發價的條件以及接受通知內所載的更改為準。(3)有關貨物價格、付款、貨物品質和數量、交貨地點和時間、一方當事人對另一方當事人的賠償責任範圍或解決爭端等等的添加或不同條件，均視為在實質上變更發價的條件。因此被報價人變更包裝條件，只要報價人沒有適時以口頭或書面反對，將被視為有效的承諾。

20. **C** FOB為裝運港船上交貨條件，在此條件下，賣方須將貨物運送至指定裝運港，並將貨物裝載於買方所指定之船舶上時，即屬賣方交貨，因此運輸事由是由進口商負責，若出口商須控制交貨期時，最好自行安排裝運日期，故最不適合選用FOB條件。

21. **B**　運送單據的提示須在運送單據簽發日後特定期間內為之；若信用狀中沒有對運送單據簽發日後特定期間提示的規定，則依據UCP 600第14條c項規定，須於單據簽發日後的21個曆日內辦理提示，否則會被視為逾期運送單據（Stale B/L），且須在信用狀的有效期限內提示。因此本例中提單日期為106年7月23日，最後提示日須於簽發日後的21個曆日，就是106年8月13日前提示單據方符合規定。

22. **A**　依據ISBP第17條規定，除非信用狀要求，發票無需簽署或標註日期。

23. **C**　出口託收是出口商為向國外進口商收取貨款，開具匯票，委託出口地銀行（Remitting Bank）通過其在進口地銀行的分行或代理行（Collecting Bank）向進口商收款的結算方式。

24. **C**　本例中的匯票票期為提單日後90天，B/L日期為July 15, 2017，因此到期日為October 13, 2017。另依據ISBP第43條規定，匯票日期必須與信用狀條款一致，若匯票不是見票即付或見票後定期付款，則必須能夠從匯票自身內容確定到期日。選項與選項的表示方式皆可從匯票內容確定到期日，唯(C)選項的表示方式無法確定到期日，故不適當。

106年 經濟部所屬事業機構「國際貿易法規及實務」

＊僅收錄國際貿易相關試題

一、解釋名詞：

(一) FCA　　　　　　　　(二) D/A

(三) advising bank　　　(四) sight draft

(五) packing list

解(一) FCA（FREE CARRIER）：貨交運送人條件（…指定交貨地），此條件表示賣方須於議定之日期或期間內，在指定交貨地之議定地點，將貨物交付買方所指定之運送人接管，即屬賣方交貨。此條件下的危險移轉地點為賣方將貨物交付運送人時，賣方須負擔貨物送交運送人以前的所有成本及風險，且必須負責取得任何輸出許可簽證或其他官方許可，及辦理貨物輸出通關所須之一切手續及費用，但無義務支付進口稅捐或辦理貨物進口通關手續。

(二) D/A（Documents against Acceptance）：承兌交單，係指出口商按照買賣契約的約定，將貨物交運後，備妥貨運單據，並簽發以進口商為付款人的匯票，一併交給其往來銀行（託收銀行）寄交進口地的分行或代理銀行（代收銀行），委託其向進口商收取貨款。收銀行於收到貨運單據及匯票後，僅通知進口商在匯票上承兌，即交付單據給進口商辦理提貨手續，俟匯票到期時，進口商再行付款。

(三) advising bank：通知銀行，係指接受開狀銀行的委託，將信用狀通知給受益人的銀行。依據UCP 600第9條規定，通知銀行於通知信用狀時，即表示其確信此信用狀外觀的真實性，且信用狀第一次通知時所採用的通知管道，和往後有關此信用狀的任何事項的通知管道，須和第一次通知時相同。

(四) sight draft：即期匯票。匯票係由發票人簽發一定之金額，委託付款人在指定之到期日，無條件支付給受款人或者持票人的票據，而即期匯票是持票人向付款人提示匯票後，付款人須立即付款的匯票。

(五) packing list：包裝單，又稱為裝箱單，係表明出口貨物的包裝內容、數量、形式、體積或件數的單據。

二、 信用狀依匯票的期限可分為即期信用狀（sight credit）及遠期信用狀（usance credit），請分別說明其意涵及不同點？

解 信用狀依匯票的期限（付款期間）可分為即期信用狀及遠期信用狀：

(一) 即期信用狀（sight credit）：係指受益人簽發即期匯票或於提示貨運單據時，即可取得款項的信用狀。

(二) 遠期信用狀（usance credit）：是指受益人簽發遠期匯票，先經付款人承兌，待匯票到期時，才可取得款項的信用狀。遠期信用狀的貼現息由賣方負擔者稱為賣方遠期信用狀（Seller's Usance L/C）；由買方負擔者稱為買方遠期信用狀（Buyer's Usance L/C）；若信用狀尚未載明貼現息由何方負擔時，實務上均是由賣方（受益人）負擔。

三、 國際貿易索賠與糾紛的解決，一般所採取的方法，不外由當事人自行和解、由第三者出面調解、提交仲裁機構仲裁，以及提出訴訟由法院判決等。以上各種解決方法優劣互見，手續繁簡也不同，各有其適用範圍。請試述仲裁的優點有哪些？

解 (一) 仲裁（Arbitration）係指經由雙方當事人約定，將彼此間將來或現在的糾紛，交由選定的仲裁機構予以判斷，且雙方皆服從其判斷的方法，為現今國際間解決貿易糾紛的主要方式。

(二) 仲裁的優點：

　1. 經濟：仲裁費比訴訟費低廉，且仲裁迅速結案，可節省當事人許多時間成本。

　2. 和諧：仲裁開庭方式，如同會議，仲裁人與當事人分坐席位上，充分陳述，不同於法院的對抗性。在和諧的氣氛中，達到息紛止

爭之目的,除可兼顧雙方顏面與尊嚴外,並較能維繫雙方未來的繼續合作關係。

3. 保密:依仲裁法第23條第2項規定,除非雙方當事人另有約定,仲裁程序不對外公開,可確保當事人的營業秘密和其他私密不致外洩。

4. 快速:依仲裁法第21條第1項規定,仲裁庭應於組成之日起六個月內作成判斷書;必要時,得延長三個月。

5. 專家判斷:仲裁人皆是具有各業專門知識或經驗之專家,熟悉有關行業交易的實務與習慣,適合解決各業界複雜或技術性的專業紛爭問題。

6. 具執行力:依我國仲裁法第37條第1項規定,仲裁人之判斷,於當事人間,與法院之確定判決,有同一效力。仲裁人做出仲裁判斷後,當事人必須遵守判決,必要時可經法院公證,效力等同法院判決,具強制力。

106年 合庫金控「國際貿易實務概要」

( )　1. 下列何者為逆匯的付款條件？　(A)Cash with Order　(B)Installment
　　　(C)Document against Acceptance　(D)Open Account。

( )　2. 下列有關UCP 600對期限之規定何者正確？　(A)最遲裝運日若逢
　　　銀行休業日，得順延至次一銀行營業日　(B)提示期限之末日若
　　　遇颱風來臨而致銀行停止營業，不得順延至次一銀行營業日
　　　(C)L/C之有效期限若逢應向其提示之銀行因第36條所述以外之理
　　　由而休業之日，不得順延至次一銀行營業日　(D)辦理出口押匯
　　　時，若L/C之有效期限與提示之有效期限不同，則以提示之有效
　　　期限為準。

( )　3. 下列何種付款方式一律需簽發遠期匯票？　(A)Deferred Payment
　　　Credit　(B)Documents against Payment　(C)Open Account　(D)
　　　Acceptance Credit。

( )　4. 海運貨物已到達，而正本提單尚未寄達開狀銀行，若急需提領貨
　　　物，則進口商可用下列那一項方式換取提貨單辦理報關提貨？
　　　(A)請出口商傳送一份已經出口商背書的副提單　(B)向開狀銀行
　　　申請簽發擔保提貨書　(C)請開狀銀行在出口商傳真給進口商之
　　　海運提單副本做副提單背書　(D)請出口商向船公司申請拍發電
　　　報通知目的港之分支行，將貨物放給進口商。

( )　5. 下列有關海運提單（B/L）的敘述何者正確？　(A)若提單"Consignee"
　　　欄內註明"Consigned to Issuing Bank"，則進口商是以融資方式申請開
　　　狀　(B)出口商至銀行辦理押匯時無論提單之 Consignee如何註記一
　　　律須在B/L上背書　(C)House B/L為運送人收到貨物，而尚未裝上運
　　　輸工具時所簽發的提單　(D)提單概由船公司所簽發。

( )　6. 根據UCP的詮釋，在CIP的條件下，下列那一項不屬於必備的主要
　　　單據？　(A)海運提單　(B)包裝單　(C)保險單　(D)商業發票。

( )　7. 下述有關Standby Credit的敘述何者錯誤？　(A)用於廠商向銀行申請貸款，做為代替擔保品的L/C　(B)作為履約出貨保證之L/C的申請人為賣方　(C)係以清償貨款為目的而簽發的L/C　(D)簽發時得適用UCP或ISP98。

( )　8. 若海運提單（B/L）上加註"Freight Collect"字樣，則下列敘述何者錯誤？　(A)為進口商洽訂艙位　(B)船公司已收取運費　(C)其貿易條件為 FAS、FOB或FCA　(D)交貨地點為買方所指定。

( )　9. 下列有關CY/CY的敘述何者錯誤？　(A)用於大宗物資直航特定目的港之運送方式　(B)為House to House的運送方式　(C)提單上將記載有"Shipper's Load and Count"的字樣　(D)為整櫃裝卸之運送方式。

( )　10. 信用狀（L/C）是屬於下列那一種付款方式？　(A)裝貨後付款　(B)預付貨款　(C)分期付款　(D)延付貨款。

( )　11. 下列那一項是指「進口結匯」？　(A)指出口商將進口商支付的外幣結售給外匯指定銀行　(B)指出口商向外匯指定銀行讓購信用狀　(C)指進口商將收到的匯票辦理貼現　(D)指進口商向外匯指定銀行申購外幣。

( )　12. 有關"Waybill"的敘述下列何者錯誤？　(A)非權利證書　(B)屬認人不認單的提貨方式　(C)為不可轉讓的海運貨單　(D)不須表明運送人名稱且僅能由船公司簽發。

( )　13. 所謂「光票託收」是指憑何種單據辦理託收業務？　(A)商業發票　(B)匯票　(C)海運提單　(D)貨款清單。

( )　14. 下列有關「輸出保險」之敘述何者錯誤？　(A)為國家政策性之保險　(B)信用狀貿易保險的承保範圍包括信用危險及政治危險　(C)記帳方式輸出綜合保險之保險期間自完成貨物裝運日起至約定付款日止　(D)託收方式輸出綜合保險之保險金額必須為發票金額加百分之十。

(　) 15. 根據UCP 600之規定，信用狀轉讓時，不得變更下列哪一條件？
(A)條款　(B)金額　(C)有效日期　(D)最遲裝運日。

(　) 16. 下列何者不屬於間接貿易？　(A)出口代理貿易　(B)過境貿易
(C)轉口貿易　(D)三角貿易。

(　) 17. 外匯指定銀行是由下列那一機關核准辦理外匯業務？　(A)經濟部
國貿局　(B)中央銀行　(C)財政部關務署　(D)財政部國庫署。

(　) 18. 依Incoterms 2010的規定，下列那一項貿易條件不適用於複合運送
（Multimodal Transport）？　(A)FCA　(B)DAT　(C)CIF　(D)
EXW。

(　) 19. 海運中計算運費時經常用CBM，則CBM是指下列那一項？
(A)立方公尺　　　　　　　　(B)整櫃
(C)公噸　　　　　　　　　　(D)出口包裝箱。

(　) 20. 若買賣雙方約定以銀行所核准之額度內簽發即期信用狀為付款方
式時，則買方於何時需付清貨款？　(A)進口贖單時　(B)銀行開
信用狀時　(C)進口報關時　(D)提領貨物時。

(　) 21. 在國際貿易中，匯票的出票人應為何人？　(A)開狀銀行　(B)進
口商　(C)押匯銀行　(D)出口商。

(　) 22. 依Incoterms 2010的規定，在CIP的條件下若買賣雙方未事先約
定，則貨物運輸保險的最低保險金額為多少？　(A)買賣契約的
110%　(B)信用狀金額的100%　(C)CIP價額的 200%　(D)發票
金額的150%。

(　) 23. 下列那一項敘述是指「可轉讓信用狀」？　(A)在信用狀上有特別
敘明"Negotiable"字樣　(B)在信用狀上有特別敘明"Transferable"
字樣　(C)在信用狀上有特別敘明"To Order"字樣　(D)在信用狀
上有特別敘明"Revocable"字樣。

(　) 24. 下列那一項是指"Multimodal Transportation"？　(A)以至少二種
不同運輸方式運送貨物　(B)二種貨物混合運送　(C)貨物到達目
的地之需經轉運　(D)由航運代理商安排貨物運送。

( )　25. 運送單據上的"Shipper"是指下列何者？　(A)託運人　(B)受益人　(C)受貨人　(D)運送人。

( )　26. 下列那一項為UCP 600對保險單據的日期的規定？　(A)必須是不遲於裝運日期　(B)必須是與商業發票的日期相同　(C)必須是與押匯日相同　(D)必須與不遲於信用狀有效日期。

( )　27. 若出口商由基隆港（Keelung）出口一批貨物到馬尼拉（Manila），則下列貿易條件何者正確？　(A)CIF Keelung　(B)DAP Keelung　(C)FAS Manila　(D)CFR Manila。

( )　28. 若交易採用記帳（O/A）方式付款，則進口商從何處取得海運貨物之貨運單據？　(A)辦理匯款的銀行　(B)由出口商銀行寄交給本地銀行再領回　(C)隨貨物送交　(D)出口商直接寄交。

( )　29. 進口商應憑下列那一單據辦理進口報關提貨手續？　(A)S/O　(B)B/L　(C)D/O　(D)L/C。

( )　30. 若因運輸上之需要，貨物自出口國至進口國之運送過程中，須經第三國國境，對第三國而言是屬於何種貿易？　(A)轉口貿易　(B)過境貿易　(C)間接貿易　(D)相對貿易。

( )　31. 下列貿易條件的表示方法何者錯誤？　(A)FOB：Free on Board　(B)FAS：Free Alongside　(C)CIP：Carriage and Insurance Paid　(D)EXW：Ex Works。

( )　32. 以信用狀為付款方式且出口商申請辦理出口押匯時，出口商何時可取得貨款？　(A)至銀行辦理贖單時　(B)至銀行辦理押匯時　(C)至銀行領取信用狀時　(D)至銀行辦理託收時。

( )　33. 下列那一項貿易條件是由買方負責洽訂運輸契約，縱由賣方代為訂定，亦是以買方之風險與費用為之？　(A)FCA　(B)DAT　(C)CIF　(D)CPT。

( )　34. 依據UCP 600之規定，信用狀之簽發，其使用方式不得要求以下列何者為匯票之付款人？　(A)申請人　(B)開狀銀行　(C)指定銀行　(D)通知銀行。

( ) 35. 依 Incoterms 2010之規定，以CPT條件交易且未約定賣方完成交
貨地點（交貨地）下貨物的風險於何時點轉移給進口商？
(A)於貨物到達指定目的地交買方處置時
(B)於貨物到達進口港時
(C)於出口港貨物交至買方所指定的船上時
(D)於出口地貨物交予第一運送人接管時。

解答及解析 答案標示為#者，表官方曾公告更正該題答案。

1. **C** Document against Acceptance：承兌交單，係出口商按照買賣契約的約
定，將貨物交運後，備妥代表貨運單據，並簽發以進口商為付款人的匯
票，一併交給其往來銀行（託收銀行）寄交進口地的分行或代理銀行
（代收銀行），委託其向進口商收取貨款。代收銀行於收到貨運單據及
匯票後，僅通知進口商在匯票上承兌，即交付單據給進口商辦理提貨手
續，俟匯票到期時再行付款，為逆匯的付款條件。

2. **B** 依據UCP 600第29條及36條的規定，最後裝運日，不論任何原因皆不得
順延；信用狀的有效期限或提示之末日可因國定假期或休假日順延至銀
行次一營業日，但不會因不可抗力事件（例如颱風來臨）的發生而順
延；辦理出口押匯時，若L/C之有效期限與提示之有效期限不同，則以
L/C之有效期限為準。

3. **D** Acceptance Credit（承兌信用狀）：是指信用狀指定的付款銀行在收到
信用狀規定的遠期匯票和單據後，經審查無誤，先在該遠期匯票上履行
承兌手續，等到該遠期匯票到期，付款銀行才進行付款的信用狀，因此
一律需簽發遠期匯票。

4. **B** 若係以海運方式進口，當裝運船舶已抵達進口港，而貨運單據尚未經押
匯銀行寄達開狀銀行，而進口商又急需提貨時，進口商可持提單副本，
向開狀銀行申請簽發擔保提貨書，提前辦理提貨事宜。

5. **A** 若提單「Consignee」欄內註明「Consigned to Issuing Bank」，此種提單
常用於信用狀的付款方式。若開狀申請人非全額結匯或以保證金方式開
發信用狀時，開狀銀行為了取得控制貨物的所有權，遂規定提單上的受
貨人（Consignee）須為開狀銀行，提單必須經由開狀銀行背書後，才

能提貨。B/L上的背書須依照Consignee（受貨人）的規定，加以背書；House B/L（分提單，貨代提單）是指由貨運代理人簽發的提單，出口到付收貨人指定貨代情況下，發貨人收到通常都是裝運港指定貨代簽發的貨代提單，收貨人收到貨代提單，到目的港指定貨代處二次換單（換海運提單），清關提貨；提單可由船公司簽發，或貨運承攬業者等簽發。

6. **B** CIP條件下，交易價格包含運費與保費，因此賣方需要訂定將貨物運抵指定目的地之運送契約，並支付運送成本；此外賣方必須就運送途中貨物滅失或損壞的危險訂定保險契約，並提供標明運費已付之運送單據以及保險單據，因此海運提單和保險單為必備的主要單據；另商業發票也屬於必備的主要單據，而包裝單內容在UCP 600中無相關條文規範，故不屬於必備的主要單據。

7. **C** Standby Credit：擔保信用狀，又稱為保證信用狀或備用信用狀。係指不以清償貨款為目的，而是以貸款保證、履約保證或投標保證為目的，而開發的信用狀。

8. **B** B/L上加註"Freight Collect"字樣，表示運費到付，所以船公司尚未收取運費。

9. **A** CY/CY：整裝／整拆，為貨櫃運輸的作業方式，而非用於大宗物資直航特定目的港之運送方式。

10. **A** 信用狀（L/C）係指開狀銀行應進口商的請求與指示，向出口商簽發的付款保證憑證。銀行向第三人承諾，如果該第三人能履行該文書所規定的條件，並提示對應之單據，即可獲得開狀銀行的付款擔保，因此屬於裝貨後付款的付款方式。

11. **D** 「進口結匯」係指進口商在貿易過程中為支付出口商貨款，向金融機構結購取得指定外匯，並將其依據約定方式匯付出口商的作業過程，也就是指進口商向外匯指定銀行申購外幣的過程。

12. **D** Waybill（貨單）有海運貨單（Seaway Bill）與空運貨單（Air Waybill），是為求縮短提領貨物時間，於是沒有請運送人簽發正本提單，而是簽發貨單，但其僅為貨物收據而非權力證書，且其不可轉讓，屬認人不認單的提貨方式，此種提單須表明運送人名稱且可能由船公司、航空公司或航空運送承攬業者簽發。

13. **B**　「光票託收」是指不須附上貨運單證，只須附上金融單證（Financial Documents），也就是匯票，來辦理託收業務。

14. **D**　輸出保險是國家為促進外銷及國外投資而設立的一種政策性保險制度；信用狀貿易保險的承保範圍包括信用危險（開狀銀行無力清償、無正當理由不付款或不承兌匯票所致損失）及政治危險（開狀銀行所在地之政府禁止或限制外匯匯出，或發生戰爭、革命、或內亂致貨物不能進口或不能匯兌，以致價款不能收回之損失）；記帳方式輸出綜合保險之保險期間自完成貨物裝運日起至約定付款日止；託收方式輸出綜合保險之保險金額最高為發票金額的百分之九十。

15. **A**　根據UCP 600第38條g項規定，被轉讓的信用狀，除信用狀金額、單價、有效日期、提示期間、最遲裝運日、給定的裝運期間等項目，得將任一或全部被減少或縮短外，其餘都必須準確地反應原始信用狀的條件及要件，故信用狀轉讓時，不得變更條款。

16. **B**　間接貿易係指進、出口商並非直接進行交易，而是透過第三國中間商來達成交易，例如出口代理貿易、轉口貿易及三角貿易。而過境貿易係指進出口商直接訂定買賣契約，但貨物並非直接由出口國運至進口國，而是經由第三國（或地區）轉運，但為進、出口商直接進行交易，故不屬於間接貿易，而是直接貿易。

17. **B**　外匯指定銀行是由中央銀行指定並核准辦理外匯業務的銀行。外匯指定銀行辦理的業務包含：買賣外匯商品（如外幣現鈔、外幣存款、旅行支票等）、進出口外匯業務（如信用狀的開發、通知、出口押匯或讓購等業務）、匯出匯款、外幣貸款、外幣擔保及付款保證等業務。

18. **C**　Incoterms 2010分為「適合任何或多種運送方式」及「僅適用海運及內陸水路運送方式」兩類條件，FCA、DAT與EXW貿易條件係屬於「適合任何或多種運送方式」的條件，而CIF貿易條件則屬於「僅適用海運及內陸水路運送方式」的條件，因此不適用於複合運送（Multimodal Transport）。

19. **A**　1立方公尺（CBM）＝35.315立方英呎（CFT），為海運中計算運費時經常使用的單位。

20. **A** 出口商於出貨裝船並辦妥押匯手續後，即由押匯銀行將跟單匯票與貨運單據寄往開狀銀行求償。開狀銀行審單無誤後，一方面將款項匯入押匯銀行指定的帳戶，另一方面通知進口商前來付款贖單。進口商於收到開狀銀行之「單據到達通知書」後，攜帶原結匯印鑑及證實書，至銀行繳交扣除保證金後之貨款，並加計利息，便可順利贖回單據，辦理提貨。

21. **D** 依據ISBP第37條及51條項規定，匯票的出票人應為信用狀之受益人（出口商），且須由負責人加以簽署。

22. **A** 依 Incoterms 2010的規定，在CIP的條件下若買賣雙方未事先約定，則貨物運輸保險的最低保險金額應為買賣契約所議定之價格加一成，亦即買賣契約金額的110%。

23. **B** 根據UCP 600第38條b項規定，可轉讓信用狀必須敘述它是「可轉讓」（Transferable）。

24. **A** Multimodal Transportation：複合運輸，係指貨物由發送地、接管地或裝運地運送至最終目的地，必須由兩種或兩種以上不同運輸方式運送貨物者。

25. **A** Shipper是指託運人。

26. **A** 保險單生效日期得早於裝運日期，但依據UCP 600第28條 e 項規定，保險單據的日期必須不遲於裝運日期。

27. **D** FAS貿易條件後接的是指定裝運港，因此貿易條件應為FAS Keelung；DAP貿易條件後接的是指定目的地，因此貿易條件應為DAP Manila；另CIF及CFR貿易條件後接的是指定目的港，所以貿易條件應為CIF Manila及CFR Manila。

28. **D** 採用記帳（Open Account, O/A）方式付款時，出口商於貨物交運出口後，即將貨運單據等直接寄交進口商辦理提貨，其貨款則以應收帳款方式記入買方帳戶，俟約定付款期限屆滿時，再行結算。

29. **C** 貨物進口後，進口商持提單至進口地船公司換領小提單（Delivery Order, D/O），憑以辦理進口報關及提貨事宜。

30. **B** 過境貿易是指進出口商直接訂定買賣契約，但貨物並非直接由出口國運至進口國，而是經由第三國（或地區）轉運，就第三國（或地區）而言，就是過境貿易。

31. **B**　FAS 裝運港船邊交貨條件，全名為Free Alongside Ship。

32. **B**　出口押匯是在信用狀為付款方式下，出口商將貨物裝運後，依信用狀規定簽發匯票並以代表貨物的貨運單證為擔保，至銀行辦理押匯時取得貨款。

33. **A**　FCA貿易條件下，賣方在議定之日期或期間內，在指定交貨地之議定地點，將貨物交付買方所指定之運送人接管，即屬賣方交貨。因此是由買方負責洽訂運輸契約，縱由賣方代為訂定，亦是以買方之風險與費用為之。

34. **A**　依據UCP 600第6條c項規定，信用狀之簽發，不可要求以申請人為匯票付款人；匯票之付款人通常為開狀銀行。

35. **D**　在CPT貿易條件下，賣方須在議定日期或議定之期間內，於出口地之議定地，將貨物交予第一運送人接管時，貨物的風險轉移給進口商。

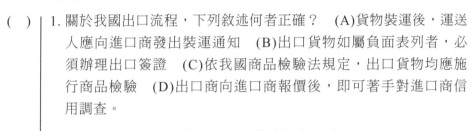

107年 中國鋼鐵股份有限公司「國際貿易實務」

＊僅收錄國際貿易相關試題

壹、單選題

( )　1. 關於我國出口流程，下列敘述何者正確？　(A)貨物裝運後，運送人應向進口商發出裝運通知　(B)出口貨物如屬負面表列者，必須辦理出口簽證　(C)依我國商品檢驗法規定，出口貨物均應施行商品檢驗　(D)出口商向進口商報價後，即可著手對進口商信用調查。

( )　2. 關於我國貨物進口檢驗，下列敘述何者正確？
(A)並非所有進口貨物均須辦理進口檢驗
(B)海關已查驗通過的進口貨物即不須再申辦進口檢驗
(C)動植物及其產品的進口檢疫係由標準檢驗局負責辦理
(D)政府檢驗機構依據買賣雙方約定規範及檢驗方法進行檢驗。

( )　3. 在我國，關於進口貨物的各項步驟：　(1)提貨　(2)輸入檢驗　(3)申請L/C　(4)簽訂買賣契約　(5)進口簽證，下列哪一個流程的安排較為適當？
(A)(4)(3)(5)(1)(2)　　　　　　　(B)(4)(3)(2)(5)(1)
(C)(4)(5)(3)(2)(1)　　　　　　　(D)(5)(4)(3)(1)(2)。

( )　4. 有關國際貿易型態，下列敘述何者正確？　(A)大多數國家對無形貿易均不設任何障礙　(B)「台灣接單，大陸出貨」係屬三角貿易型態　(C)易貨貿易雖不以貨幣為媒介，但卻涉及外匯交易　(D)真品平行輸入係指經由正式授權的代理商進口貨品。

( )　5. 近年來各國向WTO提出爭端解決的案件中，哪一類控訴案件佔最大比重？
(A)出口補貼　　　　　　　　　　(B)技術性貿易障礙
(C)傾銷　　　　　　　　　　　　(D)智慧財產權。

( ) 6. 在2013年政府為促進我國經貿競爭力，整合財政部關務署「海關通關系統」、交通部「航港資訊網」及經濟部「便捷貿e網」三大資訊系統及其進出口管理相關業務，是推動下列何種計畫？(A)關港貿單一窗口　(B)優質企業安全認證制度　(C)出口貨物報關驗放辦法　(D)物流中心貨物通關辦法。

貳、複選題

( ) 1. 關於FOB與CIF，下列敘述正確的有哪些？
(A)FOB又稱起岸價，CIF又稱離岸價
(B)各國海關統計出口值多採FOB，進口值多採CIF
(C)FOB後加填指定裝運港，CIF後加填指定目的港
(D)FOB賣方無義務洽訂貨物裝運事宜，CIF賣方有義務洽訂貨物保險事宜。

( ) 2. 關於貿易流程，下列敘述錯誤的有哪些？
(A)一般於報價後才進行信用調查
(B)中國輸出入銀行免費為廠商辦理國外徵信
(C)進口報關時不一定要繳反傾銷稅
(D)進出口貨物皆須辦理檢驗及報關。

( ) 3. 有關信用狀可在何處以何種方式使用，下列敘述正確的有哪些？
(A)available with issuing bank by negotiation
(B)available with issuing bank by deferred payment
(C)available with nominated bank by deferred payment
(D)available with nominated bank by negotiation。

( ) 4. 國際商會（ICC）專為擔保信用狀（Standby L/C）量身打造的相關規則，不包括以下哪一些？
(A)UCP　　　　　　　　　(B)ISP
(C)URR　　　　　　　　　(D)ISBP。

解答與解析

壹、單選題

1. **B** 我國對於出口貨物的管理為「負面表列」方式，即除表列貨物的出口須先申辦簽證外，其餘貨物的出口均可免證。

2. **A** 為確保輸入商品之品質、保障消費者利益、維護國民生命財產安全，以及防止動植物疫病、蟲害之傳布。對列入經濟部公告之「應施檢驗商品品目表」內之貨品，進口商須在貨物拆櫃進倉後、投單報關前，向港口檢驗局駐港辦事處申請檢驗，並於貨品依照規定檢驗合格取得檢驗合格證書後，貨品方得進口，故並非所有進口貨物均須辦理進口檢驗。

3. **C** 在我國進口貨物的各項步驟：(4)簽訂買賣契約→(5)進口簽證→(3)申請 L/C→(2)輸入檢驗→(1)提貨。

4. **B** 三角貿易係指由第三國的中間商分別與進口國之進口商及出口國的出口商訂定買賣契約，貨物是由出口國直接運至進口國，貨款則由中間商自進口商處收取，另一方面向出口商支付出口貨款，並從中賺取差額的貿易方式，而「台灣接單，大陸出貨」即屬三角貿易型態。

5. **C** 近年來各國向WTO提出爭端解決的案件中，傾銷類控訴案件佔最大比重。

6. **A** 關港貿單一窗口計畫係2013年政府為促進我國經貿競爭力，整合財政部「海關通關系統」、交通部「航港資訊網」及經濟部「便捷貿e網」三大資訊系統跨機關服務、調和關港貿資料訊息、簡化進出口作業流程外，在政府一體方面，將持續擴大政府機關間相互分享經貿通關資訊的基礎，提升資料互相分享效益，發揮政府整體行政效率。透過商品資料倉儲建置，整合各政府機關之進、出、轉口商品與貿易統計資訊，提供各機關及業者快速、便捷之商品資料倉儲查詢服務，優化政府整體服務品質；在提供業者服務方面，將建構便捷、優質之單一窗口作業環境，提供業者辦理各項進出口業務之單一入口，逐步達成「一次申辦，全程服務」之創新目標，並做為將來推動國際接軌、交換進出口資料之作業平台。

貳、複選題

1. BCD

FOB又稱離岸價，CIF又稱起岸價；各國海關統計出口值多採FOB（離岸價格），進口值多採CIF（起岸價格）為基準；FOB後加填指定裝運港，CIF後加填指定目的港；FOB賣方無義務洽訂貨物裝運事宜，CIF賣方有義務洽訂貨物保險事宜。

2. ABD

從事國際貿易首先要先尋找交易對手，在交易前可先透過信用調查，例如利用往來銀行或徵信機構等管道來查詢，了解對方信用，再行報價或詢價；中國輸出入銀行為廠商辦理國外徵信需加收徵信費用；進出口貨物並非皆須辦理檢驗及報關。

3. ABD

信用狀規定指定受理的銀行及兌付方式時，將顯示available with…，表示此信用狀為讓購信用狀或直接信用狀。信用狀可表示：available with any bank by negotiation，表示信用狀為未限押信用狀，又稱為自由讓購信用狀，即開狀銀行未限定押匯銀行，受益人可自行選擇銀行押匯；available with XXX bank by negotiation，表示信用狀為限押信用狀（Restricted L/C），又稱為特別信用狀，開狀銀行有限定押匯銀行，受益人必須向限定的押匯銀行辦理押匯手續，或受益人仍可至其往來銀行辦理押匯（稱為押匯銀行或第一押匯銀行），而該往來銀行則須向限押銀行（稱為再押匯銀行或第二押匯銀行）辦理轉押匯；available with XXX bank by payment，表示信用狀為直接信用狀（Straight L/C），受益人必須將匯票及單據直接持往開狀銀行或其指定銀行請求付款或承兌。

4. ACD

ISP（International Standby Practices）：國際擔保函慣例，係國際商會（ICC）專為擔保信用狀（Standby L/C）量身打造的相關規則；UCP（Uniform Customs and Practice for Documentary Credit）：信用狀統一慣例，主要是規範信用狀作業；URR（The Uniform Rules for bank-to-bank Reimbursement Under Documentary Credits：信用狀項下銀行間補償統一規則，係規範信用狀作業時，由開狀銀行以外之另一銀行（補償銀行）對指定銀行（求償銀行）補償之作業規則；ISBP（International Standard Banking Practice）：國際間標準銀行實務，係目前銀行審核信用狀規定之單據所依據之標準。故只有ISP為國際商會專為擔保信用狀量身打造的相關規則。

107年 台灣菸酒股份有限公司「國際貿易實務」

> 一、 關於信用狀（Letter of Credit）請回答以下問題：
> （一）何謂擔保信用狀（Standby L/C）？它在國際貿易上通常有哪些用途？
> （二）信用狀條款：41D available with /by-name，address：是何意義？它有哪些可能的規定？

解（一）擔保信用狀（Standby L/C）：又稱為保證信用狀或備用信用狀，係指不以清償貨款為目的，而是以借款保證、押標保證或履約保證等為目的而開發的信用狀。

擔保信用狀在國際貿易上的用途：

1. 借款保證：本國廠商擬向其他廠商借款時，即可請求本國銀行開出以借款廠商為受益人的信用狀。

2. 押標保證與履約保證：購貨人標購大批貨物時，為防止投標人中途撤回報價，或得標後拒絕簽約或簽約後不履約，而要求投標人於報價時提供押標保證，以及於訂約時要求提供履約保證。

3. 賒購保證：本國廠商向國外製造商購進機器設備時，如價款過鉅，乃約定以分期付款方式進口。惟此種賒帳交易，因付款期限較長，供應商所負風險大，故常要求進口廠商提供銀行保證。

（二）信用狀41D欄位規定指定受理的銀行及兌付方式。此欄位顯示available with /by-name，address可表示此信用狀為讓購信用狀或直接信用狀。

41D可能的規定可分為：

1. 41D available with/any bank by negotiation：此種規定表示信用狀為未限押信用狀，又稱為自由讓購信用狀。即開狀銀行未限定押匯銀行，受益人可自行選擇銀行押匯。

2. 41D available with/XXX bank by negotiation：此種規定表示信用狀為限押信用狀（Restricted L/C），又稱為特別信用狀。開狀

銀行有限定押匯銀行，受益人必須向限定的押匯銀行辦理押匯手續，或受益人仍可至其往來銀行辦理押匯（稱為押匯銀行或第一押匯銀行），而該往來銀行則須向限押銀行（稱為再押匯銀行或第二押匯銀行）辦理轉押匯。

3. 41D available with/XXX bank by payment：此種規定表示信用狀為直接信用狀（Straight L/C），受益人必須將匯票及單據直接持往開狀銀行或其指定銀行請求付款或承兌。

二、(一) 某出口商與國外客戶交易，在付款方面雙方過去皆以Usance L/C交易；但客戶最近提出將以Deferred Payment Letter of Credit為之，請分析兩者之不同。

(二) 如客戶又要求將付款方式改為D/P: Draft at 90 days after sight，試說明此一付款方式。

解(一)

1. Usance L/C：遠期信用狀，係指受益人簽發遠期匯票，先經付款人承兌，待匯票到期時，才可取得款項的信用狀。遠期信用狀的貼現息由賣方負擔者稱為賣方遠期信用狀（Seller's Usance L/C）；由買方負擔者稱為買方遠期信用狀（Buyer's Usance L/C）；若信用狀尚未載明貼現息由何方負擔時，實務上均是由賣方（受益人）負擔。

2. Deferred Payment Letter of Credit：延期付款信用狀，指受益人無需簽發匯票，只須向指定承兌銀行提示符合信用狀的貨運單據並辦理承兌，待到期日才可取得款項的信用狀。因為沒有簽發匯票，所以出口商無法憑匯票至貼現市場貼現。

(二) D/P（Documents against Payment）：付款交單，是指出口商按照買賣契約的約定，將貨物交運後，備妥貨運單據（如提單、商業發票、保險單等），並簽發以進口商為付款人的匯票，一併交給其往來銀行（託收銀行）寄交進口地的分行或代理銀行（代收銀行），

委託其向進口商收取貨款。而進口商則必須先付清貨款後，始能取得單據，辦理提貨手續。付款交單依付款時間的不同，又可分為即期付款交單和遠期付款交單，Draft at 90 days after sight即屬於遠期付款交單。遠期付款交單是賣方給予買方的資金融通，代收銀行收到匯票和貨運單據後通知進口商，進口商承兌匯票後，代收行或提示行保留匯票及全套單據，俟到期日（Draft at 90 days after sight，見票後90天）進口商付清貨款後，取得貨運單據。

三、 關務署公告修正於2017年公告修正貨物通關自動化報關手冊，請問：
(一) 貨物通關自動化的報單通關方式可分為哪三種？
(二) 貨物通關自動化的優點為何？

解(一)「貨物通關自動化」係將海關辦理貨物通關的作業與所有相關業者及相關單位，利用「電腦連線」，以「電子資料相互傳輸」取代傳統「人工遞送文件」；及以「電腦自動處理」替代「人工作業」，俾加速貨物通關。在自動化通關架構下，報關資料經由「通關網路」通過海關之「專家系統」將貨物篩選為三種通關方式：

1. C1（免審免驗通關）：免審書面文件、免驗貨物、直接送往徵稅，繳稅放行。

2. C2（應審免驗通關）：報關人依電腦連線通知，向海關補送書面報單及相關文件，經海關收單及完成分估計稅作業後，通關放行。

3. C3（應審應驗通關）：報關人依電腦連線通知補送書面報單及相關文件，經海關收單、查驗貨物及完成分估計稅作業後，通關放行。

(二) 貨物通關自動化的優點：

1. 隨時收單：關貿網路係24小時運作，業者可隨時透過網路報關，不必受海關上班時間限制，也不必派人將書面報單送至海關辦理報關手續。

2. 加速通關：可縮短通關作業時間，加速貨物流通，節省各單位營運成本。

3. 線上掌握報關狀態：報關業者可線上掌握報單處理狀態，提昇服務品質，並可免除排隊站關等候時間及人力成本。

4. 避免人為疏失：減少關員人工介入，可避免人為偏差，提昇通關品質。

5. 先放後稅：網路中設有「保證金額度檔」，進口應納稅費先自該擋中扣除後，貨物即可放行，業者事後再予補繳即可，十分放便。

6. 電腦通知放行：業者可經由電腦隨時取得放行訊息及放行通知單，辦理提貨。

7. 網路加值服務：加值服務包括有公共資料庫查詢、海關資料庫查詢、EDI資料庫查詢、法規全文檢索、電子佈告欄等。

四、關於Incoterms 2010的十一個價格條件，請回答以下問題，並寫出相關答案的英文縮寫及全寫（含所接地點）：

(一) 適用於任何運輸模式且由賣方替買方買保險的價格條件為何？

(二) 賣方負擔最大的價格條件為何？

(三) 適用於空運且運費到付（freight collect）的價格條件為何？

(四) 適用於CY to CY及CFS to CFS，運費由賣方預付，保險由買方買的價格條件為何？

(五) 航空快遞業到賣方公司收貨後，一切相關費用都在貨到買方公司才向買方收取時，適合用何價格條件？

解 (一) 適用於任何運輸模式且由賣方替買方買保險的價格條件為CIP價格條件。

CIP（CARRIAGE AND INSURANCE PAID TO（...named place of destination））：運保費付到指定目的地條件（……指定目的地）。此條件表示賣方須於議定日期或議定之期間內，將貨物交付賣方指定之運送人接管，即屬賣方交貨。本條件交易價格包含運費與保費，賣方須替買方買保險。

(二) 賣方負擔最大的價格條件為DDP價格條件。

DDP（DELIVERED DUTY PAID（...named place of destination））：指定目的地稅訖交貨條件。此條件表示賣方須於議定日期或期間，在指定目的地將已運送抵達此指定地點，且已辦妥輸入通關並準備好卸載之貨物置於買方處置下，即屬賣方交貨。在此條件下賣方應負擔之義務最重，賣方除支付運送成本外，並有義務辦理貨物出口及進口通關手續，且支付所有任何進出口關稅。

(三) 適用於空運且運費到付（freight collect）的價格條件為FCA價格條件。

FCA（FREE CARRIER（...named place of delivery））：貨交運送人條件（……指定交貨地）。此條件表示賣方須於議定之日期或期間內，在指定交貨地之議定地點，將貨物交付買方所指定之運送人接管，即屬賣方交貨。在此條件下賣方不需負擔運費，運費為到付（freight collect），且適合任何運送方式，包括空運。

(四) 適用於CY to CY及CFS to CFS，運費由賣方預付，保險由買方買的價格條件為CPT價格條件。

CPT（CARRIAGE PAID TO（...named place of destination））：運費付到指定目的地條件（……指定目的地）。本交易條件包含主要運費，因此賣方須負擔運送成本，保險則是由買方負責。CY to CY及CFS to CFS為貨櫃的裝卸方式，係賣方在裝船前將貨櫃或置放在貨櫃中的貨物，在貨運站交給運送人的運送方式，因此並不適合使用CFR價格條件，而是適用CPT價格條件。

(五) 航空快遞業到賣方公司收貨後，一切相關費用都在貨到買方公司才向買方收取時，適合EXW價格條件。

EXW（EX WORKS（...named place of delivery））：工廠交貨條件（……指定交貨地）。此條件表示賣方須於約定之日期或期間內，在指定交貨地之議定地點，例如賣方之工廠、賣方之營業場所、倉棧……等，將尚未辦妥輸出通關亦未裝載至任何買方安排收貨之運輸工具之貨物，交由買方處置時，即為賣方已為貨物之交付。因為買方需負擔自約定地點受領貨物起後所有的成本及危險，故適用於航空快遞業到賣方公司收貨後，一切相關費用都在貨到買方公司才向買方收取的價格條件。

107年 中小企銀「國際貿易學」

( )　1. 若不考慮其他因素，下述付款條件何者對出口商較有利？

(A)Usance LC 45 Days after Sight

(B)Deferred Payment Credit 45 Days after Sight

(C)Usance LC 45 Days after B/L Date

(D)Documents against Acceptance 45 Days after Sight。

( )　2. 下列有關國際貿易產生的原因何者不適當？

(A)各國經濟資源稟賦不同

(B)各國間之生產要素缺乏移動性

(C)各國生產產品之技術水準與投入不同

(D)各國為擴張對他國的影響力。

( )　3. 下列何者為Incoterms 2010對"Delivery"的定義？

(A)賣方將貨物裝運到運送工具的時間

(B)賣方將貨物所有權轉移給買方時點

(C)賣方將貨物運交至目的地的時間

(D)賣方將貨物滅失或損害之風險移轉給買方之時點。

( )　4. 若美元對新台幣有持續貶值的趨勢，在不考慮其他因素下，進口商以下列何種方式付款較為有利？　(A)D/A　(B)D/P　(C)Cash with Order　(D)Sight Credit。

( )　5. 若貨物已到達目的港，而進口商尚未收到正本提單而急於領貨，則可用下列何種方式辦理通關提貨？

(A)請開狀銀行簽發擔保提貨書

(B)請出口商傳送提單副本

(C)進口商向運送人出具保證書

(D)請押匯銀行以電傳方式向開狀銀行表示同意提貨。

( )　6. 開狀銀行對下列哪一貿易條件之進口貨物通常會要求進口商先投保貨物運輸保險？　(A)DDP　(B)DAT　(C)CFR　(D)CIP。

( )　7. 若進口商同時向同地區多個出口商進貨，則可安排何種貨櫃運輸
作業方式？　(A)CY/CFS　(B)LCL/FCL　(C)CY/LCL　(D)
LCL/CFS。

( )　8. 面對國外廠商強大的競爭，國內廠商可能無法生存，下列何者不
是政府可能採用保護國內廠商的措施？　(A)配額　(B)補貼　(C)
通貨貶值　(D)出口擴張。

( )　9. 下述何者非進口商進行市場調查的目的？　(A)瞭解競爭對手
(B)瞭解各國產品的特性　(C)瞭解產品來源與相關規定　(D)瞭解
產品供給季節。

( )　10. 我國進口關稅之估價是以何種價格為基準？　(A)市場價格　(B)
離岸價格　(C)完稅價格　(D)起岸價格。

( )　11. 出口商至銀行辦理託收時，通常應簽發何種財務單據？　(A)商業
發票　(B)商業匯票　(C)銀行匯票　(D)商業本票。

( )　12. 若報價單上註明"Validity：15 days"，其意涵何者正確？　(A)買
方應於收到貨物後15天內付款　(B)賣方應於報價日後15天內出
貨　(C)報價單之有效日期為簽發日期後15天　(D)買方應於收到
報價單後15天內開信用狀。

( )　13. 下列何者是指政府性區域整合組織"ASEAN"？　(A)跨太平洋夥
伴關係　(B)東南亞國家協會　(C)南亞區域合作協會　(D)東協自
由貿易區。

( )　14. 下列何者不是買賣雙方選用貿易條件（INCOTERMS）應考慮的
因素？　(A)貨款給付方式　(B)賣方應提供何種單據給買方　(C)
貨物滅失及毀損風險轉移之時點　(D)貨價中應包含哪些費用。

( )　15. 依Incoterms 2010之建議，下列有關FOB的敘述何者錯誤？　(A)
適用於貨櫃裝運之運輸　(B)貨物風險轉移時點為貨物裝載至買
方所指定船上　(C)由買方負責洽購運輸保險　(D)由賣方辦理出
口通關事宜。

( )　16. 下列何者為賣方先將貨品與單據交付給買方，約定於約定之到期日後再將貨款匯付賣方之付款方式？

(A)Open Account

(B)Installment

(C)Documents against Payment

(D)Cash on Delivery。

( )　17. 下列何者為我國海關之主管機關？　(A)財政部　(B)經濟部　(C)交通部　(D)中央銀行。

( )　18. 國際貿易中的「運送單據」是由下列何者所簽發？　(A)Carrier　(B)Shipper　(C)Exporter　(D)Customs。

( )　19. 台灣出口商擬向國外進口商報價時，下列貿易條件何者錯誤？

(A)CIF European Port　(B)CPT Taipei　(C)DAP Tokyo　(D)FCA Taoyuan Airport。

( )　20. 航空貨運中的 House Air Waybill 是由何人所簽發？　(A)航空貨運承攬人　(B)航空公司　(C)航空公司的代理人　(D)國際航空運輸協會。

( )　21. 有關提單（B/L）背書人的責任，下列敘述何者錯誤？

(A)提單真正無偽

(B)背書人確知並無損害提單效力或價值之事實存在

(C)背書人確認提單所代表之標的物之價值

(D)提單所代表之標的物為可供銷售及適當用途。

( )　22. 有關信用狀的敘述，下列何者錯誤？

(A)依UCP規定，銀行開立信用狀應受買賣契約的拘束

(B)依UCP 600對信用狀之定義，信用狀是不可撤銷的

(C)信用狀是開狀銀行對符合之提示有確定之兌付義務

(D)銀行簽發信用狀是銀行授信之行為。

( )　23. 下列何者是指製造商負責產品之設計與製造，加上國外委託商之品牌，由委託商銷售之貿易方式？　(A)ODM　(B)OBM　(C)JDM　(D)OEM。

解答及解析　答案標示為#者，表官方曾公告更正該題答案。

1. **C**　Usance LC 45 Days after Sight：遠期信用狀，見票後45天付款。

　　Deferred Payment Credit 45 Days after Sight：延期付款信用狀，見票後45天付款。

　　Usance LC 45 Days after B/L Date：遠期信用狀，提單簽發日後45天付款。

　　Documents against Acceptance 45 Days after Sight：承兌交單，見票後45天付款。

　　由於信用狀交易對出口商較有利，但延期付款信用狀因為沒有簽發匯票，出口商無法憑匯票至貼現市場貼現，對出口商較不利；另外早些收到貨款對出口商較有利，依ISBP規定，匯票的簽發日期不可早於提單日期，但可與提單日期同一日，因此不考慮其他因素下，Deferred Payment Credit 45 Days after Sight 對出口商較有利。

2. **D**　國際貿易產生的原因為各國經濟資源稟賦不同、各國間之生產要素缺乏移動性及各國生產產品之技術水準與投入不同，但各國為擴張對他國的影響力而從事國際貿易並不適當。

3. **D**　Incoterms 2010對"Delivery"（交貨）的定義為賣方將貨物滅失或損害之風險移轉給買方之時點。

4. **A**　若美元對新台幣有持續貶值的趨勢，在不考慮其他因素下，進口商愈晚付款，需要支付的新台幣金額愈少，因此採用D/A（承兌交單）的方式付款較為有利。

5. **A**　若係以海運方式進口，當裝運船舶已抵達進口港，而貨運單據尚未經押匯銀行寄達開狀銀行，而進口商又急需提貨時，進口商可持提單副本，請開狀銀行簽發擔保提貨書，提前辦理通關提貨事宜。

6. **C**　在CFR貿易條件下，賣方將貨物運送至指定出口地裝運港並裝載於船舶上時，即屬賣方交貨。保險係由買方負擔，因此開狀銀行通常會要求進口商先投保貨物運輸保險。

7. **B**　LCL/FCL：併裝／整拆，係出口地的託運人將貨物運送至貨櫃集散站，由運送人負責將不同託運人的貨物併櫃裝運；運送人將貨櫃運至目的地的貨櫃場，整櫃交由受貨人自行拆櫃，在裝運地屬於不同託運人及在目

的地屬於同一受貨人，因此若進口商同時向同地區多個出口商進貨，可安排此種貨櫃運輸作業方式。

8. **D**　面對國外廠商強大的競爭，政府利用配額、補貼及通貨貶值等方式，可以保護國內廠商，但出口擴張不是政府可能採用保護國內廠商的措施。

9. **A**　進口商進行市場調查的目的為瞭解各國產品的特性、瞭解產品來源與相關規定及瞭解產品供給季節等，但瞭解競爭對手非進口商進行市場調查的目的。

10. **D**　依關稅法第29條規定，「從價課徵關稅之進口貨物，其完稅價格以該進口貨物之交易價格作為計算根據。」因此完稅價格就是指作為課徵關稅之基礎價格。我國課徵進口關稅之完稅價格，原則上是以起岸價格（CIF）為準。

11. **B**　商業匯票係指發票人為企業、公司、行號或者個人，付款人為其它公司行號、個人或者銀行的匯票。出口託收的財務單據為匯票且是由出口商所簽發，所以為商業匯票。

12. **C**　若報價單上註明"Validity：15 days"，其表示報價單之有效日期為簽發日期後15天。

13. **B**　ASEAN（The Association of Southeast Asian Nations）：東南亞國家協會，簡稱「東協」，於1967年8月8日在曼谷成立。會員國包含東南亞的十個國家：印尼、馬來西亞、菲律賓、新加坡、泰國、汶萊、柬埔寨、越南、寮國、緬甸，係東南亞地區的一個區域性經貿組織。其宗旨在於促進區域內國家的經濟、貿易合作。

14. **A**　貿易條件是用來說明商品的價格構成和規範買賣雙方各自應負擔的責任、費用、風險、貨物所有權轉移的界限以及應提供的單據。不同貿易條件，表示買賣雙方在責任、費用與風險上所承擔的權利與義務的分別。而貨款給付方式為付款條件非貿易條件。

15. **A**　FOB貿易條件為僅適用海運及內陸水路運送方式，因此不適用於貨櫃裝運之運輸。

16. **A**　Open Account（O/A）：記帳交易，係賣方於貨物交運出口後，即將貨運單據等逕寄買方辦理提貨，其貨款則以應收帳款方式記入買方帳戶，俟約定付款期限屆滿時，再行結算的付款方式。

17. **A**　財政部主管全國財政、海關業務及監督保險等。其轄下之關務署（一般稱為海關）主管關務政策、貨物進出口查驗、緝私、關稅稅則、徵稅、退稅、保稅、貿易統計及其他關務相關事項。

18. **A**　國際貿易中的「運送單據」是由Carrier（運送人）所簽發。

19. **B**　CPT貿易條件後接的是指定目的地，所以貿易條件應為CPT國外目的地例如Tokyo。

20. **A**　House Air Waybill（HAWB）：航空分提單，是由航空貨運承攬人所簽發。係航空貨運承攬人以自己之名義，為他人之計算，使用民用航空運輸業運送航空貨物及非具有通信性質之國際貿易商業文件而受報酬之事業。

21. **C**　提單背書人無須確認提單所代表之標的物之價值。

22. **A**　依據UCP 600第4條的規定，信用狀其本質是一個與買賣或其它契約分開的交易，銀行開立信用狀不須受買賣契約的拘束。

23. **A**　ODM（Original Design Manufacturing）：原廠委託設計，係指製造商負責產品的設計與製造代工的服務，再以委託廠商的品牌及通路在市場上行銷，此生產廠商除了可以賺取代工的利潤外，並可增加產品設計的利潤。

107年 第一銀行「國際貿易實務及相關法規」

＊僅收錄國際貿易相關試題

( )　1. 依銀行業辦理外匯業務管理辦法規定，指定銀行辦理外匯業務時，其經辦人員至少應具備下列何種資格？　(A)一週以上相關外匯業務經歷　(B)三個月以上相關外匯業務經歷　(C)六個月以上相關外匯業務經歷　(D)一年以上相關外匯業務經歷。

( )　2. 管理外匯之行政主管機關為下列何者？　(A)財政部　(B)經濟部　(C)金管會　(D)中央銀行。

( )　3. 下列何者屬於複雜性高風險之衍生性金融商品？　(A)遠期外匯　(B)目標可贖回遠期外匯　(C)換匯　(D)換匯換利。

( )　4. 下列何者非屬銀行國際金融業務分行辦理衍生性金融商品業務得承作之對象？　(A)中華民國境外法人　(B)中華民國境內法人　(C)中華民國境外自然人　(D)中華民國境內金融機構。

( )　5. 不可撤銷信用狀非經相關當事人之同意，不得修改或取消。該等當事人不包括下列何者？　(A)開狀銀行　(B)未保兌信用狀之通知銀行　(C)保兌銀行（如有保兌者）　(D)受益人。

( )　6. 信用狀之保兌銀行得選擇將修改書通知受益人而不予延伸其保兌，於此情形，該保兌銀行須盡速告知何者？　(A)開狀行及受益人　(B)開狀行及付款人　(C)開狀行及申請人　(D)補償行及申請人。

( )　7. 有關進口拒付，依據UCP 600規定，開狀銀行須於提示日之次日起何時前，須將此意旨以電傳或如不可能時，以其他快捷之方式，通知提示人？　(A)第14個曆日終了前　(B)第7個曆日終了前　(C)第7個營業日終了前　(D)第5個營業日終了前。

( )　8. 以下列何種「貿易條件」交易，其運送單據上顯示之運費(Freight)負擔方式錯誤？　(A)FOB為"Freight Collect"　(B)CFR為"Freight Prepaid"　(C)CIF為"Freight Collect"　(D)FAS為"Freight Collect"。

( ) 9. 倘託收統一規則(URC522)規則文字中出現「當事人」一辭時，不包括下列何者？ (A)PRINCIPAL (B)REMITTING BANK (C)DRAWEE (D)COLLECTING BANK。

( ) 10. DOCUMENTS AGAINST ACCEPTANCE 30 DAYS（簡稱D/A 30 DAYS），係屬出口託收中之何種業務？ (A)承兌交單 (B)付款交單 (C)無償交單 (D)信用狀項下之出口託收。

( ) 11. 有關實際受益人，係指下列何者？ A.對該法人具最終控制權的法人股東 B.持有法人股份或資本超過25%之自然人 C.持有法人股份或資本25%以上之法人股東 (A)僅A (B)僅B (C)僅C (D)ABC。

( ) 12. 依UCP 600第2條之規定，所謂「符合之提示（Complying presentation）」不須依據下列何者為之？
(A)信用狀條款 (B)UCP 600相關規定
(C)國際標準銀行實務 (D)買賣契約之約定。

( ) 13. 匯票應由信用狀之何人簽發？ (A)受益人 (B)申請人 (C)開狀行 (D)押匯行。

( ) 14. 除信用狀另有規定外，海運提單的受貨人（Consignee）標明為下列何者時，應由託運人空白背書？
(A)To order of Applicant (B)To order of First Bank
(C)To order of Issuing Bank (D)To order。

( ) 15. 依據UCP 600之規定，在信用狀作業上，銀行所處理者為下列何者？ (A)貨物 (B)單據 (C)勞務 (D)其他履約行為。

( ) 16. 不以清償貨物價款為目的，而是以融通資金或履約保證為目的所開發之信用狀，稱為： (A)STANDBY L/C (B)BACK TO BACK L/C (C)CONFIRMED L/C (D)REVOLVING L/C。

( ) 17. 受理出口託收（D/A，D/P）作業，應遵照下列哪一個規範辦理？
(A)信用狀統一慣例 (B)託收統一規則
(C)國際擔保函慣例 (D)國際標準銀行實務。

( ) 18. 依據UCP 600之規定，有關保險單據的審核，下列敘述何者錯誤？　(A)保險單據之被保險人（assured）為受益人，則須受益人作空白背書　(B)保險最低金額為CIF或CIP金額之110%　(C)保險單據簽發日不得晚於B/L裝運日　(D)得以保險聲明書取代保險單。

( ) 19. 有關指定銀行辦理外幣貸款業務之規範，下列敘述何者錯誤？　(A)承作對象以國內顧客為限　(B)應憑顧客提供其與國外交易之文件或央行核准之文件辦理　(C)出口前之外幣貸款，不得兌換為新台幣　(D)出口後之外幣貸款，不得兌換為新台幣。

( ) 20. 下列何種貿易條件，賣方（出口商）押匯時需要提示保險單據？　(A)EXW　(B)FOB　(C)CIP　(D)CFR。

( ) 21. OBU外匯活期存款之存入款項來源不得為下列何者？　(A)匯入匯款　(B)外幣貸款　(C)外幣票據　(D)外幣現鈔。

( ) 22. 光票託收適用規則為下列何者？　(A)URC522　(B)UCP 600　(C)ISP98　(D)ICC URR725。

( ) 23. 指定銀行受理公司一百萬美元以上或等值外幣之結購、結售外匯，應於何時辦理電腦連線，將相關資料傳送央行外匯局？　(A)訂約日　(B)訂約日之次營業日中午十二時前　(C)訂約日之次營業日下午四時三十分前　(D)訂約日之次營業日中午六時三十分前。

( ) 24. 進口承兌交單D/A，匯票到期日以After sight規定者，應以下列何日為起算日？　(A)匯票之承兌日　(B)提單簽發日　(C)商業發票簽發日　(D)匯票之發票日。

( ) 25. 轉開信用狀者，下列敘述何者正確？
(A)轉開狀銀行承擔之風險較低
(B)轉開信用狀之金額得大於原信用狀金額
(C)Master L/C與Back-to-Back L/C係屬分立之交易
(D)轉開信用狀之保險金額可低於原信用狀之投保金額。

( ) 26. 依「銀行業辦理外匯業務作業規範」，有關外幣貸款應遵循之規定，下列何者正確？ (A)承作對象包括國內外顧客 (B)出口後之出口外幣貸款不得兌換為新台幣 (C)多筆進出口案件彙總一次申辦進出口外幣貸款案件，得憑廠商提供交易文件清單辦理 (D)無須提供交易或核准文件即得辦理。

( ) 27. 下列何者非外幣結算平台提供之結算幣別？ (A)港幣 (B)日圓 (C)歐元 (D)澳幣。

( ) 28. 有關匯率選擇權交易雙方之權利、義務及風險，下列何者正確？ (A)買方支付權利金而獲取要求賣方履約的權利 (B)賣方有權利決定是否履約 (C)賣方收取權利金，有義務在到期日或到期日前依市場價格履約 (D)賣方最大風險為損失權利金。

( ) 29. 港澳及大陸人士辦理國外美金匯款時，得持下列何種證件辦理？ A.中華民國台灣地區居留證或外僑居留證 B.入出境證 C.護照 (A)僅AB (B)僅BC (C)僅AC (D)ABC。

( ) 30. 有關無本金交割新台幣遠期外匯業務（NDF）的敘述，下列何者正確？ (A)到期結清時，一律採現金差價交割 (B)得與遠期外匯業務(DF)帳務併同處理 (C)得以保證金交易（MARGIN TRADING）槓桿方式處理 (D)可辦理展期及提前解約。

( ) 31. 除信用狀另有規定外，受益人（出口商）所提示之保險單據，下列何者構成瑕疵？ (A)保險單據由保險人簽發並簽署 (B)保險單據含有不承保條款之附註 (C)保險投保金額為兌付或讓購金額，或商業發票上貨物總價額，孰高乘120% (D)保險單上投保幣別與信用狀不同。

( ) 32. 依UCP 600規定，下列哪項單據，若信用狀要求該單據之提示，而未規定由何人簽發或其資料內容，但其內容顯示符合所需單據之功能，且其他方面亦符合第14條d項之規定，則銀行將就所提示者照單接受？ (A)商業發票 (B)保險單據 (C)檢驗證明書 (D)運送單據。

( ) 33. 除信用狀另有規定外，依據UCP 600之規定，銀行將不接受下列何種提單？ （A）提單記載「託運人自行裝貨點數」（SHIPPER'S LOAD AND COUNT） （B）提單記載「據託運人稱內裝」（SAID BY SHIPPER TO CONTAIN） （C）表明以信用狀受益人以外之人為貨物之發貨人（SHIPPER） （D）提單上有附加條款或附註載明貨物有瑕疵狀況者。

( ) 34. 依據UCP 600之規定，信用狀要求提示傭船提單時，下列何者非屬傭船提單之簽發人？ （A）Master （B）Owner （C）Charterer （D）Carrier。

( ) 35. 有關GBP/USD1.6007的外匯匯率敘述，下列何者正確？ （A）代表1美元可兌換1.6007英鎊 （B）GBP為「被報價幣」 （C）此報價方式為價格報價法 （D）如GBP/USD1.6007變為1.6207，代表美元升值、英鎊貶值。

( ) 36. 依據國際擔保函慣例（ISP98），提示人收到拒付通知後，若請求簽發人尋求申請人拋棄瑕疵，若簽發人於其拒付通知之幾個營業日內未收到該回應或請求，得將單據退回提示人？ （A）3個營業日 （B）7個營業日 （C）10個營業日 （D）14個營業日。

( ) 37. 依據UCP 600之規定，倘信用狀係在開狀銀行使用（available with issuing bank），則其使用方式不得為下列何者？ （A）即期付款 （B）讓購 （C）延期付款 （D）承兌。

( ) 38. 信用狀規定裝運日期為SHIPMENT MUST BE EFFECTED ON OR ABOUT APR. 5, 2018（星期四）則提單裝運日期最遲為： （A）APR. 5 （B）APR. 9 （C）APR. 10 （D） APR. 26。

( ) 39. 遠期信用狀項下押匯日期為2018.03.31，信用狀之使用方式為"available with us by acceptance"匯票期間60 DAYS AFTER SIGHT，開狀銀行於2018.04.10收到押匯單據且經審查單據無瑕疵，請問本筆押匯匯票到期日為何？ （A）2018.05.28 （B）2018.05.30 （C）2018.06.09 （D）2018.06.12。

( ) 40. 依託收統一規則規定，託收銀行接獲拒絕付款通知時，須就單據嗣後之處理給予適當之指示，如未於提示銀行發出拒絕付款之通知後幾日內指示提示銀行，則提示銀行在不負任何進一步責任下可將單據退回？ (A)15日 (B)30日 (C)45日 (D)60日。

( ) 41. 若即期市場行情：USD/JPY 為100.00，美元利率2.78%，日元利率 0.88%，請問6個月期 USD/JPY 的遠期匯率為多少？ (A)100.00 (B)99.05 (C)100.95 (D)99.68。

( ) 42. 有關轉讓信用狀敘述，依據UCP 600之規定，下列何者錯誤？ （A）信用狀僅於開狀銀行明示其係「可轉讓」（TRANSFERABLE），始得轉讓 (B)受讓信用狀不得經第二受益人之請求，轉讓予隨後之任何受益人，第一受益人不認係隨後之受益人 (C)開狀銀行得為轉讓銀行 (D)轉讓信用狀之保兌得不延伸至受讓信用狀。

解答及解析 答案標示為#者，表官方曾公告更正該題答案。

1. **B** 依銀行業辦理外匯業務管理辦法第11條規定，指定銀行辦理第四條第一項第一款至第六款各項外匯業務之經辦及覆核人員，應有外匯業務執照或具備下列資格：
   1.經辦人員須有三個月以上相關外匯業務經歷。
   2.覆核人員須有六個月以上相關外匯業務經歷。

2. **C** 依國際金融業務條例第2條規定，國際金融、證券及保險業務之行政主管機關為金融監督管理委員會（簡稱金管會）；業務主管機關為中央銀行。

3. **B** 遠期外匯（Forward Exchange）係買賣未來某一特定時日之外匯，可分預購遠期外匯及預售遠期外匯。換匯交易（FX SWAP）係指同時承作相同幣別、相等金額、但買賣方向相反之即期交易及遠期外匯交易。換匯換利（Cross Currency Swaps，CCS）是客戶與銀行約定，於約定期間內，交換兩種不同幣別的本金及其衍生出來的利息。並在到期時再以相同匯率換回，此三種為一般性之衍生性金融商品；目標可贖回遠期契約（Target Redemption Forward，TRF）一種衍生性金融商品，中央銀

行將其分類為選擇權類的商品。交易方式為由銀行與客戶對未來匯率走勢進行押注。屬於複雜性高風險之衍生性金融商品。

4. **B**　依銀行國際金融業務分行辦理衍生性金融商品業務應依規定辦理第2條規定，衍生性金融商品之承作對象以金融機構及中華民國境外之個人、法人或政府機關為限。因此中華民國境內法人非屬本業務承作之對象。

5. **B**　不可撤銷信用狀之相關當事人有開狀銀行、保兌銀行（如有保兌者）、受益人、開狀申請人、通知銀行、押匯銀行、付款銀行、求償銀行以及補償銀行等，但不包括未保兌信用狀之通知銀行。

6. **A**　依據UCP 600第10條b項相關規定，保兌銀行得延伸它的保兌及於修改，且不可撤銷地受拘自其通知修改書之時起。信用狀之保兌銀行得選擇將修改書通知受益人而不予延伸其保兌，於此情形，該保兌銀行須儘速告知開狀行及受益人。

7. **D**　根據UCP 600第14條規定，開狀銀行及任何指定銀行收到單據後，須於提示日之次日起第5個營業日終了前，將此意旨以電傳或如不可能時，以其他快捷之方式，通知提示人。

8. **C**　CIF為運保費在內條件。本條件交易價格包含運費與保費，因此賣方需要訂定將貨物運抵指定目的地之運送契約，並支付運送成本，故應為 "Freight Prepaid"。

9. **C**　託收統一規則（URC522）規則文字中出現「當事人」包括PRINCIPAL（委託人）、REMITTING BANK（寄單行）、COLLECTING BANK（代收行）以及PRESENTING BANK（提示行），但不包括DRAWEE（付款人）。

10. **A**　DOCUMENTS AGAINST ACCEPTANCE（D/A）即是承兌交單。

11. **B**　實際受益人，係指持有法人股份或資本超過25%之自然人。

12. **D**　依據UCP 600第4條規定，信用狀其本質是一個與買賣或其它契約分開的交易，即使信用狀中含有對此類合約的任何援引，銀行也不受該合約約束。因此，所謂「符合之提示（Complying presentation）」不須依據買賣契約之約定。

13. **A**　匯票的發票人（Drawer）即指簽發匯票的人，通常為信用狀之受益人（出口商）。

14. **D** To order為待指示，表示受貨人待指定。其流通的方式為交付提單即完成權益的移轉。但實務上，信用狀之託運人（受益人）應作成空白背書（Blank Endorsement）或記名背書（Special Endorsement），以利於押匯。

15. **B** 依據UCP 600第5條的規定，銀行所處理的是單據而非與該等單據可能相關的貨物、勞務或履約行為。

16. **A** STANDBY L/C（擔保信用狀）又稱為保證信用狀或備用信用狀。係指不以清償價款為目的，而是以融通資金、履約保證或投標保證為目的，而開發的信用狀。

17. **B** 受理出口託收（D/A，D/P）作業，應遵照託收統一規則（URC）。

18. **D** 根據UCP 600第28條d項規定，保險單可以由統保單項下的保險證明書或聲明書來替代，而非得以保險聲明書取代保險單。

19. **D** 依銀行業辦理外匯業務作業規範第6條第3項規定，外幣貸款不得兌換為新台幣。但出口後之出口外幣貸款，不在此限。

20. **C** CIP為運保費付到指定目的地條件。此條件下賣方須就運送途中貨物滅失或損壞的危險訂定保險契約，賣方（出口商）押匯時需要提示保險單據。

21. **D** OBU外匯活期存款之存入款項來源得為匯入匯款、外幣貸款以及外幣票據，但不得為外幣現鈔。

22. **A** 出口託收作業應遵照URC522（託收統一規則），而光票託收為出口託收的一種，因此適用URC522。

23. **A** 依銀行業辦理外匯業務管理辦法第47條第1項規定，指定銀行及中華郵政公司受理公司、有限合夥、行號等值一百萬美元以上（不含跟單方式進、出口貨品結匯），或個人、團體等值五十萬美元以上之結購、結售外匯，應於確認交易相關證明文件無誤後，於訂約日立即傳送。

24. **A** 進口承兌交單匯票到期日以After sight規定者，應以匯票之承兌日為起算日。

25. **C** 轉開信用狀又稱為背對背信用狀（Back-to-Back L/C）或本地信用狀。若信用狀受益人本身並非貨物的供應商，為避免國外買方與國內供應商直接接觸，便可憑國外開來的主要信用狀（Master L/C），向通知銀行或本地其他銀行申請開發另一張轉開信用狀或稱次要信用狀給供應商。

通常次要信用狀的金額會較原信用狀小，有效期限較原信用狀短，保險金額可高於原信用狀之投保金額。但Master L/C與Back-to-Back L/C係屬分立之交易，因此與轉開狀銀行承擔之風險無關。

26. **C** 依銀行業辦理外匯業務作業規範第6條規定：指定銀行辦理外幣貸款業務，應依下列規定辦理：

　　1.承作對象：以國內顧客為限。

　　2.憑辦文件：應憑顧客提供其與國外交易之文件或本行核准之文件，經確認後辦理。

　　3.兌換限制：外幣貸款不得兌換為新台幣。但出口後之出口外幣貸款，不在此限。

　　4.報送資料：外幣貸款之撥款及償還，應參考「指定銀行承作短期及中長期外幣貸款資料填報說明」填報交易日報及相關明細資料；並將月底餘額及承作量，依短期及中長期貸款類別，報送本行外匯局。

　　5.外債登記：於辦理外匯業務時，獲悉民營事業自行向國外洽借中長期外幣貸款者，應促請其依民營事業中長期外債申報要點辦理，並通知本行外匯局。

27. **A** 依據中央銀行對外幣結算平台規定，其結算幣別為美元、人民幣、日圓、歐元及澳幣等，港幣非外幣結算平台提供之結算幣別。

28. **A** 匯率選擇權交易係以匯率為標的物之選擇權。雙方議定於特定到期日之前，選擇權買方於期初須支付權利金，且有權於約定日或該期間內依約定匯率買賣外匯；選擇權賣方則於期初收取權利金，且有義務於約定日或期間內應要求依約定匯率買賣外匯。所以買方支付權利金而獲取要求賣方履約的權利，且買方有權利決定是否履約，賣方收取權利金，有義務在到期日或到期日前依約定匯率履約，而買方最大風險為損失權利金。

29. **A** 港澳及大陸人士辦理國外美金匯款時，得持中華民國台灣地區居留證或外僑居留證以及入出境證等證件辦理。

30. **A** 無本金交割之遠期外匯（Non-Delivery Forward，NDF）為遠期外匯的一種，其特色為遠期外匯合約到期時，交易雙方不須交割本金，而只就合約的議定匯率，與到期時的即期匯率之間的差額清算收付。本金僅用於匯差之計算，無需實際收支，故對未來之現金流量不會造成影響。另外依銀行業辦理外匯業務管理辦法第31條第3項規定無本金交割新台幣遠期外匯業務（NDF）：

1.承作對象以國內指定銀行及指定銀行本身之海外分行、總（母）行及其分行為限。

2.契約形式、內容及帳務處理應與遠期外匯業務（DF）有所區隔。

3.承作本項交易不得展期、不得提前解約。

4.到期結清時，一律採現金差價交割。

5.不得以保證金交易（Margin Trading）槓桿方式為之。

6.非經本行許可，不得與其他衍生性商品、新台幣或外幣本金或其他業務、產品組合。

7.無本金交割新台幣遠期外匯交易，每筆金額達五百萬美元以上者，應立即電告本行外匯局。

31. **D** 根據UCP 600第28條f項中規定，保險幣別須和信用狀以同一貨幣表示。

32. **C** 依據UCP 600第14條f項規定，如果信用狀要求提示的單據除運送單據，保險單據或商業發票外，未規定由誰簽發該單據或內涵資料，則銀行將接受該已提示之單據，如其內涵顯示履行所要求單據功能及其他符合第14條d項。

33. **D** 1.依據UCP 600第26條b項規定，運送單據上的「託運人自行裝載及點數」或「託運人稱內裝」文詞是可接受的（A transport document bearing a clause such as "shipper's load and count" and "said by shipper to contain" is acceptable.）。

　2.依據UCP 600第14條k項規定，貨物的託運人或發貨人被標明在任何單據中，無須為該信用狀的受益人。

　3.依據UCP 600第27條項規定，銀行將僅接受清潔運送單據，清潔運送單據是指提單尚無一條款或註記明白地宣稱該貨物或包裝有瑕疵狀況。因此提單上有附加條款或附註載明貨物有瑕疵狀況者，銀行將不接受此種提單。

34. **D** 依據UCP 600第22條a項規定，傭船契約提單，不管該單據的名稱是什麼，只要單據上表示傭船契約提單，必須於該單據上顯示；表明運送人名稱並且由下列人員簽署：Master（船長）或代表；Owner（船東）或代表；Charterer（傭船人）或代表；而Carrier（運送人）則非屬傭船提單之簽發人。

35. **B** GBP/USD1.6007代表1英鎊可兌換1.6007美元；GBP為「被報價幣」；此報價方式為數量報價法，係指將本國貨幣視為商品的一種報價方式。

即每一單位的本國通貨，可兌換多少單位外幣的表示方法；如GBP/
USD1.6007變為1.6207，表示一單位的英鎊可兌換的美元由1.6007增為
1.6207，代表英鎊升值、美元貶值。

36. **C** 依據國際擔保函慣例（ISP98），提示人收到拒付通知後，若請求簽發
人尋求申請人拋棄瑕疵，若簽發人於其拒付通知之十個營業日內未收到
該回應或請求，得將單據退回提示人。

37. **B** 倘信用狀係在開狀銀行使用（available with issuing bank），則表示該
信用狀為限押信用狀（Restricted L/C），也就是開狀銀行有限定押匯銀
行，受益人必須向限定的押匯銀行辦理押匯手續，因此其使用方式不得
為讓購。

38. **C** 依據UCP 600第3條第2項規定，如信用狀規定"on or about"（在或大概
在），即是指包含起訖日期計算在內， 指定日期的前後五個曆日之間
裝運。在本例中規定裝運日期為SHIPMENT MUST BE EFFECTED ON
OR ABOUT APR. 5, 2018，則裝運須於3月31日至4月10日期間完成裝
運，因此提單裝運日期最遲為APR. 10。

39. **C** 匯票期間60 DAYS AFTER SIGHT（見票後60天付款），開狀銀行於
2018.04.10 收到押匯單據，因此由2018.04.10加計60天，則本筆押匯匯
票到期日為2018.06.09。

40. **D** 依託收統一規則第26條c項規定，託收銀行接獲拒絕付款通知時，須就
單據嗣後之處理給予適當之指示，如未於提示銀行發出拒絕付款之通知
後60日內指示提示銀行，則提示銀行在不負任何進一步責任下可將單據
退回。

41. **B** 六個月期美元／日元匯率
＝100＋100×（0.88％－2.78％）×180÷360
＝100＋（－0.95）＝99.05

42. **D** 依據UCP 600第38條g項相關規定，已被轉讓的信用狀必須準確地反應
該信用狀的條件及要件，包含保兌。因此轉讓信用狀之保兌得延伸至受
讓信用狀。

107年 中小企銀「國際貿易學」

※僅收錄國際貿易學相關試題

壹、選擇題

( ) 1. 下列運送單據中，何者係屬「物權證書（Document of title）」？
(A)空運提單（Air Waybill） (B)海運提單(Bill of Lading）
(C)海運貨單（Sea Waybill） (D)公路運送單據（Road Transport Document）。

( ) 2. 依據UCP 600之規定，信用狀構成開狀銀行對一符合之提示須予兌付之確定承諾；而依據同規則之規定，下列何者非屬符合提示決定之依據？ (A)信用狀條款及條件 (B)信用狀統一慣例得適用之規定 (C)國際標準銀行實務 (D)買賣契約。

( ) 3. 下列國際貿易付款方式中，何者之單據係由出口商於裝運貨物出口後逕寄進口商，而不經銀行處理？ (A) D/A (B) D/P (C) L/C (D) O/A。

( ) 4. 有關預購／預售遠期外匯業務之敘述，下列何者錯誤？ (A)訂約與交割皆須提供相關交易文件 (B)契約之期別一律須為固定之日曆日 (C)屆期交割時如適逢國內、外假日須順延，倘順延交易日跨越當月月份時，則提前至前一營業日 (D)辦理展期應依當時市場匯率結清原契約，再依當時匯率重新議定新契約匯率，不得依原契約價格展期。

( ) 5. 依據國貿局「貨品輸入管理辦法」第6條之規定，輸入限制輸入貨品表內之貨品，除其他法令另有規定或經貿易局公告免證者外，應依該表所列規定申請辦理簽證；有關簽證之敘述，下列何者錯誤？ (A)輸入貨品須簽證時，限以書面或電子簽證方式向貿易局申請 (B)輸入許可證有效期限原則為自簽證之日起六個月 (C)輸入貨品應於輸入許可證有效期限屆滿前，自原起運口岸裝運，其裝運期以提單所載日期為準 (D)輸入許可證有效期限一律不能展延。

解答及解析　答案標示為#者，表官方曾公告更正該題答案。

1. **B**　海運提單（Bill of Lading）是由出口地的船公司在收到貨物後簽發給託運人，證明託運貨物已收到或已裝船，並約定將其運往目的地，交付提單持有人之有價證券。提單可以表彰貨物所有權，是承運人保證憑以交付貨物及可以轉讓的物權憑證。

2. **D**　依據UCP 600第4條的規定，信用狀本質是一個與買賣或其它契約分開的交易，即使信用狀中含有對此類合約的任何援引，銀行也不受該合約約束。因此，銀行關於承兌、讓購或履行任何其它信用狀項下之義務的承諾，是不受制於申請人基於其與開狀銀行或與受益人之間的關係而產生的任何請求或抗辯。受益人在任何情況下不得適用現仍存在它自己與銀行或申請人及開狀銀行之間的合約關係。

3. **D**　O/A（Open Account）：記帳。係指賣方於貨物交運出口後，即將貨運單據等逕寄買方辦理提貨，其貨款則以應收帳款方式記入買方帳戶，俟約定付款期限屆滿時，再行結算。此方式通常用於公司內部及母子公司間往來，或進出口雙方已有長期且穩固交易基礎者，如老客戶頻繁的訂單，或在買方市場狀態下，出口商具有較堅實財務基礎者。

4. **B**　預購／預售遠期外匯業務係指客戶約定在將來某一特定日期或期間（交易日後兩個營業日以上），按事先約定之匯率，以一種貨幣買賣另一種特定金額貨幣之交易。因此契約之期別是約定在將來某一特定日期或期間，非一律須為固定之日曆日。

5. **D**　依據「貨品輸入管理辦法」第15條規定，輸入貨品不能於輸入許可證有效期限內自原起運口岸裝運者，申請人得於期限屆滿前一個月內申請延期，其每次延期不得超過六個月，延期次數不得超過二次。但經貿易局公告指定之貨品應於期限內輸入，不得延期。而非輸入許可證有效期限一律不能展延。

貳、非選擇題

> 晚近在國際貿易實務上，因貨櫃運輸之興起，衍生之複合運送模式，
> 已成為海運貨物之主要運輸方式；請回答下列相關問題：
> (一) 何謂「貨櫃（Container）」？
> (二) 貨櫃運輸模式主要有下列四種，請分別說明其運作方式：
> 　　1.整裝／整拆（FCL/FCL;CY/CY）
> 　　2.整裝／分拆（FCL/LCL;CY/CFS）
> 　　3.併裝／整拆（LCL/FCL;CFS/CY）
> 　　4.併裝／分拆（LCL/LCL;CFS/CFS）
> (三) 何謂「複合運送（Multimodal transport）」，其定義為何？其與
> 　　貨櫃運輸之關聯性為何？

解(一) 依據海關管理貨櫃集散站辦法第2條規定，本辦法所稱貨櫃，指供
裝運進出口貨物或轉運、轉口貨物特備之容器，其構造與規格及應
有之標誌與號碼，悉依國際貨櫃報關公約之規定。貨櫃內裝有貨物
者，稱實貨櫃；未裝有貨物者，稱空貨櫃；實貨櫃內所裝運之進
口、轉運、轉口貨物如屬同一收貨人，或出口、轉口貨物如屬同一
發貨人者，為整裝貨櫃；其進口、轉運、轉口貨物如屬不同一收貨
人或出口、轉口貨物不屬同一發貨人者，為合裝貨櫃。

(二)

1.整裝／整拆（FCL/FCL;CY/CY）：出口地的託運人自行裝櫃
後，整櫃交予運送人，運送人（船公司）只負責運送；待貨櫃運
至目的地的貨櫃場，整櫃交由受貨人自行拆櫃。係在裝運地屬於
同一託運人，及在目的地屬於同一受貨人。

2.整裝／分拆（FCL/LCL;CY/CFS）：出口地的託運人自行裝櫃
後，整櫃交予運送人；運送人（船公司）將貨櫃運至目的地後，
將貨物拆櫃交予各個受貨人。係在裝運地屬於同一託運人，而在
目的地屬於不同受貨人。

3. 併裝／整拆（LCL/FCL;CFS/CY）：出口地的託運人將貨物運送至貨櫃集散站，由運送人（船公司）負責將不同託運人的貨物併櫃裝運；運送人將貨櫃運至目的地的貨櫃場，整櫃交由受貨人自行拆櫃。係在裝運地屬於不同託運人，但在目的地屬於同一受貨人。

4. 併裝／分拆（LCL/LCL;CFS/CFS）：出口地的託運人將貨物運送至貨櫃集散站，由運送人（船公司）負責將不同託運人的貨物併櫃裝運；運送人將貨櫃運至目的地後，須將貨物拆櫃交予各個受貨人。係在裝運地屬於不同託運人，且在目的地屬於不同受貨人。

(三)

1. 複合運送（Multimodal transport）：係指貨物由發送地、接管地或裝運地運送至最終目的地，必須由兩種或兩種以上運送方式（陸、海、空運等）相繼運送。而依聯合國國際貨物複合運送公約對於國際複合運送的定義為國際複合運送係指依照國際複合運送契約，以至少兩種不同模式的運輸方式來運送，由複合運送人將貨物自一國境內接管貨物的地點，運送至另一國境內指定交付貨物的地點。

2. 貨櫃運輸是指包括貨櫃及貨櫃船、貨櫃碼頭、貨櫃集散場站以及火車與卡車貨櫃運輸設備等的海陸及／或空運的聯合運輸設備。而在複合運送的情況下，必須由兩種或兩種以上的陸運、海運或空運等運送方式來運送。透過貨櫃運輸，可以連結複合運送的多種運送方式。

107年 經濟部所屬事業機構「國際貿易法規及實務」

＊僅收錄國際貿易相關試題

一、解釋名詞：
- (一) EXW
- (二) factoring
- (三) confirming bank
- (四) export permit
- (五) particular average

解(一) EXW（EX WORKS（...named place of delivery））：工廠交貨條件（……指定交貨地），在此條件下，賣方須於約定之日期或期間內，在指定交貨地之議定地點（如有約定時），例如賣方之工廠、賣方之營業場所、倉棧……等，將尚未辦妥輸出通關亦未裝載至任何買方安排收貨之運輸工具之貨物，交由買方處置時，即為賣方已為貨物之交付。另為使買方能接管貨物，賣方須給予買方能接管所交付貨物所須之任何通知。

EXW條件的交易價格未包含主要運費及保險費，本條件較適合國內交易。因為買方負擔自指定交貨地之約定地點受領貨物起後所有的成本及危險，因此賣方不需負擔貨物裝載之義務，也不需負責貨物出口通關之手續。故EXW條件是新版國貿條規之11個條件規則中，唯一由買方辦理輸出通關相關手續者。在此條件下為賣方承擔最小的義務，亦即買方承擔最大義務之條件。

(二) factoring：應收帳款管理業務。係指賣方將買賣交易所產生之應收帳款，售予應收帳款承購商，承購商進而承擔進口商的信用風險，並提供帳務管理、應收帳款收取、貿易融資等多項服務的整合性金融業務。此種貿易融資業務稱為應收帳款管理業務。

factoring主要是對出口商以O/A或D/A等賒銷方式出口的融資服務。其對出口商提供資金融通，且應收帳款的收取與催收由應收帳款承受商負責，避免出口商受進口商不履行付款義務的損失，另外

應收帳款承受商擁有專業的帳務管理人員，有利於對與應收帳款有關之帳務的管理。

(三) confirming bank：保兌銀行。係指接受開狀銀行授權或委託，對信用狀加以保證兌付之銀行。保兌銀行對開狀銀行開出之不可撤銷信用狀加具保兌，保兌銀行一經保兌，就和開狀銀行一樣承擔付款責任。適用於開狀銀行信用不佳、開狀銀行所在國政局不穩或外匯短缺的情況。

(四) export permit：輸出許可證，簡稱E/P。在實施貿易管制的國家，大多規定貨物出口之前應先辦理出口簽證手續。我國自民國82年公布貿易法之後，對於進出口貨物的管理已改為「原則自由，例外管制」，因此出口簽證制度為「負面表列」方式（即除表列貨物的出口須先申辦簽證外，其餘貨物的出口均可免證，亦即原則免證，例外簽證）。

出口人申請輸出許可證時，應向簽證單位填送輸出許可證申請書，經簽證單位核與規定相符後予以發證。貿易局自94年8月31日起採電子簽證作業，出口人辦理輸出許可證，得採與海關、經濟部國際貿易局或其委託辦理簽證機構電腦連線或電子資料傳輸方式辦理。輸出許可證自簽證日起三十日內有效。但貿易局另有規定者從其規定；輸出許可證不得申請延期，未能於有效期限內出口者，申請重簽時，應將原輸出許可證申請註銷。

(五) particular average：單獨海損，簡稱PA，為分損的一種，是保險標的物的損失沒有達到全部損失的狀態。分損分為2種，一為共同海損（General Average , GA），係指在海上發生緊急危難時，船長為了避免船舶及貨物的共同危險所作處分而直接發生的犧牲及費用，由海難事故所造成的共同海損應由貨主與船東比例分攤；另一種即為單獨海損，是指貨物在海上運送途中，因不可預料的危險所造成的部分滅失或損害，單獨海損並非為了大家的共同利益而作出的犧牲，而是因自然災害或意外事故等其他原因直接造成的船舶或貨物的損失，這種損失係由該項利益之所有人單獨負擔者。

二、 請說明裝運嘜頭（shipping mark）的定義及其主要功能。

解(一) 裝運嘜頭（shipping mark）：又稱包裝標誌或為裝運標誌。係國際運輸過程中為了方便運貨人、買方了解箱內貨物內容，便於運輸、倉儲和海關等有關部門進行查驗等工作，而在進出口貨物的外包裝上標明的記號。嘜頭的主要內容包含主標誌（Main Marks）、卸貨港或目的地標誌（Discharge Port / Destination Mark）、件號（Package Number）、原產國標誌（Country of Origin）、重量與體積標誌（Weight & Measurement Mark）以及注意標誌（Caution Marks）。

(二) 裝運嘜頭的主要功能：

1. 透過裝運嘜頭，發貨人能便於管理、統計及計算重量和體積，安排好運輸防止出錯。
2. 商檢、海關等可以一目瞭然貨物內容，便於按照批次監管貨物，查驗放行。
3. 從進倉到發貨及運輸中轉、海空聯運直至目的港，參照嘜頭提示可方便運送人清點、交運貨物，尤其散貨混裝時更為重要。
4. 提醒裝卸、搬運工人以及其他人員搬運時的應注意事項。

三、 何謂貨櫃運輸？在貨櫃運輸實務中，自託運人至受貨人為止，貨物依其裝載情形，可分為數種運輸作業方式，請就FCL/LCL；CY/CFS及LCL/FCL；CFS/CY 2種運輸作業方式說明之。

解(一) 貨櫃運輸（Container Service）是指包括貨櫃及貨櫃船、貨櫃碼頭、貨櫃集散場站以及火車與卡車貨櫃運輸設備等的海陸及／或空運的聯合運輸設備。貨櫃運輸具有節省貨物包裝費用、減少貨物被竊損失、減少貨物搬運破損、污染、減少裝卸及倉儲等費用、降低保險費負擔以及縮短到達時間，易於配合市場需求等優點。

(二) 貨物依其裝載情形，可分為數種運輸作業方式，今就FCL/LCL；
CY/CFS及LCL/FCL；CFS/CY方式說明：

1. FCL/LCL；CY/CFS：整裝／併拆。係指出口地的託運人自行裝
   櫃後，整櫃交予運送人，待運送人（船公司）將貨櫃運至目的地
   後須將貨物拆櫃交予各個不同的受貨人；故在裝運地屬於同一託
   運人，而在目的地屬於不同受貨人。

2. LCL/FCL；CFS/CY：併裝／整拆。是指出口地的託運人將貨物
   運送至貨櫃集散站，由運送人（船公司）負責將不同託運人的貨
   物併櫃裝運，之後運送人將貨櫃運至目的地的貨櫃場，整櫃交由
   受貨人自行拆櫃；其在裝運地屬於不同託運人，但在目的地屬於
   同一受貨人。

107年 中國輸出入銀行「國際貿易與實務」

一、進出口商雙方於2018年9月成立一筆買賣契約，契約的部分條件如下：

Quantity：5,000 pieces

Unit Price：USD10.00 / piece, CIF Amsterdam Incoterms 2010

Shipment：On or before Nov. 30, 2018

Payment：by irrevocable sight L/C

出口商於2018年10月收到進口地銀行開來的信用狀，信用狀部分條件如下：

Date of Expiry：181215

Amount：USD50,000.00

Draft：at sight for full invoice value

Port of Loading：Kaohsiung

Port of Discharge：Amsterdam

Partial Shipment：Prohibited

Documents Required：

　1.Signed commercial invoice in triplicate.

　2.Packing list in triplicate.

　3.Full set clean on board ocean bill of lading made out to order of shipper notify applicant.

　4.Insurance policy in duplicate.

出口商於2018年11月10日（星期六）將5,000件貨物於高雄港裝船出口，開立發票金額USD50,000.00。

請回答下列問題：

(一) CIF的英文全文為何？

(二) 何謂Incoterms 2010？

(三) 在本件交易中：

　1.應由何方負責投保海上貨物運輸保險？

　2.應投保何種保險？

　3.保險金額應為多少？

> (四) 本件交易的貨物於高雄港裝運出口後，在海上航行過程中因遭遇海難而全部毀損，進口商以貨物未能安全運抵目的地為由拒絕付款，請問進口商拒付是否有理？請說明理由。
>
> (五) 本件交易的信用狀並未規定提示單據的期限，請問出口商最遲應於何日提示單據？請說明理由。

解 (一) CIF的英文全文為COST INSURANCE AND FREIGHT（…named port of destination），CIF運保費在內條件（…指定目的港）。本條件表示賣方須將貨物運送至指定出口地裝運港並裝載於船舶上時，即屬賣方交貨，賣方須負擔貨物裝載於指定的船舶上之前的所有成本及風險。

(二) Incoterms 2010（International Rules for the Interpretation of Trade Terms）：2010年版國貿條規。Incoterms 係國際商會（ICC）於1936年所制定的「交易價格條件國際釋義規則」，簡稱國貿條規，為一定型的交易價格條件。以套裝方式依交貨地(亦為風險移轉地點)、交易價格之構成、買賣雙方權利義務等之不同，分條訂定標準化之貿易條件規則。其後經多次修訂，最新版本是國際商會於2007年組成七人工作小組，為因應國際貿易中「資訊及電子通訊的成長」、「免關稅區的擴大」及「貨物運送實務型態的改變」等等的變化，再次著手國貿條規之修訂與草擬，而成「2010年新版國貿條規」（Incoterms 2010），並於2011年1月1日正式施行。

(三)

1. 本交易的貿易條件為CIF Amsterdam Incoterms 2010，在此條件下，交易價格包含保費，因此賣方除必須負擔貨物至前述交付地點為止貨物滅失或毀損之一切風險及相關費用外，還需要就運送途中貨物滅失或損壞的危險訂定保險契約，並提供保險單據，因此應由賣方負責投保海上貨物運輸保險。

2. 由於本交易的信用狀中對於投保何種保險並未規定，則賣方僅須投保最低承保範圍之保險，即賣方須訂立並取得符合協會貨物保

險(C)款險（INSTITUTE CARGO CLAUSE (C) 2009/1/1，簡稱
ICC(C)），或其他類似保險條款所提供最低承保範圍之保險。

3. 因本交易信用狀對於保險金額也無規定，依據 UCP 600第28條
f項規定，若信用狀沒有表示保險金額時，須至少為CIF或CIP
貨物價值的110%。本例中信用狀的CIF價值為USD50,000.00，
因此保險金額至少須為USD55,000.00（50,000.00×110%
=55,000.00）。

(四) 進口商拒付並不有理。因為依據UCP 600第5條規定，銀行所處理的
是單據而非與該等單據可能相關的貨物、勞務或履約行為。又UCP
600第14條規定，銀行審核提示僅以單據為本，審查提示藉以決定
該單據表面是否呈現構成相符的提示。因此本件交易中的貨物雖因
海難全部毀損，但因開狀銀行在付款時審查的是單據而非貨物，所
以只要出口商提供的單據符合信用狀規定，開狀銀行就必須付款，
不得拒付。

(五) 信用狀交易中，運送單據的提示須依信用狀規定，在運送單據簽發
日後特定期間內為之，若信用狀中沒有對運送單據簽發日後特定期
間提示的規定，如本件交易的信用狀並未規定提示單據的期限，則
依據UCP 600第14條c項規定，須於單據簽發日後的21個歷日內辦理
提示，且須在信用狀的有效期限（181215）內提示。

二、 台灣出口商與國外進口商簽訂一筆貿易契約，雙方約定以Open
Account（O/A）方式交易，貨物應從台灣裝運出口。契約成立
後，出口商向中國輸出入銀行投保「O/A方式輸出綜合保險」。
請回答下列問題：

(一) 何謂Open Account（O/A）？

(二) 出口商投保「O/A方式輸出綜合保險」，可以規避何種風險？

(三) 以下是「O/A方式輸出綜合保險」的各項投保步驟，請依序
排列正確的投保流程。（請列出代碼即可，例如BDA…）

A.中國輸出入銀行向出口商發送「國外進口商信用限額通知書」。

B.出口商繳交保險費。

C.中國輸出入銀行簽發「保險證明書」。

D.出口商向中國輸出入銀行申請簽發「保險單」。

E.中國輸出入銀行確認進口商符合承保標準。

F.出口商自行委託國內外依法立案之徵信機構辦理進口商的徵信調查，或委託中國輸出入銀行代為辦理對進口商的徵信調查。

G.出口商將貨物裝運出口，向中國輸出入銀行填送「貨物輸出通知書」。

解(一) Open Account（O/A）：記帳。係指賣方於貨物交運出口後，即將貨運單據等逐寄買方辦理提貨，其貨款則以應收帳款方式記入買方帳戶，俟約定付款期限屆滿時，再行結算。此方式通常用於公司內部及母子公司間往來，或進出口雙方已有長期且穩固交易基礎者，如老客戶頻繁的訂單，或在買方市場狀態下，出口商具有較堅實財務基礎者。

(二) 出口商投保「O/A方式輸出綜合保險」，可以規避以下風險：

1. 政治危險：輸出目的地政府變更法令或發生戰爭、天災等致貨物不能進口或不能匯兌等，以致貨款不能收回之損失。

2. 信用危險：買主不依約付款，不依約承兌或承兌到期不付款等所致損失。（但貨物由第三國裝運出口者，因輸入目的地或轉口地政府禁止或限制進口所致損失，不負賠償責任。）

(三) 「O/A方式輸出綜合保險」正確的投保流程如下：

1. F.出口商自行委託國內外依法立案之徵信機構辦理進口商的徵信調查，或委託中國輸出入銀行代為辦理對進口商的徵信調查

2. E.中國輸出入銀行確認進口商符合承保標準

3. A.中國輸出入銀行向出口商發送「國外進口商信用限額通知書」

4. D.出口商向中國輸出入銀行申請簽發「保險單」

5. G.出口商將貨物裝運出口，向中國輸出入銀行填送「貨物輸出通知書」

6. C.中國輸出入銀行簽發「保險證明書」

7. B.出口商繳交保險費

因此投保流程為F→E→A→D→G→C→B。

三、 德國某公司欲向台灣的出口商S公司訂購一批貨物，言明數量為一個20呎貨櫃，價格為DAT Terminal 4, Bremen EUR2.50/set，付款方式為D/A 30 days after sight。但A公司希望以CIP Terminal 4, Bremen EUR2.50/set為報價條件，付款方式為D/P 30 days after sight。

請說明：

(一) 對出口商而言，上述二種報價條件有何差異？

(二) 上述二種付款方式中，進口商分別需於何時支付貨款？進口商何時可取得貨運單據？

(三) 和CIP Bremen相較，若報價條件改為CIF Bremen，依Incoterms 2010之建議，對出口商是否較為恰當？為什麼？

解(一)

1. DAT（DELIVERED AT TERMINAL（…named terminal at port or place of destination））：終點站交貨條件（…目的港或目的地指定終點站）。此條件為2010年國貿條規的新增條件，表示賣方須於議定日期或期間，在指定目的港或目的地的指定終點站，從抵達的運送工具上將尚未辦妥輸入通關之貨物，完成卸載，交付買方處置，即屬賣方交貨。指定終點站包括碼頭（quay）、倉庫（warehouse）、貨櫃場（container yard）或公路、鐵路、空運貨運站等。本條件風險移轉的地點為指定目的港或目的地之指定終點站的特定地點，賣方須負擔將貨物交運到指定終點站以前的所有成本及風險，包括卸載在內之所有風險。在此條件下，賣方須以其費用訂定將貨物運送至指定之目的港或目的地指定終點

站之運送契約並支付運送成本，且須提供標明運費已付之運送單據，和負擔貨物出口通關手續，但無義務支付進口稅捐或辦理貨物進口通關手續。

2. CIP（CARRIAGE AND INSURANCE PAID TO（...named place of destination））：運保費付到指定目的地條件（…指定目的地）。此條件下賣方須於議定日期或議定之期間內，將貨物交付賣方指定之運送人接管，即屬賣方交貨。在此條件下貨物風險於出口地貨物交給第一運送人時移轉給買方，賣方須負擔貨物送交運送人以前的所有成本及風險。本條件交易價格包含運費與保費，因此賣方除必須負擔貨物至前述交付地點為止貨物滅失或毀損之一切風險及相關費用外；還需要訂定將貨物運抵指定目的地之運送契約，並支付運送成本；此外賣方必須就運送途中貨物滅失或損壞的危險訂定保險契約，並提供標明運費已付之運送單據以及保險單據；同時賣方也須負責取得任何輸出許可證或其他官方許可，及辦理貨物輸出通關及貨物在交貨前通過第三國運送所須之一切通關手續及費用，但無義務支付進口稅捐或辦理貨物進口通關手續。

由上可知DAT Terminal 4, Bremen 和CIP Terminal 4, Bremen主要的差異在於風險移轉點的不同，也就是兩者需負擔的風險有所差異。在DAT Terminal 4, Bremen中，賣方須將貨物送達Bremen 的4號航站，並完成卸載交付買方處置，才屬賣方交貨，風險移轉給買方；而CIP Terminal 4, Bremen的賣方在將貨物交付指定之運送人接管時，即屬賣方交貨。在此條件下貨物風險於出口地貨物交給第一運送人時即移轉給買方。兩者所負擔的風險有所不同。

（二）

1. 出口商S公司要求的付款方式為D/A 30 days after sight。D/A（Documents against Acceptance）係指承兌交單，係出口商按照買賣契約的約定，將貨物交運後，備妥代表貨運單據，並簽發以進口商為付款人的匯票，一併交給其往來銀行（託收銀行）寄交進口地的分行或代理銀行（代收銀行），委託其向進口商收取貨

款。代收銀行於收到貨運單據及匯票後，僅通知進口商在匯票上承兌，即交付單據給進口商，辦理提貨手續，俟匯票到期時再行付款。因此在D/A 30 days after sight的付款方式中，進口商於承兌見票後30天須支付貨款，但進口商在匯票上承兌時，即可取得貨運單據。

2. A公司希望的付款方式為D/P 30 days after sight。D/P（Documents against Payment）是指付款交單，是出口商按照買賣契約約定，將貨物交運後，備妥貨運單據（如提單、商業發票、保險單等），並簽發以進口商為付款人的匯票，一併交給其往來銀行(託收銀行)寄交進口地的分行或代理銀行（代收銀行），委託其向進口商收取貨款。而進口商則必須先付清貨款後，始能取得單據，辦理提貨手續。故在D/P 30 days after sight的付款方式中，進口商於見票後30天須支付貨款，而進口商必須先付清貨款後，才可取得貨運單據。

(三) 對出口商較不恰當。CIF為運保費在內貿易條件，本條件下賣方須將貨物運送至指定出口地裝運港並裝載於船舶上時，即屬賣方交貨。其危險移轉的地方為將貨物裝載於指定的船舶上，賣方須負擔貨物裝載於指定的船舶上之前的所有成本及風險，適用於海運運送方式。

在Incoterms 2010中將11種貿易條件分為「適合任何或多種運送方式」及「僅適用海運及內陸水路運送方式」兩類條件。CIF貿易條件屬於僅適用海運及內陸水路運送方式，而CIP貿易條件則屬於適合任何或多種運送方式。在本交易中若是採用空運運輸，則依Incoterms 2010之建議，採用CIP貿易條件對出口商較為恰當；若是採用海運運輸，則兩者皆可使用，但因在CIP貿易條件下，將貨物交付賣方指定之運送人接管時，貨物風險即移轉給買方。而在CIF貿易條件下，須須將貨物運送至指定出口地裝運港並裝載於船舶上時，貨物風險才移轉給買方，因此若報價條件改為CIF Bremen，依Incoterms 2010之建議，對出口商較不恰當。

四、 近年許多企業因市場競爭之考量，結盟成為夥伴關係，以致逐漸以O/A取代傳統的付款方式，中國輸出入銀行也提供輸出保險協助出口商降低風險。請問：
(一) 和L/C相較，採用O/A有何風險和優點？
(二) 輸出保險和運輸保險有何不同？請說明此二種保險之目的及承保範圍。
(三) 何謂"Factoring"？中國輸出入銀行對哪些付款方式提供Factoring的融資服務？

解(一) 採用O/A付款方式時，出口商於貨物交運出口後，即將運送單據等逐寄進口商辦理提貨，並約定在某一時日才付款；採用L/C付款方式時，出口商將貨物裝運後，依信用狀規定簽發匯票，連同貨運單據即可向押匯銀行辦理出口押匯取得貨款。因此和L/C相較，採用O/A交易的風險如下：

1. O/A的付款方式中，因為出口商無簽發匯票，一旦進口商屆期不付款，在追索上較困難；且O/A交易下，買賣雙方僅有契約約束，出口商也僅憑交易對象信用，而無L/C交易中有開狀銀行的信用保證，因此出口商面臨倒帳的風險較高。

2. 在L/C交易下，開狀銀行若是拒付，貨物之所有權仍歸出口商；但由於O/A交易時，出口商在交貨後自行將相關貨運單據直接寄交進口商，供其辦理提貨，並非透過銀行遞交及收款，到期時若進口商不依約付款，而貨物亦已被進口商提領，出口商損失更大。

雖然O/A付款方式的風險較大，但仍有下列優點：

1. 交易過程中無信用狀及銀行介入，可以節省銀行費用。

2. 買賣雙方的交易過程更有效率。由於資訊科技的發達，通訊技術的普及以及環境的變遷，O/A交易已漸漸取代L/C或D/P等付款方式，可以加速交易的進程。

(二) 輸出保險一般多由政府經營或委由公營機構辦理，其設立並不是以營利為目的，而是國家為促進外銷及國外投資而設立的一種政策性保險制度。輸出保險的承保範圍為保障國內出口廠商因國外進口商信用產生的信用風險或進口國政治因素所致的政治風險，能獲得賠償。例如進口商因金融風暴倒閉，致出口商所生貨款之損失，保險人將給予賠償。

而運輸保險係指貨物自甲地運往乙地，經由各種不同運輸工具（如輪船、飛機、火車及卡車）運送，在運送的過程貨物可能因遭遇危險而導致貨物全部或一部分滅失或損害，為避免或減少損害的發生，貨主或被保險人可以透過投保運輸保險，將意外風險造成的損失及連帶發生的費用與責任，皆可透過投保運輸保險轉嫁其風險。其承保的範圍是貨物運輸途中遭受意外事故所致之損失。例如貨物在運輸途中，貨輪相撞導致貨物嚴重受損，可自保險公司獲得補償。

(三) Factoring：應收帳款管理業務。係指賣方將買賣交易所產生之應收帳款，售予應收帳款承購商，承購商進而承擔進口商的信用風險，並提供帳務管理、應收帳款收取、貿易融資等多項服務的整合性金融業務。此種貿易融資業務稱為應收帳款管理業務。

當出口商以O/A或D/A等賒銷方式出口，中國輸出入銀行對這些付款方式提供Factoring的融資服務。

108年 台灣菸酒股份有限公司「國際貿易實務」

一、 在國際貿易之大宗物資交易（例如：小麥、大豆），通常係以不定期船（Tramp）運送，而非一般貨物使用之定期船（Liner），就此運送實務，請問：

(一) 何謂「不定期航運（Tramp Shipping）」？何謂「定期航運（Liner Shipping）」？請詳述。

(二) 就下列各點，說明定期船運送與不定期船運送之差異：
   1.運送人之身分。
   2.承運之貨物。
   3.託運人。
   4.營運之船舶。
   5.裝卸條件。

解(一)

1. 不定期航運（Tramp Shipping）：是指航線及航期不固定，沒有確定的到港日期和固定停泊港口的船隻，通常以船艙包租的方式承攬業務，故船公司為私人運送人。不定期船多以載運大宗貨物為主。

2. 定期航運（Liner Shipping）：係指在特定航線上，依照預定船期表（Sailing Schedule）作有規則往返航行的船隻，並且將此固定的航線及船期經由報紙、期刊或網站向進出口商招攬承載。定期船所承載的貨物以一般貨物為主。

(二) 定期船運送與不定期船運送之差異：

	定期船運送	不定期船運送
1.運送人之身分	公共運送人	私人運送人

	定期船運送	不定期船運送
2.承運之貨物	承運零星件貨，種類繁多，數量不拘	通常整船僅載運一種貨物，以大宗貨物為主，如礦砂、煤炭、小麥、玉米、木材等
3.託運人	託運人數眾多	往往只有一個託運人
4.營運之船舶	船舶的設計大多為配合所經營航線之需求	船舶的設計大多已裝載散裝貨為主
5.裝卸條件	貨物裝卸及搬運費用較高，且大多由船方負擔	貨物裝卸及搬運費用較低，且大多約定由傭船人負擔

二、LB公司為一新成立之貿易公司，正努力拓展出口業務中，財務部門經常為出口貨款之收取方式及公司債權之確保，與業務部門人員產生爭議，因財務部門主管為公司債權確保之考量，堅持僅能接受「跟單信用狀（Documentary Credit）」，但業務人員基於業務拓展之需要，極力爭取以「記帳（Open Account）」方式交易。請回答下列問題：

(一) 何謂「跟單信用狀」？何謂「記帳」？

(二)「跟單信用狀」與「記帳」兩種付款方式，何者對LB公司之債權確保較為有利？理由為何？

(三) LB公司經協調以「記帳」方式交易，但為債權確保之考量，LB公司經洽詢其往來之TB銀行，TB銀行建議以"Factoring"為債權確保之方式，何謂"Factoring"？

解：(一)

1. 跟單信用狀（Documentary Credit）：係指開狀銀行應進口商的請求與指示，向出口商簽發的付款保證憑證。銀行向第三人承

諾，如果該第三人能履行該文書所規定的條件，並提示對應之單據，即可獲得開狀銀行的付款擔保。

2. 記帳（Open Account，O/A）：係指賣方於貨物交運出口後，即將貨運單據等逕寄買方辦理提貨，其貨款則以應收帳款方式記入買方帳戶，俟約定付款期限屆滿時，再行結算。此方式通常用於公司內部及母子公司間往來，或進出口雙方已有長期且穩固交易基礎者，如老客戶頻繁的訂單，或在買方市場狀態下，出口商具有較堅實財務基礎者。

(二) 跟單信用狀對LB公司之債權確保較為有利。因為信用狀是一種由開狀銀行開給受益人附有條件的付款保證書，開狀銀行對受益人承諾保證符合條件確定付款。跟單信用狀也就是開狀銀行循申請人（買方）之請求，所簽發的一種不可撤銷之書面承諾，受益人（賣方）只要依信用狀條款所規定條件，提示符合之單據（及匯票），開狀銀行就必須對其負兌付的責任。而記帳的付款方式中，因為出口商無簽發匯票，一旦進口商屆期不付款，在追索上較困難；且O/A交易下，買賣雙方僅有契約約束，出口商也僅憑交易對象信用，而無L/C交易中有開狀銀行的信用保證，因此出口商面臨倒帳的風險較高。

(三) Factoring：應收帳款管理業務。係指賣方將買賣交易所產生之應收帳款，售予應收帳款承購商，承購商進而承擔進口商的信用風險，並提供帳務管理、應收帳款收取、貿易融資等多項服務的整合性金融業務。此種貿易融資業務稱為應收帳款管理業務。

Factoring主要是對出口商以O/A或D/A等賒銷方式出口的融資服務。其對出口商提供資金融通，且應收帳款的收取與催收由應收帳款承受商負責，避免出口商受進口商不履行付款義務的損失，另外應收帳款承受商擁有專業的帳務管理人員，有利於對與應收帳款有關之帳務的管理。

三、 我國出口商EX公司（賣方）擬出口一批電子零件給美國之IM公司（買方），貨物以空運方式運送，從桃園（TPE）機場運至洛杉磯（LAX）國際機場，而貿易條件使用FCA Seller's Warehouse Incoterms® 2010；貨物在賣方之倉庫裝載至買方指定之航空貨運業者之貨車，但在運送至桃園機場附近之倉儲之途中，遇到車禍，貨物全部毀損；在此情況，請依據Incoterms® 2010回答下列問題：

(一) 以FCA Seller's Warehouse條件交易，賣方完成交貨（風險移轉予買方）之地點為何？

(二) 依據本問題所敘之情況，請問：

　　1.貨物毀損之風險應由何者（EX公司或IM公司）承擔，理由為何？

　　2.應承擔風險之一方，應如何以投保運輸保險之方式管控此種風險？應如何規範運輸保險之承保範圍，始能涵蓋運輸全程之風險？

(三) 同樣在此情況，賣方是否已履行契約？如果不是，應如何解決？

(四) 請依據Incoterms® 2010的規定，分別說明在FCA Seller's Warehouse條件與EXW Seller's Warehouse條件下，下列各項義務應各歸屬買方或賣方：

　　1.輸出通關手續之辦理。

　　2.輸出國當局所強制實施之裝運前檢驗費用之支付。

　　3.在交貨地點將貨物裝載上運輸工具。

解 (一) FCA（FREE CARRIER（…named place of delivery））：貨交運送人條件（…指定交貨地）。在此條件下，賣方須於議定之日期或期間內，在指定交貨地之議定地點，將貨物交付買方所指定之運送人接管，即屬賣方交貨。如係約定在賣方之營業場所，賣方尚須將貨物裝載於買方所安排或提供之運送工具始為交貨；如係約定在賣方營業場所以外之地點，賣方須安排運送工具，將貨物運送至指定地點交付買方所指定之運送人。

本例中的貿易條件為FCA Seller's Warehouse 條件交易，因此賣方完成交貨之地點為賣方之倉庫，並將貨物裝載於買方所安排或提供之運送工具，此時風險移轉予買方。

(二)

1. 在本例中的貿易條件為FCA Seller's Warehouse，EX（賣方）公司在將貨物由其倉庫裝載於買方指定之航空貨運業者之貨車時，賣方完成交貨，風險移轉予IM公司（買方），因此之後在運送至桃園機場附近之倉儲之途中，遇到車禍，貨物全部毀損，貨物毀損之風險應由IM公司承擔。

2. 由於在FCA條件下，賣方將貨物交付買方所指定之運送人接管，即屬賣方交貨，因此買方對於貨物交給運送人到運輸工具之間的風險應加以管控。所以買方購買的貨物運輸保險之的保險單須以「倉庫至倉庫」（Warehouse to Warehouse）方式承保，其所指之倉庫係為保險單載明的航程起運地點之賣方倉庫至訖運地點之買方倉庫，始能涵蓋運輸全程之風險。

(三) 雖然賣方已在約定的賣方倉庫，將貨物裝載於買方指定之航空貨運業者之貨車，風險移轉予買方。但在此條件下賣方除負擔貨物送交運送人前之所有的成本及風險外，也必須負責取得任何輸出許可簽證或其他官方許可，及辦理貨物輸出通關所須之一切手續及費用，故賣方還須辦理輸出通關等手續，才算已履行契約。

(四)

各項義務	FCA Seller's Warehouse	EXW Seller's Warehouse
1.輸出通關手續之辦理	賣方負擔	買方負擔
2.輸出國當局所強制實施之裝運前檢驗費用之支付	賣方負擔	買方負擔
3.在交貨地點將貨物裝載上運輸工具	賣方負擔	買方負擔

四、 陳小姐為TR貿易公司進口部門之新進人員，目前在試用及實習階段，其未來將分配進口報關之相關工作；因此，對於進口報關之相關問題，正努力學習中。

請回答下列問題：

(一) 貨物進口報關除應填報進口報單外並應檢附之文件為何？

(二) 進口報關經海關電腦專家系統篩選通關方式有三種－C1、C2及C3，請分別說明其處理程序。

解 (一) 貨物進口報關除應填報進口報單外並應檢附下列文件，前二項為必要文件：

1. 發票或商業發票一份。該發票應詳細載明收貨人名稱、地址、貨物名稱、牌名、數量、品質、規格、型式、號碼、單價、運費、保險費、其他各項應加計費用及輸出口案減免之稅款等。

2. 裝箱單一份。散裝、大宗或單一包裝貨物免附。

3. 提貨單（D/O）或空運提單（AWB）影本。未連線申報者應提供小提單或空運提單一份配合進口報單申報，但連線申報者免附。

4. 輸入許可證。依「貨品輸入管理辦法」規定免證者，可免附。

5. 委託書一份。委託報關行報關者，須逐案檢附；但由海關建檔之長期委任書案件，報關時免附長期委任書影本，惟應於其他申報事項欄申報海關登錄號碼；利用報關線上委任WEB作業系統辦理委任者，報關時亦免附委任書。

6. 產地證明書。海關視實際需要，得請納稅義務人提供。

7. 型錄、說明書或圖樣。海關視審查如有需要，得請納稅義務人提供。

8. 進口汽車應加附進口汽車應行申報事項明細表。

9. 其他依有關規定應檢附者。如商品檢驗合格證、農藥許可證……等。

(二) 依關稅法16、17條規定，進口貨物應於運輸工具進口日之翌日起，十五天內向海關申報進口（關16）。進口報關時，應填送貨物進口報單，並檢附發票、裝箱單及其他進口必須具備之有關文件（關17）。

進口報關方式可以分為以下兩種：

1. 連線報關：報關人利用電腦傳輸進口報單資料，經由通關網路傳達海關，或利用網際網路直接向海關電腦連線申報。

2. 非連線報關：報關人直接向海關投遞書面報單，經海關人員收單鍵檔。

進口報關經海關電腦專家系統篩選通關方式，篩選後共分為三種通關方式：

C1 （免審免驗）	免審書面文件、免驗貨物、直接送往徵稅，繳稅放行。
C2 （應審免驗）	報關人依電腦連線通知，於「翌日辦公時間終了以前」向海關補送書面報單及相關文文件，經海關收單及完成分估計稅作業後，由報關人繳稅或依先放後稅方式通關放行。
C3 （應審應驗）	報關人需依電腦連線通知於「翌日辦公時間終了以前」補送書面報單及相關文件，經海關收單、查驗貨物及完成分估計稅作業後，由報關人繳稅或依先放後稅方式通關放行。

另外C3貨物查驗通關案件分先驗後估及先估後驗2種方式，先驗後估係C3案件先辦理驗貨，驗畢再辦理分估計稅及繳稅放行作業。先估後驗係C3案件先辦理分估計稅及繳稅作業，再行查驗放行，例如船（機）邊驗放或倉庫驗放等案件。

108年 第一銀行「國際貿易實務及相關法規」

＊僅收錄國際貿易相關試題

( )　1. 拍發下列哪種 SWIFT 電文不需要押碼？　(A)MT103　(B)
MT202　(C)MT700　(D)MT999。

( )　2. 依2010年版國貿條規 Incoterms® 2010，下列何種交貨條件，賣
方須承擔至目的港或目的地之一切風險與費用？　(A)EXW　(B)
FCA　(C)FOB　(D)DAT。

( )　3. 依UCP 600規定，開狀銀行於接到提示之單據，須於幾日內作出
單據是否符合之決定？　(A)3個營業日　(B)5個營業日　(C)7個
營業日　(D)7個日曆日。

( )　4. 依 UCP 600規定，當信用狀金額或信用狀規定之商品數量有
"ABOUT"字義時，所提示單據上，總金額或數量可允許之差異
為何？　(A)±5%　(B)±10%　(C)±15%　(D)±20%。

( )　5. 依國際擔保函慣例一般準則，下列何者非擔保函之特性？　(A)不
可撤銷　(B)獨立　(C)跟單　(D)不具拘束力。

( )　6. 下列何者負有信用狀最終付款義務？　(A)開狀銀行　(B)通知銀
行　(C)押匯銀行　(D)保兌銀行。

( )　7. 台灣經濟對國際貿易依存度極高，而國際貿易受市場供需、各國
政治乃至氣候變遷之影響甚鉅，下列何項事件對台灣之對外貿易
影響較小？　(A)英國脫離歐洲共同市場　(B)中美貿易大戰　(C)
美國擴大對伊朗經濟制裁　(D)印度偏遠公路發生重大車禍。

( )　8. 依國際擔保函慣例，下列何者須對符合擔保函條款之提示為兌
付？　(A)受益人　(B)申請人　(C)簽發人　(D)運送人。

( )　9. 依 UCP 600規定，下列何者非屬「符合之提示」所依據者？　(A)
信用狀條款　(B)UCP 600相關規定　(C)國際標準銀行實務　(D)
買賣契約規定。

( )　10. 依UCP 600第14條規定，信用狀要求下列哪一單據之提示，而未規定由何人簽發或其資料內容，則銀行將照單接受？　(A)保險單據　(B)運送單據　(C)檢驗證明書　(D)商業發票。

( )　11. 下列何種貿易條件由買方負擔海運運費？　(A)CIF　(B)FAS　(C)CFR　(D)DDP。

( )　12. 依UCP 600規定，除信用狀另有規定或轉讓信用狀外，商業發票之抬頭人應為下列何者？　(A)開狀申請人　(B)受益人　(C)開狀銀行　(D)押匯銀行。

( )　13. 依託收統一規則，"PRESENTING BANK"（提示銀行）係指下列何者？
(A)接受委託人之委託而進行託收的銀行
(B)接受託收銀行委託而處理其託收指示的銀行
(C)向付款人辦理提示單據之代收銀行
(D)補償銀行。

( )　14. 不可撤銷信用狀非經當事人之同意，不得修改取消，該當事人不包括何者？　(A)開狀銀行　(B)通知銀行　(C)受益人　(D)保兌銀行。

( )　15. 下列何種單據中貨物之說明須與信用狀所顯示者相符合，至於其他單據上貨物之說明，如有敘明者，得為不與信用狀之說明有所抵觸之統稱？　(A)提單　(B)保險單　(C)包裝單　(D)商業發票。

( )　16. 下列何者不得為開狀銀行主張拒付之理由？　(A)晚提示　(B)信用狀過期　(C)貨物品質不良　(D)晚裝船。

( )　17. 依外匯收支及交易申報辦法規定，個人一年內累積結購或結售之匯款額度為何？　(A)五萬美元　(B)十萬美元　(C)五十萬美元　(D)五百萬美元。

( )　18. 依UCP 600規定，經開狀行授權或委託對信用狀附加保兌之銀行卻無意照辦時，其須將此意旨儘速告知下列何者？　(A)開狀銀行　(B)轉讓銀行　(C)通知銀行　(D)補償銀行。

( ) 19. 依中央銀行規定,所謂大額結匯是指每筆匯款達多少金額?
(A)個人匯款金額達二十萬美元或等值外幣,公司行號匯款金額
達五十萬美元或等值外幣
(B)個人匯款金額達五十萬美元或等值外幣,公司行號匯款金額
達一百萬美元或等值外幣
(C)個人匯款金額達五十萬美元或等值外幣,公司行號匯款金額
達五十萬美元或等值外幣
(D)個人匯款金額達新台幣五十萬元,公司行號匯款金額達新台
幣一百萬元。

( ) 20. 客戶將國外匯入款自國內他行匯入,外匯收支或交易性質應填寫
原自國外匯入款之性質,那匯款地區國別則應填寫為何? (A)本
國 (B)本國OBU (C)原始匯款國名 (D)匯款金額幣別國名。

( ) 21. 有關FORFAITING業務的敘述,下列何者錯誤? (A)買斷行以浮
動利率貼現且無追索權方式買斷遠期票據 (B)出口商不須占用
出口押匯額度 (C)可規避買方開狀行信用風險及國家風險 (D)
以遠期信用狀項下之遠期匯票為優先。

( ) 22. 下列哪種單據屬「物權證券」,具有可轉讓性質?
(A)FORWARDERS CARGO RECEIPT
(B)NON-NEGOTIABLE SEA WAYBILL
(C)MULTIMODAL TRANSPORT DOCUMENTS
(D)AIR TRANSPORT DOCUMENTS。

( ) 23. 信用狀無其他規定情形下,下列何種運送單據不得接受?
(A)顯示"shippers load and count"
(B)表明貨物裝載於甲板上
(C)未明示貨物或其包裝有瑕疵
(D)顯示"clean on board"。

( ) 24. 依託收統一規則,代收銀行COLLECTING BANK承擔下列何種責
任? (A)審核單據真偽 (B)依託收指示交付單據 (C)提取貨物
(D)對到期之買方承兌匯票進行催繳。

( )　25. 依信用狀統一慣例UCP 600有關數量、單價及金額之規定，下列何種單據係瑕疵單據？　(A)信用狀規定貨物為玉米500噸且不允許分批裝運，提示之發票顯示貨物為玉米495噸，且總金額未逾信用狀金額　(B)信用狀總金額為USD20,000.00，貨物內容為魚飼料1,000公斤，提示之發票顯示貨物為魚飼料1,000公斤，總金額USD19,560.00　(C)信用狀規定貨物為球鞋500雙且不允許分批裝運，提示之發票顯示貨物為球鞋450雙　(D)信用狀規定貨物為球鞋500雙且允許分批裝運，提示之發票顯示貨物為球鞋450雙。

( )　26. 信用狀規定裝運日期為SHIPMENT MUST BE EFFECTED ON OR ABOUT MAR.10 2019（星期日），則提單裝運日期最慢為何日？　(A)MAR.5　(B)MAR.10　(C)MAR.15　(D)MAR.31。

( )　27. 信用狀標明貨物應以全櫃之貨櫃運送提單裝運並提示，下列何註記於B/L上是全櫃之意？

　　(A)CY-CY　　　　　　　　(B)CFS-CFS

　　(C)CBC-CBC　　　　　　　(D)CN-CN。

( )　28. 依UCP 600規定，可轉讓信用狀（Transferable Credits）除於轉讓當時另有約定外，有關轉讓所發生之一切費用，須由何者支付？

　　(A)開狀行　(B)第一受益人　(C)第二受益人　(D)押匯行。

( )　29. 超級公司於2018.4.12來銀行辦理出口押匯，押匯金額USD50,000，該信用狀之金額為ABOUT USD46,000，最後裝船日為2018.4.8，提示期限是9日，到期日是2019.4.17，該文件B/L之ON BOARD DATE是2018.4.9，請問該文件的瑕疵為何？

　　(A)OVERDRAWN　(B)LATE SHIPMENT　(C)LATE PRESENTATION　(D)L/C EXPIRED。

( )　30. 下列敘述何者錯誤？　(A)受理客戶開發信用狀，價格條件為CIF時，進口商不須辦理保險　(B)進口開狀時，價格條件為CFR時，運費由買方負擔　(C)進口開狀時，價格條件為FAS時，運費標示為"FREIGHT COLLECT"　(D)進口開狀時，價格條件為CFR時，運費標示為"FREIGHT PREPAID"。

( ) 31. 轉開國內信用狀，下列何項可予縮短期間或減少金額？　A.信用狀金額　B.單價　C.投保百分比　D.裝運期間　(A)ABCD　(B)僅ABC　(C)僅ACD　(D)僅ABD。

( ) 32. 有關出口遠期信用狀賣斷業務受理對象，下列敘述何者錯誤？(A)出口商出口押匯額度不足者　(B)高風險國家之即期信用狀(C)180天以上之出口遠期信用狀案件且對出口商信用狀況有疑義者　(D)客戶特殊需求且無法對其授信者。

解答及解析　答案標示為#者，表官方曾公告更正該題答案。

1. **D**　SWIFT電文的格式內容如下：
   1.MT103：匯款電報。
   2.MT202：是銀行與相互設帳之存匯銀行間的電文。
   3.MT700：跟單信用狀的開發。
   4.MT999：是不帶押碼的自由電文格式，用於發報銀行與收報銀行沒有SWIFT密押的情況，屬於自由格式訊息。

2. **D**　DAT終點站交貨條件（…目的港或目的地指定終點站）。在此條件下，賣方須於議定日期或期間，在指定目的港或目的地的指定終點站，從抵達的運送工具上將尚未辦妥輸入通關之貨物，完成卸載，交付買方處置，即屬賣方交貨，因此賣方須承擔至目的港或目的地之一切風險與費用。

3. **B**　根據UCP 600第14條規定，開狀銀行及任何指定銀行收到單據後，須於提示日之次日起第5個營業日終了前，將此意旨以電傳或如不可能時，以其他快捷之方式，通知提示人。

4. **B**　依據UCP 600第30條規定，當信用狀金額或信用狀規定之商品數量有"ABOUT"字義時，所提示單據上，總金額或數量可允許±10%的差異。

5. **D**　依國際擔保函慣例一般準則，擔保函開立後，即是一項不可撤銷的、獨立的、要求單據的、具有約束力的承諾。

6. **A**　依據UCP 600第7規定，單據只要符合信用狀要求，則開狀銀行必須依信用狀規定付款，也就是開狀銀行負有信用狀最終付款義務。

7. **D**　印度偏遠公路發生重大車禍對台灣之對外貿易影響較小。

8. **C**　依國際擔保函慣例，簽發人須對符合擔保函條款之提示為兌付。

9. **D**　依據UCP 600第4條的規定，信用狀其本質是一個與買賣或其它契約分開的交易，即使信用狀中含有對此類合約的任何援引，銀行也不受該合約約束。因此，買賣契約規定非屬「符合之提示」所依據者。

10. **C**　依據UCP 600第14條f項規定，如果信用狀要求提示的單據除運送單據，保險單據或商業發票外，未規定由誰簽發該單據或內涵資料，則銀行將接受該已提示之單據如其內涵顯示履行所要求單據功能及其他符合第14條d項。

11. **B**　FAS裝運港船邊交貨條件下，賣方須將貨物運送至指定裝運港，放置於買方所指定之船舶邊（碼頭或駁船上）時，即屬賣方交貨。本條件賣方須負擔貨物抵達指定裝運港之船邊以前的所有成本及風險，但不包含運費，海運運費係由買方負擔。

12. **A**　依據UCP 600第18條a項規定，除信用狀另有規定或轉讓信用狀外，商業發票之抬頭人應開狀申請人。

13. **B**　依據URC522第3條項規定，"PRESENTING BANK"（提示銀行）係指接受託收銀行委託而處理其託收指示的銀行

14. **B**　依據UCP 600第10條a項規定，除第38條款別有規定者外，信用狀未經開狀銀行，保兌銀行（如有時）及受益人同意，不得被修改或撤銷，因此該當事人不包括通知銀行。

15. **D**　依據UCP 600第14條及第18條相關規定，商業發票中貨物之說明須與信用狀所顯示者相符合，至於其他單據上貨物之說明，如有敘明者，得為不與信用狀之說明有所抵觸之統稱。

16. **C**　依據UCP 600第5條規定，銀行所處理的是單據而非該等單據可能相關的貨物、勞務或履約行為，因此與單據相關的理由例如晚提示、信用狀過期或晚裝船等，皆可是開狀銀行主張拒付之理由，但貨物品質不良則否。

17. **D**　依外匯收支及交易申報辦法第6條規定，個人每年累積結購或結售金額超過五百萬美元之必要性匯款，申報義務人應於檢附所填申報書及相關證明文件，經由銀行業向本行申請核准後，始得辦理新台幣結匯。也就是指個人一年內累積結購或結售之匯款額度為五百萬美元。

18. **A** 依據UCP 600第8條d項規定，經開狀行授權或委託對信用狀附加保兌之銀行卻無意照辦時，其須將此意旨儘速告知開狀銀行，且得無保兌通知此信用狀。

19. **B** 依外匯收支及交易申報辦法第5條規定，公司、行號每筆結匯金額達一百萬美元以上之匯款及團體、個人每筆結匯金額達五十萬美元以上之匯款，申報義務人應檢附與該筆外匯收支或交易有關合約、核准函等證明文件，經銀行業確認與申報書記載事項相符後，始得辦理新台幣結匯。因此所謂大額結匯是指每筆個人匯款金額達五十萬美元或等值外幣，公司行號匯款金額達一百萬美元或等值外幣。

20. **A** 客戶將國外匯入款自國內他行匯入，外匯收支或交易性質應填寫原自國外匯入款之性質，而匯款地區國別則應填寫為本國。

21. **A** FORFAITING：遠期信用狀賣斷業務，係指出口商將遠期信用狀項下的票據，以約定利率且無追索權方式賣斷給買斷行，俟該票據獲得開狀銀行承兌後，買斷行即予付款。此項業務為一種權利的移轉，出口商將未來應收之債權，轉讓給中長期應收票據收買業者，不須占用出口押匯額度，可用以規避進口國之國家、政治風險及開狀行到期不付款之信用風險。

22. **C** MULTIMODAL TRANSPORT DOCUMENT：複合運送單據，係指貨物由發送地、接管地或裝運地運送至最終目的地，必須由兩種或兩種以上運送方式（陸、海、空運等）相繼運送，由第一運送人簽發涵蓋全程的運送單據，並且第一運送人須對全部運輸過程負責，其具有可轉讓性質；至於FORWARDERS CARGO RECEIPT（貨運承攬人收據）、NON-NEGOTIABLE SEA WAYBILL（不可轉讓海運貨單）及AIR TRANSPORT DOCUMENTS（航空運輸文件）皆不具有可轉讓性質。

23. **B** 依據UCP 600第26條a項規定，運送單據不可表明貨物裝載於甲板上。

24. **B** 依託收統一規則第3條規定，代收銀行COLLECTING BANK依託收指示交付單據。

25. **C** 依據UCP 600第30條b項規定，若信用狀未以包裝單位或個別件數規定數量者，貨物數量增減5%是允許的，但以動支金額不超逾信用狀金額為條件。在選項(C)中，信用狀規定貨物為球鞋500雙且不允許分批裝

運，因為是以個別件數規定數量，因此球鞋數量必須符合信用狀規定的500雙，若提示之發票顯示貨物為球鞋450雙，即係瑕疵單據。

26. **C**　依據UCP 600第3條第2項規定，如信用狀規定"on or about"（在或大概在），即是指包含起訖日期計算在內，指定日期的前後五個曆日之間裝運。在本例中規定裝運日期為SHIPMENT MUST BE EFFECTED ON OR ABOUT MAR.10 2019，則裝運須於3月5日至3月15日期間完成裝運，因此提單裝運日期最遲為MAR.15。

27. **A**　全櫃之貨櫃運送也就是整裝／整拆（CY-CY，FCL-FCL）的運送方式，是出口地的託運人自行裝櫃後，整櫃交予運送人，運送人（船公司）只負責運送；待貨櫃運至目的地的貨櫃場，整櫃交由受貨人自行拆櫃。在裝運地屬於同一託運人及在目的地屬於同一受貨人。

28. **B**　依據UCP 600第38條c項規定，除非轉讓當時另有約定，有關轉讓所發生之一切費用（諸如手續費，稅費，成本或開支），須由第一受益人支付。

29. **B**　由於該信用狀規定之最後裝船日為2018.4.8，但B/L之ON BOARD DATE是2018.4.9，表示此單據有LATE SHIPMENT（晚裝船）的瑕疵。

30. **B**　CFR為運費在內條件，在此條件下，賣方負責洽訂運輸契約，並支付將貨物交運到指定目的港的運費，且須提供標明運費已付之運送單據。因此進口開狀時，價格條件為CFR時，運費由賣方負擔。

31. **D**　轉開信用狀又稱為背對背信用狀（Back-to-Back L/C）或本地信用狀。若信用狀受益人本身並非貨物的供應商，為避免國外買方與國內供應商直接接觸，便可憑國外開來的主要信用狀（Master L/C），向通知銀行或本地其他銀行申請開發另一張轉開信用狀或稱次要信用狀給供應商。通常次要信用狀的金額會較原信用狀小，裝運期間與有效期限較原信用狀短，保險金額可高於原信用狀之投保百分比但不可以減少投保百分比。

32. **B**　遠期信用狀賣斷業務（Forfaiting）係指出口商將遠期信用狀項下的票據，以無追索權方式賣斷給買斷行，俟該票據獲得開狀銀行承兌後，買斷行即予付款。出口遠期信用狀賣斷業務受理對象有出口商出口押匯額度不足者，180天以上之出口遠期信用狀案件且對出口商信用狀況有疑義者，客戶特殊需求且無法對其授信者，以及高風險國家之遠期信用狀。

108年 關務三等「國際貿易實務」

一、匯率在國際貿易中扮演關鍵角色，其衍生的相關交易也是銀行的
　　重要業務。請說明：
　　(一) 何謂Delivery Forward 和 Non-Delivery Forward？
　　(二) 出口結匯與出口押匯有何不同？對押匯銀行而言，可能需承
　　　　擔那些風險？

解(一)

1. Delivery Forward（DF）：遠期外匯，遠期外匯交易是一種金融
　交易合約，係指客戶與銀行訂定合約同意在未來一定期間內或特
　定日期，就約定之匯率及金額交割相對貨幣。基本上可分為預購
　（Buy Forward）及預售（Sell Forward）之遠期外匯或固定日交
　割與期間內交割之遠期外匯。遠期外匯是匯率避險、投機及套利
　之工具，也是資產負債管理之工具。具有確定成本及收入、減少
　可能之匯兌損失以及增加財務處理及資金調度的彈性等特性。

2. Non-Delivery Forward（NDF）：無本金交割之遠期外匯，為遠
　期外匯的一種，其特色為遠期外匯合約到期時，交易雙方不須交
　割本金，而只就合約的議定匯率，與到期時的即期匯率之間的差
　額清算收付。本金僅用於匯差之計算，無需實際收支，故對未來
　之現金流量不會造成影響。所以，不但適合企業規避匯率風險，
　也可以作為一般個別客戶的投資工具。除避險功能外，也具有濃
　厚的投機性質。

(二)

1. 出口結匯：係指出口商自進口商處取得貨款後，向金融機構結售
　其所取得外匯的作業過程。出口結匯的方式有匯付、託收及信用
　狀等。
　出口押匯：是指在信用狀項下的出口結匯手續稱為出口押匯。即
　在信用狀付款方式下，出口商將貨物裝運後，依信用狀規定簽發

匯票，並以代表貨物的貨運單據為擔保，請銀行辦理讓購貨運單據，以取得貨款的動作。

因此出口押匯係出口結匯的方式之一。

2. 押匯銀行將單據項下的金額先行墊付給出口商融通，藉此賺取手續費、差額匯率及墊款利息等。雖然押匯銀行受理出口押匯時握有出口商所提示之單據，可憑該等單據向開狀銀行或其指定付款人請求付款，但仍可能需承擔以下風險：

(1)開狀銀行倒閉或無理拒付。

(2)國家經濟不穩定。

(3)市場狀況不佳，進口商拒絕贖單。

(4)發生運輸風險

(5)匯率變動。

(6)出口商財務惡化或倒閉。

二、託收（Collection）是一種普遍的結算貨款方式，企業可以拿託收單據向銀行進行融資。一般而言，銀行承做託收票據的資金融通時，可以分成出口託收押匯、出口託收承兌以及墊款，請分別詳述其意義及特色。

解(一)出口託收押匯（advance against documentary collection）：係指託收銀行依據出口商的要求，以申請人開立之進口商為付款人的跟單匯票及全套商業單據為質押，將票款扣除利息及費用後，付款與申請人。即出口商採用託收結算貸款方式，將單據交給出口地的託收銀行，在貨款收回前，向託收銀行先行預支部分或全部貨款，待託收款項收妥後，再歸還銀行墊款的一種貿易融資方式。其融資比例、收取（預收）利息的方法和計算等與出口信用狀向下的押匯相同，還款來源為託收項下的款項，但在企業不能正常從國外收回貨款的情況下，企業必須償還押匯本金、利息及補收有關的費用。出口託收押匯在出口商交單後，即可憑符合要求的單據向銀行融資，增加了融資的方法也加速資金周轉的速度。

出口託收押匯與出口信用狀項下之押匯的區別在於後者有開狀銀行（或保兌銀行）的付款保證，屬於銀行信用；而前者沒有銀行的付款保證，為商業信用。出口商能否收回貨款，完全取決於國外付款人的信譽，與託收銀行、代收銀行等無關，因此出口商需負擔的風險較大。

(二) 出口託收（export collection）：是指出口商將貨物裝運出口後，備妥有關之貨運單據及匯票，委託出口地銀行通過其在進口地銀行的聯行或代理行向進口商收款的結算方式。依取得單據的方式可分為：

1. 承兌交單（Documents against Acceptance，D/A）：係出口商按照買賣契約的約定，將貨物交運後，備妥代表貨運單據，並簽發以進口商為付款人的匯票，一併交給其往來銀行（託收銀行）寄交進口地的分行或代理銀行（代收銀行），委託其向進口商收取貨款。代收銀行於收到貨運單據及匯票後，僅通知進口商在匯票上承兌，即交付單據給進口商，辦理提貨手續，俟匯票到期時再行付款。

2. 付款交單（Documents against Payment，D/P）：指出口商按照買賣契約的約定，將貨物交運後，備妥貨運單據（如提單、商業發票、保險單等），並簽發以進口商為付款人的匯票，一併交給其往來銀行（託收銀行）寄交進口地的分行或代理銀行（代收銀行），委託其向進口商收取貨款。而進口商則必須先付清貨款後，始能取得單據，辦理提貨手續。

三、 依照營運風險不同，國際貿易可以區分為利潤制貿易（Business on Profit）以及佣金制貿易（Business on Commissions）。請分別舉例詳細說明其運作方式。

解 (一) 利潤制貿易（Business on Profit）：又稱為主體制貿易。係指買賣雙方在交易過程中都是以自己的名義成立交易契約，並且自行負擔盈虧，故係屬以自己的名義，為自己計算的交易。例如台灣的腳踏

車製造商KBC公司銷售一批變速腳踏車給荷蘭的進口商XYZ公司。KBC公司用自己的名義（KBC CO.）與XYZ公司簽訂交易契約，並由XYZ公司向開狀銀行申請開立以KBC公司為受益人的信用狀。KBC公司於指定日期內交貨後，依信用狀規定備妥匯票和運送單據後，向往來銀行辦理出口押匯並獲取貨款，而XYZ公司則於付款贖單後，報關提領貨物銷售。貿易過程中買方（XYZ公司）與賣方（KBC公司）皆是以自身的名義與對方交易，且自行負擔損益。

(二) 佣金制貿易（Business on Commission）：係指貿易商以中間商的立場所從事的交易。中間商不須負擔交易盈虧的風險，而是提供服務，並從中賺取佣金的交易方式。可分為：

1. 代理交易：代理商（中間商）以本人（貨主）的名義，與他人進行交易，並從中賺取佣金，而交易的盈虧風險由本人負擔。此種佣金制貿易必須由本人授予代理權給代理商，而且是以本人（貨主）名義，為本人（貨主）計算的交易。例如泰國的abc公司獲得美國知名化妝品EL公司的獨家代理權，成為EL化妝品的獨家代理商，並約定百分之二十的佣金率。abc公司在進口EL公司的產品後，在其各種通路上以EL公司的名義銷售EL公司的化妝品，並於每個月月底計算當月的銷售額和佣金金額，請EL公司於次月月底前將佣金以電匯方式匯入其帳戶。此種交易的代理商（abc公司）係以本人（EL公司）的名易來進行交易，僅賺取佣金，而交易的風險則是由本人（EL公司）自行負擔。

2. 寄售交易：又稱為委託交易。受託人（中間商）以自己的名義，與他人進行交易，並從中賺取佣金，而交易的盈虧風險由本人（委託人／貨主）負擔。此種佣金制貿易必須由委託人授權給受託人，而且是以自己（中間商）名義，為本人（委託人／貨主）計算的交易。例如越南的RST米線公司委託韓國的KIMCHI公司代為銷售其米線產品，並約定百分之三十的佣金率。KIMCHI公司在確認委託後，即進口越南RST公司的米線產品，並在貨品進口後重新包裝，以KIMCHI的商標在各大市場販售。另每三個月後計算期間的銷售額和佣金金額，請RST公司於次月中旬前將佣

金以電匯方式匯入其帳戶。此種交易的受託人（KIMCHI公司）是以自己（KIMCHI公司）的名易來進行交易，賺取佣金，而交易的風險則是由本人（RST公司）自行負擔。

四、某塑膠工業公司想要將藥盒從台灣銷往歐洲，每個藥盒的製造成本為新台幣720元，預計運銷500個。包材為紙箱，單價為新台幣100元。每個箱子裝25個藥盒，箱子的體積為0.3m×0.3m×0.2m，毛重為30公斤，而每個紙箱的打包費為新台幣450元。若國內運費總額為新台幣7,000元，新台幣兌換歐元的匯率為35：1，且該公司的預期利潤率為20%，試以總價法計算每個藥盒的FOB報價應為多少？

解 採購成本 = (製造成本 + 包裝成本 + 國內運費) ÷ 總數
 = {(720×500) + [(100 +450)×(500÷25)] +7000} ÷ 500
 = 756 (NTD/PC)
 FOB報價 = (採購成本 ÷ 匯率) ÷ (1−利潤率)
 = (756 ÷ 35) ÷ (1−20%)
 = 27 (EUR/PC)
因此以總價法計算每個藥盒的FOB報價應為27歐元。

108年 中小企銀「國際貿易學」

壹、選擇題

(　　) 1. 下列何者為貨運承攬人所簽發的運送單據？　(A)House Air Waybill　(B)Bill of Lading　(C)Shipping Order　(D)Post Receipt。

(　　) 2. 下列何者為戶對戶的貨櫃裝卸作業方式？　(A)CFS/CFS　(B) Pier/Pier　(C)FCL/FCL　(D)LCL/LCL。

(　　) 3. 根據Incoterms 2010之規定，在EXW的條件下，由下列何者負責安排貨物運輸的事項？　(A)開狀銀行　(B)買方　(C)賣方　(D) 貨運承攬人。

(　　) 4. 下列何者不是保護性關稅？　(A)轉口稅　(B)反傾銷稅　(C)平衡稅　(D)報復關稅。

(　　) 5. 一般銀行對於海運提單（B/L）的背書都主張空白背書，下列敘述何者錯誤？　(A)提單背書目的是為達成貨物所有權之移轉　(B) 採空白背書則銀行無需在提單上簽字，故不負連帶責任　(C)提單背書人之責任包括保證提單真正無偽　(D)背書人不需簽名。

(　　) 6. 有關信用狀之敘述，下列何者正確？　(A)信用狀上沒有敘明不可撤銷（Irrevocable），此信用狀仍為不可撤銷　(B)信用狀分類若為Negotiable LC，則此信用狀為可轉讓信用狀　(C)若進口商之信用狀況不明，出口商應要求開保兌信用狀　(D)信用狀之受益人通常為進口商。

解答及解析　答案標示為#者，表官方曾公告更正該題答案。

1. **A**　House Air Waybill（HAWB）：航空分提單，係由航空運送承攬業者所簽發。貨主若持有HAWB提單，貨物一旦發生運送糾紛，貨主即可向航空貨運承攬業者主張權利。

2. **C**　整裝／整拆（FCL/FCL）：係指出口地的託運人自行裝櫃後，整櫃交予運送人，運送人(船公司)負責運送貨櫃至目的地的貨櫃場，再整櫃交由受貨人自行拆櫃，因此為戶對戶的貨櫃裝卸作業方式。在裝運地屬於同一託運人及在目的地屬於同一受貨人，為戶對戶的貨櫃裝卸作業方式。

3. **B**　EXW工廠交貨條件（…指定交貨地），在此條件下，賣方須於約定之日期或期間內，在指定交貨地之議定地點（如有約定時），例如賣方之工廠、賣方之營業場所、倉棧…等，將尚未辦妥輸出通關亦未裝載至任何買方安排收貨之運輸工具之貨物，交由買方處置時，即為賣方已為貨物之交付。EXW條件交易因交易價格未包含運費，故由買方負責安排貨物運輸的事項。

4. **A**　1.轉口稅為對外國貨物在本國國境轉口時所課徵之稅收，其不是保護性關稅。

　　2.反傾銷稅（Anti-dumping Duty）：依關稅法第68條規定，進口貨物以低於同類貨物之正常價格輸入，致損害中華民國產業者，除依海關進口稅則徵收關稅外，得另徵適當之反傾銷稅，其是保護性關稅。

　　3.平衡稅（Countervailing Duty）：依關稅法第67條規定，進口貨物在輸出或產製國家之製造、生產、銷售、運輸過程，直接或間接領受財務補助或其他形式之補貼，致損害中華民國產業者，除依海關進口稅則徵收關稅外，得另徵適當之平衡稅，其是保護性關稅。

　　4.報復關稅（Retaliatory Duty）：依關稅法第70條規定，輸入國家對中華民國輸出之貨物或運輸工具所裝載之貨物，給予差別待遇，使中華民國貨物或運輸工具所裝載之貨物較其他國家在該國市場處於不利情況者，該國輸出之貨物或運輸工具所裝載之貨物，運入中華民國時，除依海關進口稅則徵收關稅外，財政部得決定另徵適當之報復關稅，其是保護性關稅。

5. **D**　提單背書目的是為達成貨物所有權之移轉，若採空白背書則銀行無需在提單上簽字，故不負連帶責任，且提單背書人之責任包括保證提單真正無偽，但背書人需於提單上簽名背書。

6. **A**　依據UCP 600第2條規定，信用狀無論其名呼或描述如何，其為不可撤銷，而且只要依據該信函內容的要求提供相符的提示，即構成該開狀銀

行確定予以兌付的承諾；信用狀分類若為Negotiable LC，則此信用狀
為讓購信用狀；若開狀銀行之信用狀況不明，出口商應要求開保兌信用
狀；信用狀之受益人通常為出口商。

貳、非選擇題

一、 國際貿易中有多種付款方式可運用，請回答下列問題：
　(一) 請說明出口託收依交單條件之不同有哪些方式？何者可以降
　　　 低出口商的風險、對賣方較為有利？
　(二) 何謂Forfaiting？
　(三) 請說明Forfaiting對出口商有何好處？

解 (一) 出口託收依交單條件之不同可分為：
　　付款交單（Documents against Payment，D/P）：係指出口商按照
　　買賣契約的約定，將貨物交運後，備妥貨運單據（如提單、商業發
　　票、保險單等），並簽發以進口商為付款人的匯票，一併交給其往
　　來銀行（託收銀行）寄交進口地的分行或代理銀行（代收銀行），
　　委託其向進口商收取貨款。而進口商則必須先付清貨款後，始能取
　　得單據，辦理提貨手續。
　　承兌交單（Documents against Acceptance，D/A）：是指出口商按
　　照買賣契約的約定，將貨物交運後，備妥代表貨運單據，並簽發以
　　進口商為付款人的匯票，一併交給其往來銀行（託收銀行）寄交進
　　口地的分行或代理銀行（代收銀行），委託其向進口商收取貨款。
　　與付款交單方式不同者，代收銀行於收到貨運單據及匯票後，僅通
　　知進口商在匯票上承兌，即交付單據給進口商，辦理提貨手續，俟
　　匯票到期時，再行付款。
　　由於在付款交單的條件下，進口商須先付款，才能取得單據，辦理
　　提貨。而在承兌交單的條件下，進口商只需在匯票上承兌，即可獲
　　取單據提貨，俟匯票到期時，才需付款。因此在付款交單的條件
　　下，可以降低出口商的風險、對賣方較為有利。

(二) Forfaiting：遠期信用狀賣斷業務。係指出口商將遠期信用狀項下的
　　票據，以無追索權方式賣斷給買斷行，俟該票據獲得開狀銀行承兌
　　後，買斷行即予付款。此項業務為一種權利的移轉，出口商將未來
　　應收之債權，轉讓給中長期應收票據收買業者，用以規避進口國之
　　國家、政治風險及開狀銀行到期不付款之信用風險。

(三) Forfaiting對出口商的好處：

　1. 由買斷行承擔進口商或開狀銀行的信用風險，以及進口國的政
　　　治風險，且Forfaiting對出口商無追索權，出口商可有效轉嫁其
　　　風險。

　2. 融資期限多為中長期，融資期間長，出口商可獲得資金融通，增
　　　加資金周轉。

　3. 有進口國銀行或政府機構對票據保證。

　4. 不占用銀行的授信額度，且出口商可提供進口商中長期延後付款
　　　的交易方式，增加出口競爭力。

　5. 可節省出口商收款與催款的管理費用支出，而且貼現利率固定並
　　　可先行融資，出口商可規避利率與匯率風險。

　6. 提供出口商中長期出口融資及規避風險管道，可增加出口商拓展
　　　新興市場之優勢。

108年 經濟部所屬事業機構「國際貿易法規及實務」

一、解釋名詞：

　(一) freight forwarder
　(二) O/A（open account）
　(三) MAWB（master air waybill）
　(四) commercial arbitration
　(五) standby credit

解(一) freight forwarder：貨運承攬業者，係指以收取佣金或賺取差價為報酬之運送業者，受他人委託為其提供代辦運輸手續，代提、代發、代運貨物服務等業務。貨運承攬業者的職責是把委託人委託的貨物，通過制定的運輸途徑，從一地運往另一地的貨運代理，為運輸公司（海、陸、空）代理收運貨物、攬貨的公司。有些貨運承攬業者作為託運人的主承攬人，並承擔公共承運人的責任；而有些貨運承攬業者僅作為託運人的代理人。

(二) O/A（open account）：記帳，係指賣方於貨物交運出口後，即將貨運單據等逕寄買方辦理提貨，其貨款則以應收帳款方式記入買方帳戶，俟約定付款期限屆滿時，再行結算。此方式通常用於公司內部及母子公司間往來，或進出口雙方已有長期且穩固交易基礎者，如老客戶頻繁的訂單，或在買方市場狀態下，出口商具有較堅實財務基礎者。

(三) MAWB（master air waybill）：航空主提單，係由航空公司或其代理人所簽發。為航空公司於承運貨物時，簽發給承攬業者或併裝業者之提單。MAWB可作為運送契約，也可作為貨物收據，是證明承運人已接管貨物的貨物收據。但MAWB的受貨人採記名式，故其為不可轉讓憑證，無流通性。

(四) commercial arbitration：商務仲裁，係指經由雙方當事人約定，將彼此間將來或現在的糾紛，交由選定的仲裁機構予以判斷，且雙方皆服從其判斷的方法，為現今國際間解決貿易糾紛的主要方式。商務仲裁具有經濟、可保密、簡單快速及專家判決等優點。且仲裁人做出仲裁判斷後，當事人必須遵守判決，必要時可經法院公證，效力等同法院判決，具強制力。

(五) standby credit：擔保信用狀，又稱為保證信用狀或備用信用狀。係指不以清償貨款為目的，而是以貸款保證、履約保證或投標保證為目的，而開發的信用狀。適用於ISP98《國際擔保函慣例》的規定。

二、 當報價發出後，自抵達被報價人時，開始生效，其時效持續時間長短，端視報價之性質及當事人之反應而定。請說明報價時效之終止，有哪些原因？

解 報價時效終止原因如下：

(一) 報價有效期屆滿：係指超過報價單上所載明之有效期限，該報價便自動失效。

(二) 被報價人提出還價：係指被報價人接到報價後，提出相對報價（還價），則原報價自然終止。

(三) 報價之撤回：係指報價人發出確定報價後，撤回其報價。報價人若欲撤回報價，則必須在報價被送達被報價人之前或同時到達，才能生效。

三、 海上保險中的損失種類可分為全部損失（total loss）及部分損失（partial loss），請分別說明之。

解 海上貨物運輸損害的種類：

(一) 全部損失（Total Loss）：亦稱為全損，是指保險標的物在海上運輸過程中，全部遭受損失。全損又可分為2種：

1. 實際全損（Actual Total Loss）：是指貨物或船舶發生海損而致保險標的業經毀損或損害的程度已失去原有之形體；或被保險人對於保險標的的所有權，已被剝奪且永不能恢復者。例如船舶承載之麵粉遭海水浸入，致全部泡水變成糊狀，因為麵粉的損害的程度已失去原有之形體，所以屬於實際全損。

2. 推定全損（Constructive Total Loss）：是指貨物或船舶發生海損雖未達全部滅失但受損過鉅，救援或修理費用高於其價值者。此外，依我國海商法規定，船舶失蹤經相當時間而無音訊，係屬於推定全損。

(二) 部分損失（Particular Loss）：亦稱為分損，是指保險標的物的損失沒有達到全部損失的狀態。分損也可分為2種：

1. 共同海損（General Average，GA）：是指在海上發生緊急危難時，船長為了避免船舶及貨物的共同危險所作處分而直接發生的犧牲及費用，例如投棄即屬於共同海損。另外由海難事故所造成的共同海損應由貨主與船東比例分擔。

2. 單獨海損（Particular Average，PA）：是指貨物在海上運送途中，因不可預料的危險所造成的部分滅失或損害，係由該項利益之所有人單獨負擔者。

109年 關務三等「國際貿易實務」

一、 自從政府實施通關自動化之後，甲公司所進出口的貨物多是走C1
或是C2通關模式，少有是走C3通關的。但最近一樁遭舉報洗產地
的案件，恐將影響其最近所積極爭取AEO（Authorized Economic
Operator）的優質企業認證作業。又因其為確認新開發品項的進
口程序與稅費，乃經提議向主管機關申請稅則預先審核。
試請回答下列問題：
(一) 什麼是C1，C2，C3通關？若為C3通關對於貿易商有何影響？
(二) 什麼是洗產地？通常產地是怎麼認定的？
(三) 什麼是稅則預先審核？

解(一)

1. 報關人或報關行利用電腦將資料傳輸到海關，經海關電腦專家系
統篩選通關方式，篩選後共分為三種通關方式：

 (1)C1（免審免驗）：免審書面文件、免驗貨物、直接送往徵
 稅，繳稅放行。

 (2)C2（應審免驗）：即文件審核通關。報關人依電腦連線通
 知，向海關補送書面報單及相關文件，經海關收單及完成分估
 計稅作業後，通關放行。

 (3)C3（應審應驗）：即貨物查驗通關。報關人依電腦連線通知
 補送書面報單及相關文件，經海關收單、查驗貨物及完成分估
 計稅作業後，通關放行。

2. 若貿易商經核列為按C3方式通關，貿易商在收到海關電腦連線通
知後，在翌日辦公時間終了以前，需補送書面報單及其他有關文
件正本以供查驗貨物，並得通知貨棧配合查驗，對於貿易商而言
較為繁瑣複雜。

(二)

1. 洗產地：係指為了隱藏貨物的真實產地，進行改變貨品標示，例如將中國製造改為台灣製造，或向海關虛報原產地的行為，

2. 我國進口貨物原產地認定基準分為下列3種：

(1)一般貨物之原產地認定：

一般貨物以下列國家或地區為其原產地：

A.行完全生產貨物之國家或地區。

B.貨物加工、製造或原材料涉及2個或2個以上國家或地區者，以使該項貨物產生最終實質轉型之國家或地區為其原產地。

其實質轉型係指下列情形：

A.原材料經加工或製造後所產生之貨物與原材料歸屬之海關進口稅則前6位碼號列相異者。

B.貨物之加工或製造雖未造成前款稅則號列改變，但已完成重要製程或附加價值率超過35%以上者。

(2)低度開發國家貨物之原產地認定：

自低度開發國家進口之貨物，符合下列規定者，認定為該等國家之原產貨物：

A.自該國完全生產之貨物。

B.貨物之生產涉及2個或2個以上國家者，其附加價值率不低於50%者。

(3)自由貿易協定締約國或地區貨物之原產地認定：與我國簽定自由貿易協定之國家或地區，其進口貨物之原產地分別依各該協定所定原產地認定基準認定之。

(三) 稅則預先審核：為加速通關並免除進口貨物在通關時因稅則分類見解不同所引起之爭議、爭訟，乃引進先進國家正採行之稅則預先歸列制度。依據關稅法第21條及進口貨物稅則預先審核實施辦法規定，納稅義務人或其代理人在貨物進口前，以海關規定格式詳細填寫申請書後，向海關申請預先審核進口貨物之稅則號別（包含中華民國輸出入貨品分類號列在內之海關進口稅則）。

二、　S公司接到一筆來自德國客戶的訂單，貿易條件為CIF，交易金額為800,000歐元，於是便向船公司洽訂艙位並約定FCL/LCL服務，同時向產物保險公司投保買賣契約上所訂之保險條款ICC（A）82.1.1，要保書上填註「from Keelung to Hamburg」。不料卻在S公司將貨櫃交至瑞芳貨櫃集散站給運送人後，因強烈颱風侵襲造成S公司貨物在貨櫃場全部損壞。根據上述案例，試請回答下列問題：
(一) S公司可否向德國客戶要求支付貨款？
(二) 何謂FCL/LCL？在本交易下S公司的交貨責任為何？
(三) 保險公司應否承擔理賠責任？誰有權向保險公司求償？

解 (一) 不可以。因為在CIF貿易條件下，危險移轉的地方為貨物運送至裝運港裝載於指定的船舶上時，風險才移轉到買方。賣方須負擔貨物裝載於指定的船舶上之前的所有成本及風險。此案例中，S公司的貨物是在貨櫃場全部損壞，但因為貨物尚未裝載於指定的船舶上，風險仍屬於賣方負擔，因此S公司不可向德國客戶要求支付貨款。

(二)
1. FCL/LCL：即整裝/併拆。係指出口地的託運人自行裝櫃後，整櫃交予運送人；運送人（船公司）將貨櫃運至目的地後，須將貨物拆櫃交予各個受貨人。其在裝運地屬於同一託運人，而在目的地屬於不同受貨人。

2. 在本交易下，採用CIF貿易條件，賣方（S公司）須於約定之日期或期間內，將貨物運送至指定裝運港並裝載於船舶上時，或配合大宗貨物在運送途中之轉售，取得已如此交付之貨物，即屬賣方交貨。

(三)
1. 保險公司不需承擔理賠責任。目前保險的保險單均以「倉庫至倉庫」（Warehouse to Warehouse）方式承保，其所指之倉庫係為保險單載明的航程起、訖運地點之倉庫。但由於本案例投保之保險條款為ICC（A）82.1.1，要保書上填註「from Keelung

to Hamburg」。依ICC1982第8條航程條款（Transit Clause）規定，本保險責任起自保單載明起運地之倉庫或儲存處所啟運時開始生效，並在正常運輸過程中運至保單載明最終目的地。在本案例中，保險單所載明的起運地點為基隆（from Keelung），而瑞芳是新北市的一部份，非屬基隆。若貨物在到達基隆至裝船前出險，即使出險原因為保單所承保的事故，保險公司不需承擔理賠責任。

2. 若S公司有安排自賣方倉庫至上船的貨物運輸保險，則S公司有權向保險公司求償。在CIF貿易條件下，危險移轉的地方為貨物運送至裝運港裝載於指定的船舶上時，風險才移轉到買方。而本案例的貨物尚未裝載於指定的船舶上，風險仍屬於賣方負擔，因此賣方（S公司）有權向保險公司求償。

三、 由於國際貿易涉及情況複雜，交易當事人常會使用國貿條規（Incoterms）中的條件進行貿易報價和訂約。試請回答下列關於國貿條規之問題：
(一) 國貿條規的法律效力如何？其與各國法律間的關係為何？
(二) 目前國際上最新修訂版本的國貿條規為何？試以其分類方式來說明該版本國貿條規所解釋的貿易條件有那些？
(三) 最新修訂的版本與前一版本不同的條件為何？並說明其內容？

解(一)

1. 國貿條規係由非政府組織之國際商會所制訂之貿易習慣法，而不是國際法上之條約或公約，也不是法律條文，因此不具有強制力。所以國貿條規的使用，須以買賣雙方同意之方式載入契約，始生效力。

2. 國貿條規係國際貿易的成文習慣，並非法律條文，因此當事人國家法律之強制力超過國貿條規之規則與買賣契約之約定，須優先適用。另外依照準據法之強制性規定（mandatory local law），得完全優先於買賣契約之約定及其簽訂所依據之國貿條規。

（二）

1. 國貿條規係國際商會（ICC）於1936年所制定的「交易價格條件國際釋義規則」，最新版本是國際商會於2019年9月中公布新一版之國貿條規（Incoterms ® 2020），將自2020元月1日起施行。

2. Incoterms® 2020仍維持為兩大類型11種貿易條件，說明如下：

類別	貿易條件
適用於任何含多種運送方式（Any Mode or Modes of Transport）	EXW（Ex Works）工廠交貨條件
	FCA（Free Carrier）貨交運送人條件
	CPT（Carriage Paid to）運費付訖條件
	CIP（Carriage & Insurance Paid to）運保費付訖條件
	DAP（Delivered at Place）目的地交貨條件
	DPU（Delivered at Place Unloaded）卸貨地交貨條件
	DDP（Delivered Duty Paid）稅訖交貨條件
僅適用於海運及內陸水路運送（For Sea and Inland Waterway Transport）	FAS（Free Alongside Ship）船邊交貨條件
	FOB（Free On Board）船上交貨條件
	CFR（Cost and Freight）運費在內條件
	CIF（Cost Insurance & Freight）運保費在內條件

（三）

1. DAT（Delivered at Terminal）「終點站交貨條件」，更名為DPU（Delivered at Place Unloaded）「卸貨地交貨條件」。

DAT貿易條件與DPU貿易條件的不同點：

	Incoterms ® 2010	Incoterms ® 2020
英文	DAT（Delivered at Terminal）	DPU（Delivered at Place Unloaded）

	Incoterms ® 2010	Incoterms ® 2020
中文	終點站交貨條件	卸貨地交貨條件
交貨地點	賣方在「指定終點站」將貨物從運輸工具中卸載並交付買方，即完成交貨。	賣方在「指定目的地」將貨物從運輸工具中卸載並交付買方，即完成交貨。

2. DPU：卸貨地交貨條件，全名為DELIVERED AT PLACE UNLOADED（insert named place of destination）。此條件表示賣方須於議定日期或期間，在指定目的地之約定地點，將抵達此約定地點的運送工具上，尚未辦妥輸入通關之貨物，完成卸載，或取得如此交付之貨物，交付買方處置，即屬賣方交貨。本條件風險移轉的地點為指定目的地之約定地點，賣方須負擔將貨物交運到指定目的地前的所有成本及風險，包括卸載在內之所有風險。

在此條件下，賣方應訂定運送契約或安排將貨物運送至指定之目的地或在此指定地區所約定之任何地點，並支付運送成本，且賣方須遵循任何運送相關之安全要求，直至運送至目的地。另必須自負費用，提供買方能夠收受貨物所需之任何單據；買方無義務為賣方訂定運送契約。此條件賣方對買方無訂立保險契約之義務，買方對賣方亦無訂立保險契約之義務，但應賣方之要求，買方須以賣方之風險與費用提供資訊，以供賣方投保保險。

此條件賣方須辦理及支付輸出國所要求諸如輸出或轉口許可、與安全通關相關之要求、裝船前強制性檢驗及其他官方許可等貨物輸出或轉口通關所須之一切手續及費用，但無義務支付進口稅捐或辦理貨物進口通關手續。賣方雖不須辦理輸入之通關手續，但須協助買方取得辦理輸入通關所須之文件及資訊；買方必須辦理及支付輸入國所要求諸如輸入許可、與安全通關相關之要求、裝船前強制性檢驗及其他官方許可等貨物輸入通關所須之一切手續及費用。另買方雖不須辦理輸出通關手續，但亦須協助賣方取得辦理輸出通關所須之文件及資訊。

四、 X公司欲從澳洲進口鋼鐵原料，儘管在交貨、價格等條件均已達
成共識，但出口商堅持僅接受Sight L/C而不同意Long D/P條件。
鑑於X公司在往來銀行的信用還不錯，銀行亦願意給予融資來助
其滿足客戶付款要求且同時解決其資金問題。於是，X公司乃在
其銀行的支持下建議以Buyer's Usance L/C進行支付，並成功說服
對手接受上述條件。根據上述案例，試請回答下列問題：
(一) 何謂Long D/P？為何X公司會主張以Long D/P條件？
(二) 何謂Buyer's Usance L/C？就以賣方角度，Sight L/C條件與
Buyer's Usance L/C有何差異？

解(一)

1. Long D/P（Documents against Payment after sight）：付款交單
係指出口商按照買賣契約約定，將貨物交運後，備妥貨運單據
（如提單、商業發票、保險單等），並簽發以進口商為付款人的
匯票，一併交給其往來銀行（託收銀行）寄交進口地的分行或代
理銀行（代收銀行），委託其向進口商收取貨款。而進口商則必
須先付清貨款後，始能取得單據，辦理提貨手續。另外按匯票期
限的不同，又可分為即期付款交單（Sight D/P）和遠期付款交單
（Long D/P）。Long D/ P是指出口商開具遠期匯票，由代收銀
行向進口商提示，經進口商承兌後，代收銀行保留匯票及全套單
據，待匯票到期日或匯票到期日以前，進口商交付貨款後，才可
贖回貨運單據。

2. Long D/P託收方式對進口商較為有利，因為進口商待匯票到期日
才須交付貨款，對其資金的負擔較小，且不需要支付開發信用狀
的相關費用，需負擔的費用也較少、風險也較小，因此X公司會
主張以Long D/P條件來付款。

(二)

1. Buyer's Usance L/C：買方遠期信用狀。係指受益人簽發遠期
匯票，先經付款人承兌，待匯票到期時，才可取得款項的信用

狀。期間遠期信用狀的貼現息由買方負擔者稱為買方遠期信用狀（Buyer's Usance L/C）。

2. Sight L/C（即期信用狀）是指受益人簽發即期匯票或於提示貨運單據時，即可取得款項的信用狀。因此在Sight L/C的情況下，受益人簽發的是即期匯票，而在Buyer's Usance L/C時，受益人簽發的是遠期匯票。但出口商於押匯時，兩者都不需負擔貼現息（Sight L/C沒有貼現息；Buyer's Usance L/C的貼現息由買方負擔），皆可立即獲取款項。

109年 中國輸出入銀行「國際貿易與實務」

一、 請依據Incoterms 2020規定，回答下列問題：
(一) 請以賣方交貨時有關貨物之裝載（loading）及出口通關之辦理（倘須辦理出口通關時），說明以 EXW Seller's Warehouse條件或以FCA Seller's Warehouse條件交易之異同點。
(二) 以FCA條件在賣方營業處所以外地點交貨，賣方完成交貨之規定為何？

解 (一)

1. EXW（EX WORKS，insert named place of delivery）：工廠交貨條件（…指定交貨地），在此條件下賣方須於約定之日期或期間內，在指定交貨地之議定地點（如有約定時），例如工廠、營業場所、倉棧……等，但非僅限於賣方之營業處所，將尚未辦妥輸出通關亦未裝載至任何買方安排收貨之運輸工具之貨物，交由買方處置時，即為賣方已為貨物之交付。本條件因為買方負擔自指定交貨地之約定地點受領貨物起後所有的成本及危險，因此賣方不需負擔貨物裝載之義務，也不需負責貨物出口通關之手續。

2. FCA（FREE CARRIER，insert named place of delivery）：貨交運送人條件（…指定交貨地），在此條件下賣方須於議定之日期或期間內，在指定交貨地之議定地點，將貨物交付買方所指定之運送人或其他人，或取得如此交付之貨物，即屬賣方交貨。如係約定在賣方之營業場所，賣方尚須將貨物裝載於買方所安排或提供之運送工具始為交貨；如係約定在賣方營業場所以外之地點，賣方須安排運送工具，將貨物運送至指定地點，並將放在賣方運送工具上，尚未卸載但隨時可以卸載之貨物，交付買方所指定之運送人或其他人。在此條件下的危險移轉地點為賣方將貨物交付運送人時，所以賣方除負擔貨物送交運送人前之所有的成本及風

險外，也須辦理及支付輸出國所要求諸如輸出許可、與安全通關相關之要求、裝船前強制性檢驗，及其他官方許可等貨物輸出通關所須之一切手續及費用。

3. EXW Seller's Warehouse條件或以FCA Seller's Warehouse條件交易之異同點：

	EXW Seller's Warehouse	FCA Seller's Warehouse
貨物之裝載	賣方不需負責貨物裝載。	賣方須將貨物裝載於買方所安排或提供 之運送工具。
出口通關辦理	賣方不需辦理出口通關事宜。	賣方需辦理出口通關所須之一切手續及費用，例如輸出許可、與安全通關相關之要求及出口國官方要求的PSI 等。

(二) FCA 條件如係約定在賣方營業處所以外地點交貨，賣方須安排運送工具，將貨物運送至指定地點，並將放在賣方運送工具上，尚未卸載但隨時可以卸載之貨物，交付買方所指定之運送人或其他人，才為賣方完成交貨之規定。

二、有關銀行辦理客戶簽發保證函（或擔保信用狀）之外幣保證業務，請回答下列問題：
(一) 外幣保證業務之定義、功能及簽發方式為何？
(二) 下列各類保證函（或擔保信用狀）之定義及用途為何？
1.投標保證（The tender（or bid）guarantee）
2.履約保證（The performance guarantee）
3.預付款（或償還）保證（The advance（or repayment）guarantee）

解 (一)
1. 外幣保證業務：受託銀行接受申請人之委託，向其指定之第三人

出具保證函或擔保信用狀，擔保被保證人依約履行責任，若不履行時，則由受託銀行代為履行或負賠償損失的責任。這種代負履行責任的承諾，即為保證。其性質與一般放款貸放資金不同，但所負擔之風險與放款相似，乃銀行為客戶向第三者保證償還之義務，但係以外幣為計價單位。

2. 外幣保證業務功能：外幣保證業務係不以清償貨款為目的，而是以貸款保證、履約保證或投標保證等為目的，而簽發保證函或擔保信用狀。若被保證人未能履行契約義務，保證銀行將於收到符合擔保條款規定之請求時，將款項支付予受益人。透過外幣保證業務可以協助廠商順利取得業務及籌資需求，增強我國廠商在國外之競爭能力，拓展出口，爭取外銷訂單及承包海外工程之機會，以帶動相關產業發展。

3. 外幣保證業務簽發方式：簽發方式為簽發保證函（Letter of Guarantee）或開發擔保信用狀（Standby Letter of Credit）。

（二）

1. 投標保證（The tender（or bid）guarantee）：招標者於標購或標售貨物時，為防投標人中途撤回報價，或於得標後拒絕簽約，而要求投標人於報價時提供投標保證。銀行依投標者（申請人）之請求，向招標人出具保證函（或擔保信用狀），利用銀行的信用支持投標者的投標，且確保得標方將簽訂契約，以確保招標案件順利完成。

2. 履約保證（The performance guarantee）：招標者於標購或標售貨物時，為防得標人簽約後不按約履行，規定成功得標之一方需提供履約保證，以避免不履行契約或不依約履行的情況發生。銀行依得標者（申請人）之請求，向招標人出具保證函（或擔保信用狀），利用銀行的信用支持其履約，以確保買賣得以順利履約完成。

3. 預付款（或償還）保證（The advance（or repayment）guarantee）：在買賣合約或工程合約中，買方若先行預付部份

全部貨款或工程款，遂要求賣方或承包商提供預付款保證，以擔
保在賣方或承包商須返還而未能返還預付款時，可以得到補償。
銀行依賣方或承包商須返還而（申請人）之請求，向招標人出具
保證函（或擔保信用狀），利用銀行的信用保證會返還預先支領
而尚未扣抵之預付款。

三、 請回答下列問題：
(一) 何謂「最惠國待遇原則 Most-favored-nations Treatment」？
(二) 何謂「國民待遇原則 National Treatment」？

解(一) 最惠國待遇原則（Most-favored-nations Treatment）：係指締約當
事國的一方現在和將來給予任何會員國的優惠與豁免，也同時給予
其他締約國方，且不得針對不同會員國之貿易，採行特別有利或不
利之待遇。此種最惠國待遇是無條件、無限制的，而且是建立在互
惠原則之上，其精神是希望透過較公平的原則相互適用，以求貿易
歧視待遇的消除。最惠國待遇原則是關貿總協定的基本原則之一。
依據GATT 1994第一條有關「最惠國待遇」之規定，會員對其他會
員之產品所給予之待遇，不得較對他國之優惠為低；亦即各會員不
得對與其他會員之貿易採行特別利益或不利益之待遇，而應在平等
基礎上，共同分享降低貿易障礙之好處，並確保貿易減讓之成果，
使各國均受益。另依據GATS及TRIPS之相關規定，最惠國待遇之
原則亦適用於服務貿易及與貿易相關之智慧財產權規範。作為關貿
總協定的一項最基本、最重要的原則，最惠國待遇原則對規範成員
間的貨物貿易，推動國際貿易的擴大和發展起了重要的作用。

(二) 國民待遇原則（National Treatment）：相對於最惠國待遇，國民待
遇係對本國與外國間之不歧視待遇，即任一會員對來自其他會員之
輸入品所設定之課稅或其他國內規費以及影響此輸入品在國內之販
賣、採購、運送、配銷或使用的法律及命令，不得低於本國相同產

品所享有之待遇；此外，任一締約成員亦不得直、間接規定任一產品之數量或比例須由國內供應。也就是必須對來自其他所有會員進口之貨品給予與本國貨品同等待遇之國民待遇。依據GATT 1994第三條有關「國民待遇」之原則，貨品一旦進入本國市場，在內地課稅及其他貿易措施上，即應享受與同類國產品相同之待遇。除產品外，國民待遇原則亦適用於服務貿易以及智慧財產權相關領域。例如政府規定來自外國的汽車與國產汽車均須通過相同的檢驗標準，即是給予同等的國民待遇。

四、 我國許多出口商與新興市場之進口商在以信用狀交易時，倘開狀銀行之信用風險高或進口國之國家風險高，基於出口商債權確保之考量，通常會要求信用狀需附加保兌，請回答下列問題：
(一) 依據UCP600之定義，何謂「保兌（Confirmation）」
(二) 依據UCP600之規定：
　1.何謂「保兌銀行（confirming bank）」？
　2.開狀銀行之授權或委託對信用狀保兌，被授權或委託之銀行應如何處理？
　3.信用狀保兌生效之要件為何？
(三) 依據UCP600之規定，保兌銀行對於其已附加保兌之信用狀，嗣後之任何修改書（即信用狀之修改）應如何處理？

解(一) 保兌（Confirmation）：依據UCP600第2條之定義，保兌係指保兌銀行在開狀銀行之外，對於相符的提示做出兌付或讓購的確定承諾。
　(二)
　　1. 保兌銀行（confirming bank）：依據UCP600第2條之定義，保兌銀行是指應開狀銀行的授權或委託，對信用狀給予保兌的銀行。
　　2. 依據UCP600第8條之規定，倘若規定的單據被提交至保兌銀行或者任何其他被指定銀行並構成相符提示，在下列情況下保兌銀行必須兌付：

(1)由保兌銀行即期付款、延期付款或者承兌。

(2)由另一家被指定銀行即期付款，而該被指定銀行未予付款。

(3)由另一家被指定銀行延期付款，而該被指定銀行未承擔其延期付款承諾，或者雖已承擔延期付款承諾，但到期未予付款。

(4)由另一家被指定銀行承兌，而該被指定銀行未予承兌以其為付款人的匯票，或者雖已承兌以其為付款人的匯票，但到期未予付款。

(5)由另一家被指定銀行讓購，而該被指定銀行未予讓購。

3. 保兌銀行一對信用狀保兌，就和開狀銀行一樣承擔付款責任。保兌銀行對受益人提示符合信用狀條款之匯票或/及單據時，即承擔付款之義務。保兌銀行與開狀銀行對受益人而言，同時負有付款或承兌的責任。所以受益人不需等到開狀銀行無法付款才能向保兌銀行提示，而是可以直接找保兌銀行付款或承兌。

(三) 依據UCP600之規定，保兌銀行可以將其保兌承諾擴展至修改內容，且自其通知該修改之時起，即不可撤銷地受到該修改的約束。然而，保兌銀行也可選擇僅將修改通知受益人而不對其加以保兌，但必須不遲延的將此情況通知開狀銀行和受益人。因此任何修改事項未經保兌銀行延伸保兌，則保兌銀行不受該修改事項的拘束。

110年 關務三等「國際貿易實務」

一、 A公司日前以DPU條件自歐洲進口健身器材一批，但由於所託船運受到3月份「長賜號」蘇伊士運河擱淺事件影響，致使所採購之貨物嚴重延遲，試問：

(一) 何謂DPU條件？

(二) 賣方對於貨物遲延交貨之責任如何？

(三) 上項損失轉嫁第三人之可能性如何？

解 (一) DPU（DELIVERED AT PLACE UNLOADED（insert named place of destination））：卸貨地交貨條件（…指定目的地）。此條件為2020年國貿條規唯一變動的條件，在此條件下，賣方須於議定日期或期間，在指定目的地之約定地點，將抵達此約定地點的運送工具上尚未辦妥輸入通關之貨物，完成卸載，或取得如此交付之貨物，交付買方處置，即屬賣方交貨。本條件風險移轉的地點為指定目的地之約定地點，且貨物到買方所指定的地點前的所有裝、卸貨都由賣方負責，賣方須負擔將貨物交運到指定目的地前的所有成本及風險，包括卸載在內之所有風險。

(二) 根據聯合國國際貨物買賣契約公約（CISG）第33條規定，賣方必須按以下規定的日期交付貨物：(1)若契約有規定日期，或從契約中可以確定日期，應在該日期交貨；(2)如果契約規定有一段時間，或從契約可以確定一段時間，除非情況表明應由買方選定一個日期外，應在該段時間內任何時候交貨；或者(3)在其他情況下，應在訂立契約後一段合理期間交貨。貨物若未能於契約約定期間內，或一般習慣上合理運送期間內為交付者，係屬遲延交貨。若因為賣方遲延交貨，導致買賣契約無法履行，買方可以解除契約並要求違約賠償，賣方應當承擔繼續履行、採取補救措施或者賠償損失等違約責任。但若因天災地變或事變等不可抗力或不可歸責於契約當事人之事由，致未能依時履約者，得展延履約期限；不能履約者，得免除契

約責任。在本例中遲延交貨的原因係受到「長賜號」蘇伊士運河擱淺事件的影響而導致遲延交貨，若雙方在買賣契約中有簽訂不可抗力的免責條款，則賣方得展延履約期限或得以免除契約責任。

(三) 依據全球海事法的船舶運載合約規定，對於業主交貨期無法準時送達，船公司並不需要因為貨物無法準點送達負責，遲延交貨一至二週也沒有賠償的問題，因此採購之貨物因「長賜號」蘇伊士運河擱淺事件影響導致嚴重延遲，要想將此損失轉嫁給第三人（運送人）較無可能。

二、　近年為配合貨物儲運配銷之方便，乃有於保稅區設置物流中心的情況，試請回答下列問題：
(一) 若欲將物流中心貨物輸出時之申報通關程序為何？
(二) 物流中心之貨物在輸往課稅區、保稅區時，其申報通關程序有何不同？

解 (一) 根據物流中心貨物通關作業規定第15條，物流中心貨物出口之申報如下：

1. 由物流中心或貨物持有人填具出口報單（D5保稅倉貨物出口）向出口地海關連線申報，於貨物裝櫃（車）加封後，列印「貨櫃（物）運送單（兼出進站放行准單）」，貨物憑以運往出口地辦理通關，經通關放行後，物流中心憑電腦放行通知訊息銷帳。

2. 設於加工出口區、科學工業園區及國際港口、國際機場管制區內之物流中心向駐（轄）區或出口地海關報關，經通關放行後，憑電腦放行通知訊息，並依海關對出口貨櫃（物）管控之規定，列印「貨櫃（物）運送單（兼出進站放行准單）」，貨物憑以運往出口地裝船（機）。

3. 出口貨物如全係國內課稅區進儲者，以物流中心「國內貨物進（出）單」運出後，依照國內貨物出口方式向出口地海關申報。

但設於加工出口區、科學工業園區及國際港口、國際機場管制區內之物流中心向駐（轄）區或出口地海關報關。

4. 物流中心出口貨物放行後因故未裝運出口者，除辦理轉船（機）外，應向出口通關單位辦理申請退關，原貨加封運回物流中心，除經海關核准存儲於露天處所之貨櫃（物）外，應即拆櫃卸貨進倉及更正原已核銷之貨物帳。

5. 物流中心手提小件貨物交由專人攜帶自機場出口，填具出口報單（D5保稅倉貨物出口），報明出境日期及班機航次代號，依保稅區視同出口之作業方式向物流中心轄區海關辦理通關，放行後列印「貨櫃（物）運送單（兼出進站放行准單）」及報單副本一聯交攜帶人具領出物流中心。攜帶出境後機場海關應即回傳經簽證之運送單銷案。

（二）

1. 根據物流中心貨物通關作業規定第11、12條，物流中心之貨物在輸往課稅區時，其申報通關程序如下：

   (1)物流中心保稅貨物輸往課稅區，由納稅義務人填具進口報單（D2保稅貨出保稅倉進口），向物流中心轄區海關申報，其原以D8進儲申請書申報進儲之貨物，除有查驗必要者外免驗，經通關放行，物流中心憑放行通知訊息列印「貨櫃（物）運送單（兼出進站放行准單）」運出。

   (2)原由課稅區以「國內貨物進（出）單」進儲物流中心之貨物，配銷課稅區者，由物流中心填具「國內貨物進（出）單」並登錄電腦後運出，由物流中心電腦自動勾稽銷案。

   (3)原由課稅區以出口報單（D1課稅區售與或退回保稅倉）申報進儲物流中心之貨物，配銷課稅區者，由納稅義務人填具進口報單（D2保稅貨出保稅倉進口），向物流中心轄區海關申報，經通關放行，物流中心憑放行通知訊息列印「貨櫃（物）運送單（兼出進站放行准單）」運出。

2. 根據物流中心貨物通關作業規定第13條，物流中心運往保稅區貨物之申報如下：

　(1) 運往保稅工廠、加工出口區、科學工業園區、保稅倉庫或其他物流中心者，填具進口報單（D7保稅倉相互轉儲或運往保稅廠）。

　(2) 由物流中心及保稅區業者聯名向海關申報。經通關放行，物流中心憑電腦放行通知訊息並依海關對進出口貨櫃（物）之控管規定列印「貨櫃（物）運送單（兼出進站放行准單）」，貨物以自備封條加封後運出。但物流中心貨物運往其他物流中心、保稅工廠、加工出口區、科學工業園區、農業科技園區之非按月彙報者，以及運往同一管制區域內其他碼頭貨棧者，除屬非准許進口之貨物、本辦法第四條第九款需經相關主管機關同意進儲之物品經海關公告訂有存儲期限之貨物外，可免加封。

　(3) 同批貨物含有保稅貨物及課稅區進儲貨物，應同時由雙方聯名填具各該使用報單向海關申報。

三、 T公司欲自歐洲進口一批乳酪，因慮及大包裝與小包裝報價之價格差異頗大，故T公司乃決定先選擇大包裝進口，然後在保稅倉庫進行重整。接著，準備將該批貨物之2/3再銷往東南亞，而其餘1/3貨物則售予國內下游食品加工業者。因此，當進口報關時，報關行告知將以D8報單申報進口，並檢附保稅倉庫業者同意進儲文件將貨物存儲保稅倉庫，俟重整後再另覓船期從保稅倉庫將2/3貨物辦理報關裝運出口銷往東南亞，其餘則辦理進口手續。試問：

(一) 對出口至東南亞之貨品的產地可否標示是"made in Taiwan"？試請說明之。

(二) 試說明T公司對進口乳酪在上述不同處理情況下之關稅當如何處理？

解 (一) 出口至東南亞之貨品的產地不可標示是 "made in Taiwan"。

　　根據原產地證明書及加工證明書管理辦法第3條：輸出貨品以我國

為原產地者,應符合下列各款情形之一:

一、貨品在我國境內完全取得或完全生產者。

二、貨品之加工、製造或原材料涉及我國與其他國家或地區共同參
與者,以在我國境內產生最終實質轉型者為限。

依據臺灣製產品MIT微笑標章驗證制度取得臺灣製產品MIT微
笑標章之產品得以我國為原產地,但該制度之臺灣製原產地認定條
件仍應符合前項規定。

另第5條規定:

第3條第二款所稱實質轉型,除貿易局為配合進口國規定之需要,
或視貨品特性,或特定區域另為認定者外,指下列各款情形之一:

一、原材料經加工或製造後所產生之貨品與其原材料歸屬之我國海
關進口稅則前六位碼號列相異者。

二、貨品之加工或製造雖未造成前款所述號列改變,但附加價值
率超過百分之三十五或特定貨品已符合貿易局公告之重要製
程者。

貨品之組合或混合作業,未使組合後或混合後之貨品與被組合或混
合貨品之特性造成重大差異,視為非實質轉型。

由上述管理辦法可判斷本例中自歐洲進口的乳酪,僅將大包裝重
整,貨品並未有實質轉型,因此出口至東南亞之貨品的產地不可標
示是 "made in Taiwan"。

(二) 政府為發展外銷產業、鼓勵加工外銷、促進就業,遂令關稅局辦理
保稅以及外銷品沖退稅業務。保稅為運抵國境之貨物,在通關放
行前暫免或延緩課徵關稅的制度。但保稅貨物因其尚未完成通關
手續,故徵稅與否須視該貨物決定進口或復出口而定,在未徵稅以
前仍為關稅局監管、課稅之對象。當進口原料至保稅區時須登記數
量,不必繳稅,若貨物加工為成品外銷出口時,按實際出口數量予
以銷帳;但若原物料進口加工後,出售於課稅區時,就需要課徵關
稅。依據關稅法第58條規定,進口貨物於提領前得申請海關存入保
稅倉庫。在規定存倉期間內,原貨出口或重整後出口者,免稅。因

此T公司該批貨物之2/3辦理報關裝運出口銷往東南亞，應由倉庫業者填具（D5）報單，檢附報關必備文件向海關申報，按實際出口數量銷帳，不必繳稅。但其餘1/3貨物要售予國內下游食品加工業者，就須辦理進口手續，由貨物所有人或倉單持有人填具報單，檢附報關必備文件，填具（D2）報單向海關申報，並依完稅價格按有關稅率核計關稅規定繳納關稅。

四、 A公司自海外進口大豆800公噸，每公噸價格USD1,540，總金額為USD1,232,000，買方亦照約定開出金額為USD1,232,000之信用狀來作支付。由於契約約定不許分批裝運（partial shipment not allowed），故當出口商交貨後，即將實際交貨之824公噸黃豆，開立金額為USD1,268,960之發票和匯票申請押匯。試問：
(一) 出口商此次交貨有無違反契約？依此所開立之發票和匯票金額應為何？
(二) 若在其他單據皆符合規定之情況下，銀行是否應為支付？理由為何？
(三) 出口商應如何處置才能順利收回貨款？

解(一)
1. 出口商此次交貨有違反契約。

   根據聯合國國際貨物買賣契約公約（CISG）第35條第1項規定，賣方交付的貨物必須與契約所規定的數量、質量和規格相符，並須按照契約所規定的方式裝箱或包裝。在本例中，買方依照約定開出金額為USD1,232,000之信用狀來作支付，表示A公司和買方簽訂的契約數量為大豆800公噸，每公噸價格USD1,540，總金額為USD1,232,000，但出口商實際交貨的數量為824公噸黃豆，違反契約約定。

2. 根據契約規定，出口商應開立金額為USD1,232,000之發票和匯票申請押匯。

(二) 銀行將拒付。

依據UCP600第30條第2項規定，若信用狀未以包裝單位或個別件數規定數量者，貨物數量增減5%是允許的，但以動支金額不超逾信用狀金額為條件。本例中的貨物非為包裝單位或個別件數，根據上述規定，裝運數量之寬容範圍為760公噸到840公噸，但因動支金額不得超逾信用狀金額USD1,232,000，因此本例裝運數量之寬容範圍為760公噸到800公噸之間，但實際交貨824公噸黃豆，開立金額為USD1,268,960之發票和匯票申請押匯，超逾信用狀金額，銀行將不為支付。

(三) 出口商可以用下列的處置方式來收回貨款：

1. 出口商可以先通知A公司，請其向開狀銀行申請修改信用狀，增開信用狀金額，待出口商收到信用狀修改通知書後，再開立金額為USD1,268,960之發票和匯票申請押匯。

2. 出口商修改發票和匯票金額，根據信用狀上的金額開立USD1,232,000之發票和匯票申請押匯，其餘的部分再請A公司T/T匯款給出口商，或於下次交易時再補收等方式，避免超押造成信用狀的瑕疵，使得銀行拒付。

一試就中，升任各大
國民營企業機構
高分必備，推薦用書

共同科目

2B811111	國文	高朋・尚榜	560元
2B821111	英文	劉似蓉	590元
2B331111	國文(論文寫作)	黃淑真・陳麗玲	430元

專業科目

2B031091	經濟學	王志成	590元
2B061101	機械力學(含應用力學及材料力學)重點統整+高分題庫	林柏超	430元
2B071111	國際貿易實務重點整理+試題演練二合一奪分寶典	吳怡萱	560元
2B081111	絕對高分! 企業管理(含企業概論、管理學)	高芬	650元
2B111081	台電新進雇員配電線路類超強4合1	千華名師群	650元
2B121081	財務管理	周良、卓凡	390元
2B131101	機械常識	林柏超	530元
2B161101	計算機概論(含網路概論)	蔡穎、茆政吉	500元
2B171101	主題式電工原理精選題庫	陸冠奇	470元
2B181111	電腦常識(含概論)	蔡穎	470元
2B191101	電子學	陳震	530元
2B201091	數理邏輯(邏輯推理)	千華編委會	430元

2B211101	計算機概論(含網路概論)重點整理+試題演練	哥爾	460元
2B311111	企業管理(含企業概論、管理學)棒！bonding	張恆	610元
2B321101	人力資源管理(含概要)	陳月娥、周毓敏	550元
2B351101	行銷學(適用行銷管理、行銷管理學)	陳金城	550元
2B491111	基本電學致勝攻略	陳新	650元
2B501111	工程力學(含應用力學、材料力學)	祝裕	630元
2B581111	機械設計(含概要)	祝裕	580元
2B661101	機械原理(含概要與大意)奪分寶典	祝裕	570元
2B671101	機械製造學(含概要、大意)	張千易、陳正棋	570元
2B691111	電工機械(電機機械)致勝攻略	鄭祥瑞	570元
2B701111	一書搞定機械力學概要	祝裕	近期出版
2B741091	機械原理(含概要、大意)實力養成	周家輔	570元
2B751111	會計學(包含國際會計準則IFRS)	歐欣亞、陳智音	550元
2B831081	企業管理(適用管理概論)	陳金城	610元
2B841111	政府採購法10日速成	王俊英	530元
2B851111	8堂政府採購法必修課：法規+實務一本go！	李昀	460元
2B871091	企業概論與管理學	陳金城	610元
2B881111	法學緒論大全(包括法律常識)	成宜	650元
2B911111	普通物理實力養成	曾禹童	590元
2B921101	普通化學實力養成	陳名	530元
2B951101	企業管理(適用管理概論)滿分必殺絕技	楊均	600元

以上定價，以正式出版書籍封底之標價為準

歡迎至千華網路書店選購
服務電話 (02)2228-9070

千華網路書店

更多網路書店及實體書店

博客來網路書店　PChome 24hr書店　三民網路書店

MOMO 購物網　金石堂網路書店　誠品網路書店

查詢實體書店

一試就中，升任各大
國民營企業機構
高分必備，推薦用書

題庫系列

編號	書名	作者	定價
2B021111	論文高分題庫	高朋 尚榜	360元
2B061101	機械力學(含應用力學及材料力學)重點統整＋高分題庫	林柏超	430元
2B091111	台電新進雇員綜合行政類超強5合1題庫	千華 名師群	650元
2B171101	主題式電工原理精選題庫	陸冠奇	470元
2B261101	國文高分題庫	千華	470元
2B271101	英文高分題庫	德芬	530元
2B281091	機械設計焦點速成＋高分題庫	司馬易	360元
2B291111	物理高分題庫	千華	530元
2B301101	計算機概論高分題庫	千華	450元
2B341091	電工機械(電機機械)歷年試題解析	李俊毅	450元
2B361061	經濟學高分題庫	王志成	350元
2B371101	會計學高分題庫	歐欣亞	390元
2B391111	主題式基本電學高分題庫	陸冠奇	570元
2B511101	主題式電子學(含概要)高分題庫	甄家灝	430元
2B521091	主題式機械製造(含識圖)高分題庫	何曜辰	510元

2B541111	主題式土木施工學概要高分題庫	林志憲	590元
2B551081	主題式結構學(含概要)高分題庫	劉非凡	360元
2B591111	主題式機械原理(含概論、常識)高分題庫	何曜辰	530元
2B611111	主題式測量學(含概要)高分題庫	林志憲	450元
2B681111	主題式電路學高分題庫	甄家灝	450元
2B731101	工程力學焦點速成＋高分題庫	良運	560元
2B791101	主題式電工機械(電機機械)高分題庫	鄭祥瑞	430元
2B801081	主題式行銷學(含行銷管理學)高分題庫	張恆	450元
2B891111	法學緒論(法律常識)高分題庫	羅格思 章庠	540元
2B901111	企業管理頂尖高分題庫(適用管理學、管理概論)	陳金城	410元
2B941101	熱力學重點統整＋高分題庫	林柏超	390元
2B951101	企業管理(適用管理概論)滿分必殺絕技	楊均	600元
2B961101	流體力學與流體機械重點統整＋高分題庫	林柏超	410元
2B971111	自動控制重點統整＋高分題庫	翔霖	510元
2B991101	電力系統重點統整＋高分題庫	廖翔霖	570元

以上定價，以正式出版書籍封底之標價為準

歡迎至千華網路書店選購
服務電話 (02)2228-9070

千華網路書店

更多網路書店及實體書店

博客來網路書店　　PChome 24hr書店　　三民網路書店

MOMO 購物網　　金石堂網路書店　　誠品網路書店

查詢實體書店

學習方法 系列

如何有效率地準備並順利上榜，學習方法正是關鍵！

榮登新書快銷榜
連三金榜 黃瑋

翻轉思考 破解道聽塗說	適合的最好 調整習慣來應考	一定學得會 萬用邏輯訓練

三次上榜的國考達人經驗分享！
運用邏輯記憶訓練，教你背得有效率！
記得快也記得牢，從方法變成心法！

作者線上分享

網路書店

最強校長 謝龍卿

榮登博客來暢銷榜

作者線上分享

經驗分享＋考題破解
帶你讀懂考題的know-how！

open your mind！
讓大腦全面啟動，做你的防彈少年！

頂尖名師精編紙本教材

超強編審團隊特邀頂尖名師編撰，
最適合學生自修、教師教學選用！

千華影音課程

超高畫質，清晰音效環
繞猶如教師親臨！

多元教育培訓
數位創新

現在考生們可以在「Line」、「Facebook」
粉絲團、「YouTube」三大平台上，搜尋【千
華數位文化】。即可獲得最新考訊、書
籍、電子書及線上線下課程。千華數位
文化精心打造數位學習生活圈，與考生
一同為備考加油！

面授

實戰面授課程

不定期規劃辦理各類超完美
考前衝刺班、密集班與猜題
班，完整的培訓系統，提供
多種好康講座陪您應戰！

TTQS 銅牌獎

遍布全國的經銷網絡

實體書店：全國各大書店通路

電子書城：
Google play、Hami 書城 …
Pube 電子書城

網路書店：
千華網路書店、博客來
MOMO 網路書店…

書籍及數位內容委製
服務方案

課程製作顧問服務、局部委外製
作、全課程委外製作，為單位與教
師打造最適切的課程樣貌，共創
1+1＝無限大的合作曝光機會！

多元服務專屬社群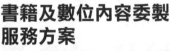

千華官方網站、FB 公職證照粉絲團、Line@ 專屬服務、YouTube、
考情資訊、新書簡介、課程預覽，隨觸可及！

千華會員享有最值優惠!

立即加入會員

會員等級	一般會員	VIP 會員	上榜考生
條件	免費加入	1. 直接付費 1500 元 2. 單筆購物滿 5000 元	提供國考、證照相關考試上榜及教材使用證明
折價券	200 元	500 元	
購物折扣	・平時購書 9 折 ・新書 79 折 (兩周)	・書籍 75 折　・函授 5 折	
生日驚喜		●	●
任選書籍三本		●	●
學習診斷測驗(5科)		●	●
電子書(1本)		●	●
名師面對面			

facebook

公職 · 證照考試資訊

專業考用書籍 | 數位學習課程 | 考試經驗分享

千華公職證照粉絲團

按讚送 **E-coupon**

Step1. 於FB「千華公職證照粉絲團」按讚

Step2. 請在粉絲團的訊息,留下您的千華會員帳號

Step3. 粉絲團管理者核對您的會員帳號後,將立即回贈e-coupon 200元。

千華 Line@ 專人諮詢服務

☑ 有疑問想要諮詢嗎?歡迎加入千華LINE@!

☑ 無論是考試日期、教材推薦、勘誤問題等,都能得到滿意的服務。

☑ 我們提供專人諮詢互動,更能時時掌握考訊及優惠活動!

國家圖書館出版品預行編目(CIP)資料

(國民營事業)國際貿易實務重點整理+試題演練二合一奪

分寶典 /吳怡萱　編著. -- 第三版. -- 新北市：千華數

位文化股份有限公司, 2022.05

　　面；　公分

ISBN 978-626-337-056-2 (平裝)

1.CST:國際貿易實務

558.7　　　　　　　　　　111005750

國際貿易實務重點整理＋試題演練
二合一奪分寶典

[國民營事業]

編 著 者：吳 怡 萱

發 行 人：廖 雪 鳳
登 記 證：行政院新聞局局版台業字第 3388 號
出 版 者：千華數位文化股份有限公司
地址／新北市中和區中山路三段 136 巷 10 弄 17 號
電話／ (02)2228-9070 傳真／ (02)2228-9076
郵撥／第 19924628 號 千華數位文化公司帳戶
千華公職資訊網：http://www.chienhua.com.tw
千華網路書店：http://www.chienhua.com.tw/bookstore
網路客服信箱：chienhua@chienhua.com.tw

法律顧問：永然聯合法律事務所
編輯經理：甯開遠
主 編：甯開遠
執行編輯：尤家瑋
校 對：千華資深編輯群
排版主任：陳春花
排 版：陳春花

出版日期：2022 年 5 月 10 日 第三版／第一刷

本書如有勘誤或其他補充資料，
將刊於千華公職資訊網 http://www.chienhua.com.tw
歡迎上網下載。